낯선 삶을 찾아
두 대륙을 넘다

상월

프롤로그

해병대 기상 나팔에 일어나고 취침 나팔에 잠들었던 남도 해안가에서 살았다. 11살인 1962년경 부친의 직장 이동으로 온가족이 서울로 거처를 옮겼다. 그때 기차란 걸 처음 타보았다. 어머니가 새벽에 삶아놓으신 계란을 우물거리면서, 차창 밖에서 느릿하게 지나가는 산과 들판의 풍경을 구경하는 게 어린 마음에도 너무 좋았던 기억이 난다. 처음 기차를 타고 객지로 나갔던 게 얼마나 좋았던지, 반세기가 훌쩍 지난 아직까지도 그 기억이 너무나도 뚜렷하다. 아마도 그때부터 여행은 내 인생의 로망이자 삶의 목표가 되었던 것 같다.

경상도 촌놈의 서울 생활은 만만치 않았다. 남도에 살 때는 아담하긴 했어도 고즈넉한 마당과 펌프 우물물이 있었던 우리집이 있었다. 공무원이셨던 부친의 급여가 풍족하진 않았지만, 그래도 시골에서는 별 부족함 없이 살 수 있었던 모양이다. 하지만 별천지 서울의 집값은 너무나 비쌌고, 시골집을 팔아서 서울 변두리의 산동네 조그맣고 허름한 전셋집에서 서울 생활을 시작했다.

경상도 촌놈 티를 벗으려고 틈만 나면 서울역으로 가서 아무 버스나 잡아탔다. 종점까지 가면서 서울 거리를 구경하고, 그리고 다시 거꾸로 서울역으로 걸어왔다. 복잡한 서울 지리가 자연스럽게 익혀졌다. 서울역에서 출발하는 버스를 죄다 타보고 난 후에는 용돈을 모아서 청량리에 가서 시외버스를 탔다. 돈이 부족해서 자주 갈 수는 없었지만, 새로운 곳을 구경한다는 것이 너무 좋았다. 방학 때는 친구와 전국을 무전여행으로 떠돌면서 또 다른 세계로의 여행에 대한 꿈도 키워 나갔다.

중고등학교 시절 집안 형편은 항상 빠듯했다. 양수겸장이라고, 학비도 저렴하고 공짜로 해외여행도 할 수 있는 뱃사람이 되기 위해 관련 대학을 찾아 다시 남도로 내려온다. 졸업 후 꿈에 부풀었던 마도로스 생활은 시작되었지만, 곧 환상에서 벗어난다. 해외 정박지에서 당직이다, 출항 준비하랴, 개인 자유시간은 부두 근처에서 술 한잔 하는 것이 해외여행의 전부였다. 내가 꿈꿔왔던 세계로의 여행은 아니었다.

대학시절 처음 나간 미팅에서 집사람을 만나고, 결혼을 결심하게 된다. 장인 장모의 뱃사람은 안 된다는 철칙에 자의 반 타의 반으로 뱃생활을 접는다. 마산에 있는 군함을 만드는 방산 업체에서 육상 근무가 시작된다. 직장 생활을 하더라도 틈틈이 여행은 할 수 있을 것이라 믿었다. 하지만 직장생활은 생각보다 바빴고, 점점 더 바빠졌다. 그리고 사랑스런 아이들이 생겼다. 해외여행은커녕 근거리 여행조차 쉽지 않았다.

올림픽이 열린 1988년 이후, 해외 비즈니스가 활성화되면서 태국, 말레이시아, 인도네시아 등 동남아시아로 출장 기회가 많이 생겨 그나마 여행에 대한 갈증을 조금 해소할 수 있었다. 1989년 인도에 1년간 단신으로 장기 파견을 나가게 되었고, 주재 기간 틈틈이 인도 전역을 돌아보면서 세월을 보냈고, 이후 인도네시아, 태국지사에 근무할 때는 인도네시아 중부지역, 태국 남부지역을 돌아보면서 새로움을 본다는 갈증을 다소나마 해소하며 세월을 보냈다. 한때 나름 군함 제작 역사의 한 페이지를 장식했던 회사였는데, 정치적 바람으로 수주가 점차 대형 조선소로 넘어가고 회사는 어렵게 되어 타 회사로 넘어가게 된다.

마침 중국에서 비즈니스를 시작하기 위해 준비 작업을 하고 있던 처남 사업에 합류하게 되었고, 1992년 중국 상해를 시작으로 정확히 20년 동안 산동, 남경 등 각지를 떠돌며 팔자에 없던 의류 제조업, 자동차 부품공장에서 직장 생활을 했다. 다행히 일반 직장보다는 시간을 좀 더 자유롭게 쓸 수 있는 위치에 있어서, 기회가 될 때마다 가족들과 함께 중국 전역을 여행했다. 20년 동안 중국은 천지개벽할 정도로 변했는데, 내가 처음 갔을 때만 해도 중국은 그야말로 중공이었다. 나는 사실 그 시대가 더 그립다. 그 시절 중국 사람들은 순진하고 친절하였다.

2012년 나는 완전히 자유인이 되었다. 내 나이 만 60세, 중국에서의 모든 것들을 정리하고 마음 속 고향인 부산으로 돌아왔다. 아이들은 고맙게도 모두 번듯하게 자라서 제 살길을 찾아갔고, 내게 남은 건 집사람과 시간 그리고 건강한 정신과 몸이다. 외항선을 타고 세계를 떠돌고자 했던 꿈을 포기한지 반세기가 지났다. 이제 남은 인생 동안은 내게 부여된 역마살을 제대로 펼쳐보려 한다.

'여행에서 가장 행복했던 시간은,
머나먼 객지에서 입에 맞는 음식과 토종 술에 적당히 취할 때다'
'세상에서 가장 즐거운 기분,
그것은 이역의 낯선 마을에서 아침에 홀로 깨어날 때다'

– 중동지역을 혼자 여행한 영국의 탐험가 Freya Stark

틈나는 대로 동남아, 유럽, 시베리아 황단열차를 타고 러시아, 발트3국, 호주, 뉴질랜드, 인도, 네팔 등 현재까지 35개국을 여행했다.

사진 속 저 멀리 보이는 여행객은 중국 사천 성 호투협 차마객잔茶馬客棧에서 잠깐 인사를 나누었던 중국인 자유 여행가이다. 산을 오른지 꼬박 하루가 지난 후 처음 길에서 만난 사람이다. 집에 두고 온 아이들이 보고 싶은지, 아니면 아내의 미소가 그리운 건지 어느새 저만치 가고 있다. 아마 곧 시야에서 사라질 것이다. 살면서 이 세상에서 다시 만난 날이 있을까?

인생 후반부에 접어들면서 여러 현인들의 책을 많이 읽어보았다. 삶의 마지막에 서 있는 인생의 현자들은 하나같이 여행에 큰 의미를 두었다. 그들은 장시간에 걸쳐 여행 이야기를 하고도 이야기를 마칠 무렵이면 늘 아쉬운 듯 말했다.

'참 그곳에 가보고 싶었는데……'

내가 아는 여행가 중 가장 열정적인 이를 꼽자면 단연 리 페리에(97세)를 얘기할 것이다. 1930년대 젊은 나이에서부터 세계여행을 시작해서 아직까지 진행 중이다. 리 선생의 아내는 무려 65세인데, 97세인 리 페리에보다 세계여행을 4번이나 더 다녔다. 리는 라틴아메리카를 여행하다가 사고를 당해 헬기로 수송되었던 적도 있다. 그럼에도 불구하고 리는 아직 여행이 끝나지 않았다고 했다. 그들은 말한다. 꼭 보고 싶고, 가보고 싶은 곳들이 있다고.

아무리 어둡고 험난한 길이라도
나 이전에
누군가는 이 길을 지나갔을 것이고,
아무리 가파른 고갯길이라도
나 이전에
누군가는 이 길을 통과했을 것이다.
아무도 걸어본 적이 없는
그런 길은 없다.
어둡고 험난한 이 세월이
비슷한 여행을 하는
모든 사람들에게
도움과 위로를 줄 수 있기를

– 베드로시안의 '그런 길은 없다'

비록 내 인생이 현인의 삶에 비해 남루할지언정,
나도 꼭 그 곳에 그렇게 가보려 한다.

이번에는 고대문명이라는 테마를 가지고 2017년 5월 1차 남미여행, 11월 ~2018, 2월,
중남미(미국, 멕시코, 쿠바. 페루, 볼리비아, 칠레, 아르헨티나, 우루과이, 브라질)와 아
프리카(남아공, 잠비아, 이집트)로 혼자서 다녀온 배낭여행 이야기를, 필력은 없지만 책
으로 한번 남겨 보고자 겁없이 도전해본다.

목차

아프리카_ *Africa* 312

중남미

Central and South America

———

멕시코

·

페루

·

쿠바

·

볼리비아

·

칠레

·

아르헨티나

·

우루과이

·

브라질

· ·

멕시코
Mexico

· ·

여행을 하고 귀국할 때마다 느끼는 것이지만, 몇 가지만 제외하곤 평균적으로 우리나라가 꽤나 살만한 곳이라는 생각을 늘 하곤 했다. 하지만 한국에 돌아와서 조금만 지내다 보면 그때 그런 생각은 자취를 감추어 버리고 또 다른 탈출 혹은 일탈을 생각하게 된다.

답답한 마음에 핑곗거리를 찾아 멕시코시티 가는 편도 항공편을 결제한다. 저렴한 티켓을 찾다 보니 샌프란시스코 원스톱으로 만 이틀이 걸린다. 경유하려고 해도 ESTA비자가 필요하다고 해서 인터넷으로 신청하니 하루 만에 답신이 온다. 좋은 세상이다!

17년 3월 30일 중남미 정복을 위해 인천공항에서 출발하여 태평양을 건너 샌프란시스코 공항에 아침 10시경 도착하였다. 태어나 처음으로 아메리카 땅을 밟는다.

샌프란시스코!

5세기 전만 하더라도 아메리카 인디언 오홀론 부족이 여러 작은 마을을 이루어 조용하고 평화롭게 살고 있었던 곳이다. 1769년 11월 2일 스페인 탐험대에 의해 샌프란시스코 만이 발견된다. 이후 배고픈 유럽인들이 하나 둘씩 모여들어 원주민의 허가나 동의 없이 말뚝을 박고 농지를 개간 및 정착하기 시작하면서 조용한 인디언 마을이 천지개벽을 한다. 이어 농민을 보호한다는 명분으로 요새가 들어서고, 이어서 카톨릭 수도회인 돌로레스 선교회가 세워지고 토착 인디언들에게 개종을 강제한다. 토종 신앙으로 평화롭던 마을에 천지개벽이 일어난다.

1821년에는 스페인으로부터 독립은 하였으나 다시 멕시코라는 주인만 바뀌고 만다. 다행히 멕시코의 통치하에 선교 풍습은 사라져 예전 풍습으로 돌아가는 것도 잠시의 세월뿐이었다.

1846년 7월 7일 새롭게 탄생한 미국이라는 나라와 멕시코간의 전쟁에서 미국이 승리하여 이 땅은 미국의 캘리포니아주로 새롭게 탄생한다. 이듬해 1월 30일 원 지명인 '예르바 부에나'는 샌프란시스코로 개명되었고, 샌프란시스코는 항구와 해군기지로서의 좋은 지정학적 위치에도 불구하고, 초기에는 사람이 살기 어려운 여건으로 소수의 정착민만이 거주했다.

하지만 1848년 캘리포니아에서 금이 발견되어 '골드 러시 Gold Rush'라는 엘도라도를 찾아 많은 유럽인들이 몰려들기 시작한다. 골드 러시로 부를 축적한 기업들은 돈의 활용을 모색하게 되어, 1852년부터 금융기업들이 정착하고 융성하기 시작하면서 도시는 비약적으로 발전한다. 또한 항구의 개발에 따라 도시는 무역의 중심지가 되었다. 다양한 나라에서 온 이민자들 때문에 도시에는 여러 언어로 쓰인 문화가 생겨났고, 중국 철도 노동자들은 차이나타운을 만들었다. 현재 이 차이나타운은 뉴욕에 이어 미국에서 두 번째로 큰 규모를 형성하고 있다.

반나절 대기시간이 있어 최소한 1937년산 샌프란시스코 랜드마크인 금문교만이라도 보고 갈 것이라고 입국신고를 하고 미국 땅으로 나선다.

공항 3층 Trade 서비스 센터에 짐을 맡기려다 보니, 조그마한 캐리어 한 개, 배낭 한 개 무려 건당 30$이다. 들고 다녀야 하나 맡겨야 하느냐 고민한다, 금문교를 보고 다시 공항으로 돌아와야 하는데 기동성을 생각하고, 눈 찔끔 감고 거금을 주고 짐을 맡겼다.

시내로 나가는 BART 도시열차 개찰구가 있어 자동 판매기 앞에 섰는데, 아무리 읽어 봐도 표 사는 길이 막막하다. 그래서 다시 나와 인포메이션 센터에 물어본다. 내 연배와 비슷한 점잖은 신사분이 친절하게 나이와 행선지를 물어본다. 이런저런 얘기를 하다 보니 생각지도 않은 행운을 맞았다. 왕복표를 50% 할인하여 그 곳에서 발권한다. 옆집에서 바가지 아닌 바가지를 쓴 것이다. 반 본전 건졌다. 연세가 있는 분들은 꼭 확인해서 할인 표를 구하시길!

공항 도시 열차를 타고 많은 여행자들이 내리고 타는 시 중심 Powel ST 역에서 내려 가이드북에서 본 안내에 따라, 그 곳에서 멀지 않은 트랜스베이 터미널에서 10, 70, 80, 101버스를 타면 다리 입구까지 갈 수 있다는데 아무리 찾아도 없다.

　금문교는 포기하고 또 하나의 샌프란시스코 명소 중 한 곳인 과거 이탈리아인 어부들의 선착장이었던 곳 Fisherman's Wharf로 가는 트램 역으로 향했다. 한 줄 서서 기다리다 트램을 기다리니, powel&Market to Fishermans Wharf 명판을 단 케이블카를 타고 달리니 영화에서 보았던 서부 개척시대가 생각난다. 우리나라는 왜 이런 옛 추억을 더듬을 수 있는 전차 길과 전차를 없애 버렸을까?

　부두에 도착하여 해양국립역사공원이 있는 hyde street pier까지 걸어가면서, 부둣가에 정박해 있는 1891년산 스쿠너 Alma, 1890년산 증기선 Eureka, 외륜 예인선 Eppleton Hall, 범선 Balclutha 등을 먼 곳에서 외형만 보고 급히 발걸음을 돌린다. 다시 전차를 타고 원점인 Powel ST 역으로 돌아가, 햄버그로 저녁 한끼를 때우고 공항으로 돌아간다. 생각보다 볼 것이 꽤나 많다는 샌프란시스코이지만 환승으로 지나가는 곳이라 시간이 많지 않다.

초기 이민 시절 이태리 어
부들의 선창가 피셔 부두

　샌프란시스코 발 멕시코시티 행 비행기는 밤 10시에 출발한다. 가까운 시일 내 정식 방문을 기약하면서, 다가올 멕시코와 라틴아메리카 여정을 어떻게 보내면서 후회하지 않는 추억을 남길 것인지 상상하며 창공을 난다.

다음날 아침, 한국은 지금쯤 한밤중이지만 지구 반대편 멕시코시티는 태양이 문안 인사 올리는 아침이다. 밤새 고생한 비행기는 멕시코시티 국제공항에 사뿐히 내린다. 세상 태어나 처음으로 정열의 나라 멕시코 땅을 밟는다. 휴대폰을 열자 첫 일성으로 외교부 안전주의 문자가 뜬다. 안전한 여행이 되기를 다시 한 번 마음속으로 빌며 공항을 나선다.

멀지않은 지하철역을 찾아 메트로 3호선 Juarez역 근처에 예약한 숙소로 지하철을 타고 이동할 생각으로 메트로 역을 찾는다. 이곳은 자동 발권기가 없고 매표원이 직접 지하철 표를 팔아서, 객지에서 자동판매기에 적응하기보다 훨씬 용이하다. 나이가 들어서 그런지 기계로만 되어있으면 도무지 이해하기가 쉽지가 않다. 지하철 표는 5페소(우리 돈 400원 정도)인데 어디로 가건 환승하는데 문제가 없고, 나갈 때는 그냥 별 절차 없이 나가면 된다.

멕시코라는 이름은 아즈텍(Aztec)문명때 붙여진 이름으로, 전쟁의 신이자 달의 아들인 멕시틀리(Mexitli)신의 땅 이라는 뜻을 가지고 있다. 그래서 그런지 멕시코 전역의 고대유적들은 달과 태양으로 얽혀져 있다. 멕시코시티는 영어를 부를때 쓰는 이름이고 원래 이름은 Mexico Distrito Federa(Mexico D,F) 이다. 현지인들은 자기네들 수도를 '멕시코 데에페'라 부른다.

이 도시의 탄생은 1325년 아즈텍인들에 의해 테스코코(Texcoco) 호수의 중심에 있는 작은 섬에서 이루어졌다. 호수 주변 습지에 특수 작물법을 개발하여 먹을 것이 풍부하다 보니 거대한 도시로 성장한다. 하지만 스페인 약탈자들이 호수를 메우고 신전을 파괴하여 매립하여 현재의 소깔라 광장 주변이 형성되는 비극을 안고 있다. 대성당 옆 아스텍 문명시절 신성한 중앙신전 템플로 마요르(Templo Mayor)가 최근 발굴되어 복구 중이라 다행이다.

멕시코시티는 해발 2,240m의 높은 고원에 있는 커다란 계곡인 아나후악(Anahuac)이라고 불리는 계곡 안에 위치하고 있다. 이 계곡은 사방이 산으로 둘러싸여 있고, 북쪽으로만 좁게 개방되어 있다. 남쪽 국립공원이 있는 산맥의 해발고도는 3,925m이고, 동남쪽으로는 해발 5,000m 이상인 곳에 포포카테페틀 국립공원이 있고, 멕시코시티 지진의 근원인 포포카테페틀 활화산이 있어 지진 발생이 잦은 나라이다. 비교적 최근인 2013년 5월 8일에도 화산 활동이 감지되어 멕시코시티 시민들을 불안하게 했다.

공항에서 메트로 5호선으로 타고 La Laz 역에서 갈아타고 가는데, 마침 아침 출근시간이라 복잡함이 이루 말할 수 없다. 서울의 출퇴근길 9호선보다 더 심한 상황이라 캐리어를 끌고 배낭을 메고 타기가 정말 힘들었다. 대중교통만을 이용하는 것을 원칙으로 세웠기에 별 대안이 없어서 탔지만 막상 타고 보니 상당히 민망스럽다. 출근길에 짜증날 멕시코 직장인들에게 상당히 미안하다는 생각이 들었다. 출퇴근 시간에 도착하시는 분은 공항에서 시내까지 10여km 정도로 멀지 않으니 택시를 이용하시길, 단 야간은 안전 문제상 메트로를 이용하시길 권한다. 시내 주요한 볼 곳은 메트로 역에서 멀지 않다.

어렵사리 숙소에 도착하니 호스텔이 5, 6층이라 캐리어를 들고 힘들게 올라가면서 입안에 욕이 가득해진다. 아직 체크인 시간이 한참 이른데도, 급히 방 정리를 해서 체크인을 할 수 있도록 배려하는 매니저의 태도는 만점이다. 카운터 앞 홀에는 아침식사를 하는 여행객들이 식도락을 즐기고 있다.

원래는 내일 아침부터 가능하지만 매니저가 친절하게 아침식사를 권한다. 비행기에서 아침은 해결한지라 커피 한 잔만 챙겨서 침실을 정리하는 동안 여행자들의 아침 식사를 보고 있자니 깔끔하고 음식 향이 군침을 돌게 한다. 숙소 위치도 지하철역에서 멀지 않고, 아침 식사가 맘에 들어 멕시코 첫 인상을 좋게 가지게 된다. 향후 여행에도 행운이 계속 이어지길 기대하며, 대충 정리를 하고 나서 멕시코 첫 탐방을 나선다.

멕시코시티의 중심 소깔로 광장으로 길을 나선다. 숙소에서 그리 멀지 않은 것 같아 걸어서 처음 만나는 알라메다 공원 벤치에서 한숨 돌린다. 산책 나온 현지인들의 인상이 살갑게 보인다. 빙하기 끝날 무렵 알래스카 쪽으로 이어진 육로로 몽고 인종이 넘어온 후세라고 해서 그런지 백인들보다는 친근감이 든다. 16세기에 개장한 오래된 공원이다. 평일인데도 공원에서 휴식을 가지는 현지인들이 많은 것을 보니 여기 경제사정도 썩 좋은 형편은 아닌 것 같다. 곳곳에 배치된 무장 경찰들을 보니 외교부 안전주의 문자가 다시 한 번 되새겨진다.

이곳도 밤이 되면 적색지대로 변한다.

공원 북쪽 멕시코시티의 중심대로 레포르마 대로 너머 피사의 사탑같이 삐딱하게 서 있는 성당들의 모습이 안쓰럽다. 1985년 진도 8.1의 대지진의 영향으로 기울어진 것 같은데 보수할 여력이 없는지, 아니면 일부러 놔두었는지는 모르겠지만 전자가 맞지 않을까 생각해보며 일어선다.

알라메다 공원 옆 예술궁전

포플러나무가 울창한 알라메다 공원에서 바라보이는 예술궁전으로, 흰 대리석 건물에 황금색 돔이 어울려 아름다운 건물이다. 1층은 오페라. 발레 공연장이고, 전통 민속공연도 자주 열린다고 한다. 이곳의 볼거리는 2~3층 복도에 전시된 멕시코 대표 화가 디에고 리베라와 루삐노 따마요의 벽화들이다. 공산주의 혁명, 멕시코 혁명과 우주가 결합된 특이한 벽화가 많이 보인다. 3층에는 국립건축 박물관이 자리하고 있다.

예술궁전을 거쳐 조금 걷다보니 멕시코시티의 랜드마크인 '라티노 아메리카 타워'가 보인다. 멕시코시티에서 가장 높은 건물이다. 우리 눈에는 그렇게 웅장해 보이지는 않지만 중남미의 랜드마크로 불릴 정도의 건물이다.

이곳을 지나 100년의 전통을 자랑하고 현재도 운영 중인 중앙 우체국을 들어가, 대기실 소파에 잠시 앉았다. 100년 전의 근무 환경이 지금도 변함없는 것 같다. 우체국 내부 장식으로는 너무나 고풍스럽다.

그곳에서 멀지않은 국립 미술관을 지나 소깔로 광광에 도착하였다.

멕시코 전체를 대표하는 소깔로 광장(El Zocalo)이다. 공식적으로는 헌법광장이라고 부른다. 세계에서 구소련의 붉은 광장 다음으로 큰 광장이라고 자랑하는데 실제로는 아닌 것 같다. 아즈텍의 목테수마 2세가 스페인군에게 마지막 항전하다 패한 아픈 역사가 있는 곳이다.

원래는 아스텍의 도읍인 '테노치티틀란'으로 호숫가에 신전 및 왕궁이 있는 거대한 고대도시인데, 에스파냐 정복자 코르데스의 작품으로 호수는 매립되고 신전은 파괴되어 오늘의 건물이 들어섰다.

정면으로 보이는 대성당은 높이와 폭이 55m씩인데 세 개의 현관 중 중앙 현관에 베드로와 바울 상이 조각되어 있고, 시계탑의 꼭대기에는 믿음, 박애, 소망을 나타내는 조각상이 있다. 검은 피부의 예수상이 특이하다.

1524년부터 건축이 시작되어 지진으로 무너지고 재건축되어, 무려 250여년 세월이 흘러 완성된 대성당이다. 3세기에 걸쳐 건축을 하다 보니 다양한 건축양식이 혼합된 건축 박물관이라고도 한다. 아름다운 이곳도 지진 영향인지, 매립지의 영향인지 약간 기울어져 있는 것 같다. 안쪽으로 들어가 항상 앉는 뒷줄 옆자리에 앉아 안전 여행을 기원하며 마음의 안식을 찾는다.

14세기 아스텍 제국의 주요 신전 및 왕궁이 있었던
'테노치티틀란' (현 소깔로 광장 주위)

대성당 좌측에는 아즈텍 제국 전체에서 가장 신성한 지역인 중앙신전 템플로 마요르(Templo Mayor), 스페인 말로 '거대한 신전'이라고 하는데, 도시의 지하에 묻혀있다가 발굴된 신전인데 일부만 발굴되었고 현재도 계속 발굴중이라 어수선하다. 내부에는 아즈텍인이 신성시 여겼던 뱀, 개구리 조각상과 명상을 하던 독수리 집 등 말고는 특이한 것이 안 보인다. 멕시코의 문명이 한자리에 모인 곳 '인류학 박물관'에서 아쉬움을 달래기로 하고 지나친다.

이른 아침 대성당이
정면으로 보이는
소깔로 광장

템플로 마요르 좌측으로는 대통령궁이 자리하고 있다 보니 정복 입은 군인들이 많이 눈에 보인다. 하지만 청와대처럼 몇 겹의 철책은 없어 편안하게 보인다. 이 궁은 원래 에스파냐 정복 이후인 1563년에 아즈텍 왕의 조카인 몬테주마의 집 마당위에 지어졌다가, 1959년, 1692년 화재로 소실돼 현재의 모습으로 재건축되었다.

다시 광장을 가로질러 우측으로. 국립극장, 골동품, 귀금속 등의 경매가 이루어지는 국영 전당포가 있고 주위에는 금은방 상점들이 광장 주위를 에워싸고 있다. 화려했던 옛시절을 상상하며 오늘의 탐방을 마치고 가이드북에 소개된 맛집을 찾는다. 국영 전당포에서 멀지 않은 곳 'Gili Poiios' 오늘의 메뉴(88페소)을 주문하고 주위를 둘러보니 아늑하고 분위기 있는 식당이다. 전채로 나온 수프가 아주 맛있었고, 홍차에다 닭요리, 밥, 빵, 후식으로 나온 젤리, 아이스크림 같은 것도 상큼하게 마지막 입맛을 돋운다.

이젠 숙소로 돌아가는 길이다. 다시 알라메다 공원 벤치에 앉아 발품의 휴식을 갖는다. 오늘 하루 지나 본 곳을 되새김하면서 공원에 나와 있는 현지인 인디오 모습을 유심히 쳐다본다. 인구 이천만이 넘는 대도시답게 퇴근 시간이 이른데도 많은 원주민들이 공원 곳곳에서 보인다. 여기도 실업률이 높은 모양이다. 순수 원주민들은 까만 얼굴에 대체적으로 키가 단신인데 약간 불그스름한 얼굴에 키가 크고 우람한 체격을 가진 사람들도 많다. 소위 스페인 원주민 2세인 메소티조들이다.

숙소 앞 대로변의 포장마차 식당에는 아침, 저녁 출퇴근길에 시민들이 줄을 서서 멕시코 전통 간편식 '타코'를 먹고 있다. 나도 한자리 끼어 타코 한 접시를 먹은 후, 숙소로 돌아와 씻고 정리를 했지만 아직 이른 저녁이다.

라티노 아메리카 타워

멕시코 첫 밤을 보내기가 아쉬워 숙소 옥상으로 올라가 주위를 살펴보니 제일 눈에 띄는 건물, 낮에 본 라티노 아메리카 타워가 바로 곁에 서있다. 44층으로 이곳에서 제일 높은 건물이라고 한다. 날씨 탓인지 야간 조명 빛이 화려하게 밝지를 않고, 뭔가 말하고 싶은 사연이 많은 것처럼 얕게 퍼지는 시퍼렇고 서늘한 기운을 띄우고 있다.

다음날, 숙소에서 제공하는 맛있는 아메리카 블랙퍼스트를 먹고 아침 일찍 서둘렀다. 멕시코시티 북쪽으로 50여km 떨어진 멕시코 3대 문명의 한 곳인 떼오띠우아칸으로 가기 위해 숙소를 나섰다.

가이드북의 안내대로 메트로 5호선을 타고 Autobusesdel Norte 역에서 내려보니 바로 앞에 터미널이 보인다. 정문에서 왼쪽 끝 7번과 8번 카운터 사이에 있는 매표소에서 버스표를 사니 매표원이 출구 번호를 애기해 준다. 지정된 출구에서 버스를 타고 한시간여 지나니, 저 멀리 올멕 유산인 라틴아메리카 최대의 피라미드가 살며시 자태를 보이는 떼오띠우아칸 유적지 입구에 닿았다. 돌아올 때도 약간의 혼선으로 조금 헤매었지만 가이드북을 따라 편하게 2번 입구 삼거리길 건너편에서 버스를 타고 멕시코시티로 돌아왔다.

기록된 설화들에 따르면 태양과 달의 신화의 무대가 되는 곳이기도 하다. 태양이 떠오르지 않아 지구가 어둠 속에 빠졌을 때, 오직 떼오띠우아칸에만 빛이 있었다고 한다. 태양과 달의 신이 자신들을 희생해서 불꽃으로 산화한 후 태양과 달이 다시 하늘에 나타났다고 한다. 그 신화의 무대가 떼오띠우아칸에서 가장 유명한 유적인 태양의 피라미드, 달의 피라미드와 밀접하게 연관되어 있다.

멕시코는 BC 2000년경부터 농경시대가 형성되었으며 BC 1000년경에 현재의 베라크루스 지방을 중심으로 형성된 멕시코 고원 최초의 올멕문명으로 시작하여, 떼오디우아칸(BC 200년~AD 900년), 마야, 돌텍(AD 200~900), 아스텍(AD 900~1521) 등 고도로 발전된 문명들이 흥망성쇠를 거듭해왔다. 멕시코 초기 문명으로 간주되는 첫 번째 올멕(Olmec)문명, 이들의 예술 종교 사회구조는 이후 문명에 영향을 주었으며 올멕의 신들은 스페인 정복 이전까지 계속 숭배되어 왔다.

이곳 떼오디우아칸 문명은 BC 200년경에 성립되어 최대 번성기에는 인구 20만의 도시를 이룬 멕시코 중부지역 최초의 큰 문명으로 과테말라, 온두라스 북부 일와부, 남부 멕시코 대부분을 지배하였다. 7세기경 소멸되긴 했지만 인간 농업사회의 창조주인 께살고아뜰(Quetzalcoatl)이나 비와 물의 신인 뜰라록(Tlaloc) 등은 멕시코 고산 분지와 마야 문명에 커다란 영향을 미쳤다.

멕시코시티는 중미 최대의 제국이었던 아즈텍의 문명이 번성했던 곳이고, 12세기 아즈텍족이 소멸 후 6세기가 지난 떼오띠우아칸을 처음 본 순간 도시의 장엄함에 놀라 '신들이 태어난 곳'이란 뜻을 지닌 떼오띠우아칸으로 불리어졌다.

다음 주요한 마야문명(Maya), 초기 마야 문명은 과테말라 태평양연안의 오코스(BC 1500) 및 콰도로스(BC 1000) 문화에서 시작된다는 학설도 있지만, 초기 마야의 기원에는 멕시코의 올멕 및 치아파스 지역 이사파 문화의 영향이 컸다는 학설이다.

초기 AD 1세기경에는 과테말라 북부의 페텐 지방의 시아문화와 멕시코 현 치아파스 지역에 정착하였고, 그 후로는 유카탄 반도의 북부 지역의 치첸잇사를 중심으로 마몬문화가 정착되었고, AD 5세기경이 최고의 전성기였다고 한다. 이어서 과테말라 북부 카미날퓨 지역의 자카넬 문화에 이르러 마야 문화의 기본양식이 확립되게 되었다고 한다.

고고학자인 미국인 존 스티븐슨(John Stephens, 1805~1852) 친구인 미술가인 프레더릭 케서우드(Frederick Catherwood, 1799~1854) 와 함께 마야문명을 캐기 위해 팔란케, 우스말, 치첸잇사, 코판 등 마야 유적지를 구석구석 돌아보고 글과 그림으로 마야 문명과 유적들을 여행기에 남겨져 찬란하고 웅장한 마야문명이 세상에 새롭게 알려지게 된다.

마야인들은 앞이마가 경사진 독특한 얼굴에 매부리코와 두꺼운 입술이 특징으로, 피라미드, 벽화, 비석 등 원시시대의 문화라고 볼 수 없을 정도의 고대 문명을 이룩했다. 마야 문명은 사회와 경제 제도, 천문학, 수학, 조각, 의학, 그리고 예술적 측면에서 가장 뛰어난 라틴아메리카의 고대 문명으로 평가받고 있다. 20진법과 유럽보다 천년 앞서서 0을 사용한 고대문명의 앞선 주자다.

마야문명을 지리적 관점에서 보면 의아하게 생각하는 고고학자들이 많다. 초기 인류 문명사는 이집트 문명의 나일 강, 인도의 갠지스 강, 중국의 고대문명은 황하와 장강 메소포타미아 문명의 유프라데스 강, 티그리스 강 등 보통은 강을 두고 문명이 발전했는데, 유독 마야문명은 열대우림 속에서 찬란한 문명을 꽃피우다 어느 한 순간에 열대우림 속에 파묻혔다. 마야문명의 소멸은 그 발생과 마찬가지로 베일에 싸여 있다. 문명의 시작 시기, 납득되지 않는 위치, 이런 이유로 마야의 우수한 과학 기술은 자생적으로 발생한 것이 아닌, 다른 외부 집단으로부터 전수된 것이라는 이야기도 있다. 대체적으로 마야문명은 BC 1000년 경에서 AD 9세기까지 번영을 누렸다고 한다.

우선 고도 2,300m에 자리잡은 떼오따우아칸 문명의 번영 흔적을 찾아보자!

비수기라 그런지 간이매점 종업원, 조그마한 보따리에 기념품을 들고 여행객을 기다리는 현지인만 보일 뿐 여행객들 보기가 어려웠다.

1번 입구를 통해서 들어가면 첫 번째 만나는 께살꼬아뜰 신전(Templo Quetzalcoatl). 층마다 조각돼 있는 '깃털 달린 뱀'이란 뜻을 가진 말대로 뱀을 신으로 섬긴 신전이다. 께살꼬아뜰은 메소아메리카 신들 중 대표적인 신이다.

아스텍의 신은 다양하지만 대체적으로 세 그룹으로 나누어, 첫 번째 우주 창생의 신 그룹에는 오메테오틀, 테스카틀리포카 등이 속한다. 두 번째 비와 풍요의 신 그룹에서는 틀락록이 으뜸이다. 마지막으로 전쟁과 태양의 신 그룹에서는 우이칠로포츠틀리가 대표적이라고 한다.

오메테오틀신의 아들 넷 중 하얀 테스카틀리포카(케찰코아틀)이 아즈텍 신들중에서 가장 유명한 신이라고 한다.

께살꼬아뜰 신전
(Templo Quetzalcoatl)

아스텍 전설에 의하면 케살코아틀의 외모는 하얀 피부를 가졌고, 얼굴에는 약간 붉은 빛이 감돌았고 턱수염은 덥수룩했고 키가 큰데다 커다란 눈과 긴 속눈썹을 가지고 있었다. 십자가가 그려진 방패를 들고 있는 케살코아톨은 백인의 외모와 흡사하다고 한다. 이 신은 창조의 신으로 문자와 문명의 이기를 가르쳐 준 중요한 신이다. 하지만 케살코아틀 신 때문에 훗날 메소아메리카는 문을 닫아야 하는 비운을 맞는다.

멕시코시티 인류 박물관 9실에서 올멕 문명의 꽃이라 불리는 라벤타(La Venta) 유적과 올멕 유적지에서 발굴한 흑인 같은 올멕 석상과 백인 같은 회색 현무암 조각상에 대해, 일부 학자들은 마지막 빙하기에 아메리카로 이주한 종족 가운데 아프리카 흑인, 일부 백인들이 이주해 그들이 올멕과 마야문명을 만들었다는 설화가 있다.

또 일부 학자들은 케찰코아틀은 BC 1000년 무렵 고대 지중해에서 활약한 페니키아인이며, 올멕 두상은 페니키아인의 노예라는 주장을 하기도 한다. 이들은 과테말라 해안으로 들어와 이집트 문명과 메소포타미아 문명이 멕시코 쪽으로, 한편으로는 페루 쿠스코 주위로 문명이전이 되지 않았냐는 주장도 있다.

또 한편으로는 성서 창세기 '카인과 그 후손의 표식'은 지역적 요소로는 아스텍인들의 수도 테노치티틀란(일명 테노치Tenoch) 사투리 T음을 접두시키는 것을 빼면 창세기 4:17에서 나오는 에녹(Enoch)이라고 주장하는 학자도 있다. 유전적 변화로 얼굴에 틀이 없는 아메리카 원주민들이 되었고, 그에 대한 가설로 메소아메리카 시초는 카인의 후예로 추정되어 남북으로 전파되어 메소아메리카 문명이 형성되었다고 학자들은 추정하기도 한다.

하얀 백인과 흑인 두상, 두 인종의 모습이 엉뚱하게도 중앙아메리카 일대에서 발견된 것을 두고 그리스 신화에 나오는 '아틀란티스(Atlantis)'의 후예라고 주장하는 학자도 있다.

멕시코 고대기에서는 아시아인이 BC 1만 년 전 빙하기 말기 베링 해협을 건너 중남미에 정착했다는 설화도 있다. 아주텍 문명의 '나와틀'어 잉카문명의 '케추아'어가 우리말의 흔적이 많이 남아있어, 언어적 관점에서 멕시코 남부까지 우리 민족이 이주하지 않았나 하는 주장을 하시는 우리나라 학자의 논문도 나에게는 흥미롭다. 전설과 설화를 연구하는 고고학자들의 주장은 여러 갈래라 아마추어가 이해하기는 어렵다. 언제 정답이 나올 것인지?

다시 나와 저 멀리 달의 피라미드로 가는 남북 4.8km, 폭 36.5m의 사자(死者)의 길(La Calle de los Muertos)로 나선다. 사방이 확 트인 거대한 광장이 한 눈에 들어온다. 고대 왕의 분묘가 길 양 옆에 있고, 당시 사람의 심장을 제물로 바치다 보니 '죽음의 길'로 불린 곳을 걷는다. 우측에 아메리카에서는 제일 크고 세계에서는 세 번째로 큰 태양의 피라미드 (Piramide de Sol)가 보인다. BC 2세기에 시작하여 AD 2세기까지 거의 4세기 동안 쌓여진 신전이다.

태양의 피라미드가 보이고
죽음의 길 북쪽에는 달의
피라미드가 있다

달의 피라미드

　이집트 피라미드는 큰 돌을 깎아서 세운 거대한 무덤이지만, 이곳은 벽돌을 구워서 한 장 한 장씩 350여 년 동안 쌓은 거대한 신전이다. 높이 66m, 건물 바닥 한 변의 길이가 230m에 달하고 248개의 계단으로 된 신전이다.

　고고학자들의 생각으로는 이집트의 기자 피라미드와 여러 가지로 흡사한 점들이 많다고 한다. 건축 전문가들은 이집트 기자 피라미드를 그대로 모방했다고 한다. 때문에 이집트에서 피라미드를 세운 종족이 멕시코로 온 것이라 주장하는 학자도 있다. 기자의 두 번째 피라미드가 대 피라미드보다 작기는 하지만 그 꼭대기는 해수면을 기준으로 같은 높이에 있다. 떼오띠오아깐에서도 마찬가지이다. 달의 피라미드가 태양의 피라미드보다 작지만 9m쯤 높은 땅에 세워져서 그 둘의 꼭대기가 해수면 기준으로 높이는 같다. 주요 의례들은 달의 피라미드에서 진행되었다고 한다. 또 두 곳은 모두 인공 기단 위에 세워졌고, 그 변들의 거의 같은 크기다. 피라미드의 안전한 각도 43.5도, 바닥 면적 등 이런 유사성과 일치점들은 두 쌍의 피라미드들 사이에 숨은 연계를 말해주고 있다.

또 한 가지, '깃털 달린 뱀'의 신화는 이집트나 메소포타미아 문명에도 같은 내용으로 전해진다. 그들은 죽은 파라오를 따라 신성한 계단으로 가서 그가 영원한 내세를 살기 위해 하늘로 올라갈 때 필요한 날개 달린 뱀이 있다. 멕시코 나와틀 사람들의 종교적 주신인 깃털 달린 뱀과 이집트의 날개 달린 뱀을 고고학적으로 고찰할 때 메소아메리카와 이집트의 연관성을 부인하기가 어렵다고 고고학자들은 주장한다.

다시 현실로 돌아와 피라미드 정상을 쳐다보니, 정상에 오른 여행객들이 조그맣게 보인다. 여기까지 오는데도 더운 날씨에 이마에 땀이 송골송골 맺혀 망설여진다. 이제 가면 언제 오냐는 옛말도 생각나고, 그 높다는 중국 황산과 태산 돌계단도 올랐던 추억을 되새기며 한 계단씩 올라간다.

이집트 기자 피라미드 사전조사에 따르면, 예전에는 등정이 가능했지만 지금은 안 된다고 하니 이곳 피라미드 아니면 피라미드 정상을 올라가 볼 기회가 없다. 가끔씩 불어오는 선들 바람에 기운을 차리고 정상에 섰다. 정상은 평평하다. 이 평평한 곳에서 태양을 향해 정성스럽게 기도했었던 인디오들의 상상에 내 마음도 엄숙해진다.

방위를 정확히 맞추어 춘분과 추분을 알 수 있고, 하지 때 태양이 이 피라미드 정면을 향하도록 설계되었다고 한다. 기원전에 인디오들이 이미 태양을 중심으로 생활 근거를 기초했다는 과학적인 사고를 지닌 것 같아 내가 갑자기 왜소해지는 기분이다. 다시 내려가려고 밑을 내려다보니 밑에서 보았던 자그마한 사람들의 흔적이 다시 보인다. 주위를 다시 둘러보니 온 세상이 내 발 아래 있는 것 같다. 비록 60여m의 높이지만, 안나푸르나 한 귀퉁이 푼힐 전망대에서 동트기 전 느꼈던 환희의 전경을 이곳에서 다시 맛본다.

멀리서 바라보이는 달의 피라미드를 향해 발걸음을 옮긴다. 여행객이 없어서 한낮인데도 정적이 감싸는 죽은 자의 거리를 걷다 보니 무인지경無人之境 속으로 빠져든다.

달의 피라미드는 AD 3세기경에 완성되었다고 추정한다. 태양의 피라미드보다는 작지만 주요 의례들이 이곳에서 치루어져 달의 피라미드가 더 중요하다고 한다. 달의 피라미드는 남성의 신을 모시는 곳인데, 가는 길 양 옆으로 허물어진 건물 흔적이 군데군데 보인다.

죽은 자의 길 북단 끝 쪽에 서있는 달의 피라미드(Piramide de la Luna) 떼오띠우아깐 유적의 중심 신전이다. 상부의 제단에서는 살아있는 인간의 심장과 피를 신을 달래기 위해 신의 제물로 바치는 행사를 가졌다고 한다. 최근에 계단의 기초 가까운 곳에서 흑요석과 녹옥의 수많은 무덤 부장품과 남성 해골이 묻혀있는 무덤이 발굴되었다고 한다. 그리 높지는 않지만 과거의 흔적을 상상하기가 떨떠름하여 겉모습만 보고 돌아갈 채비를 한다.

가장 번성했을 때는 인구가 20만 명에 이를 정도로 중남미에서는 최대 도시국가였다. 정확한 사연을 모르지만 7세기경부터 역사의 뒤안길로 빠졌단다. 떼오띠우아깐 신전의 대부분의 유물은 멕시코시티 인류학 박물관에 전시되어 있다. 필히 가 보아야 할 곳이다.

가이드북의 안내대로 달의 신전 바로 보는 방향에서 우측으로 나가면 2번 입구가 나온다. 길 건너편에 아무런 표시도 없어 마을 쪽으로 좀 내려가고 있으니, 현지인들이 눈치채고 손으로 입구 건너편을 가리킨다. 다시 올라가 기다리고 있으면 버스가 온다 한다. 휑하니 혼자서 긴가민가 하면서 기다리고 있으니 반가운 버스가 멀리서 다가온다.

멕시코시티로 돌아가는 길, 고속도로에 접어들면서 보이는 산비탈에 지어진 달동네가 이어진다. 관광객을 위한 것인지 울긋불긋 요란하게 화장을 하고 있다. 신전을 갈 때는 여기도 달동네가 있네 하고 가볍게 보였던 것이, 신전을 보고 나오는 길에 다시 보니 예전 중고등학생 시절 서울 변두리 달동네에 살았던 추억이 떠오른다. 다시 한 번 어려웠던 옛 시절을 회상하며 세상사 어느 곳 할 것 없이 비슷비슷하다는 생각 끝에, 저 동네만이라도 빠른 시간 내에 좋은 환경으로 바뀌기를 빌어본다. BC 2000년부터 농경사회가 형성되어 BC 1200년부터 떼오띠오아깐, 마야, 똘떽, 아스텍 등 찬란한 고대문명을 가진 민족인데…
16세기 인구 2천만에 달했던 아스텍 문명은 500여명의 해적 같은 스페인군에
유린당하고, 19 세기에는 미국에게 헐값에 멕시코 땅 절반을 팔아 넘기고서야
간신히 독립국가로 설 수 있었다.

중남미 국가의 대표적으로 좋지 않은 경제구조, 3~5%의 소수에게 부와 권력
이 집중되다 보니 서민들의 삶은 고달프다. 고속도로 변의 산동네 집은 남미
어디에서나 쉽게 볼 수 있고, 배고픔에 장사 없다고 큰 도둑, 중간 도둑, 작은
도둑으로 여행자를 불안하게 만든다.

본인도 바로 2년 전에 영혼의 새 삶을 위해 남미로 길을 떠난 지 보름 만에
중간 도둑에게, 페루 Ica 시외버스 터미널에서 몇 년간 동고동락한 여행 친구인
배낭과 이별하게 되어, 여행의 모든 도우미를 상실해 더 이상 여행을 지속 할
수 없어 쓸쓸한 귀국길에 올랐었다.

레포르마 대로 옆 혁명 박물관

다시 멕시코시티로 돌아와 지하철
5번에서 3번으로, 또 2번으로
Revolucion역에 내려 남서쪽으로 가
로지르는 레포르마 대로(Paseo de
la Reforma)와 이웃하고 있는 혁명
기념탑을 찾았다.

상부에는 전망대가 있고, 사각 기
둥 상부 귀퉁이에는 개혁, 농민, 노
동자, 법을 상징하는 조각상이 멕시
코 시내를 바라보고 있다. 그 밑 탑
을 지지하는 4개의 기둥 밑에는 멕
시코 혁명 영웅인 프란시스코 마데
로(Francisco Madero), 카란사
(Venustiano Carranza), 판초 비야
(Pancho Villa) 등의 유해가 안치되어 있다고 한다. 기념비 아래에는 60여년

에 이르는 멕시코 혁명의 역사를 볼 수 있는 군복과 무기, 자료, 사진들이 전시되어 있는 혁명박물관이 있다.

멀지 않은 숙소로 돌아가는 길에, 정장에 넥타이를 맨 신사와 아름답게 치장한 숙녀들이 출퇴근 때 가판대 앞에 줄을 서서 즐겨 먹는 멕시코 전통음식 타코(옥수수 가루 전병에 다양한 야채와 고기들을 볶아서 전병에 말아준다)가 나를 불렀다. 맛이 절묘하다.

멕시코 전통 음식 '타코'

3일째 되는 날 멕시코 문명의 모든 것을 볼 수 있는 인류학 박물관을 찾았다. 둘러보고 마야문명의 발상지 빨렌께 가는 버스표를 사야 할지 결정해야 된다. 12시간 버스길, 더운 날씨, 안전을 주의하라는 외교부 문자 등으로 망설여지는 숙제다. 가느냐 마느냐는 박물관 관람 후 결정하기로 하고 지하철로 1호선 Chapultepec 역에서 내려 박물관을 찾았다.

수백년을 지내 온 울창한 녹지와 호수, 박물관이 있는 차뿔떼빽 공원(Bosque de Chapultepe)으로 다가서니, 멀리 1847년 미국과의 전쟁 '차뿔떼빽전투' 당시 6명의 사관 생도들의 장렬한 죽음을 기념한 영웅들의 기념비 및 국립역사 박물관이 보인다. 공원에는 여러 개의 작은 호수, 동물원, 대통령 공원 등이 있다. 평일이라 그런지 공원에는 원주민뿐만 아니라 여행객들도 안 보인다.

호숫가에 묶여있는 유람선들이 한가로이 손님을 기다리고 있다. AD 1200년경 아스텍인들이 북쪽에서 내려와 임시로 거주했던 곳으로 면적이 7.3km²로 광대한 공원이다. 공원내 언덕에는 차풀떼벡 성이 보인다. 내부 장식이 아름답다는데, 오늘의 목표는 인류학 박물관이라 멀리서 눈도장으로 마감한다.

인류학 박물관이 공원 경내에 있을 것이라 미리 못을 박고, 대충 방향 감각으로 아무리 가도 인류 박물관 팻말이 안 보인다. 몇 차례 현지인들에게 물어보니

인류학 박물관 이정표

이리 가라, 저리 가라… 광대한 공원을 쳇바퀴 돌듯 한 바퀴 돌아도 안 나타난다. 결국은 공원 밖 북쪽 변 레파르마(Paseo de la Reforma)대로를 넘어 공원과 별도 지역에 있었다. 인생살이와 똑같다. 잘 알지도 못하면서 미리 예단한 길로 가다 보면 돌이킬 수 없는 막다른 길로 가듯이.

엉뚱한 곳을 헤매다 찾은 인류학 박물관 입구, 비의 신 틀라록의 거대한 석상이 서 있다. 틀라록 신은 정교한 가면을 쓰고 크고 둥그런 눈에 특이한 어금니를 갖고 있는 신으로 떼오띠우아깐 시대 마야의 신 차크와 모습이 흡사하다.

멕시코가 자랑하는 모든 유적들을 한곳에 모은 인류학 박물관. 혹자는 파리 루브루 박물관과도 견줄 만하다는데 그 정도는 아닌 것 같다. 소개 책대로 어제 본 떼오띠우아깐 문명, 발렌께와 치첸잇싸의 마야문명, 멕시코시티의 아스텍 문명, 오하하까의 사뽀텍(Zapotec) 문명, 미슈텍(Mixtec) 문명, 멕시코만의 초기 문명인 올멕 문명의 유물들이 차례대로 곳곳에 분류되어 전시되어 있다.

그 한 가운데 구역에 아스텍 시대가 배정되어 있는데, 아스텍 문화가 멕시코 고고학의 기본인 것을 표현하는 것 같다. 한 고고학자는 아스텍의 그림문자가 이집트 초기 왕조 나르메르(Narmer)왕 석판의 이집트 문자와 비슷하다고 주장하고, 금 세공술이 발달해 금에다 터키옥을 박은 보석들을 선호했다는 점도 이집트 고대문명과 유사하다고 주장한다.

아스텍의 이름은 나중에 붙여진 이름이고, 초기에 그들은 스스로를 '메시카'라 불렀다. 방 이름도 메시카 방이라고 하며 가장 중요한 방이고, 면적도 제일 넓은 것은 메시카인(아스텍)들의 문화를 중시하는 점에서 상세하게 이해할 수 있도록 배치되어 있다.

14세기에 북 멕시코에서 이동해온 수렵민족인 아즈텍족이 지금은 사라진 텍스코코 호湖의 작은 섬에서 신의 계시를 받아 테노치티틀란(현 멕시코시티)이라는 도시를 구축하였다. 아스텍인이 멕시코에서 불과 200여년이 채 안 되는 기간 동안 거대한 제국과 이러한 문명을 가질 수 있었던 데에 학자들은 의아해한다. 놀라운 것은 아스텍인들은 그들보다 발달한 문화를 가진 종족이 살고 있는 곳으로 들어온다. 질 낮은 떠돌이 종족으로 기존 종족의 시중을 들거나 품팔이로 살다가, 빠른 시간 내 그들을 제압하고 그들의 문화뿐만 아니라 기술까지도 도입하여 조그마한 부족 국가로 탄생하여, 천문학 우주관으로 형성된 신들의 믿음으로 세력을 확장하여 멕시코 중남부를 지배하게 됐다.

하지만 1519년 에스파냐인 에르난 코르데스는 엘도라도를 찾아 쿠바에서 500여명의 해적 같은 원정대를 조직해 11척의 배로 서쪽으로 항해하여 멕시코 동부 해안 베라쿠르즈에 도착한다. 계속 서진하여 테스코코 호수 곁 거대한 신전도시 테노치티틀란을 보고 이탈리아의 베네치아와 비슷한 거대한 도시 전경에 경탄을 금치 못했다고 한다. 에스파냐인 생김새가 켓살코와틀 신의 모습과 닮아, 아스텍 제국의 몬테주마 황제는 이 해적 같은 이방인을 영접했다. 코르데스는 환영해준 황제를 도리어 연금하여 몸값으로 상당한 금은보화를 받고서 최종적으로는 죽음에 이르게 하고, 우여곡절 끝에 1521년 아스텍 제국은 소수의 에스파냐인들에게 농락당하고 유린당하여 멸망하게 된다.

멕시코는 황금의 땅이라고 유럽에 소문이 확산되어 중남미를 필두로 교두보를 만들어 중미와 남아메리카는 유린되고 정복된다.

입구로 들어서니 물안개를 품고 있는 커다란 분수 기둥 조형물이 먼저 반긴다. 기둥은 멕시코의 신화에서 나오는 생명의 나무를 상징한다. 기둥 표면에는 아즈텍의 주신인 비의 신 틀라록 외에도 멕시코의 과거와 현재의 역사의 상징물들이 조각되어 있다.

1,2,3,4실에서는 인류학 개관, 메소아메리카, 멕시코 역사의 기원에 대해 개략적인 역사를 볼 수 있다.

5실 떼오띠우깐실, 어제 본 실물의 전체 모형이 조명과 어울려져 실물보다 더 장관을 이룬다. 화려한 색상으로 단장한 비의 신 벽화가 압권이다. 달의 피라미드 광장에 있었던 물의 신 조각상도 보이고, 투창을 든 전사 상, 기괴한 신상 등, 구석구석 발굴된 당시 유물들이 전시되어 있고, 6실 톨텍 실에는 거대한 툴라의 전사상이 주위를 압도한다.

7실 메시카 실의 입구에서 전시실 저 끝 정면으로 태양의 석판, 아즈텍 달력이 눈에 띈다. 이곳 박물관의 주인공, 직경 3.6m, 무게가 25톤이상 나가는 거대한 현무암 석판 달력으로 다섯번의 태양시대와 우주관이 담긴 독특한 유물로 그곳에 있는 중요한 석조 조각품 가운데 하나다.

여러 종류의 신들의 거대한 조각상, 작은 석상과 흙으로 빚은 신석기 시대의 인간, 동물들의 인형같은 조각품, 질그릇, 당시의 무기류, 금붙이 등 아스텍 유적물로 장식되어 방을 채우고 있다. 제일 앞쪽에는 커다란 재규어 상이 보초 병으로 서 있다.

8실은 와하카실로 사포테카족의 몬테알반 유적을 볼 수 있다. 당시의 상형문 자와 춤추는 특이한 모습의 부조 석판을 볼 수 있다.

9실 Culturas de la Costa del Golfo, 유카탄 반도 동부해안 베라크루즈 주 지역을 중심으로 멕시코 만 연안의 문명을 전시한 곳이다. 그 중 BC 15세 기경에 발생한 올멕 문명, 또 다른 학설은 BC 8세기에 발생한 것으로 추정한 다. 아무튼 멕시코 중부 타바스코주(州) 북부 열대밀림의 작은 섬에 있는 라벤타 (La VENTA)지역이 올멕 문화의 발상지로 메소아메리카 대륙의 최초의 문명지 이다. 라벤타 신전 유적지에서 낮은 코에 두툼한 입술을 가진 흑인으로 예상되 는 두상이 발견되었는데, 메소아메리카의 최초의 인간 형성에 대해 고고학자들 의 다양한 주장에 정답이 아직까지는 없는 걸로 안다.

10실은 마야문명실로 지하에 팔렌케 유적의 일부가 재현되어 있다. 특히 볼 만한 것은 유명한 파칼(Pakal, AD 603~683) 왕의 석관 뚜껑에 조각된 문양이 현란하다. 인신공양의 주인공 챠크 몰(Chac-Mool)조각상이 자기 배 위에 아무 것도 없어서 배가 고프다는 듯 빤히 쳐다보고 있다. 쉴 틈 없이 보는데도 두 시 간이 금세 지나간다. 휴게실에서 멕시코 콜라 한잔으로 한숨 돌리고 2층 민속 전시실로 올라간다.

2층 전시실 대부분은 고대 문명별, 원주민 생활상과 가옥, 농기구, 민예품 등 일상생활을 보여주기 위해 실물 크기의 가옥 형태와 밀랍 인형들을 사용하여 전시되어 있어, 당시 생활상을 알기 쉽게 볼 수 있었다. 우리의 예전 생활 방식 과 비슷한 것 같고, 초가집 같은 가옥들이 친근감을 들게 한다.

역사에 관심 많으신 분들은 하루 종일 보아도 다 보지 못할 것 같다. 나 같은 문외한이 주마간산 식으로 둘러보는데도 반나절 넘게 보낸 것 같다.

박물관에서 메리다의 마야문명을 모형 및 유물들을 보고 나니 마음이 정해진 다. 12시간 걸리는 메리다 행 야간 버스길은 포기한다. 숙소로 돌아와 쿠바를 보고 페루 가는 길에 세계적인 휴양지 칸쿤으로 다시 들어와 여유가 생기면 칸쿤 인근 치첸잇사를 보기로 하고, 멕시코 저가 항공사 Interjet를 통해 쿠바 가는 비행기 표를 싸게 예약한다.

반나절 여유 시간에 동안 지난 며칠간의 사연도 정리하고 쉬다가 숙소 근처 단슨 광장(Plaza de Danzon)을 찾았다.

단슨 광장(Plaza de Danzon)

초저녁인데도 군데군데 소규모 그룹별로 야간 댄스파티를 열려고 준비한다. 쿠바 음악의 한 장르인 남녀가 한 팀으로 추는 댄스 음악인 단슨(Danson)으로, 공원 이름도 단슨이다. 몇몇 그룹들의 댄스가 시작된다.

아쉬움을 뒤로 하고 멕시코 탐방을 마쳤다.
쿠바를 향해 비행기에 몸을 싣는다.

오늘은 쿠바 아바나를 떠나 멕시코 칸쿤으로 떠나는 날이다. 어제 호스텔 사장을 통해 택시(20cuc)를 사전 예약해 둔 터라 아침이 여유롭다. 얼마간의 품앗이는 호스텔 사장이 가지고 가겠지만, 적당한 공생이라면 받아들일 수밖에.

이른 새벽에 눈이 떠져 숙소 가까이에 있는 성당을 찾아 예배 시간을 가져본다. 혼자 여행하는 가운데서도 주님이 창조하시고 역사하신 곳에서 예배를 드릴 수 있어 행복했고, 전혀 외롭다는 생각이 들지 않는다.

숙소에서 9시경 출발하여 공항 가는 길이 무겁게 내려앉는다. 내가 타고 갈 낡은 택시는 도저히 언제 만들어진 건지 가늠할 수가 없다. 심하게 덜덜거리는 엔진 소리는 이제 그만 좀 나를 쉬게 해달라는 아우성처럼 들린다.

며칠 전 쿠바 입국 후 숙소 가는 길의 어두운 밤에 보았던 혁명가 체 게바라. 3일 전 가까이 다가가서 보았던 그를 출국 길에 또 스치며 지난다. 무엇을 위해 젊은 생을 바꾸었는지 또 되물어본다. 노벨 문학상을 안겨 주었던 〈노인과 바다〉의 고향을 사랑했던 헤밍웨이, 20여 년 간 정들었던 쿠바 생활을 권력자들의 정치 싸움의 희생자로 추방되어 얼마 안 있어 총으로 자살하여 생을 마감한 이유가 뭘까? 혁명광장을 응시하는 체 게바라의 눈빛, 아바나 비에하의 라 플로리디따 주점 손님을 지그시 바라보는 헤밍웨이의 눈빛만 내 영혼에 심고 짧은 쿠바 아바나 일정을 마감한다.

1시간 30여분, 예정된 비행 시간보다 30여분 빠른 1시간 만에 칸쿤 국제공항에 도착하여 우선 ADO 공항버스를 타고 센트로 버스터미널로 향했다. 마야문명의 한 곳인 유카탄 반도 한 곳인 칸쿤에 도착했다.

유카탄 반도, 1905년 4월 농민, 보부상, 대한말 군인, 몰락한 양반 등 1033명의 조선인들이 일본 인력 송출 회사의 꼬임에 부푼 기대를 안고 인천에서 출항하여 멕시코 유카탄 반도의 남부 살리나크루스(Salinacruz) 항구에 첫발을 디디면서 멕시코 이민이 시작된 곳이다.

나들이 하고 있는 현지인
가족. 천진한 아이들

그 날부터 한인들은 생전 듣지도 보지도 못하던 에네켄(선인장 종류로 사이잘 삼을 뽑아내 로프의 원료로 사용된다)밭에서 파란곡절波瀾曲折 같은 삶을 살아야만 했다. 그래서 동포들은 '에네켄'으로 불리기도 했다. 멕시코에 온 1천여 명의 한인들은 이민 초기부터 고난의 역사를 시작했으며, 일부는 병에 걸려 사망하고, 소수의 인원은 탈출하다 죽기도 하고 일부는 탈출하여 멕시코 혁명시기에 게릴라가 되기도 하고 우여곡절 끝에 하와이, 쿠바로 가기도 했다.

4년간의 노동계약(노예계약)이 끝나고 1909년 5월 비로소 에네켄 농장(Henequén Hacíenda)에서 해방되어 메리다 지역을 중심으로 한인회가 결성되었다. 1920년까지는 활동한 기록들이 있는데 그 이후는 역사 속에 묻혔던 과거가 있는 곳이다.

칸쿤, 미국인들이 은퇴 후 가장 살고 싶어한다는 곳, 로맨틱할 것만 같은 칸쿤은 마야어로는 사실 뱀이라는 뜻을 가지고 있다. 유카탄 반도 끝의 퀸타나 루주에 있는 칸쿤은 1970년대까지만 해도 한적한 어촌 마을에 불과했다. 지금은 초호화 시설의 호텔로 세계에서 열 손가락 안에 들어가는 세계적인 휴양지로 변모했다. 그러나 아쉽게도 길고 긴 백사장 노른자위는 권력자들과 돈줄들이 다 차지하고, 서민들을 위한 쉼터는 한 귀퉁이에 만들어진 텃밭 정도뿐이다.

여유 없는 배낭 자유 여행자들이나 현지 소시민들이 즐겨 찾는 곳은 배낭 여행자들의 천국 무헤레스 섬이다. 칸쿤에서 북동쪽에서 11km 떨어진 섬 이슬라 무헤레스에 대해 가이드북에서 본 정보를 소개한다. 구시가지 중심 ADO 버스

터미널에서 북쪽으로 두 블록 올라가서 R-1버스를 타고 10여분 후 무하레스행 선착장에 도착, 조금 비싼 페리를 타거나, 현지인이 타는 일반 유람선을 타도 10여분만에 섬에 도착할 수 있다. 여유로운 백사장에서, 칸쿤에서 못 즐겼던 카리브 해의 바닷물에서 여유롭게, 자유롭게 즐겨보시길.

혼자 여행 중인데 호젓한 해변가 럭셔리한 호텔에 묵으면서 수영할 처지가 아니다. 교통이 편한 ADO버스 터미널 근처 예약된 숙소를 찾아 짐을 풀고 숙소를 나선다. 칸쿤 해변을 가기 위해 다시 터미널로 가는 도중, 터미널 앞에 중국 식당과 마주치고 눈이 번쩍 뜨인다. 간만에 입에 맞는 중국 요리 몇 가지에 맥주 한 잔 하고 보니 낯선 동네가 내 이웃처럼 느껴진다. 여행을 다니면서 자주 느끼지만, 입맛에 맞는 맛있는 음식이 주는 힘은 정말 대단한 것 같다.

다시 터미널에 들러, 칸쿤에서 멀지 않은 마야문명의 최대 유적지 치첸잇사 가는 내일 아침 첫 버스표를 구하고, 터미널 북쪽 옆 구름다리 넘기 전 버스 정류장에서 가이드북에서 본 R-1 버스를 타고 보니, 여기도 비수기라 승객이 거의 없다. 한 10여 분 달리니 럭셔리한 호텔들이 보이기 시작한다. 버스 전면 창에 붙어있는 'zona hotelera'가 시작되는 곳이다. 규모가 대단한 호텔들이 끝없이 이어진다. 길게 뻗은 섬 해변가 남쪽 변에서 내려 역방향 북쪽으로 올라오면서 해변가를 보기로하고 적당한 곳에 내렸다. 어림잡아 해변가로 나갈 수 있는 조그마한 언덕을 넘어서니 절경이 눈에 들어온다.

신혼 여행의 로망이기도 한
칸쿤 해변가

바다의 색깔이 터기 옥색으로 미국 상류층 은퇴자들의 로망임을 다시 한번 생각나게 한다. 고급 호텔들이 있는 북쪽 해변가에 하얀 호텔 건물들이 아스라히 보인다. 이곳은 zona hotelera 중심에서 멀리 떨어진 남쪽 해변이라 그런지 현지인들이 많이 보인다. 바닷가에 발만 담그고 북쪽 해변가로 조금 걷다보니, 점점 현지인은 안 보이고 백인들만 눈에 들어온다.

눈요기는 했고, 발도 담구어 봤고, 칸쿤의 휴양지에서 흔적을 남겼다는 조그마한 결실에 만족한다. 다시 해변가를 벗어나 메인 도로를 거꾸로 걸어오면서 이곳저곳 눈요기하다 다리도 아프고 해 질 때도 되었고 해서, R-1 버스를 타고 돌아가는 길, 화려한 길고 긴 동쪽 해변과 대비해 서쪽 칸쿤 구시가지 방향의 예전 어촌 같은 정경이 보인다. 일몰 시점의 어촌가 해변 정경이 붉은 빛과 어울려 환상적인 장면을 연출한다. 자연의 위대함을 또 느껴본다.

화려한 길고 긴 동쪽 해변과 대비해 서쪽 어촌같은 곳에서 칸쿤 구시가지 방향으로 지는 석양

위에서 언급한 이슬라 무헤레스 섬을 가기 위해 페리 선착장가는 버스 정류장에서 내려 숙소로 가서 작은 짐이지만 내려놓고, 숙소서 멀지 않은 구시가지 중심 칸쿤 센트로 라스빨리빠스 광장(Parque Las Palapas)으로 저녁 산책을 나선다.

광장 한 켠 포장마차에 달린 형형색색의 등불이 여행객들을 유혹한다. 나도 못 이긴 척 한자리에 앉아 흰 모자에 두 줄 금색 실로 치장한 모자 쓴 총각 한데 멕시코시티에서 먹었던 타카 비슷한 현지 토속음식을 주문하고, 바로 옆집 과일주스 집에서 망고 포함 서너 가지 과일을 추가 믹스 한 과일 주스와 함께 칸쿤의 호젓한 밤을 보낸다. 맥주도 한잔 곁들였으면 좋겠지만, 내일 새벽 치첸잇사 가는 첫차를 타기 위해서는 참아야 한다.

북서쪽 200여km 3시간여 만에 마야문명의 최대 유적지, 우물가의 집이라는 뜻을 가진 치첸잇사에 도착하여 당일 돌아가는 버스표를 구하고 나니 마음이 여유로워진다.

마야의 주요 도시들이 칸쿤에서 시계방향으로 유카탄 반도 남쪽에서 툴름, 치첸잇사, 이사말, 우스말, 메리다 등이 가장 유명한 유적지들이다. 치첸잇사는 마야 유적 중에서 가장 보존 상태가 좋은 건축물 중 하나이다. 마야는 메소아메리카 고대 문명으로 가장 잘 알려져 있다. 20진법과 0의 개념을 가진 수학과 과학이 발달한 문명이다. 마야문명의 신비스런 신전과 피라미드들이 있는 치첸잇사(Chichen Itza)는 유카탄 반도 정글 속 석회암 지대가 펼쳐지는 곳이다.

그 중 치첸잇사는 톨테카 이주자들에 의해 번성했다. 치첸잇사 피라미드도 톨테카 옛 수도 툴라(Tula)에 있는 아틀라스 피라미드와 유사하여 이주한 톨테카인들이 지었을 것으로 추정한다.

AD 325년에서 975년까지 유카탄 반도와 과테말라 북부 등에서 번성한 후반기 마야문명은 인구 증가 등 환경적인 요인으로 8세기 중반부터 점차 붕괴되기 시작해 10세기 초에는 중부지역에서 완전히 사라졌다.

여기도 여행객이 많지 않아 다행이다. 여행객보다는 기념품 파는 가게 종업원과 손에 조그만 보따리를 들고 다니는 잡상인들이 더 많다. 입구에 들어서니 정면에 보이는 피라미드가 가이드 정보에서 보았던 쿠쿨칸 피라미드 인 것 같다. 멕시코시티 떼우띠우아칸보다는 규모가 작은 듯하며 계단 양식이 특이하다.

마야 신화의 신들 중의 하나인 깃털 달린 뱀을 뜻하는 쿠쿨칸 엘 카스티오(El Castilo) 피라미드 신전을 찾았다. 피라미드 맨 밑 계단에는 뱀 머리가 조각되어 있다. 상층 제단도 톨테크족의 인신공양이 이루어지는 무시무시한 곳이다.

쿠굴칸 엘 카스티오
(日 Castilo) 피라미드 신전

9개 층의 피라미드 4면의 계단숫자는 91개, 전체 계단 수는 364개, 맨 위의
제단 1개를 보태면 365개, 태양력의 일 년을 나타내는 365일이다. 춘분과 추분
날 오후 4시에는 태양의 빛에 의한 그림자가 북쪽 계단 꼭대기에서부터 커다란
뱀이 꿈틀대는 형상으로 아래 조각된 뱀 머리까지 연결되는 듯한 장관을 연출한
단다. 그 시기에 맞추어 도착한 여행객들은 꼭 한번 확인해 보시길, 하지와 동
지 때는 이 피라미드의 그림자로 농사의 시작과 끝을 가늠했다고 한다.

메소아메리카 현지인들의 켓살코와틀의 환생으로 착각한 바다 건너온 소수의
건달들에게 찬란한 문명의 꽃을 피우지 못한 힘없는 민족의 아픔을 다시 한번
되새겨 본다.

재규어 신전

　피라미드에서 좌측으로 조금 걷다 보면 만나는 재규어 신전, 독수리 신전, 마
야인들은 낮에는 재규어가, 밤에는 독수리가 지배한다고 생각하여 재규어와 독
수리를 신성시하여 신전을 세운 것 같다. 내부에는 왕, 전사, 신관 등 전투를
상징한 부조가 있다.

　다음은 구쿨칸 신전에서 안쪽으로 더 들어가니 펠로타 구기장으로 폭 69m,
길이 166m 로 메소아메리카에서는 가장 크다고 한다. 경기장 벽면에 거의 7m
정도의 높은 위치에 골대 비슷한 것이 붙어있다. 구멍 크기를 보니 경기했던 볼
은 그리 크지 않은 것 같고, 골대 높이가 높아서 골 넣기가 만만치 않다. 하지
만 구기 경기장에 얽힌 이야기가 또한 기막히다.

　AD 10세기경 멕시코 북쪽지방에서 쳐들어온 톨테카족이 과테말라에 이르고
유카탄에 침입한다. 그 결과로 호전적인 신들 때문에 산 사람의 심장을 돌칼로
꺼내어 태양의 신에게 바치는 관습이 이어져 주로 전쟁 포로들이 희생되었는데,
포로들이 없을 때는 족구 비슷한 시합을 하여 진 쪽 우두머리를 멕시코 인류학
박물관에서 본 '차크몰' 배의 쟁반에 제물로 바쳐졌단다.

　여기에도 신화적인 이야기가 나온다. 마야 신화에 등장하는 부쿱카키스
(Vucub Caquix)신은 여러 하늘 신들과 대결하는데, 후나흐프와 이슈발랑퀘라는
신에게, 눈과 치아를 빼앗기고 죽임을 당했다. 그러나 다시 부활하여 행성이 됐

다는 설화가 있다. 그러한 신들의 재현과 이집트의 오시리스 사지 절단과 부활의 상황이 유사하다.

음향효과를 위한 과학적으로 기울어진 경기장 벽면, 각 신전에 새겨진 우아한 조각물 과학적이고 감성적인 톨 테 카 – 마 야 (Tolteca-Maya) 문명, 마야인들의 혼이 돋보인다.

전사의 신전

다시 돌아나와 피라미드 우측으로 광장을 가로질러 만나는 신전, 1,000여 개의 돌기둥에 무장한 전사의 모습이 새겨져 있다 하여 전사의 신전이라 부르는 신전이 있다. 신전에는 무릎을 세우고 상반신을 반쯤 일으킨 자세의 등신대 석상 배 위에 쟁반을 놓고 제물을 올리는 비의 신인 차크몰(Chac Mool) 상이 있는데 원래는 재물로 피와 산사람의 심장을 바쳤다는 신전이다. 누구를 위한 신이길래 산 사람의 심장을 제물로 쓰는가? 인간의 잔인함이 어디까지 갈 수 있는지 상상이 되지 않는다.

허물어진 천문대
El Caracol

남쪽으로 반 정도 허물어진 천문대 엘 카라콜(El Caracol)이 보인다. 올라가는 나선형 계단으로 '달팽이'라는 별명을 갖고 있다. 정면은 서쪽에서 27.6도 북쪽을 향하고 있는데, 이것은 금성이 지는 방향과 일치한다고 한다. 여러 천문학자들이 그 방향과 창을 통한 시각에서 춘분, 하지, 추분, 동지와 관련된 연관성을 찾아내려 했지만 아직까지는 답을 못 냈다고 한다.

인간은 태어나서 신들을 찾아 하늘의 태양, 달, 별들과 인간이 사는 땅의 연관 관계에 대해 끊임없이 천문학자나 사제들을 통해서 연결고리를 찾았다. 수메르, 우르, 바빌론의 지구라트에서, 이집트의 피라미드, 카르낙 신전 등에서, 영국 최대의 스톤헨지(StoneHenge)와 에이브베리(Avebury) 환상열석環狀列石(Stone Circle)에서, 치첸잇사의 엘카라콜에서……

마지막으로 급히 성스러운 샘(Cenote Sagrad)을 찾아 북쪽으로 나 있는 숲길을 지나 땀을 흘리며 찾아본다. 길이가 80m, 폭이 약 50m의 타원형인데 깊이는 20m 정도 된다고 한다. 탁한 호수 같은 샘이지만 우물 입구라는 뜻의 치첸, 치첸잇사에서는 가장 성스러운 곳이다.

비의 신인 Chacmool이 샘 밑에 살고 있다고, 가뭄이 들 때는 비를 기원하며 제물로 어린아이와 살아있는 처녀를 많이 바쳤다는 증거로 어린아이부터 성인 여자의 해골이 40여구, 금과 옥, 조개로 만든 장신구 등 부장품 30,000여 개를 이곳에서 발견했다고 한다.

미국인 에드워드 허버트 톰슨(Thompson)이 유카탄 주재 미국 영사로 20여년간 유카탄에서 살았다. 고고학에 관심이 많아 과테말라, 유카탄 반도 등 마야 문명을 찾아 마야 유적을 찾아 헤매는 중 치첸잇사의 우물에 관련된 전설을 듣고 확인하고자 미국으로 돌아가 자비로 잠수 훈련을 받고 1885년 치첸잇사로 돌아와 직접 샘 밑을 샅샅이 뒤져 유골 및 수많은 부장품을 발견한다.

대부분이 어린아이, 여성 두개골이었고 단 하나만 노인의 두개골이었다고 한다. 또 하나의 중요한 발견은 주석 합금품의 부장품이었다. 당시 메소아메리카에서는 주석이 나지 않았고 합금 기술도 전혀 없어 메소포타미아에서 건너온 것이 아닌가 추측을 하기도 한다.

치첸잇사의 벽과 기둥에 새겨진 부조의 사람도 길고 좁은 수염을 가지고 있다. 인디언들은 얼굴에 털이 없고, 수염도 안 나는데, 떼우띠우칸에서도 나왔듯이 이 이방인들은 누구였을까? 앞에서도 나왔듯이 여러 가지 설이 있다. 셈계의 후손, 카인의 후예 등, 그리고 여러 곳에서 나오는 흑인 두상은 메소아메리카의 문명 중 가장 오래된 올메카인의 선조인지? 카인의 후예로 따라 온 아프리카 노예인지?

당일 반나절치기로 수박 겉 핥듯이 돌다 칸쿤으로 돌아간다. 다시 어제 들렀던 중국집에서 늦은 저녁을 먹고 숙소로 돌아가니, 어제 같이 지냈던 여행자는 없고 새로운 덩치가 큰 털보가 아는 체를 한다. 간단히 인사를 나눈 후 내일 새벽 6시 비행기를 타기 위해 짐 정리를 하고 나서 잠을 청했지만 무엇이 아쉬운지 잠이 잘 안 온다.

노트북을 들고 여행자들의 장터로 홀로 나가서 한 자리를 차지하고 앉아 사진 정리 등의 숙제를 하고 있는데, 룸메이트 털보가 홀에 나와 옆 좌석에 앉아서 책을 꺼내 보고 있다. 대충 정리하고 그냥 들어가기가 뭣해서 몇 마디 애기를 나누다 보니 자기도 내일 6시 비행기로 멕시코시티에 간단다. 똑같은 시간에 새벽 4시 반 출발하는 공항 가는 ADO버스를 타야 한다고 해서, 서로 빨리 일어나는 사람이 깨워 주기로 했다.

이 털보는 미국인으로 브라질에서 시작해서 남에서 북으로 나하고는 역방향이다. 우유니 소금 사막이 본 중에서 제일 좋았다고 극찬을 한다. 나도 갈 예정이라 이것저것 물어보고 애기를 나누다 멕시코 마지막 밤을 보낸다.

알람 시간을 맞추어 놓았는지 같은 시간에 일어나 새벽에 터미널로 가는데 덩치 큰 털보가 있어 듬직하다. 이른 새벽에 혼자 터미널로 갔다면 조금 불안했을 터인데, 싼 비행기를 찾다 보니 다시 멕시코시티로 가서 리마로 가는 비행기를 갈아타야 한다. 멕시코시티 공항에서 털보는 도착 검사대로, 나는 국제선 터미널로 해서 중미에서 남미로 내려간다.

········ ········

쿠바
Cuba

········ ········

체 게바라 영혼이 살아 숨 쉬는 아바나

멕시코시티로부터 약 4시간 여정으로 창공을 나른다. 30여분 지나 비행기 앞쪽 통로에서부터 배급이 시작된다. 헤밍웨이가 좋아한 쿠바의 대중적인 칵테일 모히또가 나오는지 유심히 지켜보니 투명한 술병에서 잔에 따라지고 콜라가 더해지고 뭔가 떨어뜨리는 것이 학습시간에서 본 내용과 비슷하다.

내 곁에 와서 무엇을 들겠냐고 묻는다. 눈 찔끔 감고 '모히또 플리즈!' 하자 한 잔 건네주며 미소를 짓고 지나간다. 저가 항공이라 아무것도 기대하지 않았는데 왠지 선물을 받은 것 같아 흐뭇한 마음으로 한 잔을 천천히 음미한다. 맛있다! 한 잔 더 했으면 했지만, 빈 수레가 덜컹대며 쓰레기 치운다고 다가온다. 빈 잔과 빈 비스킷 봉투를 건네며, 아바나에서 한잔 하자고 아쉬움을 달랜다. 랜딩 아나운싱 소리가 들린다. 창 너머 짙은 녹색의 해안가 실루엣이 다가온다. 여기가 쿠바로구나, 책에서만 접했던 쿠바.

15세기 대항해가 콜럼버스가 금을 찾아 신대륙으로 1차 항해하여, 1492년 10월 12일 바하마 제도 섬에 도착했고 이어 10월 28일 쿠바에 상륙한다. 전에 접했던 섬들보다 상대적으로 크다 보니 이곳을 신대륙이라고 착각했던 곳이기도 하다.

1959년 초 카스트로, 체 게바라 혁명군의 아바나(Habana) 입성으로 쿠바 혁명이 완성되어 사회주의 우량 국가가 탄생하는 줄 알았는데, 혁명 후 약 15년 동안 쿠바를 탈출한 사람이 80여만명이다. 소련의 해체 전까지는 그런대로 경제가 안정되었지만, 1990년대 이후 소련의 원조가 끊기고 사탕수수와 석유와의 물물교환도 끊기면서 대혼란을 겪게 된다. 결국 2014년 12월 19일 문호를 개방하고, 미국과 국교 정상화를 이룬지 3년의 세월이 지났는데 사람들의 형편이 조금 나아졌는지 궁금하다.

드디어 쿠바 호세 마르티 공항에 도착했다. 명색이 국제공항인데, 쿠바의 경제 상황을 가늠하게 하는 소탈한 규모다. 초저녁에 랜딩했지만 입국수속을 받고 나오니 컴컴하다. 컴컴한 밤에 낯선 곳에 도착했는데 시내로 가는 대중교통이 없으면 온 신경이 곤두선다. 택시를 탈 수 밖에 없는데, 어떤 고약한 기사를 만나 어떤 일을 당할지 불안해진다. 대안이 없다. 아랫배 힘을 주고 당당히 나가자. 아저씨 몇이 다가와 콜을 한다. 그 중 인상이 좀 나아 보이는 아저씨에게 숙소명, 위치를 이야기하고 가격을 물어보니 25쿡(cuc)을 달랜다. 가격은 거의 협정 가격이니 오케이! 따라가보니 이 아저씨가 아니고 이마에 주름이 깊게 파인 할머니에게 인계를 한다. 살갑게 웃으시며 가잔다. 그래, 덩치 크고 새까만 아저씨보다 할머니가 낫겠지. 내 여행 사전에 택시 타기는 없는데, 대중교통은 없으니… 할머니 기사와 함께 30년은 된 것 같은 올드카로 아바나 시내로 간다.

아바나는 카리브해에서 가장 큰 항구도시이고, 원주민이던 타이노족의 추장 아바구이넥스에서 이름을 따 왔단다. 1492년 금과 향로가 가득한 신대륙을 찾던 탐험가 콜럼버스가 상륙하자마자 이제까지 본 곳 중 가장 아름다운 땅이라고 소리쳤던 곳이다. 북대서양 해류는 시계방향으로 순환하는데, 멕시코 만에서 생성된 난류인 멕시코 만류를 이용하면 아메리카 대륙에서 유럽까지 손쉽게 갈 수 있어 신대륙에서 유럽으로 가는 전초 기지로 발전하게 된다.

이 카리브 해의 해변 도시는 아름다운 자연과, 살사, 재즈 등 다채로운 문화가 조화를 이룬 매력적인 도시다. 1519년 건설된 아바나는 스페인의 신대륙 지배를 위한 전초 기지가 된다. 아바나 대학이 있고 초호화 호텔이 서 있는 신시가지와 모로 성 등 옛 유적이 서있는 구시가지로 나뉜다. 올드 아바나 지역은 유네스코 세계문화유산으로 지정되어 있기도 하다.

어두운 가로등 불빛을 뒤로 하며 택시는 달린다. 얼마 안 지나 사전 정보 검색에서 보았던 체 게바라 얼굴 형상이 스치며 지나간다. 제대로 가고 있구나, 긴장이 풀어진다. 택시가 길 언저리에 도착했다. 가로등이 어두워서 할머니 기사가 번지수를 못 찾아 동으로 서로 몇 차례 왕복 운전을 하다 간신히 찾아 벨을 눌러 확인까지 하고 난 후, 여기라고 웃으며 내리란다. 만약 대충 비슷한 곳에 내려주고 갔더라면 어두워서 번지수를 찾지 못해 고생 좀 했을 것 같다. 할머니 기사의 확실함과 마지막에 보여준 미소에 쿠바 첫 밤이 상큼하다.

삼층에 있는 민박집 숙소(까사)에다 짐을 풀고, 주위를 둘러보니 나머지 3개 침대칸에 어지럽게 옷가지와 책들이 널부러져 있지만, 그 짐의 주인들은 없다. 피곤한 몸 대충 씻고 잠을 청한다. 부스럭한 소리에 눈을 떠보니 하나 둘씩 제자리들을 찾아 자리를 정리하고, 씻고 옷 갈아입는 처자들도 그저 무신경하다. 소위 혼성 도미토리 숙소를 실감한다. 다행히 아래층 침대라 일부 시야가 가려 눈뜨기가 편하다. 그 부산한 가운데서 쿠바의 첫 밤을 보낸다.

이른 아침에 눈을 떠보니 다들 세상모르게 자고 있다. 살며시 일어나 화장실에서 볼일 보고 눈곱 떼고 조용히 나와 이른 아침 길을 나선다.

500년의 역사가 담긴 아바나 골목길이 아닌 옛 시절의 대로

숙소 앞 도로는 신시가기지인 배다도(Vededo) 지역과 구시가지(Centro Hanana) 동서로 연결하는 큰 도로다. 어젯밤에 본 주위 건물들은 희미한 가로등 아래에서 그런지 상당히 고풍스럽게 보였다. 하지만 아침 밝은 태양에 훤히 나타내는 동네 모습이 서글프기 그지없다. 분명 50여 년 전에는 아름다웠을 예술적인 발코니가 지금은 너무 낡아버렸고, 보수도 전혀 안 되어 있다. 주변에 쓰레기 더미가 널려져 있고, 출근 시간임에도 불구하고 출근하는 사람들보다는 서너 명씩 모여 앉아 잡담하는 사람들이 더 많다.

체 게바라가 조국도 아닌 남의 나라에서 힘없고 가난한 자들의 구원을 위해 젊은 나이로 생을 마감한 것이 이런 삶을 위해서였을까? 구석구석 아픈 현장을 담은 사진들이 배고픈 또 다른 남미인이 들고 가는 바람에 눈으로 같이 볼 길이 없어 더 아쉽다. 그래도 아침 공기는 상쾌하다.

어제 택시를 타고 온 길을 거꾸로 걸어서 아바나의 첫 인상을 눈에 담는다. 정보 검색 당시 보았던 공항 근처 가는 12번 시내버스도 보인다. 긴 빗자루를 들고 도로 변을 청소하는 새까만 원주민 아줌마, 지나가는 택시 음악 소리에 맞추어 빗자루가 잠시 춤 파트너가 된다. 상쾌한 아침이다.

공항 가는 길로 걸어 올라가다 보니 사람들이 많이 모여 기다리고 있는 곳이 보인다. 여기가 헤밍웨이의 〈노인과 바다〉 소설 배경 '꼬히마루'로 가는 58번 버스 시발점이다. 내일 모레 다시 올 곳이다. 조금 더 올라가니 현지인들이 주로 이용하는 근거리 시외버스 터미널이 있다.

아직 아침을 먹지 못했는데 오는 도중 아무리 눈 여겨 보아도 식당이 보이지 않는다. 그래서 혹시나 하고 버스 터미널 내부로 들어서니 정겨운 예전 우리나라 시골 시외버스 정거장 풍경이 생각난다. 봇짐을 짊어지고 남녀노소 가릴 것 없이 와자지껄한 모습들에 배고픔을 잊어버렸다. 그래도 좀 먹어야 걸을 수 있으니 두리번거리며 찾아보니 빵집이 보여 들어서니 먹음직스러운 여러가지 빵들이 유리벽 진열대 안에서 손님을 기다리고 있다. 빵은 몇 가지 골랐는데 커피가 안 보인다. 커피 대신 비싼 콜라 한 병으로 아침을 해결하고 보니 속이 든든하다. 금강산도 식후경, 이제 체 게바라를 만나러 가보자.

몇 블록 올라가니 넓은 광장 변에 우뚝 서 있는 기념비가 보이고 좌측 뒤편으로 보니 어제 밤길에 보았던 체 게바라의 안면 조형물이 보인다. 혁명광장 곁에 서서 광장을 내려다보며 서 있는 체 게바라, 그 밑에 그의 어록 '영원한 승리의 그날까지(Hasta la Victoria Siempre)'가 보인다.

낯선 존재에게 말을 거는 용기는 아마도 자연이 가르쳐준 것이리라,
자연의 존재들은 끊임없이 낯선 존재에게 말을 건넨다.
바람은 나뭇잎과 가지에게, 곤충은 꽃에게 하늘은 땅에게,
모든 존재들을 나에게 말을 건넨다.
그런 자연에는 절대 고독이란 없다

체 게바라의 시 중 하나다. 체가 죽고 그의 배낭 속에서 색연필로 덧칠된 지도와 비망록 두 권, 손때 묻은 녹색 노트가 나왔다. 비망록에는 일기, 녹색 노트에는 시가 적혀 있었다. 그는 혁명가 이전에 여행자 혹은 시인의 혼을 지닌 사람임에 틀림없다.

혁명광장 곁에서 광장을 내려보며 서 있는 체 게바라. 그 밑에 그의 어록 '영원 승리의 그날까지 Hasta la Victoria Siempre' 가 보인다.

혁명광장은 크기로는 세계에서 손꼽히는 광장이다. 원래 109m의 독립투사 호세 마르티 기념비가 있는 시민광장에서 1959년에 일어난 쿠바혁명 이후에 지금의 이름으로 개명되었다. 기념탑 주위에는 국립도서관, 국립극장 그리고 많은 행정 부처들이 밀집해 있다. 피델 카스트로가 매년 5월 1일과 7월 26일에 100만 명이 넘는 관중 앞에서 2~4시간 연설한 곳으로 유명하다.

지금은 나 말고 보이는 사람이 없고, 다만 혁명광장을 보고 우뚝 서 있는 또 한 사람뿐이다. 기념탑 앞에 서 있는 시인이자 독립투사였던 '호세 마르티'의 동상이다. 탄생 100주년을 기념해 아바나 건축물 중 제일 높다고 하는 탑이 서 있다. 탑 밑에는 기념관이 있는데 이른 시간이라 들어갈 수가 없다. 호세 마르티의 삶의 흔적이 곳곳에 있고, 쿠바 혁명과 관련된 사진 기록물들이 전시되어 있다고 한다.

힘들게 승리를 하여 인민을 위한 국가를 세웠는데, 인민의 삶은 내면은 모르겠으나 외형적인 삶은 분명 고달픈 것 같다.

혁명광장에서 다시 거꾸로 북쪽으로 카리브 해 쪽으로 언덕을 넘어서니 신시가지가 나타난다. 5성급 호텔을 비롯하여 부자들의 저택들이 들어서 있는 해변 쪽으로 발길을 돌린다. 멀지 않은 곳에 신시가지 '배다도' 랜드마크인 Hotel Habana Libre가 부유한 세계 관광객들을 유혹하고 있다. 쿠바는 거대한 올드카 박물관이라는 말이 실감나는 광경이 보인다.

혁명광장을 보고 있는 또 한 사람. 기념탑 앞에 서 있는 시인이자 독립투사였던 '호세 마르티'의 동상

리베라 호텔 길 건너 쿠바에서 제일 맛있다고 소문난 아이스크림 전문점 '꼬벨리어'가 보여, 나도 한번 시식해 보고자 건물 앞 광장으로 지나 입구로 다가서니 안내원이 제지하며 저기 보이는 줄 서 있는 곳으로 가란다. 한참 떨어진 도로 가에 긴 줄이 있다. 그 곳에서 안내원이 손님이 나가는 대로 연락을 받아 몇 사람씩 보내고 있다. 급하면 한 곳을 가리키며 저리로 가란다. 주로 외국인이 줄 안 서고 아이스크림을 먹는 곳이다. 당연히 현지인들이 내는 아이스크림 값보다는 훨씬 비싸다. 많이 완화됐다지만 외국인과 현지인들이 쓰는 돈이 약 10배 차이나듯이 먹고 보고 마시는 것에 대해 외국인은 손해를 보는 것 같지만 실상은 좀 다르다. 자국인들의 소득 기준이 10배 이상 적으므로 자국민들이 사용하는 것은 저렴한 것이다. 결코 외국인 바가지는 아니지만 썩 유쾌하지는 않다. 30여 년 전에 경험한 중국여행이 생각난다. 신시가지 배다도만 본다면 유럽의 어느 국가와 못지않다. 말레꼰 해변 주위로 5성급 호텔이 즐비하고 호텔 앞에는 올드카 전시회를 열듯이 각양각색의 올드카가 관광객을 부르고 있다.

'꼬벨리어'에서 얼마 멀지 않은 곳, 또 하나의 랜드 마크인 대서양을 마주 보고 있는 아바나의 (Av Antonio Mace)방파제라는 뜻을 가진 말레꼰 (Malecon)으로 알려진 1901년 축조된 7km 제방과 짙푸른 바다를 가로지르는 해변도로를 거닐어 본다. 쿠바의 영화나 주요 사진에서 빠지지 않는 곳이며 연인들의 데이트 장소로도 유명하다. 또 한 무리, 세월을 낚는 헤밍웨이 2세 낚시꾼들도 좋아하는 곳이다. 거센 파도가 칠 때는 도로까지 파도가 올라와 차를 덮치는 경우도 있다고 하는데, 날씨가 너무 좋아 나는 그런 경험은 못 가질 것 같다.

해변가에는 오픈 올드카 한 대에 한 사람씩 운전대에 앉아 증명 사진을 찍는 광경이 여행객들에게 웃음을 선사한다. 숙소에서 시계방향으로 신시가지 배다도를 한 바퀴 돌고 숙소로 돌아가는 길에, 거대한 그리스식 건축물과 비슷하게 조각된 돌기둥과 높다랗게 서있는 야자수가 앙상블을 이루고 있는 하얗고 웅장한 건물에 다가섰다. 그 곳이 유명한 아바나 대학 정문이다.

그리스 신전 같은 쿠바 아바나 대학 정문

아바나 대학 정문을 지나 숙소로 돌아가면서 해지는 말레꼰 해안을 다시 보며 고국에 있는 모든 지인들에게 안부 전하면서 오늘의 탐방을 마친다.

방파제라는 뜻을 가진 말레꼰Malecon 으로 알려진 1901년 축조된 7km 제방과 해변도로, 아침 정경과 저녁노을

숙소로 돌아가 좀 쉬다 저녁을 먹으러 숙소를 나선다. 숙소 주위 식당은 주로 현지인들의 사용하는 간단한 햄버그 형태의 빵집뿐이다. 먹을 만한 곳을 찾다 보니, 다시 배다도 신시가지로 맛집을 찾아 삼만리를 한다. 마땅한 곳을 찾지 못하다 리베로 호텔에서 해변 쪽으로 한 블록 지나 사거리 코너에 간이 밴드가 흥을 돋구고 있는 오픈 된 식당에 많은 손님들이 맛있게 먹고 마시는 것이 보기 좋아 들어간 것이, 아바나 체류 4일 동안 단골 주점이 됐다.

여가수가 4인조 밴드 반주에 맞추어 한 곡조 하고 있고, 생선 튀김에 밥과 야채에다, 헤밍웨이가 즐겨 했던 모히또(여기서는 3cuc. 우리 돈 3,500원 정도) 칵테일 한잔에 아바나 둘째 밤을 보낸다.

3일째 아침이다. 오늘은 센트로 아바나와 올드 아바나인 하바나 비헤하 (Habana Vieja) 지역을 둘러볼 예정으로 숙소를 나선다. 동쪽으로 한 30여 분 걸어가면 센트로 하바나 중앙공원이 나온다는 숙소 여사장의 말을 따라 쭉 걸어서 쿠바 현지인의 삶이 어떤지, 오감을 총 동원하여 느껴본다.

체 게바라가 인민을 위해 젊은 나이에 세상을 등졌는데…

어제 둘러본 신시가지는 그런대로 도로가 청결한 것 같은데 숙소서 센트로로 가는 길은 동서 주요도로의 한 길인데 곳곳에 쌓여있는 쓰레기 더미, 곳곳에 삼삼오오 모여서 잡담하는 실업자들, 어느 조그마한 가게 앞에 줄 서있는 아저씨들, 호기심이 나서 가까이 다가가 보니 아저씨가 수첩을 카운터에 귀찮듯이 던진다. 젊은 아가씨가 수첩을 들고 안쪽을 살피더니 도장을 찍고 조그마한 식빵 다섯 덩어리를 봉투에 담아 건넨다. 일 안하고 모여 잡담을 해도 넉넉지는 않지만 굶지 않고 사는 데는 지장을 주지 않는 배급제의 모습인 것 같다.

그 와중에 멋진 장면이 또 보인다. 빗질 청소하는 아줌마가 지나가는 택시에서 나오는 경쾌한 재즈 리듬에 맞추어 빗자루를 파트너 삼아 엉덩이를 흔들며 짧은 시간이지만 여행객을 즐겁게 한다. 정열의 나라 쿠바, 살사(Salsa :음악)와 손(Son : 춤)의 나라 쿠바를 다시 한 번 실감나게 한다.

동쪽으로 끝까지 나오니 중앙공원이 나오고 우측으로는 아메리카 대륙에서는

제일 오래된 하얀 대리석으로 우아하게 서 있는 아바나 대극장이 보인다. 1838년 베르디의 오페라 공연을 시작으로 문을 열었다고 하는데. 라틴 아메리카에서 제일 오래된 극장이라고 한다.

중앙공원 주위에는 거대한 올드 클래식 카 박물관이 형성되어 있다. 다양한 종류의 올드 카, 이날까지 살아서 비록 매연을 뿜어내지만 여행객들에게 사랑을 받고 있다. 좌측으로는 미국의 국회의사당을 연상시키는 하얀 건물의 까삐똘리오(Capitolio Nacional), 1959년 까지는 국회의사당으로 사용하다 지금은 일반 전시관으로 사용되고 있다고 한다.

까삐똘리오 남서쪽으로 한 블록 떨어진 곳에 쿠바의 유명한 시가 공장이 있어 주요 관광코스 중 한 곳이나, 담배도 피우지 않고 딱히 선물할 곳도 없어 생략하고 북쪽으로 방향을 돌린다. 여기서 북쪽으로 걸어가면 1770년부터 형성된 시민의 휴식공간으로 세월의 흔적이 짙은 녹색 고목들이 하늘이 안 보일 정도로 양쪽으로 늘어서 있는 보행자 거리인 쁘라도(Prado)를 지난다.

잠시 벤치에 쿠바 시민들과 같이 앉아 쿠바인으로 잠깐 돌아가서 주위를 둘러보니, 백인 관광객들이 무더기로 짝을 이루어 다닌다. 나중에 알고 보니 하바나 비에하 산프란시스코 광장 앞 부두에 10만 톤 이상 가는 대형 크루즈 선박이 정박해 있다. 그 곳에서 나온 여행객이다. 비행기타고 온 여행객, 지방에서 올라온 현지 여행객 합쳐서 아바나 비에아 쪽 골목마다 인산인해다.

쁘라도 거리를 북쪽으로 몇 블록 올라가면 우측에 처음 만나는 곳이 국립미술관이다. 19~20세기 중반에 활동한 쿠바 미술가들의 작품을 볼 수 있고, 그곳에서 한 블록 건너에는 오래된 탱크, 비행기, 범선 모형이 보이는 혁명 박물관이다. 쿠바 혁명과 관련된 자료들이 전시되어 있다. 곳곳마다 적지 않은 입장료가 있어 상상만 하고 말레콘 북단, 말레콘 해변 동쪽 끝에 도달한다.

산 살바드로 요새가 서 있고 해협 밑으로는 쿠바 동부 지역을 연결하는 지하 턴넬이 있고 해협 너머에는 모로 요새, 산 가롤로스 요새의 등고선이 파란 바다와 하늘과 대비되어 눈부시게 보인다. 지하 턴넬 입구 근처에 시내버스 정류장이 보인

해협 너머로 보이는 모로 요새

다. 센트로 하바나, 하바나 비에하 관광지 지역은 버스가 다니지 않고, 턴넬 입구 버스 정류장에서 해안가 동서로 움직이는 다양한 시내버스노선이 있다. 헤밍웨이의 〈노인과 바다〉가 탄생한 곳 '꼬히마르' 가는 58번 버스도 보이고 배다도 지역, 지방중점 도시로 이동 할 수 있는 비아솔 터미널로 가는 27번 버스, 공항 근처로 가는 P12.16 버스도 보인다.

아바나 산 그리스또빌
대성당
(Catedral de San
Cristoba))

다시 남동쪽으로 한 블록 내려가니 대성당이 보인다. 30여 년 공사 끝에 1787년 완성된 아바나 산 그리스또빌 대성당(Catedral de San Cristoba), 한 때는 클럼버스 유해가 안장되었던 곳이다.

콜럼버스는 사후 신대륙에 묻히기를 유언으로 남겨, 처음에는 쿠바 동쪽 끝 히스파니올라 섬(Hispaniola, 지금의 아이티, 도미니카 공화국으로 분리된 곳)에 묻혀 있었다. 프랑스와 스페인과의 30년 전쟁의 패배로 쿠바 아바나 성당으로 이장되었다가, 다시 미국에 복속되면서 소원을 이루지 못하고 1898년 스페인 세비아로 이장된다. 4차 항해까지 험난한 항해를 하면서까지 신대륙의 꿈을 잊지 못해 육신이나마 신대륙에 묻히기를 기원했건만…

잠시 들어가 안전한 여행을 빌고자 주님께 예배드리는 시간을 갖기도 하고, 언제 찾아 앉아도 편안한 이곳에서 잠시 휴식을 취한다.

대성당 광장을 지나 해협 쪽으로 한 블록 가면, 한때는 스페인 총독관저로 사용되기도 했으나 지금은 해양 박물관이 된 곳이 있다. 스페인 침략 이후 당시에 활약하던 모든 전투 범선들의 모형이 전시되어 있다. 해협 넘어 요새 두 군데를 포함 이곳이 군사적 요지였던 국방군 성이 서 있고, 구시가지 18번 장소 아르마스 광장이 곁에 있다. 내가 본 아르마스 광장 중에는 제일 작게 보인다.

해변을 따라 남쪽으로 산 프린시스코 성당 광장 가는 해변길에, 이어 어림잡아 10만톤 이상 되는 하얀색의 대형 크루즈 선이 정박되어 있다. 골목마다 들어찬 여행객들의 대부분이 이 배에서 쏟아져 나온 여행객일 것이다.

이곳에서 남서쪽으로 한 블록 가다 보면 아바나 비헤하에서 제일 큰 광장 Plaza Veja에 도착하게 된다. 다리도 아프고 목도 마르다. 여행객이 많이 앉아 있는 오픈 된 카페에 나도 한자리 차지하여 1cuc짜리 아메리카 커피 한잔으로 한 나절 여행의 피로도 풀고 보고 들은 것도 되새김해 본다. 주위 건물들은 부유층 저택들이다. 평안하게 보여도 한때는 이 광장에서 죄인들을 처형할 때 발코니에서 차를 음미하면서 연극이 아닌 실제 처형 장면을 보았다는 내용을 되새기니 커피 맛이 씁쓸해진다.

차 한잔 하고 쉬었으니 이제는 비헤하 골목길을 둘러보자. 구석구석 조그마한

아바나 비헤하에서 제일 큰 광장 Plaza Veja

박물관, 전시관이지만 무료출입이 가능한 곳이 많다. 시간이 많으신 분들은 무료 전시관을 보는 데도 하루종일이 모자랄 것이다.

비헤아 광장에서 북쪽으로 4블록 올라가면 우리의 명동거리, 오비스뽀 Calle Obispo거리를 크루즈 선 여행객들이 거리를 꽉 메우고 있다. 그 가운데 해적선 선장 동상이 좁은 골목길에 이상한 폼으로 서있다. 한 여행객이 관심을 가지고 바싹 앞에 다가가니 갑자기 선장의 한쪽 팔이 여행객 목을 감싸 안는다. 여행자는 질겁하지만 다음 순간 모두 웃음바다가 된다. 악기를 연주하시는 쿠바 노인들, 가장무도회 등 복잡하지만 정다운 골목길이다.

대성당 광장에서 멀지 않은 Calle Empedrado #207, 헤밍웨이가 '나의 모히또는 라 보데기따에 있다' 라는 말 때문에 여행객들이 꽉 들어찬 라 보데기따 델 메디오(La Bodeguita del Medio)주점이 있다. 1층은 식당이고 2층에 올라가면 아늑한 바가 나온다.

헤밍웨이가 글 쓰다가 갑갑해지면 이곳을 찾아 럼주에 레몬, 사탕수수 즙. 약간의 물. 얼음과 박하풀을 띄워 특이한 향이 나는 모히또를 즐겨 들고, 적당하게 술기운이 돌면 숙소인 오비스포 거리에 있는 암보스 문도스 호텔 6층 숙소로 돌아가 발코니를 통해 바라보이는 아바나 풍경을 눈으로 보며 머릿속은 글쓰기 구상에 들어갔다고 한다.

라 보데기따 델 메디오
(La Bodeguita del Medio)주점

들어가려고 줄 서 있는 곳을 지나 안으로 들어가 가격표를 표니 내 단골주점의 모히또 한잔보다 두 배 이상 비싸다. 세계 여행객들의 낙서만 눈요기하고, 다음 헤밍웨이가 놀던 곳으로 가 본다.

헤밍웨이가 좋아한 또 다른 칵테일 다이끼리(Daiquiri)로 유명한 라 플라리따(La Floridita)주점, 이곳도 상주하는 몬데스 호텔에서 멀지 않다. 역시 여기도 발 디딜 틈이 없다. 주점 안쪽에 헤밍웨이 동상이 한잔하고 있다. 그 옆에서 여행객들은 잔을 들이키며 증명사진을 찍는다. 역시 이곳도 앉을 자리가 없고 가격은 일반 주점 배 이상이다. 중앙공원에서 오비스포 가는 길 초입에 있다. 헤

밍웨이를 위하여 건배하는 여행객들의 뒷전에서 나도 마음으로 건배!

자리도 없고 비싸기도 하고 해서 그냥 나온다. 우측으로 한 블록 내려가면 유일한 일본식당이 있다. 고국 떠난 지 10여일이 넘다 보니 입맛을 살려 원기를 보충할 필요를 느낀다.

한국 식당이나 중국 식당은 찾지 못하고, 미리 검색한 일본 식당을 찾아 된장국에 볶음밥 비슷한 것을 주문하여 성찬은 아니지만 오랜만에 늦은 점심으로 식도락을 즐겼다. 숙소로 돌아와 조금 쉬다가 단골집으로 가 모히또 한잔에 가벼운 저녁과 더불어 4인조 재즈밴드에 장단 맞추며 3일째 밤을 보낸다.

4일째 아침 숙소서 혁명광장 가는 길 중간쯤 있는 일반시외버스 터미널 안에 있는 간이 식당에서 커피와 빵으로 아침을 먹고 근처에 있는 58번 버스 정류장으로, 배차시간이 길다. 한참 기다리고 있으니 버스가 온다, 잔돈이 없어 0.5cuc(500원 정도)을 주니 아무 소리 안 한다. 실 가격은 200원 아래다.

헤밍웨이의 〈노인과 바다〉가 탄생한 현장으로 간다. 출발한지 한 시간여 만에 비헤하 해협 바다 및 터널을 지난다. 같이 탄 주민들의 안내에 따라 꼬히마루(Cojimar)에 도착하여 헤밍웨이가 즐겨 찾았던 흔적을 찾아본다.

30년 낚시꾼인 헤밍웨이가 이곳에서는 청새치 낚기를 좋아했다고 한다. 30년 낚시 경험으로 어부들의 생리, 바람과 파도의 생김새, 낚싯줄에 걸린 물고기의 움직임, 낚시꾼의 감정과 애증 등을 글로 표현한 〈노인과 바다〉가 태어난 곳이다. 〈노인과 바다〉의 마지막 단원이 생각난다. 80여 일간 사투로 대형 청새치를 잡지만 돌아오는 길에 상어밥으로 헌사하고 앙상한 뼈가지만 달고 와 고향 포구에 내려놓고 집으로 돌아와 침대로 바로 쓰러진다. 오랫동안 귀향하지 않아 걱정하던 절친한 꼬마 친구가 침대에 쓰러져 있는 노인을 쳐다보며 한숨 돌리며 나누는 마지막 대화가 삼삼히 떠오른다.

먼저 눈에 뛰는 곳이 헤밍웨이 두상이 조각된 동상이 있고, 그 아래로는 헤밍웨이가 배를 탔을 조그마한 선착장이 보인다. 가볼 수가 없다. 선착장 다리 나무판이 삭아 군데군데 큰 구멍이 생겨 바다에 빠질까 겁이 난다. 그래도 그 선착장 끝단에 두 명의 헤밍웨이 사촌이 낚시를 하고 있다. 가까이 다가가 보니 희끗한 머리칼하며 비슷하게 생긴 것 같다. 정겨운 장면을 찍은 사진 몇 컷이 사라져 정말 아쉽다.

다시 올라와 헤밍웨이가 살았던 저택을 개조하여 개축된 박물관이 카리브 해를 보고 서 있다. 들어가는 입구는 잠겨있어 들어가지도 못하고 박물관 옆으로 방파제 둑이 길게 이어져 있다. 그 곳에서 북북동 쪽으로 200여km 미국 남부 플로리다 해변 마이애미를 연상하며 잠깐의 고독을 즐겨본다.

돌아오는 길, 터널로 진입하기 전 보이는 모로 성, 신대륙에서 유럽으로 이어지는 교통 요충지로 부흥하자, 프랑스 영국 해적들을 막기 위해 1589년에서 1630년까지 거의 반세기 거쳐 지어진 요새인데, 내 눈에는 아무도 찾지 않는 감옥처럼 외롭게 보인다.

어제 기억을 살려 쁘라도 북단 정류장에서 내려, 쁘라도 경유 다시 한 번 비헤하를 방황하다 어제의 일본 식당으로 갔다. 어제 보고 먹지 못했던 초밥에 몇 가지 요리가 포함된 세트메뉴를 시켜 간만에 해외 식도락을 즐겼다.

이제 아바나를 정리할 시간이다. 숙소 돌아가는 길에 눈 여겨 보았던 럼주 매장을 찾아, 럼주 한 병과 콜라를 사서 숙소에 돌아가, 레몬을 못 구해 구색은 못 갖추었으나 자작 모히또를 만들었다. 마침 룸메이트 중 아르헨티나에서 온 젊은 연인이 홀에 있어 동의를 구하고 같이 어울렸다. 짧은 스페인어와 영어를 섞어 모히또의 힘을 빌려 아르헨티나 동정도 묻고, 지나온 나의 여행기도 손짓 발짓 바디 랭귀지 섞어서 쿠바의 마지막 밤을 얼근히 취해본다.

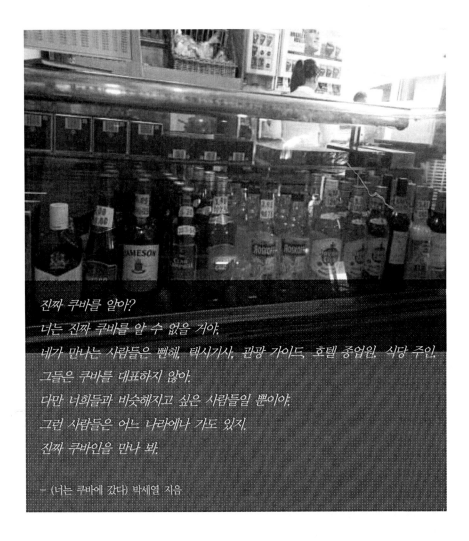

진짜 쿠바를 알아?
너는 진짜 쿠바를 알 수 없을 거야.
네가 만나는 사람들은 뻔해, 택시기사, 관광 가이드, 호텔 종업원, 식당 주인.
그들은 쿠바를 대표하지 않아.
다만 너희들과 비슷해지고 싶은 사람들일 뿐이야.
그런 사람들은 어느 나라에나 가도 있지.
진짜 쿠바인을 만나 봐.

- 《너는 쿠바에 갔다》 박세열 지음

....

페루
Peru

....

세계 7대 불가사의 중 하나인 공중도시 마추픽추를 보기 위해 적색 경보지역인 페루의 수도 리마로 날아간다.

페루는 남미 대륙에 있는 다인종 고대 잉카문명을 활짝 꽃피운 곳이다. 아메리카 최초의 도시문명인 까랄(Caral)문명은 리마에서 북쪽으로 200여km 떨어진 차빈 데 우안타르(Chavin de Huantar)로 BC 1000년에서 BC 400년까지 번성한 차빈문화가 안데스 문명의 기원이 된 곳이다. 이후 13세기 쿠스코 부근 지방세력에 불과했던 잉카족들이 세력을 확산하여 최고 전성기에는 북쪽으로는 콜롬비아 남단, 남으로는 페루 중부, 동으로는 에콰도르 북부, 볼리비아 동부지역까지 영토로 삼은 대제국이었다.

1997년 페루 고고학자에 의해 페루 북부 해안지대 유적에서 5000년 이상된 거대 피라미드와 원형경기장 등이 발견되었다. 메소아메리카의 연장선인지? 수수께끼의 토대는 잉카가 고유문자가 없어 미스터리만 자생된다고 일부 학자는 말한다. 잉카의 고대문명 연구가 필요한 곳이다.

하지만 1519년 에스파냐인 코르데스가 아스텍 문명을 유린하고 멕시코를 정복하였다. 당시 유럽인들에게는 중남미의 엘도라도가 현실화되어 중남미 진출에 혈안이 되어 있었다. 콜롬버스의 신대륙 항해 후 에스파냐는 파나마에 원정 기지를 확보한다.

호시탐탐 중앙아메리카와 남아메리카에 척후병을 보내 염탐한 결과, 에스파냐인 프란시스코 피자로가 200여명의 부하들을 이끌고 1530년 파나마를 출항하여 페루로 향한다. 리마 북쪽 400여km 떨어진 까하마르카 태평양 연안에 상륙했을 당시, 잉카제국은 군주가 죽은 후 자식들의 왕위 쟁탈전으로 내전에 빠져 있었다. 그 정황을 십분 이용해 실권을 잡은 잉카 제국 마지막 황제 아타왈파(Atawallpa, 1502~1533)를 사로잡는다.

멕시코 마지막 황제 몬타주마와 마찬가지로 몸값으로 수많은 금은보화를 내

주고도 약식 재판으로 사형을 당한다. 그 후 쿠스코 방향으로 계속 진군하여 쿠스코에 입성한다. 쿠스코의 황금정원 및 궁궐에서 수많은 금은보화를 약탈하여 일부는 에스파냐 국왕께 보내고 나머지는 분배하여 엘도라도의 꿈을 찾는다. 소규모의 해적같은 군인들에게 1532년부터 철저하게 유린되어, 3년 만인 1535년 잉카제국은 완전히 무너져 버렸다.

피사로는 1535년부터 새 수도 리마의 건설을 시작하였으나, 자업자득이라고 정복사업에 동참한 동지 '알마르고'에게 1541년 살해되어 짧은 영욕의 세월을 마감했다.

페루는 첫 수도를 지금의 수도 리마에서 동쪽으로 100여km떨어진 지우하 (Jauja)로 정했다가, 리막 강 계곡의 더 좋은 지역을 발견해 1535년 1월 18일 시우다드 데 로스 레이예스(Ciduad de Los Reyes, 왕의 도시) 리마가 수도로 탄생되어 페루의 총독권 내에서는 가장 중요한 도시로 부각된다. 리마는 1821년 볼리바르와 더불어 라틴 아메리카 해방의 영웅인 산 마르틴에 의해 독립이 선포되어 탄생된 페루 공화국의 수도가 된다.

잉카 제국에 점령된 치무 제국의 남쪽 경계는 리막(Rimac)강이었는데, 에스파냐인들이 이 이름을 잘못 사용해 리마(Lima)로 변해 페루의 수도 이름이 된다. 리마의 인구는 천만여명이며, 이집트 카이로 다음으로 두번째로 큰 사막도시다.

랜딩 사인을 듣고 창 밖을 보니 얼마 안 있어 페루 서안 태평양 연안이 보인다. 리마에서 절대 출입 금지구역인 카야오(Callao)부두 지역이 보인다. 공항 서쪽 부두지역 주변 마을은 외국인이 들어가서는 몸 성히 나오기가 어렵다는 곳이다. 대충 짐작으로 눈도장 찍자마자 비행기는 착륙한다. 공항의 이름은 호르헤 차베즈 국제공항(Jorgechavez International Airport)인데 호르헤 차베즈는 페루 최초의 조종사로, 그의 이름을 따 국제공항의 이름을 지은 것이 흥미롭다. 도착 후 휴대폰을 켜니 몇 가지 첫 수신 문자가 뜬다. 외교부에서 보내온 문자가 비행기에서 내리기 전부터 신경을 곤두서게 한다. '나스카에서 쿠스코 가는 야간버스를 무장괴한들이 탈취. 그 노선은 절대 야간버스 타지 말 것'. 아직 입국심사도 안 했는데, 당황스럽다. 그 길로 야간 버스를 타고 가야 하는데.

내일 일은 내일 생각하기로 하고 짐을 찾아 나가니 최근에 개통한 공항버스 직원이 팻말을 들고 안내를 한다. 여행 계획을 잡을 때만 하더라도 공항버스는 없었다. 칸쿤에서 리마 도착하는 시간이 저녁 아니면 한밤에 도착하는 비행기뿐이라 노심초사하였는데, 다행히 공항버스가 오픈되어 편한 마음으로 공항을 나선다.

편한 마음으로 시내로 향하는 공항버스에 올라 리마 첫 풍경을 눈에 담아본다. 교통체증이 장난이 아니다. 공항에서 오후 5시 정도에 출발했고, 시내까지 거리는 15km가 채 안 되는데 2시간이 넘게 걸린다. 숙소에 도착하니 이미 한밤중이다.

공항버스는 센트로 지역은 가지 않고, 그래도 안전지역인 미라플로레스 (Miraflores)지역 주요 호텔만 경유한다. 정류장 근처인 미라플로레스 지역 케네디 공원 옆 숙소를 잡아 편안함 마음으로 짐을 풀고 저녁도 먹을 겸 케네디 공원 근처로 늦은 산책을 해본다. 은은한 조명 아래 현지인들의 정다운 모습, 센트로 지역 같으면 생각도 못할 일이다.

적색 경보 지역의 첫번째 밤이 무사히 지나간다.

미라 플로레스 지역 중심에 있는 케네디 공원 낮과 밤

다음날 아침 숙소 식당에서 색다른 정경을 맞이한다, 방 번호가 매겨진 봉투가 한쪽 테이블에 가지런히 놓여 있다. 봉투를 찾아들고 빈 테이블에 앉아 봉투를 열어보니 아직 온기가 남아 있는 먹음직한 빵과 과일이 담겨 있다. 냉장고 옆 테이블에는 커피, 우유, 주스, 핫브레이크가 준비되어 있어, 우유에 핫브레이크를 담아 커피와 더불어 아침식사를 하고 숙소를 나선다.

아침 일찍 첫 행선지는 내일 오아시스 마을 '와카치나'를 가기 위해 페루에서 제일 안전하다는 Cruz del 버스 터미널로 가야 한다. 케네디 공원 앞 버스 정류장에서 남, 북으로 이어진 AV Aquipa거리를 경유해서 센트로 지구까지 가는 버스를 타고, 구글 맵에서 캡쳐해 둔 버스 터미널 위치 근처에서 내렸다. 아무리 찾아도 안 보인다. Av Javier Prado 사거리에서 버스터미널이 보여야 하는데 도저히 찾을 수가 없다.

지나가는 행인에게 물어보니 다시 동쪽으로 버스를 타고 가야 한단다. 친절하게도 본인 휴대폰에서 구글 맵을 받아서 보여준다. 내 휴대폰에 찍힌 것을 보여주니 이사를 갔단다. 아무튼 친절한 리마 현지인 덕분에 일러주는 버스를 타고 몇 정거장 지나니 멀리 Cruz del 입간판이 보인다.

다음날 오후 1시 이카행 표와 이틀 후 이카에서 쿠스코 가는 야간 버스표를 구입한 후, 터미널 안내원에게 센트럴로 가는 길을 물어보니 자세한 버스 정류장 약도를 그려준다. 누가 여기가 적색경보지역이라 했나? 혼자서 구시렁대며 기다리고 있으니 버스가 온다.

타고 보니 정겨운 옛 생각이 떠오른다. 점잖게 생긴 50전후의 아저씨가 타더니 어깨에 멘 가방에서 뭔가 꺼내들면서 일장 연설을 하신다. 소위 우리 식으로 말하면 약 장사다. 센트로 도착할 때까지 아무도 사지 않아 안쓰러운 맘이 앞선다. 그렇다고 알지도 못하는 약을 살 수도 없고…….

대충 차장에게 이야기 한 동네에 내려보니 산 프란시스코 교회 근처다. 지도를 보고 남쪽으로 걷다보니 정보 검색에서 보았던 대통령궁이 보인다. 여기도 구중궁궐이 아니고 시민과 이웃한 대통령궁이다. 오전 11:45분에 경비원 교대식이 볼 만하다는데 시간이 지나 보지 못하고 외형만 보고 남쪽으로 한 블록 떨어진 산토 도밍교 교회를 찾았다. 1549년 지어진 스페인 양식으로 지어진 2층 종루 탑 건물이 특이하다. 리마의 수호신 두 성자가 지하에 잠들어 있다는 이름난 교회다. 한켠에 앉아 안전한 여행을 기원하며 잠시의 안식 시간을 갖는다.

산토 도밍고 수도원 뒤쪽으로 리막(Rimac)강변으로 돌아가니 강변 공원이 있어 강변 벤치에 앉아 휴식을 취한다. 강 건너 북쪽으로 초라한 달동네가 눈에 들어온다. 두 얼굴을 동시에 가진 남미의 현주소를 본다. 페루 인구의 3분의 1

이 거주하는 대도시 이면의 또 다른 얼굴이다.

다시 남쪽으로 리마의 중심대로 라 유니온 거리 (Jilon de la Union) 초입에 있는 아르마스 광장을 찾았다. 에스파냐인 정복자 피사로가 1535년 이 광장을 세우고 이곳을 중심 삼아 리마의 스페인식 건물이 하나 둘 들어선다. 아르마스 광장 동편으로 센트로 대성당이 보인다. 수차례의 대지진으로 재건축되어 오늘의 모습이다. 피사로가 성당건물 주춧돌을 직접 놓았다고 한다.

센트로 대통령궁 동쪽으로 형성되어 있는 차이나타운에는 없는 것 빼고는 다 있다. 리마 구 시장과 붙어 있어 편안한 마음으로 구석구석 돌아본다. 손님이 많이 들어찬 중국 식당을 찾아 사진으로 자세하게 표시된 메뉴판을 뒤져 현지 맥주와 더불어 중국 요리 몇 가지를 주문했다. 입맛을 돋구는 차이나타운 식당

에서 오전에 쌓인 피로도 풀 겸 토종 맥주 한잔으로 힘을 돋군다. 경험상 지구 어디를 가도 중국 음식점은 있고, 중국음식에 대해서는 조금 알고 여행하는 편이 좋을 거라 생각된다.

첫째로, 북미 지역을 빼고는 대충 돌아보고 입맛을 본 경험상 중국 요리만한 음식은 없다고 개인적으로 생각한다. 둘째로 중국 식당은 대부분 현지화가 되어서 위치적으로 배낭 여행자가 찾는 구시가지(센트로)지역에 웬만한 곳이면 다 있다. 셋째로 현지화되어 가격이 저렴하다. 물론 예외는 있다. 예로, 브라질 리우 코파카파나 해변앞에 있는 중국 식당은 배낭여행자에게는 가성비가 만만찮다. 넷째로 해외 한국식당은 대부분 구시가지에서는 찾기가 어렵고, 배낭 여행자에게는 가성비가 낮다. 가성비가 좋고 잘만 선택하면 우리 입맛에도 맞는 요리가 많으니 중국 배갈(백주)과 더불어 지친 여행 피로를 풀어보시길.

대통령궁에서 산 마르틴 광장까지 이어지는 센트로의 보행자 거리(Av Union), 리마의 구시가지 중심도로로 다양한 먹거리와 상점들이 있어, 해외 여행객들과 현지인들로 인산인해를 이루고 있다. 잉카시대부터 수도였던 쿠스코에서 리마로 수도를 옮기면서 세워진 스페인 건축물들이 고풍스런 자태를 보이고 있다.

아쉬운 작별을 하고 산 마르틴 광장으로, 가는 길 중간에 남미의 18번 아르마스 광장을 지나 산 마르틴 광장에 도착하니 남미 독립과 해방을 위해 싸운 산 마르틴 장군의 기마상이 광장 중앙에서 나를 기다리고 있다. 산마르틴 장군의 동상은 천

남미 주요 도시에는 필히 들어서 있는 산마르틴 광장

사들이 떠받들고 있다. 장군의 동상과 기념비는 페루와 남미 곳곳에 세워져 있는데 아르헨티나 출신으로 알려져 있고 스페인 부왕의 군대에서 장교생활을 하다가 나중에 스페인 식민지 통치에 반대하여 아르헨티나, 칠레, 그리고 페루에서 독립운동에 참가하여 승리한 라틴 아메리카의 독립 영웅이다. 남미 여행을 하다보면 필히 만나게 되는 아저씨다.

산 마르틴 광장에서 남북으로 신시가지 미라플로레스까지 이어지는 Av Willson거리를 남으로 걷다 보면 Museo de Arte Italiano, Centro De Estudios Historico Militares Del Perú, Museum of Art of Lima – MALI등 각종 박물관 등 건물들이 오래된 스페인 풍의 건물들이고 유네스코 세계문화유산으로 지정되어있고, 그런 건물과 이웃한 공원들이곳곳에 있어, 관람하다가 피곤하면 공원 벤치에 앉아 좀 쉬었다 가기가 좋다.

걷다가 다리가 아파오기 시작
해, 오전에 타고 갔던 시내버스
를 거꾸로 타고 케네디 공원으로
돌아간다. 낮의 분위기는 어떤지
둘러보니, 공원 한 켠에 오픈 된
자그마한 원형극장 안에서 아직
해도 안 떨어졌는데, 3인조 밴드
장단에 맞추어 한판 춤사위를 펴
는 현지인들이 보인다. 정신 없이 돌고 돈다. 또 한 켠에서는 벤치에 앉아 독서
하는 사람, 데이트 하는 연인들, 정다운 정경이다. 누가 흑색지대라고 했나!

아쉬운 곳을 뒤로하고 신시가지 랜드 마크인 '라코르 마르'를 찾아 케네디 공
원에서 남쪽 끝까지 가는 도로를 걷는다. 도로 주위 분위기가 구시가지와 달리
화려하다. 지나다니는 사람들의 겉모습에서도 부유함이 묻어난다. 바닷가가 나
타나면서 보이는 대형 쇼핑몰 '라코르마르'의 전경이 절벽 끝머리에 멋지게 서
있다. 그 주위로 열대나무 사이사이에 들어선 고급 레스토랑, 스타벅스, 영화관,
오락시설물 등 200여m 절벽을 낀 해안가 풍경이 절경이다. 오전에 보았던 달동
네와는 극과 극이다.

라코르 마르 절벽 위에서
내려다본 해안가

그곳에서 서쪽으로 조금 가면 만날 수 있는 사랑의 공원에는 아주 에로틱한 장면을 접할 수 있다. 연인 둘의 키스 장면이 대형조각상으로 누워있다. 지는 석양과 조화를 이루어 더욱더 에로틱하게 보인다. 그 절벽 아래로 긴 방파제 중간 위치에 팔각형 지붕의 고급 레스토랑이 보인다. 시간과 여유가 있는 분들은 연인 동상 옆쪽으로 내려가는 길이 있으니, 지는 석양을 보며 좋은 추억을 만들어 보시길! 이곳에서 동남쪽으로 조금 내려가면 만나는 바랑코(Barranco District) 지역은 페루의 작가와 지식인들의 고향인 보헤미안 지역이다.

라코르마르의 전경

이곳을 스치면서 본 바닥의 원주민은 전반적으로 어려운 삶을 살고, 외지인 백인들은 허락도 없이 현지인들을 밀어내고 별도의 아름다운 특정지역에서 잘 살고 있다. 어째서일까? 독일의 여행가이자 탐험가인 훔 볼트(1769~1859)가 1799년에서 1804년까지 멕시코시티, 쿠바, 에콰도르, 아마존 강 유역, 페루 리마를 여행하면서 남긴 여행기가 유럽인에게 '신대륙'이라는 미래의 상상을 심어주게 되어 유럽의 식민주의 사상을 확대 재생산했다는 글을 어느 책에서 보았던 기억이 난다.

내가 마음 아파한다고 세상이 바뀔 리 없어 아쉬움만 달래고, 리마 공항 쪽으로 지는 석양을 보며 리마 일정을 마무리한다.

숙소에다 미리 10솔(sol)에 예약한 택시를 타고 터미널로 간다. 오후 1시 출발하는 버스에 올라타고 보니 의아스럽다. 리마에서 이카(Ica)까지 300여km, 5시간 소요되는 여정에 차비가 35솔(우리 돈 만원 정도)이라 별로 기대를 안 했는데 거의 비즈니스 비행기 좌석이다. 시내 교통비가 싸다고 생각했는데 정말로 대중교통비는 싸다. 우리나라 우등 고속버스보다 더 좋은 것 같다. 우연히도 2층 버스 맨 앞좌석이라 전망이 기가 막히다. 돈 만원에 생각지도 않은 호사스런 여행을 한다. 차내에서 무료 제공되는 식사도 그럴싸하다.

건조한 기후 조건에 지금은 건기라 내려가는 길이 차창 좌편으로는 지구상에서 가장 건조한 아타카마(Ataacama)사막 길을 지나고 있고, 우편은 망망대해 태평양 연안을 지나고 있다. 낮은 벽돌집 군락들이 드문드문 보이는데 문명의 이기라고는 전혀 없는 것 같은, 또 하나의 삶의 현장이다.

그 가운데 뚫린 이 도로는 총 길이 78,800km로 북미 알래스카 페어뱅커스에서 남미 최남단 푸에고 섬까지 이어지는 팬아메리칸 하이웨이 중 일부 구간이다. 1880년 초기 건설 계획은 철도로 남북을 종단하기로 했다가 도로로 바뀌었다.

나도 지금 그 길을 달리고 있다. 내려가는 길 5시간여, 지루한 줄 모르고 달린다.

고속도로를 지나다 해변가 길로

팬아메리칸 하이웨이

들어가서 일부 여행객은 내리고 새로운 손님을 태운다. 이곳은 피스코라는 조그마한 어촌이지만 포도밭으로 유명해진 도시로 페루의 유명한 포도주 브랜드인 피스코 상표가 붙여진 곳이다.

또 한 곳은 잉카 문명 유적이 있는 곳이다. 이곳에서 멀지 않은 파라카스 (Paracas) 만 250여m 높이의 붉은색 암벽에 고대 잉카인들이 만든 것으로 추정되는 너비 4m에 달하는 커다란 도안이 새겨져 있다. 삼지창이나 세 갈래의 촛대 형상처럼 보이는데, 중요한 것은 암벽이 빛을 내는 광물로 이루어 졌다는 사실이다. 하늘을 나는 자들을 위한 표식으로 고대 잉카인들이 나스카 평원에 활주로를 만들었다는 믿기 어려운 속설도 있고, 일부 고고학자들은 선박의 항로를 표시한 것이라 주장하기도 한다. 어느 표시이든 정확한 목적이 밝혀지기를.

visco 남쪽 파라카스(Paracas) 만

이러한 가설의 보충자료는 이곳에서 멀지 않은 나스카(Nasca) 평원의 거대한 지상 그림이다. 총 면적이 천 평방미터에 이르는 나스카 일대 좁고 긴 지대에 분포되어 있는데 거미, 고래, 원숭이, 개, 나무, 우주인처럼 보이는 로봇 같은 형체, 벌새, 펠리컨 등의 그림이 30개 이상, 소용돌이, 직선, 삼각형, 사다리꼴과 같은 곡선이나 기하학 무늬들이 200개 이상 포함되어 있다. 그리고 하나의 그림은 100m에서 300m에 달할 만큼 거대해서 하늘 위에서 바라보지 않으면 확인할 수 없을 정도다. 어떤 것은 8km에 달하는 직선이 마치 긴 활주로처럼 뻗어 있어, 지상 그림들의 배치가 비행장의 평면도와 흡사하다고 한다.

파라카스 만의 암벽그림과 나스카의 지상그림은 하늘로 올라가야만 판별할 수 있는데, 스위스의 작가이자 고고학자인 에리히 폰 대니켄(Erich von Daniken)은 외계인을 위한 '우주선 활주로'라는 주장을 하였고, 칠레 이스터 섬의 모아이도 외계인의 작품이라 주장하기도 했다.

칠레, 볼리비아 안데스 산악 지역과 사막지역 곳곳에 항로표지로 추정되는 표식, 그림, 도안들이 표시되어 있다고 한다. 이러한 유적들을 두고 모든 고고학자들은 우리의 상상을 초월한 과학을 소유한 고대 문명과 관련 있을 것으로 생각한다. 메소, 라틴아메리카의 미스터리다.

이 모든 곳은 하늘을 날아서 보아야 실체를 알 수 있는데, 홀로 배낭 자유여행을 하는 사람이 둘러보기에는 시간적 경제적 사정으로 갈 수가 없고 피스코만을 지나는 길에 여행 준비 기간에 책에서 보았던 내용을 적어본다. 시간이 많은 여행가들은 둘러보며 확인해 보시길!

피스코에서 다시 출발한 버스는 30여분 후 오후 6시경 이카에 도착했다. 오후 6시인데도 캄캄한 밤이다. 숙소가 사전 정보로는 터미널에서 멀지 않는데도 밤이라 방향 감각이 잘 안 선다. 할 수 없어 고등학생 그룹이 지나 가길래, 한 학생 한테 캡처한 지도를 보여주니 바로 손으로 가리키며, 저 길로 조금만 내려가란다. 지도상으로는 몇 발짝 안 가면 도착하리라 생각했는데, 첫 단추를 잘 못 끼우면 고생하듯이, 이 사람한테 물으면 저리 가라 저 사람한테 물으면 이리로 가라… 결국은 이카 시 북동쪽으로 한참 잘못 올라갔다. 한창 헤매고 있으니, 그곳 주민이 여기는 위험한 동네이니 택시 타고 빨리 가란다. 지나가는 택시를 급히 잡아 숙소로 가는데, 이 기사 양반도 영 길을 못 찾았다. 한참을 헤매다 결국은 몇 번이나 그 지역을 지나친 것 같다. 야간이라 숙소 명패가 잘 안 보이는 이유도 있었다. 이카는 나하고는 인연이 없는 도시인 모양이다. 엎어지면 코 앞인 곳을, 호화 버스에 식사에 5시간에 35솔인데, 다 헐어빠진 모터사이클 삼륜차에 3시간여 만에 처음 흥정한 5솔에서 곱빼기로 10솔을 주고 숙소에 여장을 풀었다. 숙소는 3층으로 개인 별장처럼 아담했는데, 지금은 와이파이가 고장나 쓸 수 없단다. 어쩌라! 이 밤에, 또 한번 예고를 하는데도, 방심으로 영혼을 되찾는 여정을 취소하기에 이른다.

오아시스 마을 '와카치나'

아침 일찍 숙소를 나와, 첫 번째 만나는 삼륜 택시 운전사에게 와카치나까지 얼마냐 물으니 6솔이라 한다. 여행 정보상의 기준 요금이라 흥정 없이 탔다. 5km여 새벽길. 연무를 날리며 오아시스 마을 '와카치나'에 도착한다.

이른 아침이라 사막으로 울타리 쳐진 고요하고 자그마한 호수만 나를 맞이한다. 호숫가를 걷다 보니 군데군데 영혼을 찾기 위해 명상하는 여행자들이 많다. 아예 호숫가에 텐트를 치고 장기 고행하는 듯한 사람도 보인다.

그 옆으로 9부 능선에 두 사람이 올라가는 모습이 가물가물 보인다. 누구일까? 모래 언덕 정상 사막지역에서는 사막 버기투어를 하는데 와카치나를 찾는 주요한 목적 중에 하나이기도 하다. 버기라는 사륜구동 차량을 타고 사막을 질주하는 액티비티이다. 모래 썰매를 타고 내려오는 액티비티도 유명하다. 호수 뒤쪽으로 사막 산등성이에는 희미한 자국들이 몇 줄 이어져 있는데, 아마 이곳의 유명한 액티비티 '샌드보딩' 자국같이 보인다. 새벽이라 아무도 없이 조용하다.

나도 여기서 한 며칠 멍하니 있고 싶은 유혹이 든다. 오라는 데도 없어도 가야할 길이 있기에 호숫가를 한 시간여 거닐다 이카로 돌아간다.

리마에서 이카 표를 구입할 때 이카에서 쿠스코 가는 버스를 예약한 시간이 저녁 6시라 시간이 너무 남아, 돌아가는 길을 혼자서 터벅터벅 걸어서 이카까지 한 시간 정도 걸어서 돌아간다. 어느 여행 가이드에서는 안전하지 않으니 도보 여행은 하지 말라고 했는데, 그것도 새벽 시간에 혼자서 했다. 그저 행운에 감사할 뿐이다. 숙소 근처에 와서 아침 식사할 곳을 찾다 보니 어젯밤에 도착한 터미널이 보인다. 우로 한 블록 갔었으면 코앞인 곳을, 한 블록 좌로 시작한 것이 터미널에서 5분 걸릴 거리를 한밤중 3시간이나 헤맸던 것이다.

근처 손님이 그런대로 많은 식당에서 식사를 하고 이카 시내 탐방을 나선다. 이카는 사막 한가운데의 도시로 와인 축제로도 유명한 도시이자, 16세기 지어진 성당 및 고풍스러운 저택들이 있는 문화도시이기도 하다. 종교의 성지이기도 하여 매년

고대 박물관에서 멀지 않은 이카 대성당

3월, 10월에 순례자들이 모여든다고 한다.

첫 번째 찾은 곳은 고대 박물관(Museo Regional)이다. 피스코(Pisco), 나스카, 파라카스(Paracas), 이카 유적지에서 발굴된 미라와 잉카시대의 두개골 수천 점이 전시되어 있다는데 내부 보수 중이라 겉만 보고 돌아간다.

멀리서 보아도 대성당 건물이 분명한 곳으로 발길을 돌려 주님께 예배 안식을 찾을 부푼 기대로 찾았지만 여기도 출입통제다. 이곳 이카에서는 제대로 이루어지는 것이 별로 없다. 사고의 예고편이 계속 이어진다.

크루즈 델 터미널 앞 Matias 대로 동쪽으로 멀지 않은 곳 남미의 도시 중앙 아르마스 광장에 도착해 벤치 한 켠에 앉았다. 어린 손자와 놀고 있는 현지인 할아버지를 바라보자 고국에 두고 온 손자들 생각이 난다. 광장 옆에 문이 열려

이카 아르마스 광장

있는 자그마한 '아시스(Asis)' 교회가 있어 항상 앉는 위치에 앉아 주님께 무사 여행을 기원하면서 잠시의 안식을 찾는다.

짐을 챙겨서 숙소에서 나와 터미널로 향하는 길이 멀지도 않는데 몸 곳곳에 땀이 송송 맺힌다. 터미널에 도착하니 오후 3시경이다. 캐리어는 미리 체크인 하여 화물 대기실로 옮겨지고, 모든 여행 필수품이 들어있는 배낭을 메고 이층 대기실로 올라가니 여행객도 별로 안 보이고, 조그마한 매장이 있어 아이스크림을 하나 사서 입에 물고 동심으로 돌아간다. 또 하나의 흐뭇한 정경에 빠진다.

한 시간 정도 쉬다가 아래층 대기석으로 내려간다. 서양 청년들, 연인인 듯한 젊은 한국 여행객들 등으로 대기실이 만원이다. 리마 공항에서 보았던 강도 문자로 불안했던 마음은 벌써 사라지고 없다. 한 시간만 지나면 기다리던 버스를 타고 별천지인 쿠스코에 간다고 생각하니 잡생각이 없어진다.

하지만 도둑이 내가 터미널 도착할 때부터 눈독을 들인 것 같다. 버스가 안내방송도 없이 30여분 출발 지연이 생겨, 확인 차 불과 한 3m 떨어진 안내 카운터로 배낭을 옆에 둔 채 생각 없이 이동을 한다. 바로 옆에는 서양 여행자가, 앞 칸에는 한국인 부부가 앉아 있어 설마 했는데, 잠깐의 방심으로 몇 년간 동고동락했던 배낭과 이별한 것이다.

터미널 직원들의 무성의로 신고도 어려울 것 같고, 쿠스코 숙소도 선불 예약되어 있고, 아무리 생각해봐도 쿠스코로 가는 것이 정답이라 며칠 전 무장강도가 설친 그 코스, 그 시간의 야간버스에 올라 잡생각 없이 쿠스코로 향한다.

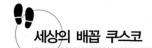
버스는 저녁 6시 반경에 이카를 출발한다. 만감이 교차한다. 얼마 전 외교부 문자로 받은, 강도를 당한 그 시간 그 길로 간다. 서글픈 안도감으로 과거는 미련 없이 보내고 앞일을 어떻게 할 것인가 고민을 해도 답이 안 나온다. 매일 복용하는 중요한 상비약도 없어져 쿠스코에서 귀국하는 걸로 가닥을 잡아간다. 내 사정을 모르는 버스는 잘도 달린다. 1시간 반 만에 나스카를 지난다.

나스카는 뉴욕 롱아일랜드 대학의 Paul Kosok 천문학 교수에 의해 세상에 알려지게 된다. 그는 1939년에 페루 해안 지방의 고대 관개시설 연구를 위해 나스카를 방문했다. 하늘에서 우연히 거대한 평원에 새겨진 선을 본 그는 단순한 도로 자국이 아닐 것이라 확신했다. 비행기를 전세 내어 수백 일 통한 고공 비행 및 육상 조사로 모든 조사과정을 마친 뒤 드러난 나스카 지상화의 전모는 콘드로 주변 천 평방키로m의 사막에는 전체길이 600m 이상의 비행기가 날아가는 모습의 대형 새와 길이 80m의 콘도르를 비롯해 원숭이, 개, 나무, 손, 도마뱀, 각 도형 등 200여 개가 새겨져 있다. 자로 잰 듯한 직선과 곡선, 정확한 비례의 사물 형상과 기하학적 도형들은 완벽하고 거대하다. 이에 대해 Kosco의 조수 마리아 라이케(Maria Reiche)는 교수 사후에도 계속 나스카 문양을 지도화하면서 최종적으로 고대인의 천문 지침서라고 주장했고, 스위스 베스트셀러 작가이자 고고학자인 에리히 폰 대니켄(Erich Von Daniken)은 저서 〈나스카의 수수께끼〉에서 외계 생물체가 세운 임시 비행장이라고 주장한다.

오늘날 많은 고고학자들은 나스카 문양이 잉카 문명이 태동되기 전 BC 500년에서 AD 500년 사이에 그려진 것이라고 한다. 폴 코스코와 함께 나스카 연구에 평생을 바친 독

나스카 문양

일인 마리아 라이헤는 나스카의 지상 그림은 고대 종족에 대한 생각을 바꾸어야 하며, 페루에는 수학과 천문학에 대해 우리보다 훨씬 앞선 과학적인 문명이 있었다고 결론짓는다, 여행 전 읽었던 〈발칙한 고고학〉에서 본 것을 회상하며, 무거운 눈꺼풀을 덮고, 흔들리는 버스에 전신을 맡기고, 지나간 잠깐의 불행을 잊자고 다짐하며 안데스 산맥을 가로지른다.

이른 새벽에 도착한 쿠스코, 조그마한 터미널로 나와 한인 숙소 사장님이 말한 주소를 대고 흥정을 하니 10솔 달랜다. 숙소 사장님은 6솔 이상 주지 말라던데, 하지만 입씨름할 처지가 아니라서 달라는 대로 주고 숙소에 도착하였다. 1층 입구에서 벨을 누르니 5층에서 창문을 열고 손짓하며 반긴다. 숙소 사장님의 배려로 여행 경찰서로 가서 사고 신고를 했다. 담당 경찰이 이카 크루즈 델 터미널에 몇 차례 전화도 하고, 같이 숙소로 와서 차 화물칸에 맡겨져 살아 돌아온 캐리어 내부를 조사도 하고, 하지만 결국 하는 말은 'no'란다. 추측컨대 크루즈 델 간판에 누를 끼치고 싶지 않은 짜고 치는 고스톱 판이다.

포기하고, 다음은 약국으로 간다. 우여곡절 끝에 일주일 분을 한국의 두 달치 약값보다 더 비싸게 거금을 주고 숙소로 돌아왔다. 다음은 귀국 비행기표를 잡아야 해서 숙소 PC와 씨름을 한다. 간신히 다음날 밤에 리마에서 캐나다 토론토 경유 인천으로 가는 저가 항공편을 잡았다. 다시 쿠스코에서 리마 가는 당일 오후 1시발 비행기표를 결제하고 나니 오후 2시가 넘었다.

그제서야 한숨 돌리고 쿠스코 동네 냄새나 맡고 갈 생각으로 챙기다 보니 내 꼴이 말이 아니다. 숙소를 나와 우선 가까운 재래시장으로 가서 운동화를 사서 갈아신고, 슬리퍼는 비닐 봉투에 담아들고, 쿠스코 중심 아르마스 광장으로 가서 주변 눈도장만 찍는다. 불현듯 캐나다 통과 비자가 생각난다. 한국에서 저가 항공편을 검색할 때 미국, 캐나다 경유비자가 필요하다는 것을 알게 되어 미국 경유비자는 사전 발행 받아 여기까지 왔는데, 귀국할 때 캐나다 경유는 계획에 없어서 비자 신청을 안 했는데 이제야 생각이 난다.

급히 숙소로 돌아가 PC앞에 한 시간 씨름을 해서 겨우 신청을 했다. 하지만 쿠스코 출발 전 신청 통과 여부를 알 수 없을 것 같다. 모레 새벽 토론토 통과가 가능할지는 운명에 맡기자고 마음을 비우고 숙소 옥상에 올라 쿠스코 밤바람을 맞으며 마음의 정리를 한다. 멀리 보이는 아르마스 광장 넘어 산동네의 백열등 야경이 너무나 환상적이다. 낮에는 다닥다닥 붙은 붉은 벽돌집들이 허름하게 보였는데.

쿠스코 아르마스 광장 뒤 산마을 야경

———

페루 이카에서 다 털리고 돌아온 후 반년이 지난다. 집사람 눈치 보느라 망설였던 마음을 가다듬고 다시 나가야겠다고 간신히 동의를 구한다. 남미 종주를 한 후 아프리카 남아공으로 해서 이집트까지, 홀로 자유 여행하는 행사는 이번이 마지막이라는 각서를 쓰고, 집사람한테 다짐을 받은 터라 조심스럽다.

저가 항공이라 이번에는 일본 나리타를 거쳐 미국 달라스를 경유해서 리마 공항으로 3번째로 들어오는 길이다. 첫 번째 리마로 들어가는 길은 희망에 부풀어서 들어왔고, 두 번째 이 공항을 떠날 때는 한밤중 캄캄한 마음으로 하늘을 날았다. 이번에는 담담한 마음으로 인천을 떠나 창공을 나른다.

세 번째 리마 공항 도착하는 길은 왜 이리 힘든지, 앞으로의 여정에 걱정부터 앞선다. 다음 올 안전한 여행을 위한 액땜이라 생각하고 마음을 비우고 짐을 찾아, 이층 식당가로 가서 한 자리 잡아, 오후 3시에 쿠스코로 출발할 때까지 시간을 보낼 준비를 한다.

페루 남부 여행은 이미 해봤기에, 바로 이곳에서 오후 비행기로 쿠스코로 날아갈 예정으로 한국서 새로 개설된 페루 저가항공 'Viva' 항공에 미리 예약하여 대기 중이다. 드디어 인고의 시간은 끝나고, 공항버스를 타고 공항 외곽에 대기되어 있는 Viva Air 항공기에 탑승한다. 힘들었던 지난 시간은 눈 녹듯이 없어지고 다가올 멋진 여행의 꿈만 가득해진다.

쿠스코 공항은 양쪽이 높은 산언덕 사이의 좁은 골짜기에 위치하고 있어서 안개가 자주 끼고, 바람이 심한 지역이라 자주 연착하고 결항한다. 하늘에 맡기고 기다릴 수밖에. 비행기가 이륙한다. 지난번 쿠스코에서 나올 때는 한 밤이라서 쿠스코 주위 전경을 보지 못한 비행이었는데, 지금 시간은 오후 시간이라 마추픽추를 볼 수 있으려나? 이륙한 지 15분여가 지나자 회항한다는 소리가 들린 것 같은데, 잘못 들었나 싶어 창 밖으로 눈을 돌려보니 정말로 돌아간다. 여기는 날씨도 맑고 좋은데 쿠스코 기상이 안 좋다고 다시 회항해 리마 공항에 도착하였다.

오후 4시부터 밤 10시까지 갈 수 있느냐? 환불해달라는 사람, 이도 저도 안되는 사람은 벌써 다른 항공편으로 갈 수 있는지 휴대폰을 연신 두들기고 있다. 최종 1/3 정도가 밤 10시까지 버티어 호텔 배정도 받고 확실한 보장은 아닐지라도 내일 첫 비행기로 갈 수 있도록 하겠다는 구두 약속을 받고 호텔에 도착했다. 저녁 먹고 샤워하고 나니 밤 12시가 넘었다. 혼절하다시피 쓰러져 잤다.

전화벨 소리에 비몽사몽간에 전화를 받으니 급히 내려오란다. 시간을 보니 오전 3시다. 눈곱도 떼지 못하고 짐 챙겨 공항으로 달려가 도착한 시간이 오전 4시쯤이다. 5시 반 출발하는 첫 비행기의 웨이팅으로 일부 대기하고, 일부는 다른 항공사로 추가 본인 부담으로 체크인하여 탑승구로 들어간다.

이젠 최종 남은 사람은 7명, 첫 비행기 출발시간 5시 30분은 다가오는데, Viva 창구 직원 총 책임자가 연신 휴대폰을 들고 정신이 없다. 그 와중에 한국 청년 하나가 마추픽추 가는 기차표를 미리 구입한지라, 기다리다 지쳐 다른 항공사로 알아본다고 가자마자 전화를 받던 책임자가 급히 대기자에 대해 수속을 하라고 직원에게 지시한다. 먼저 보딩 패스를 받은 사람은 에콰도르 여인이었다. 이미 출발 시간은 지나다 보니, 보딩 패스가 나오자마자 선착순으로 게이트 3번으로 빨리 가라고 난리다. 두 번째 내가 보딩 패스를 받아 뒤도 안 돌아 보고 3번 게이트로, 비행기에 탑승하자마자 남아 있는 사람은 어떻게 됐는지 걱정을 하고 있는데, 4인 한 팀인 한국 가족 식구들이 하나 둘씩 출입구로 들어온다. 칠레서 카톨릭 수련 공부를 하고 귀국하기 전 쿠스코와 마추픽추를 보고 가겠다는 점잖은 숙녀 한 분도 들어온다. 들어오자마자 출입문은 닫히고 이륙 사인이 급히 난다. 결국 내일 모레 군대 가기 전 여행 온 청년은 못 타고 비행기는 40여분 지연되어 6시 조금 넘어 창공으로 이륙한다. 마지막으로 탄 숙녀분한테 물어보니 한국 청년은 다행히 타 항공사로 조금 늦게 쿠스코로 올 수 있단다. 의지의 한국인들이다. 일곱 명이 한마음으로 끝까지 버티어 추가 부담 없이, 비록 말할 수 없는 스트레스는 이만저만이 아니었지만 비행기는 제 갈 길로 이제야 제대로 간다.

랜딩 아나운싱 소리가 들려 창 밖을 내다보아도 보이는 것은 구름뿐이다. 고도가 낮아지고 얼마 안 있어 가끔가끔 나타나는 안데스 산맥 줄기의 하나이고, 마추픽추를 감싸고 있는 산들 정상에는 눈이 그대로 쌓여 있었고, 한 번씩 옅은 구름이 정상을 감고 있는 전경이 절경이다. 산맥들 사이에 구부러진 골짜기로 누런 흙탕물이 흘러가는 우르밤바(Urubamba) 강 모습도 보기 좋다. 며칠 있으면 저 곳을 헤매일 것이다.

안데스 산맥 북쪽 해발 3,300m에 위치한 쿠스코는 옛 잉카 제국의 수도이고 번영의 중심지였다. 잉카에는 다양한 기원 신화가 존재한다. 한 신화에 의하면 태양신 티키 비라코차(Tiki Viracocha)가 네 아들과 네 딸들에게 그들의 마을을 세우라고 세상에 보내져 여러 우여곡절 끝에 네 번째 아들인 아이이르 망코와 마마 오클로는 신치 로카를 낳았고, 그들은 쿠스코 계곡으로 자기들의 새로운 마을을 세웠다. 이곳에서 마을의 지도자가 되었고 이후 '망코카팍'으로 알려지게 되었다.

또 다른 신화 이야기로, 태양신 인티(Inti)는 그의 아들 망코 카팍과 딸 마마 오클로에게 금지팡이를 주어 티티카카 호수의 한 섬에 내려보내 금지팡이가 박히는 곳에 나라를 세우라고 했다. 그들은 지하 통로를 통하여 쿠스코에 도착하여 금지팡이가 깊숙이 박힌 곳을 발견했는데 그곳이 '세계의 배꼽' 쿠스코이며 이곳을 수도로 하여 최초의 잉카 왕조를 설립했다는 설화다.

13세기 초 페루의 한 고원에서 기원하여 영토가 확장되어, 잉카인들은 그들의 땅을 '타완틴수유'라고 불렀다. 잉카 제국의 공용어인 케추아(Quechua)어로 '네 개의 땅이 합쳐진 땅'이라는 뜻이다. 자신들이 살던 나라가 친차이수유(Chinchaysuyu, 에콰도르 남부의 북쪽 땅), 안티수유(Antisuyu, 아마존 저지대의 동쪽 땅), 쿠야수유(Quilasuyu, 티티카카 호수 부근의 남쪽 땅), 쿤티수유(Kuntisuyu, 태평양 연안 서쪽지방의 서쪽 땅)가 모인 것으로 보았기 때문이다.

일부 학자들은 잉카 자체가 군주 및 왕이라는 뜻이라고 주장하지만, 잉카문명은 모든 것이 미스터리의 연속이다. 잉카인들은 14세기경부터 산악지대 본거지에서 해안 지역들로 점차 영역을 넓혔다. 잉카인들은 태양신의 은총을 받아 북쪽으로는 오늘날의 에콰도르, 남쪽으로는 오늘날의 칠레 북부까지 영토를 확장하고 마지막으로 잉카의 지배 아래로 편입된 치무(Chimu)까지 해서 제국의 형태를 갖추었다.

15세기 잉카에 정복되기 전 치무인들이 번성했던 11~15세기 400년간의 치무

문화는 도자기는 정교한 세공으로 마감된 검은색의 납작한 주전자 모양이 일반
적이며, 세라믹 기술과 금속 공예도 뛰어나 금, 구리, 동, 호박(amber), 에메랄
드 등으로 만든 공예품이 왕가와 귀족들, 그리고 제의식을 위한 사제의 의상을
장식했다.

페루 북부 해안 도시 툼베스(Tumbes)라는 마을의 황금 정원에는 금으로 만든
동, 식물 모형이 있었다. 잉카인들은 그것을 본떠 쿠스코의 중심에 황금 정원
코리칸차를 만들어 놓는 계기가 된다.

엘도라도 전초기지인 파나마에 있던 에스파냐인 프란시스코 피사로
(1471~1541) 선장과 200여 명의 해적같은 부하 선원들에 의해 잉카제국은 유린
된다. 에스파냐 선원들은 처음 상륙할 때 잉카제국의 내전이라는 행운을 맞는
다. 에스파냐가 잉카 땅을 처음 밟은 시기는 쿠스코에서 시작된 왕조의 열두 번
째 잉카였던 와이나카팍이었다.

1525년 황제와 황태자가 천연두로 죽자 정실 아들과 후실 아들의 왕권 계승
내전으로 혼란한 틈을 이용해, 에스파냐인의 거짓 평화 제의로 마지막 잉카인
아타왈파를 사로잡는다. 잉카의 몸값으로 엄청난 금은보화를 받고도 최종적으로
는 이복형제를 죽였다는 죄목으로 사형되고, 쿠스코는 점령되어 잉카제국은 서
서히 도태된다. 이어서 엘도라도의 꿈을 찾는 유럽 이주민들이 늘어날수록 중남
미 아스텍, 마야, 잉카 문명은 초토화된다.

잉카의 고대 문화는 쁘레잉카(Pre-Inca) 시대와 잉카 시대로 나뉘는데, 쁘레
잉카는 잉카 제국 성립 이전 BC 1500년경의 수렵문화에서부터 초기 형성기의
챠빈 문화를 거쳐 고전기의 모체 문화, 나스카 문화, 티아와나코 문화 등 페루
태평양 연안과 안데스 고원에 10개 이상의 고대문명들이 흥망성쇠를 거듭했고,
불가사의한 고대 문명의 흔적이 여러 곳에 있다.

쿠스코는 남미에서 가장 막강했던 잉카제국의 수도였으며 잉카인들의 지혜를
엿볼 수 있는 오래된 유적들과 만날 수 있는 고혹의 도시이다. 에스파냐인들이
쿠스코에 처음 들어왔을 때 해발 3400m 고지가 넘는 높은 고원지대에 수만 채
의 주택과 왕궁, 신전 등의 산악 대도시 규모에 아연할 수밖에 없었다고 한다.

쿠스코는 케추아어로 배꼽이라는 뜻이기에 도시를 가리켜 '세계의 배꼽'이라 부르기도 한다. 그리스인들은 델포이를 문명의 배꼽이라고 불렀고, 칠레의 이스터 섬 역시 원주민들은 세상의 배꼽(Te Pito oTe Henua)이라고 부른다. 세상에는 자기 배꼽이 세상 중심이라는 곳이 많다.

우여곡절 끝에 쿠스코 공항에 도착하여 함께한 한국인들과 작별 인사를 나누고 공항을 나섰다. 언제나 열렬히 맞이하는 택시 기사들은 못 본 척하고 공항 밖에서 택시를 찾아 흥정을 한다. 체크인 시간도 이르고, 공항에서 가까운 볼리비아 영사관에서 우선 비자를 받는 것이 좋을 것 같아 5솔에 흥정을 하여 가는데 거리가 만만치 않다.

영사관으로 들어가서 긴장을 한다. 들리는 소문에는 엄청나게 까다롭다고 해서 나름대로 준비는 했지만 긴장된 마음으로 서류를 제출한다. 이마에 석 삼자가 그려진다. 기름칠 안된 뻑뻑한 소리로 온라인 신청서에 작성된 카피가 빠졌고 볼리비아 여행 일정이 없으니 돌아가서 다시 만들어 오란다. 내 뒤 차례인 대만 아줌마 둘은 서류를 제출하자마자 5분 안에 비자 도장과 사인을 받는다. 내 뒤에서 내 처지를 본 아줌마들이 어떻게 하라고 자세한 설명을 해 주는데 고맙기는 하지만 숙소로 가서 다시 만들어 온다는 생각에 억장이 무너진다.

노트북을 꺼내고 한쪽 귀퉁이에 앉아서 대만인이 알려준 대로 하는데도 잘 되지 않아 죽을 지경이다. 돌아가야 하나 고민하고 있는데 소문난 아저씨가 나타난다. 곁눈질도 안 하다가 갑자기 자기 책상 앞으로 오란다. 인상을 쓰다, 풀었다 사람 돌게 만드는데, 결국은 그 양반이 내 대신 온라인 신청서 및 구두로 나에게 볼리비아 여행 계획을 묻더니, 볼리비아 여행 계획서까지 만들어서 내가 가지고 간 서류에 보태어 클립을 끼운 후 나에게 주면서 머리를 까딱한다. 소장한테 올리라는 신호다. 올리자마자 일분 안에 내 여권에 비자 딱지가 붙고 도장을 찍은 후 멋지게 사인을 하고, 여권을 돌려주며 웃으면서 좋은 여행하란다. 서류작성 경비는 20솔을 주었지만 그저 고마울 뿐이다.

다시 볼리비아 코파카바나 가는 버스표를 확인하기 위해 전에 알았던 정보대로 Cruz del Sol 터미널로 택시 5솔로 흥정하여 신나게 찾아갔건만 이제는 안 다닌단다. 사무원이 Terrestor 터미널로 가란다. 택시를 잡고 흥정을 하니 4솔 달랜다. 위치를 몰라 달라는 대로 주고 도착한 곳이 바로 코앞이다.

택시 바가지는 쓰지 않는다고 다짐을 했건만 도착 하루 만에 한 건 했다. 도착하여 몇 군데 알아보니 직행으로 코파카바나까지 쎄미 까마(반 침대 의자)로 60솔이란다. 좌석 사진도 보여주는데 괜찮은 것 같아 마음속으로 결정했다.

터미널 근처에 잉카의 대제국을 세운 파차쿠텍(1438~1471 재위) 기념비 (Monumento Pachacuteg)가 있어 방문을 했다.

잉카 9대왕인 파차쿠텍 기념비와 그의 모습. 최대 영토를 점령해 잉카제국으로 만든 영웅

1438년 잉카의 9대 쿠스코의 한 부족 국가의 왕에 불과했으나, 에콰도르에서 칠레 일부까지 영토를 확장하여 실질적으로 대왕 칭호를 받을 만한 사람이다. 쿠스코 근교에 삭사이우망, 코리칸자 등 유적들을 많이 세웠고, 본인 기념비도 석조로 건설한 거대한 구조물이다. 기념비 안으로 들어가니 잉카를 다스렸던 왕들의 그림 등이 전시되어 있다.

동상 건너로 나오니 마침 약국이 있다. 리마공항 내 약국에서는 고산병 약을 너무 비싸게 불러 포기하고 쿠스코에서 사기로 했는데, 들어가 가격을 물어보니 25솔이란다. 지난번 리마에서는 35솔 주고 산 기억이 나서 얼른 25솔 주고 구입한 후, 마침 약국 앞에 버스정류장이 있어서 아르마스 광장 가는 버스가 있느냐 물어보니 있다고 버스 번호까지 알려준다. 정류장에서 조금 기다리고 있으니 17번 시내버스가 도착한다.

지난번 왔을 때 타 봤다고 1솔을 건네니 0.2솔을 돌려준다. 어디를 가더라도 배낭 여행자는 대중교통을 타면 마음이 제일 편하다. 숙소가 아르마스 광장 주위라 버스에서 내려 구글 지도를 보고 쉽게 찾았다. 정산을 하자마자 내방으로 가서 샤워부터 하고 나니, 며칠간의 악몽이 뜨거운 샤워 물에 한꺼번에 씻겨 내려간다.

토막잠으로 휴식을 취한 후 저녁도 먹을 겸 아르마스 광장 주위로 나가니, 그 사이 새로운 조명으로 단장된 것 같아 더욱더 운치가 있어 보인다.

세상의 배꼽 쿠스코
아르마스 광장 야경

우선 몇 군데 여행사를 찾아 근교 투어 및 성스러운 계곡 포함 마추픽추 투어에 대해 알아보았다. 17년 11월 가격 기준으로 마추픽추 입장료, 마추픽추 상하버스 요금, 오안따이땀보에서 마추픽추 아랫마을까지 잉카레일 왕복 기차 비용을 공식 가격으로 합해서 182달러다. 추가로 유적지 전체를 같이 볼 수 있는 종합 입장표 130솔은 미리 개인이 준비하면 된다.

추가 옵션으로 여행사마다 주어진 금액을 조정할 수 있는 1일차 성스러운 계곡 가이드 비용, 부페 중식, 오안따이땀보에서 쿠스코까지 왕복 교통비, 마추픽추 가이드 비용을 합해 대체적으로 260~270달러 선에서 흥정을 한다. 물론 한국 특수 업체와 스페셜을 빌미로 더 부르는 현지 업체도 있다. 배낭 여행자 기준의 가격이고, 더 싸게 갈 수도 있고, 쿠스코에서 페루 레일을 타고 호사스럽게 하는 투어도 있다.

나는 260달러로 한 현지 업체와 내일 계약하기로 하고, 세상의 중심에서 그 중심에 있는 아르마스 광장이 있다는 그 광장으로 야간 산책을 해본다. 여행객들, 사진사, 식당, 숙소, 마사지 홍보 요원 등이 벤치를 채우고 있고, 우측 옆에는 대성당이 달빛을 받아 더욱더 웅장하고 경건하게 보인다. 며칠간의 고생이 눈 녹듯 사라진다. 광장 앞 쪽에는 쿠스코에서 대성당 다음으로 아름다운 교회인 라 콤파니아 데 헤수스 교회(Templo de la Compania de Jesus)가 나도 있으니 좀 봐달라는 듯 자리잡고 있다. 쿠스코의 낮과 밤은 극명한 차이가 난다. 세상의 배꼽이라고 하지만 낮에 도착해서 보이는 쿠스코는 아름답게 느껴지지도 않고 신성스럽지도 않다. 그러나 밤에 나와 아르마스 광장에서 주위를 바라보면 환상적인 아름다움과 신성함을 느끼게 된다.

비행기가 착륙하는 활주로 지역만 튀어 있고, 아르마스 광장을 중심으로 동그랗게 산 언덕을 만들고 있다. 낮에 보는 쿠스코는 빈곤함에 묻혀있는 세상처럼 보이다가, 산동네의 백열등이 하나 둘씩 커지면 또 다른 세상이 나타난다. 힘들게 사는 것 같은 달동네가 변신을 하여 뭔가 모르게 환상적인 감성을 가지게 된다. 그때서야 아르마스 광장이 세상의 배꼽이라고 할 수 있지 않을까, 나만의 생각을 가져본다. 밤 바람에 몸이 으스스해진다. 낮에는 햇볕이 따갑고 밤이면 금세 서늘해지는 고원지대의 특성이다. 여행하다 감기라도 걸리면 힘들어진다. 숙소로 돌아가 두 번째 쿠스코 방문의 첫 밤을 보낸다.

다음날 아침, 어제 조사한 여행사 업체 중 숙소 근처에 있는 여행사를 찾아 오늘 오후 2시부터 시작하는 쿠스코 근교 몇 군데 유적지를 보는 투어와 내일부터 1박 2일로 마추픽추 여행을 하기로 계약을 하고 나서, 쿠스코 정식 탐방을 시작해본다.

쿠스코가 잉카제국의 수도일 때 아르마스 광장은 잉카인들이 신성하게 여기는 퓨마의 심장에 해당하는 위치란다. 이 광장 주변으로 방사상으로 좁다란 골목길 벽돌담이 예전 그대로인 것 같다. 광장 주변의 잉카제국의 궁전이나 신전 자리에 유럽 정복자들이 건축한 교회나 수도원 등 잉카인 후손들이 쌓아올린 석벽 건축물과 담들이 강한 지진에도 견뎌내어 오늘까지도 건재한다는 사실이 놀라울 따름이다.

광장 주변에 있는 바로크 양식의 아름다움을 간직한 대성당, 원래 잉카 비라코차 신전 자리였던 곳이다. 건설에 필요한 돌들은 이곳에서 멀지 않은 잉카 고대 유적지 삭사이와망의 유적지 일부를 뜯어낸 돌들로 건설하는 데만 1559년부터 시작하여 중간에 지진 여파로 개보수되어 100여 년간 지어져 남미에서는 손꼽히는 건물 중 하나라고 한다.

내부도 화려한 장식과 그림들이 전시되어 있는데, 특히 잉카 원주민을 닮은 검은 피부의 예수상과 '최후의 만찬' 그림이 유명하다. 최후의 만찬에서 등장하는 음식이 페루의 별미 쿠이(Cuy, 기니아 피그 고기)라고 한다.

쿠스코 대성당 | 라 콤파니아 데 헤소스 교회(Templo de la Compania de Jesus)

성당 옆 광장 앞에도 아름다운 라 콤파니아 데 헤소스 교회(Templo de la Compania de Jesus)가 자리 잡고 있고, 그 옆에는 자연 역사 박물관이 있다. 왼쪽으로 쿠스코 중심대로 엘 솔 거리가 아래쪽으로 길게 뻗어 있고, 양 옆에는 은행, 관공서, 작은 사무실, 여행사 등 많은 사람들이 왕래한다. 쿠스코의 유명한 고대 석조 건축물들이 에스파냐인의 교회나 수도원의 건축자재로 사용되기 위해 허물어지고 다른 용도로 이용되었다고 하니, 제국주의자들의 문화 찬탈을 잉카 신들은 왜 그냥 보고만 있었을까?

다각형의 돌들을 짜 맞춘 안다와리야스(Andahuaylillas)성벽, 성벽 중 열두 개의 면과 각을 가진 돌을 접합시킨 12각의 돌, 아툰 루미욕(Hatun Rumiyoc, 거석)이라 불리는 거리에 쿠스코의 가장 큰 석벽이 있다. 엄청난 크기의 돌을 가지고, 모르타르 없이도 놀랄 만큼 정확하게 한 돌을 다른 돌의 각도에 맞춰 끼워 넣은 기묘한 모양이다. 건축이 아니라 예술이라고 말하고 싶다.

쿠스코의 명물, 12각의 돌(La Piedra de Los 12 Angle)

잉카 제국 타완틴수유(Tawantinsuyo, 잉카의 원 이름)의 전설적인 지배자들 중의 한 명인 6대 잉카 로카는 쿠스코에 아툰 루미욕(Hatunrumiyoc) 궁전을 지었다. 이 궁전의 특이한 점은 녹암으로 뒤쪽으로 기울어지게 세운 아름다운 벽이다. 그 곳이 쿠스코의 자랑거리인 12각 돌이다. 궁전은 파괴되었고 완벽하게 남아있는 유일한 부분은 이 기하학적인 모양의 벽이다. 현재는 대주교의 관저로 쓰이고 있다.

대성당 오른쪽 골목으로 들어서서 쿠스코의 명물이자 잉카인들의 석공기술의 우수함을 알 수 있는 12각의 돌(La Piedra de Los 12 Angle)을 찾아보았다. 두리번거리고 있으니 현지인이 손가락으로 알려준다. 자세히 세어보니 정말 12각이고 틈새도 없이 정확하게 맞추어 조립한 석조기술에 입이 안 다물어진다. 12각에 얽힌 구설 앞에서 언급한 로카 잉카의 12명 식솔을 상징한다고 하고, 또 일 년 열두 달의 의미라고도 한다. 어디까지나 가설이다.

코리칸차 황금의 방으로 가기위한 길. 쿠스코에서 유명한 로레또 길

라 콤파니아 데 헤소스 교회 왼쪽으로 들어서면 유명한 로레토길(Loreto)을 만날 수 있다. 700여 년 전의 골목길이 두 차례의 지진으로도 저렇게 남아 있을 수 있다는데 믿을 수가 없다. 쿠스코에서 가장 신성한 곳 코리칸차로 걸어서 지나는 골목길, 로레또 길을 700여 년전 시간으로 돌아가 걸어본다. 양 옆으로 잉카시대의 벽이 있고, 바닥은 고풍스러운 돌길이다. 이 골목길을 지나가면 황금 궁전이라는 유명한 코리칸차가 있다. 마추픽추를 보고 난 후 방문하기로 하고 발길을 돌려 숙소로 돌아가, 교외 유적지로 갈 채비를 한다.

마추픽추에서 돌아온 다음날, 오늘은 쿠스코 마지막 날이다. 밤 10시 반에 볼리비아 코파카바나로 출발하기 전까지 못 다 본 곳을 돌아볼 계획으로 짐은 숙소에 보관해 놓고 체크아웃하여 일찍 나선다. 세상의 배꼽 아르마스 광장을 가로질러 며칠 전 가보았던 700여년 전의 돌담길 로레토 골목길을 지나 쿠스코의 랜드마크인 코리칸차를 찾았다.

15세기 쿠스코는 현 아르마스 광장보다도 더 큰 우아카이파타(기쁨의 광장) 광장 주위로 역대 황제와 귀족의 저택 등이 둘러싸여 있었다고 한다. 당시 쿠스코는 아난(삭사이와망, 상부) 쿠스코와 우린(상사이와망 아래, 하부) 쿠스코로 나뉘어 있었으며, 수도 전체가 평평한 언덕 위의 삭사이와망을 머리 부분으로 하는 퓨마 모양으로 건설되어 있었다. 아르마스 광장에서 남쪽으로 멀지 않은 곳, 황금 조각상들이 세워져 있는 곳이 코리칸차의 정원이다.

태양 신전 코리칸차(QoriKancha)

코리칸차(QoriKancha)로 불리는 태양신전, 1942년 이 지방에 발생한 지진으로 대다수의 건물들이 붕괴됐지만, 이 유적을 비롯해 잉카 석조 건축물은 피해가 없었다고 한다. 잉카 석공 기술의 정확성과 안전성을 말해준다. 에스파냐에게 정복당하기 이전 가장 유명하고 화려했던 건축물 신전이 코리칸차였다. 케추아어로 그 이름은 '황금정원' 또는 '황금궁전' 이라는 뜻으로 잉카의 주신인 태양을 모시는 신전이었다.

에스파냐인들은 이를 '태양의 신전'이라 불렀다. 에스파냐인들이 금으로 만들어진 재물들을 처음 약탈한 곳이 코리칸차였다고 한다. 이곳의 금과 은을 녹이는데 무려 3개월이 걸렸다고 한다. 그리고 그들은 그 곳에 교회와 수도원을 짓기 위한 공사자재로 멀쩡한 신전을 헐어버렸다. 그 중 일부 벽들은 그대로 사용되어서 태양의 신전 외벽 일부가 원형 그대로 남아있다. 산토 도밍고 교회와 코리칸차를 방문할 때는 꼭 확인해 보시길!

코리칸차 옆에 아크야와시(Aciia Huasi), 곧 '선택된 여인들의 집'이라는 하얀 건물이 있는데, 그곳은 위대한 신에게 바쳐진 처녀들의 사는 격리된 곳으로 그곳에서 왕족들이나 사제들의 옷을 만들었다고 한다. 그 주위에 에스파냐인들에 의해 교회와 성당이 지어지고, 이어서 사제와 수녀들이 왔는데 그들의 수녀원은 잉카의 선택된 여인들의 집 위에 세워졌다. 에스파냐 정복자들은 신전 자리에 지금의 산토 도밍고 성당을 세웠다.

황금 부조물 | 파차큐티 얌쿠이가 그린 쿠스코 기원 판화

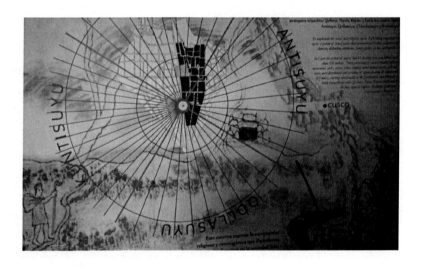

주랑을 통과하여 코리칸차의 상징이라고 할 수 있는 동쪽의 황금의 방, 황금의 방 지붕은 쿠스코의 전형적인 진흙색 테라코타 지붕으로 덮여 있다. 모든 구조물들이 돌들을 다듬어서 세운 것인데, 잉카의 정밀한 돌가공 기술이 너무 예

술적이다.

황금의 벽 옆 복도에는 쿠스코의 기원 신화를 새겨놓은 황금으로 만든 판과 여러 형상 판화가 그려져 있다. 황금 부조 물은 잉카 우주 기원론의 두 개의 기본 구조 원리인 듀얼리즘(이원론)과 수직적 계층주의를 보여주고 있다. 이 판화는 잉카의 연대기 학자인 파차큐티 얌쿠이(Joan Santa Cruz, Pachacuti Yamqui)가 그린 것으로 알려지고 있다.

코리칸차는 광대한 천문학적 관측의 중심지로서 여러 가지 정황들을 보여 주고 있다. 복도 벽에 붙어 있는 네 가지 색으로 구분되어 흰 선이 방사되는 그림이 걸려 있다. 신전으로부터 발산되는 세케(Seque)라고 불리는 41개의 선들은 수평선상의 중요한 천체의 지점들을 가리킨다. 이들 광선 중 4개는 타완틴수유 네 지역으로의 기본 방위 사이의 네 길들을 나타내고, 다른 것들은 춘분과 추분점을, 그리고 또 다른 것들은 다른 항성들과 잉카에게 매우 중요한 별자리들에서 태양이 떠오르는 위치들을 가리켰다.

산토 도밍고 교회 및 내부

코리칸차 남쪽 아래 푸른 잔디 광장이 보인다. 태양 신전 코리칸차 정원을 둘러보면 유럽 여행 때 보았던 스페인 그라나다 알함브라 궁전이 떠오른다. 매년

6월 쿠스코에서는 페루 최대 행사이자 남미 3대 축제인 태양 축제 '인터라미'가 열린다. 이곳에서 사전 행사를 하고 행사 인원 전원이 삭사이와망까지 언덕길을 걸어서 도착하여, 삭사이와망 넓은 잔디에서 축제행사를 가진다.

태양 신전 코리칸차 정원

다시 산토 도밍고 성당으로 돌아가 앉아서 주님께 안전여행을 주관하신 데 감사드리고 남은 여행도 주관해 주시길 기도드리고는 일어났다.

다음 찾은 곳은 지역 역사 박물관(Museo Historico Regional), 선사시대부터 에스파냐의 정복 전까지 유물들이 차례로 전시되어 있다. 14개의 전시관에 프리 잉카의 유물과 미라, 토기 등 당시 살았던 용품들이 전시되어 있지만 쿠스코 역사 박물관 이름에 걸맞지 않게 뭔가 빈약하게 보인다.

쿠스코 마지막 코스인 잉카 박물관, 초기에는 프란시스코 알드레테 말도나드 장군의 저택이었기 때문에 현관 입구 장식이 특이한 쿠스코 식민지 시대에 가장 아름다운 주택의 하나다. 전시실 입구에 들어서니 잉카왕 사촌이 나를 반긴다. 박물관은 잉카 이전 시대부터 식민지 시대까지 연대별로 역사를 알 수 있는 곳이다. 전시된 변형된 두개골을 보고 있으니, 고대 이집트에서도 미라를 만들기 위한 뇌수술 기술이 발달한 것과 같이 여기서도 수술 흔적이 보이는 뇌를 보며 메소, 라틴아메리카 곳곳에서 이집트와 연관된 설화 유적들이 많은 점에 또 한

번 경이로움을 느낀다.

잉카 박물관에는 선, 후기 잉카문명으로부터 에스파냐 정복 시대까지 페루의 역사를 총망라한 최고의 예술품들이 전시되어 있다. 도자기, 직물, 보석, 미라 등… 통나무로 조각되어 다양하게 채색된 잉카의 술잔 케로(Qerro)는 세계에서 가장 크다는 술잔이다.

다시 한 번 쿠스코 배꼽자리 아르마스 광장 벤치에 앉아 쿠스코 여행을 정리해 본다. 아르마스 광장 북서쪽 3일 전 방문한 삭사이망 언덕에 희미하게 예수상이 보인다.

황금 궁전이라는 별명에 걸맞는 내부 금 장식품들은 에스파냐인들의 약탈로 살아남아 있는 것이 없다. 원래 모양대로 물 건너 가지고 갔다면 유럽 박물관에라도 전시되어 그 시절의 화려한 금 세공술을 알 수 있을 텐데, 전부 다 녹여서 골드바로 만들어 일부는 에스파냐 국왕에게 진상하고 나머지는 해적 같은 선원들의 개인 소장품으로 전락하는 상황을, 잉카 신은 왜 보고만 있었을까?

쿠스코 외곽, 잉카 유적지

쿠스코 시내 외곽에는 쿠스코 4대 잉카 유적지라 불리는 삭사이와망, 껜꼬, 뿌까뿌까라, 땀보마차이가 자리잡고 있다. 여행사 앞에서 출발한 버스는 제일 먼저 쿠스코에서 북쪽으로 2km 위치에 있는 삭사이와망(Sasaq Waman)에 도착했다.

잉카제국의 9대 왕 파차쿠텍이 15세기경 건설을 시작해 그의 후계자 쿠팍유판카에 의해 완성됐다고 한다. 거대한 200m 길이의 석벽과 넓고 푸른 잔디가 조화를 이루어 아늑하다. 이곳의 성벽은 거대한 석회암 거석으로, 제일 큰 거석은 9m 높이로 무게가 360톤이나 된다고 한다. 몇백 톤이라는 거석을 이 높은 곳으로 어떻게 채석장에서 이동시킨 것인지, 수많은 거석들을 깎고 다듬어서 틈새도 없이 거석 벽들을 쌓았던 잉카의 석조 기술에 대해 경탄을 넘어 궁금증만 더한다. 요새의 성채로 보이지만 코리칸차처럼 신전으로 지어졌다고 한다.

또 다른 학설은 잉카 상공의 태양, 달, 별들과 삭사이와망 석벽을 연관지어 관측소라고 주장하기도 한다. 하지만 어느 것도 정답은 아닌 모양이다. 이곳은 16세기 에스파냐군의 침공으로 수십차례 공방전을 벌였으나 최종적으로는 패하여 잉카제국의 끝머리에 달하게 하는 중요한 전투였다고 한다. 삭사이와망에는

3개의 거대한 거석으로 이루어진 출입구가 있다. 거대하고 정교한 구조물의 잔재이다. 에스파냐 사람들이 쿠스코에 자신들을 위한 건물들을 지을 때 이곳의 돌을 가져다 사용했는데도 아직까지도 거대한 돌 유적을 유지하고 있으니, 원래의 모습은 과연 어떤 모양을 하고 있었을지 궁금하다.

 아르마스 광장에서 보면 삭사이와망 안쪽으로 높다란 언덕에 예수 상이 있는데 거리가 멀어 희미한 윤곽만 볼 수 있었다. 이곳에서는 가까이서 볼 수가 있는데 한 골짜기 너머 있는데다 단체 투어가 되다 보니 그곳까지는 못 가고 여기서나마 안전 여행을 기원해본다.

매년 6월 24일부터 인따라이미(IntiRaymi)라는 잉카 태양제 축제가 9일간 열리는데, 주변 수많은 원주민들이 부족 특색의 화려한 치장을 하고 축제를 즐긴다. 태양에게 금 팔찌를 바치는 의식과 하늘을 연결하는 전령들이 펼치는 의식이 진행되면서 잉카가 황금 잔에 따라진 그해 첫 수확한 옥수수로 빚은 치차라

는 술을 마신다. 이어서 제사장으로 임명 된 자가 앞으로 나와 안데스 대표적 동물인, 야마를 제물로 삼아 배를 가르고 심장을 꺼내 심장에서 떨어지는 피를 제사장들은 빵에 묻혀 나눠 먹는다. 그 해 농사 및 앞으로 이루어질 일들에 대한 길흉을 점치며 행사는 마무리된다. 브라질 리우데자네이루의 삼바축제 다음으로 큰 축제로 알려져 있어, 축제 기간에는 전 세계에서 모여든 관광객들로 발디딜 틈도 없을 정도로 꽉 찬다고 한다.

전설에 따르면 퓨마가 앉아 돌로 변했다고 하는 성석.
성석 거암 상부에 홈이 많이 파여 있어 산 제물의 피를 흘려보내는 길이라고 한다.

또다른 특이한 곳은 삭사이와망 바로 동쪽으로 1km 정도 떨어져 있는 켄코(Qengo)라는 곳이다. 원주민 언어로 '구부러진 수로'리는 뜻을 가지고 있는데, 여행객들의 관심사는 입구에 제단 같은 받침대 위에 놓여있는 거대한 바윗돌이다. 전설에 따르면 실제의 퓨마가 앉아 돌로 변했다고 하는 성석 거암 상부에 홈이 많이 파여 있는데, 산 제물의 피를 흘려보내는 길이라고 한다.

바윗돌의 형상은 뒷발로 서 있는 사자나 다른 큰 동물을 나타내는 듯한 모양인데, 제단 뒤 옹벽 같은 바위 뒤쪽은 깎이고 조각되고 몇 층으로 모양이 만들어져 갈지자의 기단으로 연결되어 갈지자의 수로가 만들어졌고, 바위 내부는 파내어져 복잡한 터널들과 방들이 만들어졌다. 유적 안으로 들어가면 안쪽에 작은 동굴 안에 제단처럼 깎여진 돌이 있는데, 왕을 위한 의자, 수술대, 의식용 재단이라는 여러 가지 설이 있다.

다음 간 곳은 뿌까뿌까라(Pukapukara), 삭사이와망에서 동쪽으로 6km떨어진 곳으로, 케추아어로 붉은 요새라는 뜻을 가진 뿌까뿌까라로 붉은 벽돌로 만들어진 석재 구조물이다. 쿠스코 북쪽 방어를 위한 요새로 추측되는 곳으로 옛 흔적은 없고 밑 골조만 남아있어 그곳에다 성벽을 쌓고 망루를… 혼자 상상으로 요새의 외관을 만들어본다.

마지막으로 땀보마차이(Tambomachay), 뿌까뿌까라에서 한 골짜기 넘어 있는 곳, 여기는 차에서 내려 한참 걸어 올라가야 한다. 해발 3765m로 아직까지 고산지대 적응이 안 되어 경사가 심하지도 않은데도 힘들다. 잉카 왕들의 목욕탕이 있는 곳이라고도 하고, 물의 신을 위해 제단으로 지어졌을 것으로도 추측한다. 건축된 지 500년이 넘었는데도 물이 말랐던 적이 없다는데, 수원지가 어딘지 아직도 찾지 못하고 있단다. 물은 만들어진 수로로 잘 내려오고 있다. 이곳뿐만 아니고 안데스 산자락 곳곳에 과학적으로 증명할 수 없는 관개수로와 물이 흐르고 있는 곳이 많다고 한다. 무지한 내가 보아도 민둥산에 물이 끊기지 않고 흐르고 있다는 사실이 아이러니하다. 잉카 문명의 미스터리는 비단 이것뿐이 아니니 어쩌랴!

　아침 6시 반에는 숙소를 나서야 하기에 숙소에서 제공하는 식사는 포기하고 어제 미리 산 빵과 요구르트, 사과로 아침 정찬을 때우고 숙소를 나선다. 숙소에서 멀지않은 여행사에 도착하니 투어 버스가 대기되어 있다. 버스를 타고 쿠스코 숙소 몇 군데를 둘러 여행객들이 만원이 되어서야 쿠스코를 벗어난다.

원주민과 복장이 닮은
예수상이 있는 교회

　첫 번째 도착한 곳은 쿠스코 북서쪽 20여km 친체로(Chinchero)마을이다. 마을 중앙 광장의 하얀 회복 교회가 보인다. 잉카 지역의 교회 건물들은 대부분 잉카 신전을 허물고 그 자리에 교회나 성당이 들어섰으니, 잉카인들의 구원을 위해서 한 일이라고 생각하기에는 뭔가 부족하다.

　대부분의 교회나 성당들의 내 외부 장식이 잉카 식으로 가미되어 독특한 기독 신앙이 현지화된 것으로 대부분의 원주민들은 신앙심이 상당하다고 한다. 일요일에는 원주민들을 위해 께추아로 미사를 진행하고 끝난 다음에는 원주민 벼룩시장이 열리고 값도 저렴하다고 한다. 아쉽게도 문이 굳게 닫혀있고 단체 투어 일정으로 교회 내부를 보지 못해 아쉽다.

　이 지방의 특징은 남미의 대표적 동물인 야마보다 작은 알파카의 털을 잘라서 표백을 하고 천연 염색을 해서 실을 뽑아내어 전부 수작업으로 천을 만든 후, 여러 가지의 옷이나 특수한 모자 등을 만든다. 동네 전체가 소규모 가내 공장으로, 잉카문명 이후 꾸준히 전통적인 방식의 천연 염색과 직물 짜기를 계속 이어온 특이한 마을이다. 전통 의상을 입은 원주민 여인들이 따뜻한 코카 차를 여행객들에게 한잔씩 주어, 마시는 동안 제품 전 제작 과정을 설명하고 난 후 카페트, 보자기, 목도리, 모자 등을 내놓고 팔기 시작한다.

모라이 농업 시험장 뒤로 안데스 산맥 설산이 보인다

　다음 찾은 곳은 마추픽추 방향으로 20여km 산길을 달려 도착한 모라이 (Moray), 움푹 팬 계곡아래 동심원 계단 모양으로 석벽을 쌓아놓은, 흡사 우주선 착륙장을 연상시키는 이곳은 잉카의 농업 수확 증식을 위한 농업 실험장이다. 경사가 큰 안데스 산맥의 불리함을 극복하기 위하여 계단식 밭의 위, 아래 온도 차를 연구하여 실험 결과 아래쪽인 따뜻한 곳에서는 옥수수를 심고, 높은 곳 추운 곳은 추위에 강한 감자를 심어 수확 증대를 이루었다. 이는 잉카제국의 거대 왕국으로 자리매김하는 기초가 되었다고 한다. 동그란 밭은 한 단의 높이가 1m가 넘는다. 저렇게 분지처럼 만들어 놓으면 자연스럽게 각 단마다 미세한 온도 차가 난다. 온도에 맞게 작물을 심어 실험을 거쳐 실 농업에 적용하였다고 한다.

　또 한 곳 페루 푸노주 안데스 고원지대에서 건기에 계속되는 가뭄과 서리, 또는 우기의 침수 등으로 부터 밭과 작물을 지키기 위해 오랜 옛날부터 수로를 밭과 나란히 수로를 내어 기후 변화에 대처하였다고 한다. 안데스 사람들의 지혜와 아이디어가 녹아 있는 농업 기술이라고 할 수 있겠다.

　태양의 기운을 받기 위해 맨 아래쪽 원 바닥에 엎드려 명상하는 사람들이 해마다 늘어나고 있다고 한다. 매년 8월 1일 이곳 주차장 옆 넓은 공터에서는 민족마다 다른 의상과 액세서리로 화려한 꾸밈을 하여 자기들만의 전통 춤을 추는 큰 축제가 열린다고 한다.

　모라이 산길을 빠져나와 마추픽추 가는 288국도로 달린다. 우르밤바 계곡으로 내려가는 끝자락에 닿으면, 황토색 계곡 사이를 가득 메운 하얀색 염전 지대인 살리네라스(Salineras)에 도착한다. 이곳은 땅으로부터 소금을 수확하는 염전이라는데, 얼른 이해가 안 간다.

　보통 높은 고원지대의 염전은 바닷속 땅이 융기되어 염전으로 형성된다고 하는데, 이곳은 암염에서 나오는 온천수를 계단씩 밭에 물을 가두어 고원지대의 뜨거운 햇볕이 물을 증발시켜 소금을 만들고 있다. 이곳에서 수확된 소금을 잉카인들은 태양의 선물이라고 말한다. 또한 잉카제국이 살아가는 데 귀중한 국가적 자원이다.

지금도 이곳 주위에 살고 있는 원주민들이 일일이 수작업으로 소금을 채취하고, 엄청난 큰 푸대에 끌어 모은 것을 담아 어깨에 짊어지고 염전 꼭대기 창고로 운반하는 것이 보인다. 맨몸으로 올라가는 것도 우리는 숨을 헐떡거리는데, 인간의 적응력은 상상 이상의 능력을 발휘할 수 있다는 것에 동의하지 않을 수 없다. 여행객들을 위한 조그마한 매점이 있는데 천연 소금인 만큼 미네랄이 많이 함유되어 있어 자연 치유에 좋다고 여성 여행객들이 조금씩 사 간다.

다음은 직선거리로는 1km여 동쪽에 자리잡고 있는 쿠스코로 일반 버스로 갈 수 있는 마지막 지점인 우르밤바(Urubamba), 성스러운 계곡의 중심 마을로 잉카시대 모습 그대로 유지하고 있다. 여기서 배낭 여행객은 꼼비라는 미니버스를 타고 오얀따이땀보로 가서, 잉카레일을 타고 마추픽추 아래 마을까지 간다. 대부분 투어 여행객들은 점심 시간에 이곳을 지나기 때문에 이곳에서 부페 점심을 제공받는다. 특별히 볼만한 유적거리는 없지만 비용을 줄인다고 가볍게 먹어오

던 배낭객들은 모처럼 허리띠 풀고 먹을 기회다.

다시 출발해 마추픽추 방향으로 15여km 달려 도착한 곳은 오얀따이땀보(Ollantaytambo), 페루에서 지명 이름 뒤에 땀보가 나오면 그 지역은 잉카 제국 역참驛站 지역이다. 지역 물류 중심이고, 옥수수 감자 등 밭 작물이 활성화된 곳이다.

사람 키보다 높은 계단식 건축물을 올라가고 또 올라가면 꼭대기에 태양의 신전(Templ de Sol)이 나온다. 그런데 이곳 신전은 완성되지 않은 채로 남아있다. 그 이유도 알 수 없다고 한다. 신전을 포함 석재 건축물들의 벽에는 십자 모양의 문양이 많이 보인다.

십자 문양도 종류가 두 가지인데 이전의 티와나쿠 문명에서는 5각 십자를 사용했고, 잉카 문명에서는 3각 십자를 썼다고 한다. 각 돌출 부분은 죽음의 세계, 현실 세계, 신의 세계, 해 아빠, 달 엄마, 호수 아빠, 땅 엄마 등을 상징한다고 한다.

삭사이와망 북서쪽 100여km에 위치한 이곳은 우르밤바 강과 빠따깐차 강이 만나는 지역이라, 수송 목적으로 쓰였을 유적지로 추정되는 해발 2792m에 있는 마을이다. 마을의 광장을 지나 거대한 돌산을 보고 걷다 보면, 돌 계단으로 거대한 요새처럼 보이는 곳이 나타난다.

이곳은 에스파냐 군에 대한 마지막 항전지로 망꼬 잉카(Manco Inca)가 몇 차례 승리를 거두기도 한 곳이라기도 하지만 잉카 신은 잉카 제국의 멸망은 막지 못했다. 언뜻 보기에는 요새 같이 보이는데, 잉카의 신 비라코차(Viracocha) 등 다양한 신들을 모시기 위한 신전이었다고 한다.

투박하게 만들어진 수백 개의 계단 위에 잉카 양식의 층층대가 있고, 자연석으로 지어진 잉카 양식의 벽을 두른 구조물이 있고, 이 옹벽의 한쪽이 연장돼 담이 되는데, 거기에는 12개의 사다리꼴 구멍이 나 있는데. 두 개는 출입구로 열 개는 붙박이 창이었다.

오안타이 담보의 미완성 태양신전

거석문화의 도시 오안타이담보에는 중앙신전이라고 불리는 미완성 유적이 있다. 이 구조물 옹벽의 다른 쪽에는 거대하고 완벽하게 세워진 문이 있다.

또 하나의 미스터리는 높이가 3.4m~4m, 폭은 1m~1.8m의 일명 태양의 신전으로 알려진 거대한 6개 바위들이 모르타를 쓰지 않고 정밀하게 결합된 채 정확하게 남동쪽으로 서 있는 것이다. 돌 하나의 무게가 42톤에 이른다고 하는데 어떻게 이곳까지 옮길 수 있었는지 의문을 안 가질 수가 없다.

6개 가운데 두 개는 돌을새김 장식이 오랜 풍화에도 흔적이 아직까지 남아있고, 왼쪽에서 4번째의 그림은 계단을 상징하는 그림같이 보인다. 고고학자들은 땅에서 하늘로 올라가는 길을 형상화한 것이라고 한다.

복잡한 미궁의 수로와 아무렇게나 깎아낸 듯한 모양들, 벽, 암거巖居, 저수지, 수로 같은 것들은 모두 자연석을 판 뒤 정확하게 잘린 거대한 마름돌들을 보강해 만들어서, 물길 유도용 구조물이 하나 위에 다른 하나가 있는 식으로 이어져 있다.

잉카 유적을 지날 때마다 잉카인들의 무한한 저력을 느낀다. 왜 그렇게 초기에 일개 중대 병력의 에스파냐 선원들에게 허무하게 이 거대한 잉카제국을 짓밟혔는지……

그들의 위대한 신 태양과 달의 신은 무엇을 했는지 의문이 들 수밖에 없다. 신전 유적지에 서서 마을을 바라보면, 왼편의 산 중턱에 사람 얼굴 모양의 형상이 보이는데, 잉카인들은 그들의 조물주인 비라코차 신이나 잉카 전사일 것이라고 한다. 물론 어디까지나 추측에 불과하다.

마을 중앙을 흐르는 빠따깐차 강(Rio Patacancha)주변에는 돌에 홈을 파서 만든 수로와 목욕탕 등 많은 관개시설이 있다. 잉카인들은 다양한 방법으로 물길을 만들며 농경과 종교적 목적을 위해 이용했고, 특히 높은 신분의 처녀들이나 제례 의식에 참여했던 여사제들이 사용했던 왕녀의 욕탕(Banos de la Nusta)은 커다란 돌 하나를 정교하게 깎아 만든 것이라고 한다.

레바논 산악지대 바알벡(Baalbek)에 있는 독특한 기단에 사용된 거대한 돌 토막과 오안타이탐보의 거대한 거석의 출처는 어디일까? 사람이 그곳까지 거대한 암석을 운반한다는 것은 불가능에 가깝다.

페루 역사학자 가르실라소 데 라 베가는 잉카인들이 거주 전, 잉카 이전 시대의 신들이 있던 시기에 생겼다고 한다. 현대 학자들도 동의하는 시기다. 바알벡 유적을 건설했다고 하는 바로 그 신들이었음을 인식해야 할까?

오안타이탐보, 삭사이와망은 요새였을까? 아니면 레바논 바알벡 유적지에서 추정되었던 우주선 착륙장이었을까? 마추픽추의 태양신전에서 45도의 방향은 마추픽추의 배치를 결정했을 뿐만 아니라, 전설 속의 잉카의 위대한 신 위라코차가 머문 곳들, 마추픽추, 오안타이탐보, 쿠스코, 티티카카 호수, 티와나쿠, 에콰도르 옛 수도인 키토가 적도에 대해 정확히 45도 일직선상에 배치되어 있다. 무슨 뜻일까?

천문학 방위 각도와의 연관성에 의거 안데스 거석 구조물은 AD 4000년~2000년 사이인 황소자리 시대에 만들어진 것이라는 여러 고고학자들의 추정이다. 안데스의 신화, 전설의 모든 것은 티티카카 호수에서 시작됐다는 설화다.

성스러운 계곡의 중심마을, 오안따이땀보 기차역 주변은 관광객들을 위한 식당과 카페가 많다. 잉카의 길을 따라 마추픽추로 가고자 하는 배낭 여행자들의 기점이기도 하다. 여기서 좀 더 저렴한 잉카레일을 타고 마추픽추 아랫마을인 아구아스 깔리엔떼스에 도착하여 버스를 타고 오르거나 아니면 걸어서 올라가기도 한다.

오안따이 땀보 기차역 근처에서 대기하던 투어버스를 다시 타고 앉아 있는데, 가이드가 마추픽추 갈 사람은 내려서 기차역으로 가란다. 나는 다 같이 가는 줄 알았는데, 두 사람만 내리고 나머지는 쿠스코로 돌아간다고 한다. 머리가 갸우뚱해진다. 그곳에서 멀지 않은 기차역에 도착하여 개찰구를 보니 항시 열려 있는 것 같다. 개찰구를 지나 기차 타는 승차장으로 가니 산뜻한 기차가 서 있고, 여행객들이 타고 있다. 나도 열차 승무원에게 표를 내밀고 들어가려고 하니, 당신은 좀 더 기다렸다 잉카 레일을 탄다. 4시 반 출발인데 빨리도 탄다고 생각하고 열차를 다시 쳐다보니 큼지막한 글씨로 페루 레일이라고 쓰여 있다. 머쓱하게 다시 대합실로 돌아가 대기석에 앉아 한 시간여 기다리다가, 드디어 마추픽추로 가는 잉카 레일 열차에 올랐다.

첩첩산중을 계속 덜컹덜컹 달려 한 시간 반여 만에 마추픽추 아랫마을 이구아

스 칼리안테에 도착했다. 열차가 갈 수 있는 마지막 종착역이다. 마을 이름이 따뜻한 물, 다시 말해 온천이라는 뜻을 가진 마을이다.

마을에서 동쪽으로 800여m 떨어진 지점에 바위 바닥으로부터 끓어오르는 유황 온천이 있다. 며칠 트레킹하신 여행객들은 온천에서 피로를 풀면 좋을 것 같다. 여기서부터 마추픽추까지는 산길로 6km, 도보로 2~3시간 정도 걸리고, 많은 여행객들은 버스를 타고 오른다.

마지막 종착역에 도착해 역 출구를 나서니 내 이름이 적힌 팻말을 든 안내원이 기다리고 있다. 안내원을 따라 숙소에 도착하니 어두운 저녁이었는데, 온 마을이 정전이라 온 세상이 캄캄하다. 호텔 매니저가 건네준 촛불을 켜 들고 3층 숙소에 짐을 내려놓고 아래층으로 내려간다.

기차역에서 나를 픽업했던 가이드가 내일 4시에 일어나 5시부터 출발하는 버스를 타고 마추픽추 입구에 도착하면 새로운 가이드가 팻말을 들고 나를 기다린단다. 숙소를 나와도 온 천지가 캄캄하다. 식당도 촛불을 켜고 손님을 받고 있다. 숙소에서 가까운 식당에서 간단한 저녁을 먹었는데 값이 만만치 않다. 숙소로 돌아와 내일 새벽에 나설 짐을 챙기고 누워 쿠스코 3일째 밤을 보낸다.

다음날 새벽도 눈곱만 떼고 아래 로비로 내려가니 이른 새벽인데도 간단한 아침 식사가 준비되어 있다. 급하게 비우고 4시 반 경에 숙소에서 멀지않은 버스 정류장으로 가니 벌써 긴 줄이 서 있다. 한 시간 정도 기다리니 순서가 온다. 버스를 타고 올라가는 길이 장난이 아니다. 도로 가드레일도 없는 천길 낭떠러지 길을 창 밖으로 보고 있자니 오금이 저린다. 이 도로가 없을 때를 상상하면 공중도시의 의미가 실감난다. 그나마 도착까지 20여 분 거리라 다행이다.

이 길의 이름은 1911년 마추픽추를 처음 발견한 미국 예일대 라틴 아메리카 역사 교수인 고고학자 하이램 빙엄 교수 이름을 따서 '하이램 빙엄' 도로라고 한다. 버스를 타고 한참 오른 것 같지만 위도상으로는 라파즈, 우유니, 쿠스코, 티티카카 호수보다 한참 아래인 2400m 고지다.

세계에서 가장 아름다운 문화유산으로 꼽히기도 하며, 세계 건축사 7대 불가사의 중 한 곳이다. 안데스 산맥을 굽이굽이 능선을 타고 가슴부위 우측 가장자리에 마추픽추가 서 있다.

마추픽추(Machu Picchu)는 께추아어로 늙은 봉우리라는 뜻이다. 산 아래에서는 잘 보이지 않아 일명 '공중도시' 또는 '잃어버린 도시'라고도 한다. 에스파냐가 라틴 아메리카 전체를 정복했어도 쿠스코보다 한참 아래에 서 있는 마추픽추는 존재도 몰랐다고 한다.

잉카의 '잃어버린 도시'라고 불리는 마추픽추는 잉카 제국의 최고 절정기인 1450년경에 세워졌다. 최대 번성기에는 인구가 1만여 명으로 알려져 있지만, 사실 마추픽추의 탄생시기나 상주 인구의 숫자, 또 어떤 삶들을 살았는지는 아직도 미궁이다. 15세기 중반에 잉카인의 여름 궁전이나 왕의 은신처로, 혹은 정교한 석재 기술로 세워진 잉카의 계획 도시라고 추정만 한다. 이곳을 발견한 빙엄은 사라진 잉카 제국의 임시 수도라고 추정하기도 한다.

마추픽추의 기본이 되는 건물들은 신성한 구역으로 알려진 곳에 위치하고 있는 인티와타나 태양의 신전, 그리고 세 개의 창이 있는 신전이다. 창문과 연계되는 또 다른 설화는 뒤에 볼리비아 티와나꾸 유적지에서 다시 언급된다.

잉카 첫 번째 군주 '만코카팍(Manco Copac)'신화에서 여러 가지 설화가 얽혀 있는 '마추픽추'다. 우르밤바(Urubamba)강의 거센 여울로부터 1,000여m 고지에 솟아있는 해발 2,400m 바위산 꼭대기에 남아 있는 공중 도시 마추픽추이다. 마추픽추의 북서쪽에는 거대한 벼랑으로 둘러싸인 또 하나의 봉우리, 마추픽추의 보초병으로 서있는 와이나픽추(Wayna Pikchu Ehsms)는 '소 픽추'라 불리기도 하고 젊은 봉우리로 불리기도 한다.

가나안에서 태양이 장시간 지지 않았고, 같은 시간 안데스에서는 태양이 뜨지 않았다. 무슨 일어났던 것인지는 아직도 수수께끼다. 구약의 대홍수와 관련된 쿠스코에서 멀지 않은 티티카카 호수 마을에서 발견된 고문자가 인더스 강 유역의 라파누이 문자와 인도 유럽계통의 히타이트 문자와 같은 꼴이다.

고고학자들의 여러 가지 설화가 있는데, 구약의 연대나 멕시코 떼오띠우아칸에서 일어난 사건의 연대는 일치한다고 주장한다. 성서 고고학 리뷰에서 유태인들이 가나안에 도착한 시기는 BC 1393년, '가나안에서 태양이 머물러 있었던 시간 안데스에서는 해가 뜨지 않고 지속된 밤이었다'는 이러한 설화로 신들이 티티카카 호에서 인류에게 금 지팡이를 줌으로써 안데스 고대 제국이 시작 되었다는 수수께끼 같은 사연이 깃던 곳이 중남미이고, 그 중심에 쿠스코, 마추픽추, 티티카카 호수가 있다.

중남미 여행의 백미라 말할 수 있는 마추픽추는 아직 까지도 베일에 싸인 채 신비로운 모습을 간직하고 있다. 잉카인들의 종교적 성지, 고산지대의 비밀요새, 중죄인 감옥소, 버려진 공중도시 등 추측만 난무할 뿐이다. 아직도 의문과 미스터리가 많이 남아있다. 빙엄이 연구 목적으로 가져간 후 예일대학에서 돌려주지 않았던 약 5천여 점의 유물들이 2007년에 반환하기로 결정되었으나 차일피일 미루다 2011년 600여 점이 반환되었다고 한다. 그나마 다행이다.

여행자들은 영혼의 울림을 주는 특별한 장소에서, 자신의 존재를 다시 한번 되새겨보며 좀 더 나은 삶을 위해 여기까지 많은 비용과 시간을 들여서 찾아온다. 멀리 새벽부터 버스로 올라왔던 지그재그 길이 한눈에 들어온다. 또 한쪽으로는 천길 아래로 우르밤바 강이 세월을 잊은 듯 유유히 흐르고 있다.

옛 잉카인들이 해발 2430여m에 세운 공중도시 마추픽추를 수없이 읽고 보았던 무릉도원武陵桃源같은 신성한 곳을 입장하기 전 되새김해 본다. 잉카인들의 정교한 석공 기술의 산물들이 아직도 늠름하게 서 있다. 가장 큰 돌은 높이 8.5m, 무게 360톤에 달했다고 한다. 돌 블록들을 몰타르 없이 모서리를 틈새가 없도록 맞추어 깎는 아슬러(ashlar) 공법이라는 정교한 석공기술로 쌓아, 웬만한 지진에도 견딜 수 있는 석축 건물들의 흔적이 변함없는 위용을 자랑하고 있다.

  입구에 도착하여 매표소 앞으로 다가서니 여행객들 이름이 적힌 팻말을 들고
서있는 현지 가이드들이 한둘이 아니다. 여행객들과 가이드들로 매표소 앞이 난
장판이다. 간신히 내 이름이 적힌 팻말을 찾아 기다리고 있으니 우리 팀은 8명
이다. 동양인은 나 혼자뿐이고, 미국인 부부, 호주와 벨기에서 온 젊은 청년
들이다. 팀들이 갖추어지는 대로 매표소를 지나 공중도시로 들어가고, 또 뒷 버
스가 올라오고… 장터가 언제 파장될지 모르겠다.

  가이드와 함께 줄서서 떠밀리다시피 공중도시 입구로 들어서니, 곧이어 정보
검색할 때 수없이 보았던 전경이 한눈에 들어온다. 새벽부터 내리던 가랑비가
멎고 운무가 사라져서 그나마 다행이다.

16세기 잉카시대의 곡물 창고 겉과 안

마추픽추는 크게 농경지, 도심, 신전지역 세 부분으로 구성된다. 입구에서 올라서면 농경지 우측에 계단처럼 만들어진 밭 옆에 식량저장소 꼴까(Depositos Qolqas)가 지붕이 있는 완전한 형태로 서 있다. 이곳은 수확한 식량을 저장하는 곳으로 필요 시 사람들에게 재분배하기도 하는 곳이다. 마추픽추 내 건물들은 대부분 지붕이 남아 있지 않지만 이 건물은 잉카시대 구조물로 남아있어 당시 모습을 추측할 수 있다.

이곳에서 좀 더 올라, 왼쪽으로 향하는 좁은 산길을 따라 정상에 오르면 와이나 픽추를 바라보는 전경으로 유적 전체가 한눈에 펼쳐진다. 유적지 외곽 전체로 돌아가면서 계단식 농경지가 조그마한 텃밭으로 보인다. 경사도가 심한 계단식 텃밭이 수십 단 층층이 석벽담으로 쌓여있다. 주로 옥수수, 감자, 코카가 재배되었다고 추정한다.

태양의 신전 이곳도 잉카의 벽들의 돌 틈새가 없는 잉카의 석공기술이 돋보인다

　도심 중앙 부위에 반원형의 낮은 탑과 같은 태양의 신전(Temploy del Sol)이 자리하고 있다. 중앙신전 벽의 모양이 타원형이라 토레온(Torreon) 신전이라고 불리기도 한다. 신전 건물 상단에 뚫린 창문으로 들어오는 태양빛을 관찰하여 동지와 하지의 정확한 시기를 파악하는 천문관측소 역할도 겸하여, 파종과 수확 시기를 결정함으로써 통치자와 사제의 권위를 세울 수 있는 곳이기도 하다.

　토레온 신전의 아래에는 잉카의 왕들을 미라로 만들어 안치하는 묘로 추정되고 있는 곳이 있다. 이곳에서 100여 구의 해골들이 발견됐는데 80여구 이상이 고관 여성으로 추정된다고 한다.

　능묘 옆에는 산을 형상화한 한 개의 돌을 계단형으로 가공한 것이 보이는데, 이것은 동굴이 산의 숭배와 관련이 있어서라고 한다. 일명 왕궁이라고도 한다. 여기서도 잉카 석조 가공기술의 섬세함을 볼 수 있다. 일부 학자는 마추픽추를 탄생시킨 잉카 제 9대 파차쿠텍의 무덤이라고 추정하기도 한다.

또 특이 한 곳은 높은 지역에서 생활해야 했던 유적답게 수로에 의해 내부적으로 연결되어 있는 수많은 우물, 관개 시스템을 위하여 설계된 바위를 관통한 배수로들이 각각의 집으로 이어져 있다. 특히 능묘 옆에는 정비가 잘 되어 있는 샘물이 있고, 샘물의 수로 관개시설이 여러 돌들을 깎고 다듬어서 작은 도랑을 내어 여러 단계로 흘러내리고 있다.

건기에는 아침저녁으로 발생하는 안개가 숲속으로 흡수되어 운무림이 형성되어, 숲과 지표면에 저장되었던 물을 수로를 통해 농업용수로 확보하게 되고, 샘물로 연결되어 그 물로 공중도시 사람들이 생존했다고 한다. 정교하다 못해 신비롭다.

의식이 치러졌던 곳으로 추정되는 세 개의 창이 있는 신전

다음 찾은 곳은 마추픽추에서 제일 중요한 곳이라고 한다. 도시의 서쪽에 신성한 구역으로 3개의 벽이 남아있는 주 신전, 3개의 창이 있는 신전 등 정교한 건축양식 구조물 형태에서 그 중요성을 가늠해 볼 수 있다. 이 구조물은 잉카의 핏줄을 이어준 조상들 가문의 문양이라는 잉카 설화의 중요한 한 곳이다. 해가 드는 동쪽으로 나 있는 3개의 창이 있는 신전은 뒤에 볼리비아 티아우아나쿠 유적지와 관련된 설화로 이어진다.

천문 관측소 인띠와따나 지역에 서있는 1.8m 높이의 해시계

주 광장 서쪽으로 천문 관측소 인띠와따나(Observatorio Astronomico Intiwatana)가 높이 약 1.8m의 돌이 기묘한 모양으로 깎여져 있다. 상단의 튀어나온 부분은 잉카의 해시계로 3월 21일과 9월 21일 한낮에 태양은 그림자를 전혀 만들지 않고, 태양이 남쪽이나 북쪽으로 가장 멀리 간 하지, 동지를 측정했다고 추정한다. 그림자를 이용해 계절의 변화를 감지하고, 하늘을 관측하고 그와 관련된 의식을 치렀던 곳이다. 관측소에서 아래로 내려가면 마추픽추의 중앙공장이 나온다. 이곳에서 동, 서, 남, 북 주요 유적지로 이동한다.

꼰도르의 신전(Templo del Condor)

주 광장 동쪽으로 또 하나의 신전, 꼰도르의 신전(Templo del Condor)이 있다. 돌과 석벽 건물의 배치가 마치 날개를 편 독수리의 형상을 닮았다 하여 붙여진 이름이다. 건물 뒤에 미라가 발견된 동굴과 관련 독수리 머리부분에 해당하는 부분에서 희생의식이 치러졌을 것으로 추정한다.

잉카인들의 슬픈 사연이 담긴 사이먼과 카펑클이 노래한 'El Condor Pasa (철새는 날아가고)'가 떠오른다.

와이나픽추 등산로 입구. 뒤로 보이는 안데스 산맥의 설산이 마추픽추를 감싸고 있다

이제까지 둘러본 곳은 벽체만 있고 지붕이 없다. 그런데 투어 끝부분에 마추픽추 건물 몇 군데는 우리의 초가지붕 비슷하게 지붕을 복원시킨 곳이 몇 채 있다. 지붕은 안데스 고산지역에서 자라는 키가 작은 억새풀을 이엉을 엮어 만들어서 이었고, 그 위에 끈으로 이리저리 잘 묶어서 억센 바람을 잘 이겨내고 견딜 수 있게 단단하게 만들어졌다. 마추픽추의 서쪽 끝 지점에 집 두 채가 서 있다. 그 앞에는 안데스 산맥의 주종 아마 어미와 새끼들이 재롱을 떨고, 그 재롱을 보는 여행객들이 모여서 환한 웃음을 짓는다.

그 뒤로 뾰족하게 높이 선 봉우리가 하루에 적정인원으로 등반 제한된 젊은 봉우리라 불리는 와이나픽추가 서 있다. 우리도 해당이 안 돼 못 올라간다.

다시 아래 중앙 쪽으로 걸어서 만나는 곳, 3개 통로로 북쪽 지역은 주로 사람들이 사는 거주 지역이고, 남쪽 지역은 신전 위주이고, 서쪽 지역은 농경지로 이에 3갈래 길이 형성되어 있다.

마추픽추와 와이나 픽추가 한눈에 보이는 망지기의 집 아래로 귀족의 저택단지가 보인다

망지기의 집 창을 통하여 내려다 본 우르밤바강 계곡

2시간여 공식 가이드 행사가 끝난 후 시간이 남아 보지 못한 '망지기의 집'을 찾았다. 유적 입구에서 왼쪽으로 향하는 좁은 산길을 따라 조그마한 정상에 오르니, 마추픽추를 배경으로 유적 전체가 한 눈에 보인다. 돌로 쌓은 단위에는 주변 지역을 망을 보던 건물이 있다.

여기가 뷰 포인트다. 주변에 없는 거대한 돌들을 이곳까지 옮겨, 당시 유일한 도구였던 청동 끌과 돌 망치를 이용해 다듬고 접착물을 사용하지도 않고 두 차례의 대지진에도 살아남은 석재기술은 현재 과학 기술로도 설명이 안 된다.

사진 한 장으로 마무리 짓고, 입구로 내려가 매표소 보관소에 맡겨 놓은 배낭을 찾아 버스를 기다리는 대기 줄에 앉아 여기까지 오게 된 과정을 돌이켜본다. 뭔가 아쉬움이 맺힌다. 그렇게 와 보고 싶었고 꿈에도 그리웠던 곳, 기대가 크면 실망도 크다고, 요새 말로 가성비까지 따진다면 캄보디아 앙코르와트보다 한 수 아래가 아닌가 하고 개인적으로 생각해본다. 돌아가는 버스가 올라온다. 뭔가 보긴 본 것 같은데 아쉬움이 많이 남는다. 그렇다고 여기 한 평생 살 수도 없지 않나, 배꼽으로 돌아가자.

버스로 왔던 길을 다시 내려간다. 아랫마을에 도착하니 12시 반이다. 기차 시간이 두 시간이나 남았다. 뒤늦게 후회막급이다. 새벽부터 서두를 이유가 없었다. 영어나 스페인어 듣기가 원어 수준이 아니면 굳이 가이드 따라 새벽잠을 설칠 이유가 없다고 본다. 한국 가이드북에 있는 내용만 충분히 인지한다면, 아랫마을 숙소에서 여유있게 오전 7시 정도 출발해서 실컷 보고 내려오더라도 오후 한시 반 전에는 내려올 수 있을 것이다.

아랫마을에 도착하니 어젯밤에 보지 못한 아구아스 갈리안테 마을 전경이 정겹게 다가온다. 계곡 다리 좌측으로 공중도시로 가는 버스도 보이고, 숙박 시설 및 식당, 상점, 기념품 가게 등이 밀집되어 있어 유명한 관광지 티를 낸다. 먹을 것도, 사고 싶은 것도 없어 아쉽다. 여기서 기차역도 멀지 않다.

점심시간이라 적당한 식당을 찾았으나, 비싸고 맛도 없는 점심 한 그릇을 비우고 잉카 레일 2시 반 출발하는 편으로 오안따이땀보에 도착한다.

내 이름 석자가 찍힌 명판을 들고 서 있는 아저씨를 따라 쿠스코 돌아갈 버스에 올랐는데, 한참 동안 출발할 생각을 안 한다. 지금까지는 양호한 흐름이었는데 막판에 마음을 상하게 한다. 빈자리가 많으니 부수입 장사로 규정 외 손님 잡기를 하더니 만석이 되어서 출발한다. 한 시간 넘게 늦게 출발하여 쿠스코에는 캄캄한 밤에 도착했다.

문이 닫혔을까 걱정을 했지만 단골 중국집은 영업을 한다. 간단한 요리와 맥주 한잔을 곁들여 마추픽추 여행기를 마무리한다.

볼리비아
Bolivia

숙소에서 짐을 챙겨 바로 근처의 엘솔 거리 (Av. El Sol)로 시내버스를 타기 위해 정다운 쿠스코의 오래된 벽돌길을 걸어서 내려간다. 이런 길은 아무리 걸어도 싫증이 날 수가 없다.

몇 번을 타서 이미 익숙해진 17번 시내버스를 타고 9대 잉카 왕 파차쿠텍 기념비 로터리에서 내려 시외버스 터미널에 도착하니 오후 6시 반이다. 터미널 안에 있는 간이식당에서 간단히 저녁식사를 한다. 터미널 대기실에서 2시간을 더 보내야 이곳을 떠날 수 있다. 과거 페루에서 도난으로 여행이 완전히 중단된 적이 있어, 배낭과 캐리어에 더욱 신경을 곤두세운다.

시간이 되어 개찰구를 통해 버스 앞으로 가서, 캐리어는 짐칸에 맡기는데 짐표 딱지를 캐리어에 붙이고 반쪽은 뜯어서 내게 돌려주며 잊어버리면 짐을 못 찾는다고 신신당부한다. 그 말에 안심을 하고 조끼 안 포켓 주머니에 단단히 보관하고 반 침대칸에 올라 장시간 야간 버스 투어 준비를 한다. 배낭은 다리 위치에 있는 접이식 쿠션 시트 밑에 넣어서 체인 열쇠로 도난방지를 철저히 하고 잠을 청한다. 소 잃고 외양간 고친다고, 육로 여행 도난 대비를 몸과 정신으로 완전 무장을 한다.

페루, 볼리비아 국경 게이트

며칠간 쿠스코 여행에 피곤해서 그런지 흔들며 가는 야간버스에 그런대로 숙면을 취하였다. 새벽 밝은 빛에 눈이 떠져 차창 밖을 내다보니, 신비의 티티카카 호수의 짙푸른 색 너머로 하얀 뭉게구름이 한가로이 호수를 내려다보고 있다.

한 시간여 지나니 페루 국경에 도착한다. 배낭을 챙겨 버스에서 내려

육로로 페루 국경 출입국에 들러 출국 도장을 받고 100여m 언덕길을 넘어 볼리비아로 간다. 아치형 굴다리를 넘어서니 볼리비아 출입국 관리소가 바로 옆에 있다. 육로로 국경을 많이 넘어 보았는데 이른 아침이라 그런지 이렇게 한산하기는 처음이다. 볼리비아 입국 도장을 쉽게 받고 보니 비자 받기를 준비한 시간과 스트레스가 확 날아간다. 버스는 따로 국경을 먼저 넘고, 국경 넘은 곳에서 우리를 기다리고 있다.

안데스 산맥은 볼리비아에 와서는 '알티플라노'라 불리는 평탄한 고원이 펼쳐져 북단에 티티카카 호, 라파즈를 거쳐 거대한 우유니 염지를 지나, 칠레 국경 동편을 살짝 걸치면서 산맥은 다시 하나로 합쳐져 최남단의 파타고니아로 이어진다. 장장 7000여km로 세계에서 가장 긴 산맥으로 6000m 이상 고봉을 50여 개나 품고 있고 라틴 아메리카 7개국을 지난다.

다시 버스에 올라타 한 시간여 티티카카 호수 남동변 경사진 길을 달려 쿠스코를 출발한 지 만 12시간 만에 코파카바나 터미널에 도착하였다.

안데스의 어떤 전설, 어떤 신화이든 모두가 티티카카 호를 기본으로 삼고 있다. 잉카의 위대한 태양신 위라코차가 세상을 창조한 시작점인 곳이다. 대홍수 뒤 인류가 다시 나타난 곳이며, 잉카인들의 신들에게 티티카카 호수에서 금 지팡이를 받아 호수 지하통로를 거쳐 쿠스코에 도착하여 잉카 문명의 시발점이 된 곳이다.

티티카카 호수는 안데스 내부의 척박한 알티플라노 고원의 북쪽 끝에 위치한 해발 3,812m 위치한 호수이고, 남북으로 가징 긴 곳이 190km, 폭이 가장 넓은 곳이 80km, 가장 깊은 곳이 280m로 수량만으로 따질 때는 남미에서 가장 큰 호수이다. 잘 모르는 사람은 호수라기보다는 바다라고 해도 믿을 만큼 수평선 너머 보이는 것이 없는 곳도 있다.

코파카바나. 티티카카 호숫가 전경

아르헨티나 인류학 학자인 레만니체(Roberto Lehmann Nitsche, 1872~1938)는 쿠스코의 태양신전 코리칸차 제단 위신성한 벽의 그림에서 태양과 달 사이와 위 아래 별들 가운데 있는 타원형을 하늘에서 내려온 위라코차 신이라고 하고 끝단 마지막 그림을 커다란 티티카카 호수라고 주장한다. 개인적으로는 그 타원형이 잉카의 모체인 티티카카 호수를 나타내는 것이 아닐까 생각해 본다. 아무튼 어떤 학자이든 티티카카 호수가 안데스의 신성한 호수를 나타낸다는 데는 이의가 없는 것 같다.

잉카의 탄생이 깃든 전설의 호수로 사람이 사는 세상에서 가장 높은 호수이다. 표고가 3,814m인 코파카바나는 티티카카 호수에 있는 볼리비아의 호숫가의 마을이다. 호스의 절반은 페루 지역이며 호수 서쪽 푸노(Puno) 지역도 여행객들이 많이 찾는 곳이다. 화창한 날에는 호수에 햇살에 비친 파란 물빛과 저 멀리 수평선 너머 떠 있는 뭉게구름과 조화를 이루어 환상적인 자태를 가진다.

터미널에서 멀지 않은 숙소에 도착했다. 완전 에코 호스텔이다. 자체 내 비닐 하우스 동으로 만들어 놓은 에코(Eco) 농장이 있고, 여러 가지 채소 및 기본 농사를 지어 호스텔 고객에게 에코 식사를 제공한다. 짐을 내려놓고 배표를 구입하기 위해 먼저 선착장으로 간다.

내일 오전 8시 반 출발 오후 4시 돌아오는 태양의 섬 왕복표를 산 후, 그 매표소에서 멀지 않은 칼 바리오 십자가 언덕 등산 출입구가 있는 곳으로 해서 정상을 올랐다. 해발 4,000m고지의 만만치 않은 경사를 오르려니 무척 힘이 든다. 오르다 쉬고 다시 오르고 해서 한 시간여 만에 겨우 정상에 도착했다.

정상에 올라서니, 북서쪽 호수의 전망이 절경이다. 이곳은 가톨릭과 잉카 신앙이 함께하는 신비의 장소이다. 이 언덕에서 안데스의 전통적인 제사를 행하는 주술사 야티라(Yatiri)들은 수천 가지의 전승, 마법, 마술 등의 행운을 위한 축도 의식을 행한다고 한다.

칼 바리오 십자가 언덕에서 내려다 본 코파카바나 마을. 멀리 내가 묵고 있는 숙소도 보인다

내려오는 길도 쉽지가 않다. 시내 중심에 있는 특이한 건축 양식으로 마을 크기에 비해 거대한 규모로 지어진 성모 대성당(Basilica of Our Lady of Copacabana)을 찾았다. 성모 마리아인 '호수의 검은 성모'는 볼리비아의 수호신이다. 중앙의 넓은 안뜰을 기준으로 4개의 예배당이 자리잡고 있으며, 하얀 바탕에 고풍스러운 색 타일로 꾸며져 있어서 일반적인 성당과 달라 매우 인상적이다.

전설에 따르면 1576년 어떤 잉카의 어부들이 티티카카 호수에서 엄청난 폭풍우를 만났다. 그들은 하늘에 살려달라고 부르짖었는데 성모 마리아가 나타나 그들을 안전한 곳으로 인도하였다고 한다. 그 해 그들은 은혜에 보답하기 위해 잉카의 장인 티토 유판퀴(tito Yupanqui)에 의해 조각된 성모의 조상이 있는 성당을 지었다 한다. 또 그는 선인장의 검은 나무로부터 성모를 조각하여 만든 성모상을 1583년 안데스 특유의 아도베(Adobe)로 지어진 예배당에 놓여졌다. 조각상은 기적을 일으킨다고 해서 볼리비아와 페루의 잉카인들이 많이 찾아 참배하는 곳이기도 하다.

성당 광장에서 검은 성모 축제기간(2월 2일~2월 5일)에는 순례자들과 댄서들이 페루와 볼리비아로부터 코바카바나로 모여 전통적인 아이마라 춤과 음악, 술의 향연이 벌어진다고 한다.

또 다른 축제는 8월의 첫 며칠 동안 볼리비아의 독립기념일을 축하하기 위해 열린다. 참가자들은 낮과 밤을 통해 음악, 퍼레이드, 고적대, 전통 춤과 더불어 술의 향연에 모두 취한다고 한다.

예수님의 수난과 십자가의 죽음을 묵상하고 기념하는 성 금요일에는 각 지역의 수천 명 순례자들이 교통편 혹은 머나먼 길을 걸어서 코바카바나로 모인다. 해질 무렵 유리관 안에 있는, 그리스도의 조각상과 검은 성모의 복제품에 의해

행해지는 엄숙한 촛불 행렬이 검은 성모 교회에서 시작하여 마을 전체를 한 바퀴 돈다고 한다.

그곳에서 멀지 않은 재래시장인 중앙시장(Mercade Central)을 찾아 현지 인디오들 삶의 현장을 느껴본다. 여행 중 재래시장을 찾는 것은 제일 행복한 시간 중의 하나다. 값싸고 맛있는 토속음식 맛을 볼 수 있고, 현지인의 밑바닥 삶을 볼 수도 있기 때문이다. 볼리비아 토종 사과를 사서 숙소로 돌아와 숙소에서 제공되는 에코 저녁 식사를 하고 코파카바나 첫 밤을 맞이한다.

다음날 아침 숙소에서 제공하는 에코 아침을 먹고 숙소에서 멀지 않은 선착장에 도착하니, 태양의 섬으로 가는 배를 타려는 여행객들의 긴 줄이 서 있다, 긴 줄에 짜증스러운 모습은 없고 모두가 부푼 꿈에 즐거운 얼굴들이다.

이제는 이곳에서 잉카의 신성한 섬인 태양의 섬(Isla del Sol)을 향해 떠나는 배를 타기 위해 가야할 시간이다. 나도 한 줄을 따라 배에 오르니 기대로 가슴이 부풀어 진다. 부두를 출발하자 왼편으로 해군 부대가 보인다. 볼리비아는 바다가 없어 해군 기지가 코바카바나에 있다고 한다. 태양의 섬(Isladel Sol)으로 가는 60인승 규모의 작은 배를 타고 한 시간 반 만에 태양의 섬 유마니 (Yumani) 선착장에 도착한다.

태양의 섬 남동쪽 해안가 유마니(Yumani) 선착장

남북으로 길게 뻗어있는 섬은 물 속까지 초록빛으로 물든 구릉지대로 이루어져 있다. 배의 우측으로는 조그마한 섬, 달의 섬(Isla de la Luna)이 보인다. 배가 도착한 곳은 섬의 남쪽 지역인 유마니(Yumani)이며 이곳에서 달의 섬으로 가는 배를 탈 수 있다. 배에 내려서 섬의 중턱에 자리잡고 있는 허름한 벽돌집 사이의 산길로 오른다. 벽의 돌들이 이전 유적지와 달리 엉성하게 지어졌지만, 이곳의 태양의 신전으로 잉카의 시조 망코카팍이 태어난 곳을 기념한다고 한다.

섬의 전체 인구는 약 800여 명인데 비해 섬에는 180개 이상의 유적이 있고, 고고학자들은 BC 3000년경부터 섬에 사람이 거주했다고 주장한다. 섬의 많은 언덕에는 농사를 짓기 위해 가파른 바위지대를 개간한 계단식 농경지가 있다. 유적지들 중에는 망코카팍과 마마 오클로가 나왔다는 신성한 바위가 있고, 섬 북쪽 찰라팜파에 있는 친카나 석조 미로군에는 잉카의 사제들을 양성했던 신학교도 있다. 잉카 황제 방문 시 티티카카 호수를 조망할 수 있는 바위산을 파내 지은 전망대라고 추정하는 잉카카마냐도 볼 만한 유적이라고 한다. 하지만 유적들의 돌들이 티티카카 호수의 주변의 도시들의 교회나 주민들의 개인 집을 짓는 데 사용되어 옮기기 힘든 무거운 돌들만 남아있는 현실이 이곳도 예외가 아니란다. 호숫가에서 정상으로 오르는 넓은 계단길인데도 무척 힘들다. 천천히 이동해야 되는데 돌아가는 시간이 바빠 서둘러다 보니 정말 힘들다. 조심해야 하는 고산병 해발 지역이다.

태양의 섬에는 잉카가 쌓은 돌계단이 능선까지 이어져 있다

반나절 시간으로 섬 유적지를 다 보기에는 무리가 따른다. 남북 횡단 길 중간 쯤 허물어진 잉카유적이 보여 그 곳에 도착 후 시간을 가늠해 보니 더 이상 가기는 무리라고 생각된다.

섬 양편으로 보이는 해변의 절경과 저 멀리 어슴푸레하게 보이는 신성한 곳의 자태만 상상하고 일정을 단축한다. 섬에서 일박을 한다면 북쪽의 찰라팜파(Challapampa), 친카나(Chinkan)지역으로 잉카 유적을 볼 수 있으나, 반나절 투어로는 무리라 생각하고 멈춘다. 안내지도에 보니 정상 이름이 유마니(Yumani, 해발 4,070m)로 선착장 이름과 같다. 그곳에서 다 허물어진 잉카 유적의 흔적과 양안의 호수 절경을 보며 오천년 전 잉카인들의 삶을 되새겨 본다.

달의 신전이라고 불리는 건축물 잔해가 남아있는 달의 섬이 보인다

저 멀리 달의 신전이 있다는 달의 섬이 외로이 떠 있다.

출항 시간이 되어 선착장으로 가 보니, 도착할 때는 안 보였던 티티카카 호수의 갈대로 만들어 놓은 쌍둥이 범선이 보인다. 옛날 모습으로 재현해 여행객들이 섬 유람을 하는 모양이다. 나는 운이 좋게도 여러 정경을 눈에 담는다.

　돌아가는 배 선미 쪽으로 장엄한 설산이 보인다. 코딜레라 레알산맥의 봉우리들이다. 그중 제일 높은 Apolobamba산은 해발 6,044m의 고지다. 호수내의 작은 섬을 한 바퀴 돌면 마치 바다를 연상 시키는 이곳이 얼마나 아름답고 고요한지 알게 될 것 같다.

　그러나 인근 마을의 집이나 교회들은 코파카바나에서 멀지않은 티아우아나쿠 고대 유적지에서 빼내온 돌들로 집을 지었다 하니 아이러니하다. 섬 안에는 고즈넉한 숙소 및 카페가 드문드문 보인다. 시간 여유가 있는 분들은 며칠 지내다가도 될 만한 곳이다.

　다시 출발한 선착장으로 돌아와 코파카바나 특색 음식을 먹기 위해 식당을 찾는다. 모든 식당에서는 티티카카 호수에서 잡은 송어(뜨루차, Trucha)튀김 요리가 많다. 나도 어느 블로그에서 본 추천글을 생각하며, 선착장 좌측 천막 식당 중 12번을 찾아서 갔더니, 벌써 한국 아가씨 둘이 자리를 잡고 있다. 메뉴판에도 한글 번역이 있을 정도다.

　숙소로 돌아가 널어놓은 빨래를 챙기고 내일 돌아갈 준비를 한다.

　다음날 아침 숙소에서 제공하는 에코 식사를 한다. 오후 1시 반에 출발하는 버스라, 식당 한자리를 찾아 오래간만에 사진 정리도 하고, 밀린 숙제도 하고 있으니 일어나기가 싫다. 점심도 이곳에서 에코 식사 중 한 종류를 주문하여 한 접시 비우고, 메고, 끌며 터미널로 간다.

수도 중 세계에서 제일 높은 라파즈

코파카바나를 출발한 버스는 아무리 달려도 티티카카 호수를 벗어나지 못한다. 라파즈를 이동하는 차창 밖에선 넓은 평원과 야마가 한가하게 풀을 뜯는 정경이 이어진다. 그래서 지루하지 않게 1시간여 지났는데 차를 세우고 다들 내리란다. 어느 여행 가이드북에서 본 생각이 난다.

Tiquina 해협이 뒤로 보인다. 잉카의 후손인 보트 선장의 눈길이 무심하다.

티티카카 호수 중 가장 좁은 여울목 산 페트로 데 티카나(San Pedro de Tiquina)를 안 건너고 육지로 돌아가면 페루 영토를 돌아야 하기 때문에 사람은 작은 보트로 건너고, 버스는 큰 바지에 실려서 여울목을 건넌다. 별도 뱃삯을 2솔 줘야 하니 잔돈을 준비하시길. 사람은 빨리 건너 버스를 기다리고 버스는 바지에 실려오다 보니 느리다. 이 한 장면을 보더라도 페루와 볼리비아 양국의 경제 상황이 열악하다는 것을 알 수 있다. 불과 300여m의 여울목인데, 우리 같으면 80년대에 다리가 건설되었을 것이다.

다시 버스를 타고 한참 달리다 보니 호수는 사라지고 지평선 너머 흰눈이 쌓여있는 설산이 보인다. '황금 독수리'란 뜻을 가진 일리마니(Illimani) 산이 스쳐 지나간다. 곧이어 도시 모습이 보인다. 버스는 알토(Alto)시에 들어서고 있다. 라파스에서 10여km 떨어진 신시가지 도시로 라파스 인구의 1/3 정도가 이곳에 산다. 주민의 79%가 아이마라족으로 세계 아이마라족 수도라는 별칭을 갖고 있다. 라파스 엘 알토 국제공항이 이곳에 있다.

알토 시를 지나 라파스 시내로 들어가는 길 초입은 고원 평야 지대에서 푹 꺼진 라파즈 시내로 내려가야 한다. 시내 주위를 안데스 산맥 줄기가 감싸고 있는 형상이다. 내려가기 시작 지점부터 먼저 눈에 들어오는 정경은 한눈에도 표가 나는 빈민가이다. 헤로도토스 〈역사〉의 한 장면이 떠오른다. 해결할 능력도 없고 한낱 지나치는 여행자일 뿐인데 매번 마음이 편치 않다.

라파스 시내는 너무 높은 고산지대라 숲을 보는 것이 쉽지가 않고 붉은 흙 벽돌 집이 많아 삭막한 풍경이 첫 인상이다. 하지만 라파즈 시내 언덕에서 바라보는 우뚝 솟은 일리마니 산(Mount Ilimani, 6,480m)정경은 장관이다. 하얀 설빙으로 단장한 정상을 하얀 구름이 감싸고 지나가는 광경만은 압권이다.

산 언덕에서 시 중심까지 내려가는 도로 아우또 삐스따(Auto Pisto)로 구불구불 내려가는 시간이 장난이 아니다. 2차선 공사를 하고 있지만 편도 1차선에 기어가듯이 내려간다. 그래도 지구는 돈다고 버스 터미널에 도착하자마자 볼리비아 옛 수도인 수크레 가는 표를 구하려고 매표소부터 찾아간다. 예매가 안 되니 출발 당일 오란다. 숙소가 터미널에서 멀지 않아 걸어가면서 볼리비아 수도 삶의 냄새를 맡아본다.

라파즈, 세계에서 가장 높은 도시의 하나로 해발 4,100m에 달한다. 척박한 알티플라노 4,300m 고원지대 중 푹 꺼진 도시다. 푹 꺼진 아래 동네는 좀 사는 사람이 살고, 높은 산동네는 서민들이 사는데 한눈에 차이가 난다.

산 아래 라파즈 시내 너머, 일리마니 설산이 구름 위에 걸쳐 있다

　볼리비아는 칠레와의 태평양 전쟁(1879~1883, 칠레가 볼리비아 초석광산을 무력 점령할 때 페루가 볼리비아를 지원하여 벌어진 전쟁)에서 영국, 프랑스, 이 탈리아의 지원을 받은 칠레가 승리하게 되어, 태평양 연안 리토랄 주 아타까마 사막지역이 칠레 영토로 넘어가는 바람에 바다와 격리된 내륙 국가로 전락한 가 슴 아픈 사연이 있다. 고도가 높은 곳에 수도를 정한 것은 주변의 여러 나라와 의 침략 전쟁을 피하기 위해서라고 한다. 우스개인지 몰라도 예전 우리나라와 비슷한 정황이라 정감이 가는 동네다. 여기도 적색 경보 지역이다. 밤에 혼자 나다니는 것은 날 잡아 잡수라는 일이다. 남미의 일반적인 상황으로, 극소수에 게 부와 권력이 집중되다 보니 매사 조심해야 한다.

　라파스 근처 고원에 사람이 살기 시작한 것은 BC 7000년경이라고 한다. BC 800년경부터는 페루 안데스 지방에서 이주한 아이마라족 원주민들이 티티카카 호수 근처에 정착해 아이마라 왕국이 성립되었다. 이후 BC 600년경 발생해 AD 1200년 이후 쇠퇴한 띠와나꾸(Tiwanaku)문명은 주변의 크고 작은 문명들 에 영향을 미친 종교적 중심지로 세력을 떨쳤다. 이후 잉카족의 침입으로 티티 카카 호수를 포함한 주변지역은 잉카 제국의 일부가 되었다.

안데스 산맥의 파란 하늘의 알티플라노 고원지대, 해발 3,300~4,100m 가파른 분지 지형에 빼곡하게 세워진 수많은 집들과 인디오들의 삶이 있는 다양한 시장, 또 다른 정경은 이 고산지대에 들어선 고층 건물 사이의 도로에 수많은 인파와 자동차들이 복잡하면서도, 또 다른 그들의 문화를 더욱 가까이 느낄 수 있다. 분지의 위쪽과 아래쪽에는 원주민인 인디오들이 살고, 중간 지대는 주로 백인들이 살고 있단다. 사이먼 앤 카펑클의 명곡 '엘 콘도 파사'는 원래 안데스 원주민들의 민속음악이었다.

라파즈 버스 터미널에서 멀지 않은 산프란시스코 성당 뒷골목, Calle Sagamaga 여행자 거리에 있는 숙소를 찾아 짐을 풀자마자 샤워를 하고 잠시의 휴식을 취하고 바로 움직이기로 마음을 정한다. 도시 중심부의 고도도 해발 3,650m이라 쉬엄쉬엄 다녀야지 무리하게 다니면 일 난다. 거리로 나와 라파스 현지 냄새를 맡아보면서 환전할 수 있는 곳을 찾아 나선다. 지구상에서 가장 물가가 싼 나라 중에 하나라 해서 우선 50$만 환전했다. 여행 안내 책자에 위조 지폐 극조심이라는 문구가 생각나 세심하게 보았지만, 초짜가 어떻게 알리오, 운에 맡기는 수밖에!

라파즈의 중심도로 마리스칼 산타 크루스 대로
(Av. Mariscal Santa Cruz)

도로 양쪽에 고층빌딩이 솟아 있는 마리스칼 산타 크루스 대로(Av. Mariscal Santa Cruz)거리는 라파스의 중심 도로다. 시내로 들어오는 차량과 인파가 뒤섞여 복잡하다. 숙소 근처 여행사 몇 군데를 찾아 내일 가볼 티와나쿠

(Tiwanaku) 유적지 투어 일정을 상담하여 한 군데 정하고 계약한 후, 가이드 지도에 나와 있는 치파 상하이 중국집을 찾아 식사하고, 얼른 숙소로 돌아와 라파즈 첫 밤을 보낸다.

오전 8시에 출발하여 잉카 마지막 티와나쿠 유적지를 보고 오후 3시경 숙소로 돌아와 짐을 내려놓고, 숙소 근처 대성당과 인접한 마녀시장(Mercado de Las Brujas)을 찾았다. 예전에는 시장이 활성화되어 토산품의 가게가 다양하여 번창했다는데, 지금은 소수의 토산품 가게만 남아서 주로 원주민들이 만든 토산품과 야마의 미라, 각종 말린 곤충, 약초, 원주민들의 이사 시 필요한 각종 주술품을 판매하고 있다. 새집으로 이사했을 때 집 마당에 야마의 미라를 묻으면 행운이 온다는 믿음으로 사간다고 한다.

여행자의 거리라고 불리는
사가르나가 거리
(Calle Sagarnaga)

그리고 바로 이웃한 여행자의 거리라고 불리는 사가르나가 거리(Calle Sagarnaga). 여행사들이 줄지어 있고, 식당, 숙소, 상점, 여행용 장비 등을 파는 거리다. 원주민들이 만든 코카 잎, 고기, 생필품, 잡화를 팔고 있는 소규모 잡화상들이 사가르나가 거리를 지나 이삭 타마요(Isac Tamayo)까지 이어지는 길에 현지인들의 생활에 필요한 모든 물품을 판매하는 네그로 시장(Mercado Negro)이 나온다.

저녁 6시 반 한국촌 식당에서 만나기로 한 한국인 부부와의 약속에 참석하기 위해 지도를 보고 7월 16일 대로로 남동쪽 끝까지 걸어서 내려간다. 가다 보니 대형 로터리 교차로 한가운데 학생광장이 나온다.

남미 독립의 영웅 볼리바르(1783~1830)장군의 동상이 서 있는 학생광장. 장군 이름이 국가명이 되었다. 이곳에서 조금만 내려가면 한국촌 식당이 나온다.

로터리에서 Av Arce로 빠지면 식민지 풍의 건물에서 세련된 현대식 건물로 풍경이 바뀐다. 로터리에서 멀지 않은 대로변에 한국촌이라는 한국식당이 보인다. 김치 안 먹어본 지가 한 달 정도 되어 원기회복을 해야 한다. 저녁에 혼자서라도 갈 계획이었는데 투어 끝날 쯤에 한국인 부부 남편 되시는 분이 그곳 음식이 맛있다고 초청이 와서 약속을 정한 것이다. 이런 저런 여행 이야기를 나누면서 오랜만에 식탐, 입담을 다 풀었다.

다음에 인연이 있으면 뵙기로 하고 헤어져, 소화도 시킬 겸 거꾸로 걸어서 숙소로 돌아왔다. 한국 식당에서 좀더 남쪽으로 가면 라파즈 시티투어가 출발하는 이사벨 라 카톨리카 광장(Plaza Isabel La Catolica)이 나온다. 이 두 광장 사이를 소포카치(Sopocachi) 지역이라고 하며 라파즈에서 가장 번화한 곳이다. 내일 오후 1시 반 출발하는 남쪽 투어로 달의 계곡(Valle de La Luna)을 갈 예정이다. 숙소에 도착하여 뜨거운 물로 샤워를 하고 나니 하루 종일 걸었던 피로가 가신다. 라파즈 둘째 밤을 보낸다.

16세기 바로크 양식으로 지어진 볼리비아 대표적인 산 프란시스코 성당

오늘은 라파즈 마지막 날이다. 이른 아침에 체크아웃을 하고 짐을 숙소에 맡겨 놓고, 숙소서 멀지 않은 라파즈의 랜드 마크인 산 프란시스코 교회를 찾았다. 금빛으로 치장된 예배당이 특이하다. 그 동안 안전한 여행을 주관하신 주님께 감사드리고, 남아있는 여행도 주님이 주관하셔서 안전하게 마칠 수 있도록 예배를 드리며 잠시의 안식을 찾는다.

1549년 스페인 정복자들이 지은 것으로 라파즈의 심벌이기도 하다. 현 성당은 1784년 재건축된 건물이다. 라파스의 대성당도 티아우아나쿠 유적지에서 가져온 돌로 지어졌다는데 주님은 잉카 신들의 양해를 받았는지 모르겠다.

크리스마스 사전 행사인지 모르겠지만 연일 산 프란시스코 광장 앞에 수많은 시민들이 축제를 벌이고 있다. 이제는 수크레 가는 버스표를 사기 위해 터미널로 가야 한다. 마음이 급한 중에 가는 길에 케이블카가 산동네로 오가는 것이 특이하게 보인다. 표를 구입한 후 필히 타 보자고 다짐하며 터미널로 오른다.

다행히 밤 8시에 출발하는 수크레 행 버스표를 구했다. 터미널에서 어림잡아 케이블카 가는 방향으로 걸어가면서 행인들에게 물어서 가다 보니 터미널에서 그렇게 멀지 않은 곳에 정류장이 있다.

라파즈 산동네 서민들의 발 케이블카 정류장. 산동네를 왕복하는 노선이 지금은 3개소, 계속 건설 예정이라고 한다.

케이블카 종착역에 도착하니 현대식 건물로 잘 지어져 있다. 서민들의 발이다 보니 승차권도 3솔(우리나라 돈 500원 정도)이다. 타고서 건너 산동네까지 갔다가, 오후 일정상 시간도 빡빡하고 안전상 달동네 냄새만 맡고는 급하게 내려가는 케이블카를 타고 무라야 광장 근처 정류장에서 내렸다. 왕복 6솔에 하늘에서 시내를 한눈에 볼 수 있어 좋았고, 산동네 서민들을 위한 교통 수단으로서는 그만이라고 생각된다. 거대한 분지 모양의 지형 때문에 지하철이나 새로운 도로를 내기가 쉽지 않아 볼리비아 정부가 대안으로 내놓은 방법이 대성공이었다고 한다. 현재는 3개 라인이 운영되고 있으며, 계속 신규 라인을 개설 중이고 총 7개 라인을 완성해 산동네 서민들의 발이 되겠다는 것이 정부의 생각이다.

라파즈의 메인 광장 Plaza Mulillo. 대성당과 대통령궁, 국립미술관이 둘러싸고 있다. 아래가 대통령궁.

눈짐작으로 잡은 무리요 광장 근처 역에서 내려 광장을 찾았다. 거리를 다니다 보면 넓고 두꺼운 주름치마를 입은 원주민 아주머니들이 머리를 양쪽으로 길게 갈라 땋고, 머리 위에는 두꺼운 챙이 있는 모자를 쓰고 다닌다.

광장 주변으로 대통령궁, 국회의사당 등 정부 주요 시설들이 모여 있고 그 가운데 광장이 들어서 시민들의 휴식처가 되기도 하는데, 사람보다 비둘기가 많아

서 피해 다녀야 할 판이다. 식민지 시절에는 아르마스 광장으로 불리다가, 현재는 독립영웅 페드로 도밍고 무리요의 이름으로 바뀌었다. 한 가지 재미있는 사실은 대법원은 이곳에 있지 않고 초기 수도인 수크레에 있다는 것이다.

잠시 벤치에 앉아 눈요기를 하고 있으니 움직이기가 싫어진다. 무거운 발길을 돌려 이곳에서 멀지 않은 식민지 시대에 조성된 라파즈에서 가장 아름다운 거리를 찾았다. 한 골목 거리에 5개의 박물관이 밀집해 있고 예술가들의 터전이면서 멋진 목조 발코니 카페 건물이 자리잡고 있는 하엔 거리(Calle Jaen)다.

5개 박물관을 끼고 있는 하엔 거리(Calle Jaen)

우선 박물관 종합 입장권을 파는 후안 데 바르가스 박물관을 찾았다. 4개 박물관을 보는데 20솔이다. 이 박물관은 식민지 시대에서부터 현대에 이르는 볼리비아 과거 생활상의 흔적을 그림 및 사진, 미니어처로 볼 수 있었다. 특이한 것은 에스파냐 정복자들이 원주민을 교수형 시키는 그림이다. 말 네 마리에 사지를 하나씩 묶어서 처형하는 잔혹한 장면이 번듯하게 그림으로 담아 전시되어 있어, 잠시나마 식민시대 원주민의 아픔에 젖어본다.

한국에 돌아와 최근에 읽었던 J.M. 쿳시(남아공 출생, 네델란드계 이민자, 노벨상 수상자)가 쓴 〈야만인을 기다리며〉에서 남아공을 제 3국 제국의 공간으로 설정하여 제국주의자들이 선량한 현지인(백인들은 야만인이라고 호칭)들에게 가한 고통과 폭력을 현재 시제로 전달하고 있다. 제국주의의 파렴치한 야망에 평화롭게 살고 있는 현지인을 야만인으로 몰아 상상 이하의 천인공노天人共怒 할 짓을 한 내용을 다시금 생각게 하는 그림이다.

그 다음 찾은 곳은 무리야 박물관(Casa Museo de Murillo), 볼리비아 독립에 큰 공을 세운 페드로 도밍고 무리요의 집을 박물관으로 개조되어 무리요 장군이 생전에 사용했던 가구들과 청동제품 특이한 나팔, 피리, 당시의 복장 장식품, 전투 장면 유화, 신부님 앞에서 교수형을 당하는 장면을 그린 유화 등 19세기 당시의 생활상을 엿볼 수 있다.

1879 7월 16일 볼리비아 혁명을 지휘했던 무리요 자택이 현재는 '무리요' 박물관으로 바뀌
어 생전 사용했던 모든 생활품을 볼 수 있다

　통합 입장권으로 마지막 입장할 수 있는 곳 황금 박물관(Museo de Metales Preciosos). 잉카와 잉카이전 시대의 금으로 된 유물들을 소장하고 있다. 황금 장식은 일부이고 청동제 제품이 눈에 많이 띄고, 특히 잉카 석공기술의 기둥이 되는 청동제 이음새가 여러 가지 형태로 전시되어 눈길을 끈다. 청동제를 만들어 내는 과정이 유화로 잘 표현되어 있고, 표면 채색이 화려한 도기류도 눈에 띈다. 금으로 머리 장식부터 목, 손, 팔, 발목 등 온몸을 금으로 장식한 잉카 시대의 왕의 복장도 특이하게 보인다. 당시의 발굴 정경을 사진 및 그림으로 상세히 표현 되어 있다. 해골 및 인체 각 부분 뼈 조각이 전시되어 있고, 석공 작업하는 옛날 공구들도 전시되어 있다.

　박물관마다 사진을 촬영에 대비해 안내자가 졸졸 따라다니는 바람에 사진 한 장 찍지 못하고 아쉬움만 남기고 박물관 관람을 마친다. 이른 점심때지만, 그곳에서 멀지 않은 볼리비아의 유명한 살테나(Saltena)음식점을 찾았다.

　볼리비아 특색 음식 중 트루차(Trich)는 티티카카 호수 변 코파카바나에서 시식을 했고, 또 하나 유명한 음식이 살테나(Saltena)다. 우리의 만두와 비슷한 종류인데, 밀가루로 만든 빵 안에 양념한 각종 채소와 고기, 삶은 달걀을 채워 넣어 구운 음식으로 우리 만두보다는 크고 맛이 약간 다르다. 하지만 볼리비아 사람은 즐긴다. 시장 골목에서도 팔고, 고급식당에서도 팔기도 한다.

라파즈 맛집의
하나인 살테나
전문점

무리요 광장에서 멀지 않은 맛집 파세나 라 살테나(Pacena La Saltena, Av Loayza 233) 음식점을 찾아 입구에 가니 긴 줄이 서있다. 나도 뒷줄에 따라 서서 들어가 커피와 더불어서 볼리비아 유명한 만두를 맛보고 나왔다.

달의 계곡으로 가는 시티투어 버스를 탈 차례다. 숙소 주위에서 내일 아침에 먹을 사과를 사지 못하여 가는 길에 재래시장 카마초 시장(Meercado Camacuo)을 둘러서 사과를 좀 산 후, 내려가면 투어버스 출발 시간을 맞추겠다 싶어 재래시장을 찾았다.

중절모와 화려한 색상의 치마를 입은 인디오 여인들이 직접 재배하거나 만든 물건들인 과일, 야채, 코카잎 등의 생필품을 파는 곳이다. 3일분 먹을 사과와 바나나를 사서 배낭에 집어넣고 카톨리카 광장에 가는 길에, 우연찮게 한 건물의 벽에 그려진 낯익은 체 게바라를 만났다. 쿠바 아바나의 인상보다는 못 한 것 같다. 쿠바에서 다시 혁명의 중심지로 볼리비아를 선택하여 여기서 인생을 마감한 여행가이자 시인인 체 게바라가 영원한 곳에서 안식을 찾기를 기원하며 광장으로 발길을 돌린다.

학생 광장에서 쭉 걸어 내려가 카톨리카 광장 로터리에 도착하니 오후 1시다. 표 파는 사무소도 없고, 명패도 없다. 근처 상인들에게 물어보니 로터리 코너에서 기다리면 시티 투어 버스가 온단다. 거기서 기다릴 수 없어 광장 벤치에 앉아 기다려도 안 온다. 5분 전인데도 안 와서 다시 근처 상인에게 물어보니 3시에 출발한단다. 아이쿠, 가이드북에는 분명히 1시 반 출발로 나와 있는데 어쩌랴? 3시 차로는 달의 계곡을 보고 와서는 8시 출발하는 버스를 타기는 무리다. 우유니 여행이 끝난 후 갈 예정인 칠레 아타카마의 달의 계곡의 규모가 더 크다. 어차피 그곳도 갈 계획이라 과감히 포기하고 숙소로 돌아왔다. 덕분에 밀린 숙제를 거의 3시간 동안 하고, 터미널로 가는 길에 적당한 식당을 찾아 식사를 한다.

곧 라파스 밤차에 몸을 싣고 버스는 옛 수도인 수크레를 향해서 달린다. 까마(반 침대)좌석이라 잠을 자는 데는 큰 불편이 없어 남미의 밤 버스 여행은 할 만하다.

　　라파즈 둘째 날 아침 8시에 숙소 앞에서 가이드의 픽업을 받아 호텔 몇 군데를 돌아 나머지 여행객을 태우고 티아우아나코 유적지로 출발한다. 라파즈에서 서쪽으로 72km 거리, 티티카카 호수와 멀지 않은 볼리비아 최대의 신성한 유적지 티아우아나코를 향한다. 세상에서 가장 오래된 문명, 쿠스코에서 언급되었던 볼리비아 고대 유적지 티아우아나코(Tiahuanaco). 해발 3,855m 티티카카 호수 동남쪽 가장자리 고원지대에 자리잡은 미스터리 유적지이다.

　　안데스 일대의 창조신인 '비라코차'는 키가 크고 턱수염을 길렀으며 하얀 피부를 가진 남자이다. 성서에서 나와 있는 대홍수 후 노아의 세 아들 중 셈의 자손인 유대인, 아르메니아인, 페니키아인, 아라비아인, 아시리아인 중 페니키아인의 후예라고 추정되는 '비라코차'는 티티카카 호수에 나타나 태양과 달을 만들고 문명을 만들었다는 것이 고고학자들의 일부 주장이다. 태양과 달을 만들고 문명을 전파했다는 설, 멕시코 일대의 신 케찰코아틀과 놀라울 정도로 닮았다.

　　티아우아나꼬 문명은 BC 1200년전부터 2000년 이상 중남미의 중심지로 떼오띠우아칸, 마야, 아즈텍, 잉카 문명까지 영향을 끼친 안데스 문명의 기원이라고 한다. 하지만 여러 시기의 기원설이 있어 미스터리로 남아있다.

　　티아우아나코 유적 연구에 평생을 바친 볼리비아 라파스 대학의 아루투로 포스난스키의 저서 〈티아우아나코-아메리카인들의 요람〉에서 도시의 창건시기는 BC 1만 5천경이며 멸망시기는 BC 1만 년경이라고 주장하고 있다. 고대 그리스의 역사학자 헤로도토스는 이집트 최초 파라오가 1만 1340년 전에 있었다고 기록하고 있다. 티아우아나코 문명과 이집트 기자 문화의 연관성이 남미 여러 곳에 있다고 고고학자들은 추정한다.

　　또 하나의 가설, 터키 동부의 아나톨리아 고원지대에 위치한 네발리 코리에서 BC 8000년경에 건설된 신전 유적이 발견됐다. 역사학자 앤드루 콜린스는 이 신전의 형태와 여기에서 발견된 돌기둥 석상이 티아우아나쿠의 태양신전, 돌기 등 석상과 너무나 유사하다는 사실에 놀랐다. 직사각형의 광장, 이를 둘러싼 담장과 돌기둥, 두 손을 앞에 모으고 있는 석상의 모습이 똑같다고 한다. 어떻게 신대륙인 볼리비아(티아우아나쿠)의 유적과 구대륙 터키(네발리 코리)의 유적이 비슷한 걸까. 티아우아나쿠 신전의 건축 시기에 대해서는 의견이 분분하다. BC 1만 5000년에 건설됐다는 주장도 있고, BC 9300년에 건설됐다는 주장도 있다. 미국의 고고 천문학자 닐 스티데는 BC 1만년이라고 주장했다. 닐 스티데는 티아우아나코가 세계에서 가장 오래된 도시임에는 틀림없다고 주장한다. 네발리 코리의 신전은 티와나쿠 석상보다 나중에 만들어졌을 가능성이 높다고 학계에선 판단한다. 두 신전의 유사성이 문명 전파의 결과라는 데는 이견이 거의 없다. 그렇다면 문명을 전파한 사람은 누구였을까?

버스가 출발하여 어제 지났던 지그재그 언덕길을 다시 올라 알토시를 지나 티티카카 호수 방향으로 달린다. 안데스 산맥의 기슭, 뾰족하고 날카로운 산지 경관, 크고 작은 돌들이 널려 있는 경관, 넓은 평원 위에 우뚝 선 버섯 모양의 바위, 벌집 갑옷을 입은 바위, 라파스의 '달의 계곡'의 지열地熱이 발산되는 광경 등 고원의 대표적인 알티플라노 고원지대를 지난다.

16세기에 페루와 볼리비아 지역을 여행했던 스페인의 연대기 작가인 시에사 데 레온은 〈페루 연대기〉에서 '티와우아나쿠 유적은 의문의 여지없이 내가 지금까지 묘사한 곳들 가운데 가장 오래된 곳'이라고 적었다. 그는 페루의 나스카 문양에 대해 처음 발견하였다. 물론 정확하게 세상에 알려진 것은 1941년 이후 천문학자들에 연구에 의해서다.

한 시간여 달리니 특이한 삼거리 분기점이 나온다. 10m 정도 높이의 4각 기둥 가운데 중간쯤 위치에 무거운 돌덩이가 매달려 있다. 그 사각기둥이 하나는 티티카카 호수 방향으로 하나는 티와누코 유적지 하나는 라파스 방향으로 서 있다. 무슨 의미인지 모르겠으나 3거리 이정표치고는 너무나 거대하다. 그곳에서 우회전하더니 바로 티와나쿠 지역 박물관 작은 입구에 도착했다.

박물관 입구에 들어서니 돌벽으로 마감한 커다란 홀이 나타난다. 내부 아래쪽에 1934년 칼라사시아에서 발굴한 피차마차(태양신 인티의 부인)의 거대한 석상만이 모자를 쓰고 있는데, 높이 7.3m, 무게 20톤으로 거대한 크기로 최초 발견자 미국인 고고학자의 이름을 따서 베넷(Benetto)석상이라고 부르기도 한다. 1934년 발견 이후 라파스 야외 박물관에서 2002년 70여 년 만에 이 자리로 옮겨졌다고 한다. 사진촬영 절대금지라 소개를 할 수 없는 것이 아쉽다.

남태평양 한가운데 떠 있는 이스터 섬의 모아이 석상과 흡사하다

입구 우측에 원 높이 55m, 밑변 215m에 이르는 이카파나 피라미드(Piramide de Akapana)가 서 있다. 그 옆에는 피라미드를 지키는 듯한 석상이 눈을 부릅떠고 있다. 지금은 정상부위가 허물어져 높이가 55m 정도는 아닌 것 같다. 이 피라미드 정상에 서면 티와나쿠 유적지 전체를 전망할 수 있다. 지금은 대부분 붕괴되어 조그마한 언덕처럼 보인다. 정상 지역에는 약 50㎡ 정도의 사각형 모양으로 가라앉은 지역이 있는데, 에스파냐 약탈자의 도굴에 의해서 이렇게 됐다는 주장도 있고, 일부 고고학자들은 물을 저장하는 데 사용했다고 말한다.

수많은 피라미드 및 신전들의 돌들이 지역의 집들과 교회 성당을 짓느라 약탈되어 대부분 완전한 구조물이 없다. 지금도 한창 발굴 및 복구 공사 중이다. 피라미드의 지속된 발굴에서 터널들과 통로들이 드러나고 있다.

이카파나의 피라미드 정상의 가라앉은 부분에는 지하 관개 체계가 있다. 그 내부는 꼭대기에 있는 탱크로부터 물이 일정 수준의 레벨을 통해 흘러 마지막으로 피라미드를 감싸는 석조 수로에서 끝나는 어려운 구조로 되어있다. 이곳과 인접한 뜰 밑에서 상류층의 거주지가 발굴됐다.

티와나쿠의 신성시된 동물 퓨마를 묘사한 도자기 그릇들과 신관들의 인물이 앉아있는 유물이 남아있고, 구리, 은, 흑요석으로 만든 고귀한 유물들뿐 아니라 제사용 도자기 등이 발견되었다.

이어서 북쪽으로 반 지하 신전(Templo Semisubterraneo)으로 내려 갔다. 옆에 있는 칼랄시사야 신전(Templo de Kalasasaya)은 지구를 상징하는 반면에 이곳 지하 신전은 지하 세계를 나타낸다고 일부 학자들은 주장한다. 신전의 바닥은 완벽한 배수체계를 갖추고 있다.

직사각형 벽면에 200여 개의 사람과 동물 얼굴의 부조는 퓨마, 뱀, 물고기, 해골 등 다양하게 조각되어 있다. 벽면을 가득 채운 이러한 부조들은 다른 부족들과의 교류가 있었음을 나타내는 동시에 티와나쿠 제국의 위용을 보여준다.

지하신전을 나와 서쪽으로 보이는 칼라사사아 신전 문 가운데 거대한 석상이 버티고 있다. 가까이서 바라보니 몸통에 문양이 새겨져 있고 오른손 손가락이 바깥쪽으로 돌려져 있으며, 눈물을 흘리고 있는 모습이 특이한 폰세(ponce)거상이다. 최초 발견자인 볼리비아 인류학자 카롤로스 폰세(Caelos Poncr)이름을 딴 폰세 석상이 중심에 서서 입구를 응시하고 있다.

지하신전 안마당의 중심에 신관과 귀족의 얼굴을 하고 있는 세계의 석상이
외롭게 서 있다

신전은 장방형의 거대한 돌로 벽 구조를 만들고 있고, 벽 사이의 석주들과 포함 각 종 형태의 유적의 중심에 자리한 칼라사사아 돌을 틈새 없이 잘 배열되고 조합 되어진, 건축기술의 정교함에 또 한번 놀란다. 안마당의 중심에 신관과 귀족의 얼굴을 하고 있는 세 개의 석주가 있는데 그 모습이 많이 본 얼굴 모습이다. 그 중 수염이 있는 가장 큰 석상은 커다란 둥근 눈, 곱고 좁은 코, 둥그런 입이 묘사되어 있다.

칼라사사아 신전
동쪽 문, 달의 문
(Puerta de Luna)

칼라사사아 동쪽 문, 달의 문(Puerta de Luna)이라고 거석 하나를 조각해 만든 것으로 섬세한 조각상은 없지만, 태양의 문과 마찬가지로 태양이나 달의 움직임과 관련해 천문 관측의 기능을 했을 것으로 추정한다.

천계의 신이라고도 알려진 중앙의 지팡이를 든 비라코차 상 주위로 날개 달린 조인鳥人들이 부조되어 있는 태양의 문

이러한 곳에, 티아우아나코의 거석문화의 상징 태양의 문(Puerta del sol)이 칼라사사야 신전 서쪽에 보인다. 100톤 이상의 거석은 높이 3m에 폭이 3.75m 의 형태로 거석을 다듬어서 만든 건축물이다. 천계의 신이라고도 알려진 중앙의 지팡이를 든 비라코차 인물상 양쪽에는 날개 달린 조인들이 호위하듯 부조화되어 돋보인다. 매년 9월 21일 새벽이면 여명의 빛이 한치의 오차도 없이 태양의 정문을 비춘다고 한다.

이곳에는 태양의 문을 비롯해 길이가 135m에 이르는 제단, 2m 높이의 수도사 석상과 거인상 등 거석 문화가 운집해 있다. 태양의 문 재료인 안산암은 티티카카 호수에 있는 코파카바나라는 도시에서 출토된다. 100톤이 넘는 거석을 이곳까지 어떻게 들고, 어떻게 옮길 수 있었는지도 미스터리다.

태양의 문의 상징적 도상들의 몇 가지 요소들은 페루와 볼리비아 여러 부분으로 퍼져 나갔다. 많은 학자들은 문을 장식하는 조각들이 어떤 천문학적 의미를 가지고 있으며, 그것이 달력으로 사용되었다고 주장한다. 메소아메리카에서 태양과 관련된 문이나 신전들은 모든 계절의 변화를 과학적 관점으로 연계되어 있다고 말을 해도 틀린 말이 아닐 것이다.

티아우아나코 중심 유적지에서 남서쪽으로 1.5km 떨어진 곳에 발견자 '시에사데 레온' 이름을 딴 또다른 거석 유적지를 찾았다. 원주민들은 푸마의 문이라는 뜻으로 푸마푼쿠(Puma-Punku)라 부르고 있다. 지금은 거의 다 허물어졌지만, 가로 세로 200m, 높이 5m의 피라미드 형태의 유적물 흔적만 남아있다.

푸마풍쿠
(Puma-Punku)
유적지

푸마푼쿠는 거대한 조각상과 광대한 기단을 가진 신전지역이다. 지금은 다 허물어져 옛 영화는 흔적도 없지만, 흩어져 있는 개당 무게가 100톤 이상의 정교한 석 가공품들이 신전의 규모를 짐작케 한다. 오얀따이땀보에서 볼 수 있는 거대한 돌들의 정확한 연결을 위한 청동이나 구리로 된 거멀못 끼움박기의 'I', 'T' 형태의 홈이 파여진 돌들이 이곳에서도 여기저기 보인다.

최근 고고학자들은 멕시코의 떼오따우아깐과 티아우아나코 사이에서 비슷한 건축 형태가 있었음을 발견했다. 떼오따우아깐의 달의 피라미드와 티아우아나코 이카파나 피라미드의 진입로, 관개수로, 바닥 크기와 높이와 폭의 비율 등의 건축 기법이 유사하다고 한다.

이카파나 피라미드 앞쪽 동, 서 중심축을 따라 티티카카 호수까지 연결되어 서쪽 끝단에 화물을 싣고 내리는 부두가 있었을 거라고 추정한다. 이카파나에서 발견한 작고 푸른 자갈들은 주위에 있는 작은 피라미드 유적에서도 나왔고, 칼라사시아 서쪽 반 지하 구조물에서나 푸마쿵쿠 유적지 거의 대부분에서 발견 되었다. 푸르게 변했다는 것은 구리에 노출됐다는 것이다.

고고학자들은 티아우아나코가 무엇의 산지였는지는 그 지역 티티카카 호라는 이름 자체의 의미로 분명해진다. 전설에 의하면 대홍수 뒤 태양이 나타나자마자 햇볕의 직사광선을 받은 신성한 바위가 있는 곳이 바로 티티카카 호수 태양의 섬이다. 비라코차는 바로 그 신성한 바위에서 만코카팍에게 신의 지팡이를 주었다. 티티(titi)는 원주민 아이마라어로 바로 납이나 주석 같은 것이다. 티티카카는 주석의 원천이 되는 호수다. 주석으로 청동이라는 제품을 만들어내기 위해 티아우아나코 도시가 형성되었다고 한다.

그리스와 그 뒤를 이은 로마의 시인들과 철학자들은 인간의 역사를 금, 은, 동, 철의 네 금속으로 이어져 내려오는 것이라고 했다. BC 3000년경부터 금을 사용하게 됐을 때도 그것은 신전을 꾸미거나 신들에게 쓰이는 금 그릇을 만들기 위한 것에서부터이다. 왕들이 금을 사용하기 시작한 것은 BC 2500년 무렵부터였으며, 고고학적 증거들을 보면 이집트, 남부 메소포타미아에서 BC 4000년 말기에 이르러 수메르 문명으로 급속히 발전하게 되었다.

에치슨(L. Aitchison)은 '금속의 역사(A History of Metals)'에서 인간의 금속 사용 단계를 검토하면서 BC 3700년에는 이미 메소포타미아의 모든 문화가 금속을 기반으로 하고 있었다고 말한다. 대홍수 이후 성서에서 언급된 에덴 동산이 위치한 티그리스-유프라데스 강 주위 평원은 엄청난 진흙 속에 파묻혔다. 오랜 세월이 지나 평원이 충분히 건조해 사람들이 다시 살 수 있게 된 시기는 BC 5000년경이고, BC 4000년경 수메르 문명이 발생했으며 구리라는 금속뿐만 아니라 금, 은, 철의 합금 등의 언어가 나온다고 했다. 여기서 그럼 주석이 처음 생산된 곳은 어디냐? 메소포타미아냐? 아니면 티티카카 호수 근처 티아우아나코에서 생산된 것이 구대륙으로 공급되었는가?

이카 편에서 언급하였던 파라카스 만의 암벽에 새겨진 '갈래진 번개 상징'은 그 먼 옛날 어느 때 비라코차가 하늘과 먼 바다에서 모두가 볼 수 있도록 산허리에 새겨 놓았다. 그 이유는 티아우아나코의 주석과 청동을 구대륙으로 운반하는 배들이 파라카스 만에 정박하기 위한 표시 물체가 아니었을까 하고 학자들은 추정하고 있다. 또 한 가지, 티아우아나코에서 발견된 거대한 석조 신상들의 얼굴에 금을 박아 넣고 눈에 터키옥을 박아 넣었음을 발견했다. 남아메리카 어디에도 청록색 준 보석인 터키옥은 없다. 터키옥은 BC 5000년 말에 시나이 반도와 이란에서 초기 채굴이 시작된 광물로 알려져 있다. 그러면 어떻게 어디로 운송되었는지 다시 미스터리다.

잉카 지역 곳곳에서 수메르의 언어, 그림문자 등으로 수메르의 흔적이 남아있다. 이 지역 주민의 대부분을 차지한 아이마라와 코야 종족 사람들은 우르(Uru)라 불리는 이방인들을 아주 먼 곳에서 온 사람들이라고 한다. 그들은 메소포타미아 문명의 수메르의 수도 우르(Ur)에서 넘어왔던 후예들이 아닐까 추정한다.

우르라는 말은 볼리비아와 페루의 여러 지명으로 나타난다. 주요 광업 중심지 오루루(Oruru), 잉카의 신성한 계곡 우르밤바(Urubamba), 등 여러 강, 지명에서 나온다. 신성한 계곡 중앙에는 스스로 티티카카 호 우르인들의 후예라고 생각하는 종족의 일부가 아직도 호수의 몇몇 섬의 동굴 속에 살고 있다고 한다.

그들은 동굴 주거지를 떠나면 세상의 종말이 온다고 믿어 일반 주택지로 옮기기를 거부하고 있다고 한다.

또 다른 학설은 이스터 섬을 탐사한 헤이어달(Thor Heyerdahi)은 티아우아나쿠 지역으로부터 온 코카서스 인종들이 폴리네시아인들의 선조라고 믿었다는 것이다. 그는 이스터 섬을 방문하고 남아있는 석조 거인상들을 비교 검토 후에 이곳에 태양을 숭배했던 티아우아나쿠인들이 처음 정착하였으나 나중에는 이곳을 떠났으며 다른 종족이 다시 정착하였다고 한다.

티아우아나쿠 제국은 AD 1000~1100년 사이에 도태되었다고 한다. 신전들의 벽과 아름다웠던 조각상과 건축 구조물들은 다 무너지고 뼈대만 남아 있다. 고대 이곳의 인구는 중심부에 10여 만 명, 외곽에 농사, 목축, 어업 등에 종사한 인구가 25만여명, 약 35만여명이 살았던 대도시라고 추정한다.

이집트의 대 피라미드와 스핑크스, 레바논의 바알베크(Baalbek) 신전처럼 BC 10500년보다 오래된 대홍수 이전의 유적이라는 주장도 있고, 또 한 학설로 이곳의 몇몇 거대한 구조물을 본, 폴란드 태생 볼리비아 고고학자 아루트로 포스난스키(Arthur Posnansky)는 천문학적 정보를 사용하여 도시가 어떠한 문명도 존재하기 이전인 17000년 전보다도 더 오래 전에 건설되었다고 주장한다. 여러 가지 설은 있지만, 정답은 언제 나올 수 있을지. 미지의 역사는 끝이 없다.

숙제만 안고 다시 라파즈로 돌아가, 오전과 역순으로 호텔로 도착한다. 투어를 같이 한 한국인 부부와는 라파즈 한국 식당에서 6시 반에 뵙기로 하고 헤어진다.

어젯밤 라파즈에서 밤 8시에 출발한 버스는 안데스 산맥 남쪽으로 달린다.

정확히 만 12시간 만인 아침 8시에 수크레 터미널에 도착했다. 볼리비아 공화국을 탄생시킨 볼리비아 장군의 친구이자 혁명 동지인 수크레(Antonio Jose de Sucre)가 볼리비아의 초대 대통령으로 선출되었고, 초기 수도인 수도명도 수크레이다.

우선 내일 우유니 가는 아침 출발하는 버스표를 구한 후 터미널 밖을 나오니 택시 호객꾼이 많이 안 보인다. 가이드북 정보대로 3번 버스를 타기 위해 버스 정류장 같은 곳에 서 있으니 얼마 되지 않아 3번 버스가 도착한다. 타면서 차장에게 센트로 마케이드(중앙시장)라고 얘기했더니 알았다는 표시를 한다. 중앙시장 근처에 도착하여 차장이 신호를 주었다. 내리고 보니 중앙시장이 맞는데 외관상 시장 규모가 크지 않은 것 같다.

중앙시장에서 멀지 않은 숙소를 찾아 체크인할 수 있느냐 묻자 이른 아침인데도 바로 1층 정원 안쪽 조용한 방으로 안내한다. 볼리비아까지는 우리 돈 2만원 정도면 깨끗한 3성급 호텔은 가능하다. 칠레에서부터는 그 정도면 다인 방 도미토리만 가능하다.

메인 광장에서 북쪽으로 두 블록 떨어진 중앙시장

우선 중앙시장으로 간다. 조금 전 겉모습과 같이 농산물 위주의 규모가 그리

크지 않은 시장이다. 허기가 져서 시장 내를 둘러보니 한곳에 줄이 서 있다. 과일 주스 파는 곳인데 좌석에 앉아있는 사람들은 열심히 먹고 있고, 여러 가지의 신선하게 보이는 과일들이 진열대에 전시되어 있고…… 손님들이 과일을 고르면 껍질을 까고 믹서기에 돌려서 내놓는다.

지금은 만원이니 나중에 시식해보자고 혼자 중얼거리며 2층 식당가를 찾았는데 이른 아침이라 그런지 조용하다. 점심 위주의 식당인가? 다시 내려와 시장을 나섰다. 반대편 시장 골목거리는 시장다운 맛이 풍긴다. 좌판에 생필품, 식료품, 운동화 등을 벌려놓고 파는 사람, 수크레 샌드위치 파는 이동식 카페. 사는 사람들이 흥정하느라 정신이 없다. 나도 수크레 샌드위치로 아침을 대신한다.

중앙시장에서 남서쪽으로 두 블록지나면 수크레의 중심 5월 25일 광장을 만난다

광장 북쪽에는 볼리비아의 공식적 독립을 선언한 역사적인 곳, 자유의 집이 한 켠에 있다. 1624년 예수회에서 대학으로 지어진 후, 예배당으로 사용하다가 1940년 이후 박물관으로 이용되고 있다. 식민지풍의 회랑에 메스피스 스타일을 살린 2층 건물이 고풍스럽게 서 있다. 12~13세기 예술품부터 볼리비아 독립투쟁의 산 증거인 역사적인 문서 및 전시 물품들을 볼 수 있다. 오늘은 일요일이라 11시까지 문을 여는데, 10시 반인데도 입장이 안 된단다.

위) 보수 중인 메트로 폴리타나 대성당 (Catedrar Metropolitana)
아래) 자유의 집

들어가서 볼 시간이 없다는 뜻인가 생각하고 광장 주위를 둘러본다. 스페인 식민지배로부터 콜롬비아, 베네수엘라, 에콰도르, 페루, 볼리비아 남미 5개국을 독립시키는데 지대한 공헌을 세운 시몬 볼리바르 장군 동상이 가운데 우뚝 서 있고, 그 주위에는 아름다운 수목과 함께 공원 벤치에 가족들이 앉아서 정답게 이야기를 나누는 모습이 보기가 좋다.

1991년 유네스코 세계문화유산으로 등록된 도시답게. 도시가 크지는 않지만 라파즈에 비해 깨끗하고 품위 있게 보인다. 광장 서쪽 켠에는 대성당 및 박물관이 있는데 문이 굳게 닫혀 있다. 보수용 사다리가 곳곳에 있는 걸 보니 보수 중인 모양이다. 성당에서 서쪽으로 두 블록 지나서 있는 수크레에서 실내 장식이 가장 아름답다는 라 메르세드 교회를 찾았는데 여기도 문이 굳게 닫혀 있다. 실내는 아름다울지 몰라도 외관은 폐관 직전인 모습이다. 수크레는 도시 규모에 비해 교회가 많은 것 같다.

중앙시장 옆 수크레에서 가장 오래된 San Francisco 교회

볼리바르 공원으로 가는 길에 수크레에서 가장 오래된 교회를 지나게 되어 들어가니 예배중이다. 한 켠에 앉아 안전여행을 기원하며 잠시의 안식을 찾는다, 높은 종탑과 아치로 이어진 입구가 특색있다.

좌) 에펠탑 모양 미니어처 전망대가 앙증맞게 서 있는 Parque Bolivar
우) 볼리비아 공원 옆 주말마다 열리는 도깨비 시장

다시 북쪽으로 4블록 올라가서 볼리바르 공원 입구에 도착했다. 공원 입구가 개선문처럼 생겼는데 하얀색 외관이 아름답게 보인다. 공원 안은 수풀 속의 분수로 잘 정돈된 공원인데, 의외로 사람이 없다. 공원 옆에는 주말마다 열린다는 벼룩시장이 열렸는데 공원은 뒷전이고 모두 그 곳에 있는 것 같이 보인다. 솜사탕을 입에 문 꼬마 여자 아이가 나를 보고 생긋이 웃는 폼이 너무 예쁘다.

공원 앞에는 하얀 대법원 건물이 근엄하게 서 있다. 1898년 수도를 수크레에서 라파즈로 옮기려 하자 수구레에서는 내란이 일어나고 대법원이 이전을 반대하자, 행정부와 입법부만 라파즈로 옮겨가고 대법원만 이곳에 남아 고고히 옛 수도의 자리를 지키고 있다. 예전의 영화는 사라지고 조용한 도시에서 홀로 옛 영화를 지키는 것 같아 외로워 보인다.

볼리비아 공화국 초기 위용을 자랑한 대법원

오늘의 하이라이트인 레꼴레타 수도원을 찾아 대법원에서 중심대로 Ravelo 거리 남쪽 끝 언덕으로 발길을 옮긴다. 가는 길 도중에 발견한 한 식당이 의외로 깨끗하고 손님도 많고 1층에는 자리가 없어 나는 2층으로 올라갔는데, 종업원의 내미는 메뉴를 보니 앞이 캄캄하다. 영어는 없고 스페인어 글씨뿐이다. 할 수 없이 오픈된 2층 발코니에 서서, 조금 전 2층으로 올라올 때 맛있게 먹던 한 테이블의 음식이 생각나 종업원을 불러 손으로 가리켜 주문을 하여 먹었다. 최선의 선택이었던 같다. 소고기와 볶은 감자, 야채 샐러드가 아주 맛있었다. 대충 보니 숙소와 멀지도 않고 해서 저녁도 이 집이다 혼자 다짐하며 수도원 언덕을 향해서 걷는다. 만만치 않은 도보 길이다.

문이 굳게 닫힌 백색의 레콜레따 수도원

다시 5월 25일 광장을 지나 남동쪽으로 올라간다. 한 시간여 만에 순백의 하얀 건물로 분위기가 엄숙한 수도원 앞에 도착했다. 1601년 프란시스꼬 파 수도사들에 의해 지어진 수도원으로 문이 굳게 닫혀있고 일반인은 출입금지 구역이다.

수도원 앞 조그마한 광장 옆에는 레꼴레타 박물관이 있다. 식민지 시대의 종교 관련 작품들이 전시되어 있는데 휴관 시간(11:30~15:00)이라 문이 굳게 닫혀있다. 이곳의 주된 볼거리로는 광장 끝 북쪽의 작은 회랑이 있는데, 그곳에서 수크레의 아름다운 도시 전경을 한 눈에 볼 수 있어 여행객들이 많이 찾는 곳이다.

수도원 앞 회랑 전망대에서 수크레 시내 전경을 내려다본다. 남부 유럽의 한 곳으로 착각하기 쉬운 빨간색 지붕이 아름답다. 혼란스러운 라파즈에서 조용하고 공기도 청정한 아름다운 곳을 보고 있자니 시 한 수가 입안에서만 맴돈다.

수크레는 이웃 도시 포토시의 은 광산에서 나오는 막대한 부를 관리하는 도시였는데, 에스파냐 사람들의 은으로 쌓은 부의 흔적이 도시 곳곳의 교회에 남아 있다. 수크레 시민들은 이곳에서 독립을 선언한 장소라서 자랑스럽게 생각한다. 하얀 벽과 빨간 지붕 색이 조화롭게 이루어져, 흰색 도시(La Ciudad Blaca)라는 애칭도 갖고 있는 도시다. 센트로의 모든 건물은 해마다 한 차례 흰 벽과 빨간 지붕에다 도색을 해야 하는 번거로움은 있지만, 1991년 유네스코 세계문화유산으로 선정된 아름다운 도시에 살고 있다는 자부심을 가지고 있는 것 같다.

이제는 숙소로 돌아갈 시간이다. 내려가는 길 곳곳을 보아도 쓰레기 한 점 없이 모든 거리가 깨끗하고 조용하다. 일요일 저녁이라 그런지 인구 25만명으로 작은 도시가 아닌데도 행인 보기가 힘들다. 돌아가는 길에 중앙시장에 들러 주스 가게를 찾았다. 여기도 파장 분위기다. 좌석에 앉아 사과 1개와 모르는 현지 과일 2가지를 손짓으로 추가하여 주문을 하니 금세 만들어서 맥주 컵 비슷한 데다 가뜩 담아준다. 5BS 이란다. 우리 돈 천원 정도이다. 맛있게 먹었다.

주스 덕에, 저녁을 조금 늦게 먹기 위해 점심 때 먹었던 곳으로 다시 가니 여기는 저녁 늦게도 손님이 많다. 1층이 만원이라 또 2층으로 올라가 오픈 발코니 쪽으로 앉아 현지인의 식사 장면을 훔쳐보는 재미도 있다. 무슨 이야기인지 모르지만 입에 침이 튀도록 먹으면서 연상 얘기를 나눈다. 오늘 저녁은 숙소에서 공부를 좀 한 것으로 주문을 한다. 야마 스테이크(Asada de Llama)와 남미 전역에서 즐기는 삐스코 사워(Pisco Sour)칵테일 한 잔을 주문하니 뭐라고 하는데 대충 눈치를 보니 칵테일에 무얼 혼합할 거냐는 소리 같아서, 생각나는 것이 레몬뿐이라 레몬이라고 말했더니 알아들었는지 몰라도 살짝 웃으면서 돌아간다.

삐스코는 포도를 증류해서 만든 술인데 우리의 소주와 비슷하게 투명한데 도수는 소주보다 한참 높다. 맛을 봐야지 하면서도 페루에서 그냥 지나쳤는데, 이곳에서 드디어 야마 스테이크와 맛을 본다. 칵테일이 순하게 목으로 넘어가기는 하는데 도수가 있다 보니 얼큰한 기운이 금세 올라오는 것 같다. 한잔 더 하고 싶지만 내일은 온종일 버스를 타야 한다는 생각이 들어 아쉬운 작별을 하고, 숙소로 돌아와 수크레 첫 밤이자 마지막 밤을 보낸다.

여행자들의 로망, 우유니 소금사막

숙소 제공 아침을 먹고, 숙소에서 예약한 택시로 버스 터미널로 간다. 수크레에서 아침 9시 반에 출발한 버스가 우유니로 달린다. 고원지대의 특성으로 녹색 수풀은 보이지 않고 황량한 벌판에 드문드문 허름한 붉은 벽돌집과 야마 떼들만 보인다.

점심때쯤 허름한 간이 휴게소에 도착했다. 휴게소 내부도 허름하다. 식사 메뉴로는 우리 식 수제비 비슷한 것뿐이다. 볼리비아 돈 6솔(우리 돈 800원 정도)이다. 그래도 그런 대로 먹을 만해서 잘 먹었다. 같이 탄 한국인 가족은 손이 안 가는 모양이다. 앞으로의 여행이 걱정이다. 은광 도시 포토시를 거쳐 그럭저럭 오후 5시경 도착했다.

남미 여행을 한 여행객들에게 어디가 제일 좋았던가 물으면 열에 아홉은 볼리비아 우유니 사막이라고 서슴없이 말한다. 숙소 가기 전 내일 투어를 결정해야 한다. 한국인이 선호하는 브리사 투어, 외국인들이 선호하는 Red Planet, Quechua Connection 3군데를 돌아보고 결정하기로 한다. 나는 일일 투어를 생략한 우유니에서 칠레 아타카마까지 가는 1박2일 투어를 계획했는데 상담하는 곳마다 그런 투어는 없단다. 결국 2박 3일 투어로 하기로 하고, 우선 브리사를 찾아 상담을 했으나 예상외로 투어 경비가 싸다. 너무 싸서 미덥지가 않고, R/P은 210$ 최종 네고 195$, Q/C은 첫마디로 190$. 네고가 안 된다. Q/C는 일반 투어에 없는 첫날 소금사막 한 가운데서 30분 사이클링 투어가 포함되어 있다. 시간상 더 둘러보지 못하고 Q/C로 결정하고 계약 및 투어경비 지불도 하고 여행사를 나선다. 결론적으로 후회 없는 결정이었다. 아르마스 광장 근처 식당에서 간단한 저녁을 하고 숙소로 돌아와 우유니의 첫 밤을 보낸다.

다음날 아침 10시까지 여행사 사무실에 도착하니 벌써 대기실에 오늘 같이 투어 할 팀원이 다 모였다. 브라질 연인 2명, 스웨덴 연인 2명, 스코틀랜드에서 혼자 온 숙녀 1명, 폴란드에서 온 청년 1명, 미국인 총각 2명, 나 포함해서 총 9명이다. 한국인 여행자는 다 어디로 가고 동양인조차도 보기 힘들다. 두 팀으로 나뉘어 도요타 랜드크루즈 2대로 2박 3일 투어를 시작한다. 출발하기 전 칠레 아타카마로 넘어가야 할 연인 두 팀과 나는 여행사 직원하고 멀지 않은 칠레 영사 사무실로 가서 출국도장을 받고 나서야 투어는 시작된다.

안데스 산맥이 융기하면서 생성된 고원지대. 알티플라노(Altiplano)로 불리는 지역으로 페루, 볼리비아, 칠레 세 나라에 넓게 분포되어 있다.

우리 팀들이 현지 가이드로부터 녹슨 폐기차에 열심히 설명을 듣고 있다

오래 전에는 안데스 산맥의 융기 과정에서 바다로부터 기원한 것과 주변의 산지에서 호수로 흘러내린 염류가 합쳐진 것이라고 한다. 이 지역들이 물에 잠겨

있었으나, 세월이 흐르고 기후 변화를 겪으면서 물에 잠긴 부분이 줄어들어 티티카카 호수 지역과 우유니 호수 지역만 남게 된다. 북부지역은 위도가 적도와 가까워 연간 강수량이 800mm 이상으로 습하지만, 우유니 지역은 연간 강수량이 사막지대와 같이 비는 적게 내리고 기온은 높아 증발이 생기면서 소금기가 땅에 쌓여 소금사막을 이루게 된다. 12,000㎢ 거대한 넓이의 사막에 소금 매장량 100억톤 이상이라고 추정하는데, 이는 볼리비아의 소중한 자원으로 소금 자체뿐만 아니라 여행 수입도 국가 재정에 막대한 보탬이 되고 있다고 한다.

가이드 감독이
나를 기차 레일
위로 걸어오라고
하더니 한 컷

우유니 마을을 벗어나 한참을 달리고 나서야 랜드크루즈는 우유니 소금 사막에 도착한다. 첫 번째로 만나는 곳은 기차무덤(Cementerio de Trenes)이다. 1936년 디젤 기관차가 발명되면서 동안 사용됐던 증기 기관차가 폐차로 전락되 소금사막 초입에 널브러져 있다. 녹슨 채 황폐한 고철 덩어리지만 지금은 소금 사막 투어 첫 방문지로 품격이 높아졌다.

다음 찾은 곳은 꼴차니 마을(Colchani)이다. 마을 전체가 사막에서 모아온 소 금 덩어리를 가공해 생업을 이어가는 곳이다. 관광용으로 일부 팔기도 한다. 포 장하는 현지인 꼬마 아가씨를 위해 제일 작게 포장된 소금 한 덩어리를 기념으 로 샀다.

이제부터 본격적인 소금사막 투어가 시작된다. 여행자들의 로망, 우유니 소금 사막은 건기와 우기(12월~3월)로 나뉜다. 건기에는 육각형 모양의 새하얀 소금 결정체가 소금 밭을 이루어 지평선 끝까지 펼쳐져 벌집을 연상시킨다고 한다. 우기에는 제일 큰 거울, 또는 지상 위의 천국이 된다는 곳이다. 비가 와서 호수 의 수위가 올라가고 적당히 건조되어 발목 정도 깊이가 될 때, 바람이 없는 무 풍지대가 되면 소금으로 덮인 수면 위로 파란 하늘, 붉은 일출과 석양이 거울 같은 소금사막에 비쳐져 땅과 하늘이 하나가 된 듯한 장관을 연출한다고 하는

데. 우리는 우기인데도 비가 오지 않아 환상적인 광경을 보지 못하고 건기 소금
사막을 지난다.

이곳은 지구라 부르기에는 낯설다. 우유니의 시공간은 우리가 살았던 생활 공
간하고는 완전히 다르다. 원근감이 없어지고, 동서남북 방향 감각을 잃고, 시간
관념도 없어진다. 7여 년 전 중국 청해성 시닝에서 서쪽으로 200여km 떨어진
고원 지대에 있는 차카염호茶卡鹽胡 소금호수를 찾은 적이 있다. 수확한 소금
운송을 위해 소금사막 가운데 수평선 너머까지 아득하게 보이는 철길이 나 있
고, 끝없는 소금바다를 보고 탄성을 질렀던 생각이 난다. 하지만 우유니 소금
사막을 접하고 보니 차카 염호는 비교가 안 되는 것 같다.

사이클링 투어 시작 전 팀원 증명사진 한 컷

원래 지금은 우기인데 비는 오지 않고 건기와 마찬가지로 다각형의 소금 결정
체로 새하얗게 반짝거리는 소금밭이 사방팔방으로 거대한 소금 융단처럼 펼쳐져
있다. 그 면적이 경상남도보다 넓다고 한다. 우기철이면 소금밭을 채운 물에 반
사된 새파란 하늘을, 밤이면 사막 위로 쏟아지는 별들을 만날 수 있다는데, 비

가 오지 않아 아쉽기만 하다. 한참 달려 자전거 10여대가 실려 있는 트럭 앞에 멈추어 선다. 다들 내려 자전거 한 대씩 골라 타서 단체 기념사진을 찍고, 랜드크루즈는 앞서 달려가고 자전거 대열이 뒤따라 달린다.

가이드 관리 팀이 미리 준비한 야마 스테이크 점심 식사. 식사 후 디저트로 아이스크림이 별미다.

한 30여 분 달려가니 랜드크루즈 두 대를 벌려놓고 천막을 치고, 소금 사막 한가운데서 점심 식사 테이블에 먹음직스러운 점심 식사가 준비되어 있다. 가이드 관리 팀들이 먼저 가서 점심을 준비 한 것이다. 처음부터 끝까지 물 흐르듯 유연하게 진행을 하는 투어 관리 팀이 친근하고 믿음직스럽다. 소금 사막 한 가운데서 성찬을 들고 소금사막 한가운데서 아이스크림까지 먹고 보니 색다른 맛

멀리서 보이는 소금호텔 마을과 호텔 내부

으로 여행의 참 행복을 다시 한 번 느낀다.

　다시 달려 찾은 곳은 만국기가 펄럭이는 소금 호텔 지역이다. 건물과 건물 내 모든 가구가 소금으로 만들어졌다. 호텔 로비에는 많은 여행자들의 휴식 공간이 되어 차나 맥주 한잔 하면서 쉬어 가는 곳이다.

잉카와시 섬
동굴에서 우리
팀원들의 한 포즈

다음 찾은 곳은 잉카와시 섬(Isla Incahuasi), 그 넓은 소금 사막 한 가운데 별천지같이 선인장으로 덮인 크지 않은 섬 언덕이다. 가이드 말로는 일 년에 0.1mm 자란다고 하니 크기로 계산하면 수백 년 나이가 든 선인장들이다. 좁은 산책로를 따라 언덕 정상에 오르면 소금사막의 수평선만 보인다. 전설에 의하면 아주 먼 옛날 잉카인들이 심어 놓은 것이라고 한다.

둘째 밤을 보낸
소금사막 호텔

우유니 둘째 밤을 보낼 소금호텔에 도착하여 식사 테이블만 호텔에서 제공하고 저녁은 어디서 준비 했는지 가이드 관리 팀에서 우리가 샤워 하고 있는 사이에 저녁 준비를 끝내고 기다리고 있다. 대충 때우는 식사가 아니고 그럴싸한 저녁 식사다. 식사 후 첫날이라 그런지 피곤하여 바로 침대로 들어가 우유니 둘째 밤을 보낸다.

　일찍 잠이 들어 그런지 깨고 보니 이른 새벽 아침이다. 완전 무장을 하고 호텔 문을 나선다. 새벽 기운을 받은 우유니 사막은 연 푸른 빛이다. 어떤 인공적인 시설물이나 작은 표시판도 없다.

　나는 빛을 찾아 움직이는 생명체처럼 여명이 비추는 곳으로 걷고 또 걸었다. 끝없이 펼쳐지는 거대한 소금사막을 걸으면서 공간의 광활함을 느꼈다. 내가 걷고 있는 이곳은 2만년 전 깊은 바다 밑바닥이 거대한 지각 변동으로 인해 안데스 산맥으로 융기되면서 생성된 곳이다. 시간을 거꾸로 돌리면, 지금 나는 바다 밑을 걷고 있는 셈이다. 바다가 산이 되고 산이 바다가 된 흘러간 세월이 상상되지 않는다. 저기 멀리 동쪽하늘이 빨갛게 물들기 시작한다. 붉은 기운이 푸른 기운을 잠식한다. 두 기운이 융화되는 곳에서 하얀 소금사막이 눈부시게 제 모습을 드러내기 시작한다. 이윽고 햇살이 나에게도 덮친다. 뭐라 형언할 수 없는 기운이 용솟음친다.

아침 준비가 되었다고 콜이 온다. 끼니때마다 느끼지만 정성이 깃들인 식사다. 아침 식사 후 다시 투어가 시작된다. 오전 내 달린다. 어제 보던 소금사막인데 오늘 보아도 지겹지가 않다. 처음 멈추어 선 곳 조그마한 호수라기보다는 못이라고 할 만큼 작은 물웅덩이에 남미 대표 동물인 라마(야마)가 물웅덩이 근처로 옹기종기 모여 있다. 저 웅덩이 물도 짤 텐데 먹어도 지장이 없는지 걱정이다. 하지만 아무 탈없이 살다가 식탁 위의 으뜸가는 육식고기로 테이블에 올라 인간의 삶을 돕는 귀한 동물이다.

다시 멈추어서 가이드가 서편 붉은 모래 위로 하얀 만년설에 덮인 산을 가리키며 아직도 살아있는 화산(Volcan Ollague)이라고 한다. 그곳에서 조금 지나서 멈추어 선 곳, 커다란 바위들이 오랜 세월 풍화 침식 작용 등으로 갖가지 기괴한 모습으로 예술작품을 연상시키는 듯 기이하다. 특히 콜로리다 호수 가는 길에 홀로 고고히 서 있는 버섯 모양의 돌을 만난다. 풍화, 침식 작용이 아니라 모래사막에서 자라난 한 그루의 나무와 같아 돌 나무(Arbol de Piedra)라고 불린다.

아직도 살아있는
화산(Volca.n
Ollague)

달리는 내내 조그마한 호수들을 지난다. 소규모의 붉은 플라밍고 떼를 보고
지나는데, 이틀째 투어의 하이라이트인 플로리다 호수(Laguna Colorade)에 도

착했다. 호수의 규모도 규모지만 붉은색의 커다란 호수와 수많은 플라밍고가 어울려 환상적인 정경이 펼쳐진다. 한참을 멍하니 쳐다보다 이곳이 지구 땅이 맞는지 의구심을 가져본다.

다음 해질녘 마지막으로 찾은 곳은 도착하기 전부터 강한 유황냄새가 짙게 나는 간헐천이다. 하얀 증기를 내뿜고 부글부글 금세라도 터질 듯 용솟음치는 진

흙 덩어리들이 활화산의 위력을 느끼게 한다. 뉴질랜드 간헐천보다는 규모가 작지만 소금 사막에서 이렇게 만나다니 이채롭다.

다음날 아침은 칠레로 넘어갈 팀을 한 차로 다시 배정되어 국경 근처로 간다. 미네랄의 영향으로 초록빛을 띠는 베르데 호수(Aguas Termales)에 모든 투어 차가 정지되어 있다. 볼리비아 국기를 가운데 두고 팀 전체 기념 사진을 찍고 서로 악수를 하거나 남미 식 포옹으로 작별 인사를 나누고 한 팀은 국경으로, 나머지 팀은 다시 우유니로 헤어진다.

칠레 국경 가까이에 있는 베르데 호수(Aguas Termales)

총총히 박힌 수많은 별무리, 달나라를 방불케 하는 이색적인 풍경에 매료되었고, 수많은 플라밍고 떼와 같이 붉은 호수도 거닐고, 풍화와 침식 작용으로 만들어 놓은 기묘한 조각품에 감탄하기도 했지만 계속 차로 이동하면서 연속되는 아름다운 풍경은 쉽사리 익숙해졌다. 또한 팀원에 한국 여행자가 없어 짧은 영어로 소통을 하다 보니 외로움을 느끼기도 했다.

그래도 지나고 보면 행복했던 추억이 남는 게 오지 여행이다, 아무리 여행이 편해졌다 하지만 집 떠나면 고생이다. 여행을 뜻하는 Travel의 어원은 고된 일을 뜻하는 Travail에서 나왔듯이, 고진감래苦盡甘來라고 내 스스로 택한 고행이기에 돌아서 보면 그때가 행복이 아니었던가 싶다.

식사 때면 나오는 고기와 감자 샐러드, 토마토, 오이, 빵인데 고기로는 소목

낙타 과에 속하는 야마(Llama), 또 하나는 홍학 류인 플라밍고(Flamingo)를 번 갈아 가면서 먹었다. 야마는 칠레로 내려가는 중 수시로 만나는 동물일 것이다.

내가 다른 여행객들에 들었던 내용대로, 누가 나에게 남미 여행 중 제일 기억이 남는 곳이 어디냐고 묻는다면 나 역시 '우유니 소금 사막'이라고 바로 답이 튀어나올 것 같다. 아쉬움을 남기고 볼리비아 국경을 넘어 칠레 국경 출입국 관리소를 넘어간다.

· ·

칠레
Chile

· ·

달의 계곡, 산 페드로 데 아타카마

볼리비아 국경을 넘는다. 아스팔트 도로도 없고 집마저 사막의 흙으로 지어진 이곳은 칠레에서 사람이 살기 시작한 가장 오래된 마을이다. 한 때는 잉카인들이 이곳까지 침범해 잉카 제국의 그늘에 있었던 곳이다. 사막 마을 특유의 쏟아지는 뜨거운 햇살과 붉은 흙벽돌의 집, 밤이면 쏟아지는 별, 동화에서나 나올법한 풍경들로 여행자들의 발길을 오래도록 붙잡는 동네다.

볼리비아 국경을 넘자 산자락에 흙 벽돌 달동네가 보이더니, 칠레 국경을 지나고 도시가 보이기 시작하자마자 버스 터미널에 도착한다. 칠레 북부 아따까마 사막 가운데 있는 해발 2,438m고지에 있는 산 페드로 아따까마에 도착했다.

우선 모레 아침 8시에 출발하는 산티아고 행 버스표를 구입하러 매표소 창구를 찾는다. 24시간 버스로 가는 길은 난생 처음이라 고급 침대좌석(상 까마)을 구했는데 저가 비행기표 값과 비슷하다. 하지만 비행기를 탄다면 아타카마에는 공항이 없어 새벽에 별도의 비용으로 서쪽으로 100여km 떨어진 깔라마 공항 가는 투어 버스를 타고 한 두 시간 가야 하기에, 칠레 땅도 오감으로 즐기면서 칠레 현지인의 삶도 볼 수가 있을 육로를 택했다. 내 여행 철학도 가능한 하늘 길 대신 육로 우선이라 거금을 투자하여 버스를 택했다. 버스표를 구입한 후 터미널에서 멀지 않은 숙소에 도착하여 체크인 하고 짐을 풀자마자, 2박 3일 랜드 크루즈 트래킹의 피로가 단숨에 몰려온다.

한잠 푹 자고 일어나, 딱딱한 빵과 커피로 아침을 먹고 칠레 땅 처음 밟은 곳, 아타카마 동네를 탐색하고자 아침 일찍 숙소를 나선다.

먼저 아르마스 광장 앞에 있는 산 페드로 교회(Iglesia San Pedro)를 찾았다. 도시 규모에 맞는 조그마한 교회다. 하지만 16세기에 지어진 역사적인 건물이다. 너무 이른 아침이라 그런지 문이 닫혀 들어가지도 못하고 아르마스 광장 벤치에 앉아 시간이 가기를 기다린다.

문이 굳게 닫혀있는 산 뻬드로 교회Iglesia San Pedro, 교회 앞쪽에 있는 조그마한 아르마스 광장

고향과 지구 반대편의 조그마한 아르마스 광장 벤치에 앉아 아무도 없는 조용한 이국의 아침맞이에 삼라만상森羅萬象의 정취를 맞는다. 작은 사막 마을의 중심이자 세계 각국의 여행자들이 우유니 사막을 지나 칠레로 넘어가기 위한 국경도시, 이곳 칠레 땅 아타카마 아르마스 광장에서 쉬어 가는 곳이다.

광장 주변에는 인포메이션 센터가 있고, 여행사, 카페, 식당들이 모여 있다. 아무리 기다려도 문이 열리지 않아, 우선 오후에 츨발 하는 달의 계곡 투어 예약을 위해 몇 군데 여행사를 찾아 흥정을 하다 최종 한 곳을 결정하고, 다시 교회를 찾았으나 문은 굳게 닫혀 있다. 뒤쪽으로 가서 문 안쪽을 살펴보니 여는 시간이 정해져 있다. 스페인 글을 몰라 포기하고 숙소로 돌아가 좀 쉬다가 오후 4시에 출발하는 투어지만 조금 일찍 숙소를 나섰다.

다시 아르마스 광장으로, 교회 뒷문이 열려 있다. 교회 필요한 물품을 조달하기 위해 수녀님들이 수고를 하고 계신다. 찬스를 놓칠 수 없어 교회 안으로 들어가 뒤편 한자리에 앉아, 지나간 안전한 여행에 감사드리며 남아있는 여행도 주님이 주관하셔서 안전한 여행이 되기를 기원하며 잠깐의 안식을 찾는다. 외부도 흙 벽돌로 지었고 교회 내부

장식도 화려하지도 않지만 천정은 사막의 선인장 칵투스(Caktus)를 말려서 이어 붙여 독특한 분위기를 느끼게 한다.

아침에 예약한 여행사를 찾아 조금 기다려 투어버스를 타고 볼리비아 라파즈에서 보지 못한 달의 계곡으로 출발한다.

모래 절벽이 가로막은 조그마한 협곡 사이로 좁은 동굴 길을 300여 m 지나간다. 이것을 달의 계곡이라 부르는 것인지 갑자기 허망해진다. 버스는 새로운 곳으로 달린다.

아따까마
소금사막과 세
마리아 상

　우유니와 다른 맛이 나는 소금사막에 내려준다. 풍화 침식으로 마치 기도하는 성녀의 모습을 닮았다 하여 이름 붙여진 세 마리아 상을 시작으로 달의 표면처럼 황량한 사막지대가 펼쳐진다.

　그래도 뭔가 아쉽다고 생각될 즈음 버스는 언덕을 올라 주위에서 제일 높은 빅둔이라는 봉우리 아래 주차장에 멈춘다, 여행객들은 봉우리를 향해 줄을 지어 올라간다. 석양을 보러 가는 길이라고 하는데, 해가 지려면 아직 멀었다고 생각하면서 봉우리를 올라 아래를 내려다보는 순간 나도 모르게 탄성이 나온다. 자연 변화의 오묘한 장면이 나타난다. 20여 분도 지나지 않아 태양은 급히 달의 계곡 너머로 사라지려고 한다.

달의 계곡 전망대를 올라가는 세계에서 온 여행객들

달의 계곡 공원

　달의 계곡, 마치 달의 표면에 와 있는 듯한 착각을 일게 하는 자연의 선물,
모래와 바람, 소금 그리고 해가 만들어낸 신비로운 풍경에 넋을 잃는다. 저마다
일몰의 장관을 보기 위해 자리 탐색을 하고 다들 자기 자리를 찾아 망원 렌즈

카메라, 폰 카메라 등 촬영 기기를 총 동원하여 스탠바이 한다.

중국 여행 당시 몇 차례 보았던 달의 계곡과 비슷한 단애斷崖 지역을 보면서 탄성을 질렀던 기억이 난다. 그 때 느꼈던 정경과 지금 보고 있는 달의 계곡은 차이가 있지만, 각각의 특색으로 빛나는 자연의 위대함과 다양함을 이곳에서 또 한 번 느껴본다.

태양은 달의 계곡 능선을 걸치며 아쉬운 하루를 마감하기 시작한다. 일망무제 一望無際라! 지는 해와 다시 떠오르는 태양의 모습은 지역마다 다른 표정을 짓 는다.

아타까마 아르마스 광장에서 벌어지는 크리스마스 사전 축하 공연

　환상의 여운을 남기고 아타카마 아르마스 광장에 도착하니, 각양각색의 의상을 입고 얼굴에는 온갖 물감으로 화장을 한 현지인들의 축하 공연이 벌어지고 있다. 크리스마스가 다가오니 곳곳에 교회 앞이나 성당 앞에서 종교적인 행사가 많이 벌어진다. 숙소에 돌아가는 길에 간단한 저녁 식사를 하고 돌아가 내일 아침 8시에 출발하는 버스를 타기 위해 모든 짐을 꾸려놓고, 아타카마 달의 계곡을 꿈에서라도 다시 한 번 볼 수 있기를 기원하며 아타카마 마지막 밤을 보낸다.

아침 9시 정각에 출발한 버스는 서쪽으로 두 시간여 달려 깔라마라는 조금 큰 도시를 지난다. 원 계획은 버스를 만 하루 꼬박 타야 하기에 비행기를 탈 계획 이었는데 아타카마는 공항이 없고, 지금 지나고 있는 깔라마라는 도시에 공항이 있어 여기까지 와야 하기 때문에 귀찮기도 하고 가능한 육로 여행을 원칙도 살 릴 겸 지금 버스로 깔라마를 지난다. 도시를 벗어나자마자 라틴아메리카 남북으 로 길게 이어진 안데스 산맥과 태평양을 가운데로 황량한 사막 같은 지역을 끝 없이 펼쳐지는 팬아메리칸 하이웨이 허리 부분을 지나간다.

풍력 발전용 날개가 많이 보인다. 하지만 날개가 돌아가는 것이 안 보인다. 투자가 잘 안 된 것인지, 남의 나라 경제 사정까지 걱정을 한다. 한잠 자고 일 어나도 황량한 사막지역은 연속이다. 5시간여 만에 Taltal 이라는 해안 도시에 도착하여 일부 승객은 내리고 새 승객은 다시 태우고 다시 출발한다.

해안가에는 고급 주택들이 폼을 내고 서 있고, 산동네에는 역시나 남미 특유 의 허름한 붉은 벽돌집이 보인다. 도시를 벗어나자마자 또 황량한 사막만 계속 이어진다. 고급침대 버스표 값으로 점심용으로 나온 햄버거와 음료수가 먹을 만 하다. 그것도 점심식사라고 식곤증으로 잠이 온다. 한잠 자고 일어나도 사막 풍 경은 변하지 않고 시야를 지겹게 한다. 해는 지고 다시 저녁 식사가 나온다. 먹

팬아메리카 하이웨이, 칠레 가슴위치에 있는 Taltal 해안도시

고 난 후 얼마 되지 않아, 잠에 빠졌다가 깼다가 반복하면서 새벽을 맞이한다.

조금씩 도시 같은 풍경이 보이기 시작하더니, 아침 8시경 만 23시간 만에 산티아고 알라메다 터미널에 도착 했다. 우선 3일 뒤 밤에 출발하는 프에르토 몬토 가는 버스표를 구입했다. 지하철역이 터미널과 붙어있어 편하게 지하철로 네 번째 역인 Los Hergos역에서 내려, 근처에 있는 숙소로 찾아 들어간다. 이른 아침이라 짐만 맡겨놓고 11시경 체크인 하란다. 짐을 맡겨놓고 다시 지하철을 타고 동으로 두 정거장째인 Universidad de Chile역에서 내려 산 프란시스코 교회 & 콜로니얼 박물관을 찾았다.

산티아고에서 가장 오래된 건물이자
산티아고의 랜드마크

1588년 건축은 시작되었으나 지진으로 재건축되고 , 교회 상징물인 시계탑은 1857년에 완성되었다고 한다. 교회 입구 오른쪽에 옛 수도원 자리에 성 프란시스코의 일생을 성화로 전시한 박물관으로 개조 운영되고 있으나, 일요일이라 박물관은 문을 닫았고, 교회 한 켠에 앉아 잠시의 안식을 찾는다.

교회 뒤 파라스 론드레스 지역(Barrio Paris Londres)을 찾았다. 1920년대 건물이 그대로 남아있어 고풍스러운 자태를 지니고 있다. 유럽 한 지역을 방문 한 것 같다. 프랑스 파리 지역을 연상시킨다 해서 Barrio Paris (파리 지역)이라고 불리기도 한다. 차도나 보행자 도로 모두 100여 년 전의 돌 벽돌로 박혀있다. 스페인의 해적이나 다름없는 출신들의 후예지만 옛 것을 보존하는 데는 존경스럽다.

파라스 론드레스 지역(Barrio Paris Londres)

근처에는 피노체트 군사 정권 시 우리의 남영동 분실 같은 정치범의 고문 장소로 사용되었던 론드레스 38(Londres 38)도 있다. 지금은 역사 박물관으로 운영되고 있는데, 이곳도 일요일이라 문이 굳게 닫혀 있다.

뉴욕의 월 스트리트를 연상 시키는 누에바 요크 거리. 일요일이라 한산하다

북으로 방향을 돌려 보행자의 거리 서쪽으로 Y자 형태의 삼거리 누에바 요크 거리(Nueva York) 를 찾았다. 고풍스러운 식민지 풍의 건물들로 칠레 증권거래소, 은행, 유니온 클럽(Club de la Union) 등 사진으로 본 뉴욕의 월 스트리트를 연상 시킨다. 라틴아메리카 국가 중 경제적으로 제일 안정된 국가가 된 초석이자 중심지이다.

대통령궁 모네다 궁전 (Palacio de La Moneda)

살바드로 아옌데 (Salvador la Allende) 대통령 동상

그곳에서 서쪽으로 두 블록 가면 대통령궁인 모네다 궁전(Palacio de La Moneda)앞에 총을 든 군인들이 곳곳에 경비를 서고 있다. 1805년 조폐국으로 사용되다가 1846년 마누엘 부르네스 대통령 때부터 대통령 관저로 사용되고 있다. 독립 후 파란만은 정치사의 무대이기도 했다. 피노체트 쿠데타 당시 살바드로 아옌데(Salvador la Allende)대통령이 끝까지 저항한 곳으로도 유명하다.

그 앞쪽에 헌법광장(Plaza de La Constitucion)이 있는데 칠레 정치사의 한 페이지를 장식한 유명한 인물의 동상이 있다. 1970년 남미에서 처음으로 세계 최초로 국민투표에 의해 사회주의 정권을 세운 살바도로 아옌데 대통령의 동상이다. 그는 사회주의 신념을 바탕으로 빈부격차를 해소하기 위해 토지개혁을 실시했고, 어린이들에게 무상으로 우유를 지급했고, 미국의 소유였던 구리 광산을 국유화시켜 부의 분배를 위해 온 힘을 기울여 정치 개혁을 했지만, 인플레이션이 심해져 경제적 사정이 여의치 않은 시기에 미국의 지원을 받은 피노체트가 군사 쿠데타를 일으킨다.

대통령궁에서 마지막까지 맞서 싸우던 아옌데는 끝까지 총을 들고 싸울 것이고 항복하지는 않는다고, 칠레의 민중에게 고하는 마지막 라디오 연설을 남긴 채 권총 자살을 한다. 피노체트 반군의 공습에 대통령궁은 파괴되었지만 지금은 복구되어 하얀 색으로 근엄한 자태를 보이고 있고, 그 현장에 아옌데 대통령의 동상이 있다.

정권을 잡은 피노체트는 17년간 무자비한 독재정치로 3천명이 넘는 무고한 정치범을 사형시키고 불법 고문과 감금으로 악명을 떨치다, 국민들의 민주화 요구에 따라 대통령 선거에 의해 17년 정권을 마감하고, 독재에 따른 죄로 기소되었으나 처벌을 받기 전 질병으로 사망한다.

산티아고 대표 보행자 거리인 아우마다 거리 (Pasco Ahumada)

그곳에서 세 블록 동쪽으로 가면 산티아고의 보행자 거리 '아우마다 거리(Paseo Ahumade)'를 만난다. 이 거리를 거닐다 보면 다양한 상점, 카페, 레스토랑들이 양쪽으로 여행객들과 현지인 손님들을 기다리고 있다. 아름다운 보도에 고풍스러운 건물 사이 구석구석마다 각 종의 악기를 연주하며 여행객들을 즐겁게 하지만, 한편으로는 일종의 예술적인 구걸행위라 유쾌한 장면은 아니다.

잠깐의 산티아고 첫 인상이지만 빈부 격차가 심하다고 생각된다. 지하철을 타면 한 칸에 보통 2~3명의 생수 파는 젊은 행상들이 너무 많다. 하루에 팔면 얼마나 팔지, 이윤은 살아갈 수 있는 벌이가 되는지 걱정이다. 공원이나 뒷골목은 노숙자들은 왜 그렇게 많은지, 아옌데 대통령의 꿈인 빈부격차의 해소는?

좌) 아르마스 광장 한켠에 1541년 산티아고를 세운 스페인 발디비아의 기마상이 서 있다
우) 침략자 발디비아가 산티아고를 건설과 동시 1541년에 착수해 1558년에 완공한 대성당

아우마다 거리 끝까지 가면 아르마스 광장에 연결된다. 다시 보아도 유럽의 한 지역을 지나는 것 같다. 산티아고의 구시가지 중심으로 광장 주변에는 국립역사박물관, 대성당, 시청 사 등의 주요 건물이 자리하고 있다. 1541년 산티아고를 세운 스페인 발디비아의 기마상이 서 있다.

일요일이라 그런지, 공연 등으로 시민들이나 여행자들의 즐거움을 주는 반면에, 넓지 않은 광장에서 공연이 열려 너무 혼잡하다. 일요일이라 국립역사 박물관이 문이 닫혀 있으나, 건물이 상당히 고풍스러우며 웅장하다. 원주민의 유물에서 식민지 시대를 거쳐 현대사까지 역사를 단계별로 전시되어 있어 칠레의 파란만장한 역사의 여러 장면을 못 보아 아쉽다.

광장 한 켠에는 1541년 산디아고를 탄생시킨 스페인의 발디비아가 가장 먼저 한 일이 메트로폴리타나 대성당(Catedral Metropolitana)을 세운 것이다. 남미 어디에나 가톨릭 신자들이 많아 산티아고의 중심적 역할을 하고 있다. 내부도 어느 성당 못지않게 화려하고 장엄한 장식으로 꾸며져 있다. 한 켠에서 잠시의 안식을 찾는다.

다양한 해산물과 야채 등을 파는 가게가 밀집해 있는 산티아고 중앙시장

아르마스 광장에서 멀지 않은 마포초 강변에 있는 재래시장인 중앙시장을 찾았다. 건물자체가 시장 분위기가 안 나는 현대식 건물이다. 칠레 최대의 수산시장으로 신선한 해산물과 육류, 과일 등을 팔고 있으며, 안쪽에는 해산물 전문 식당이 있는데 가격이 비싸다는 사전 정보도 있고 해서 해산물은 푸에르토 몬토에서 맛보기로 하고 중앙시장을 나섰다. 남미의 10대 수산시장 중 하나라는데, 우리나라 부산의 자갈치 시장보다 못하다.

시 가운데 조그마한 마포초 강으로 구시가지 신시가지로 나누어 있는 산티아고 시 전경

라틴 아메리카의 그림, 사진, 조각품이 전시되어 있는 현대 미술관
(Museo de Arte Contemporaneo)

　중앙시장에서 북쪽으로 안데스 산맥 빙하 물이 녹아 동서로 흘러 태평양으로 빠지는 마포초 강(Rio Mapocho)을 넘어 얼마 가지 않으면 한국인 촌이 있다. 한국제품 슈퍼마켓도 있고 싱싱한 회도 먹을 수 있는 식당도 있다는데, 아직 까지는 견딜 만한지 발걸음이 그곳으로 향하지 않는다.

　산티아고 시 남북으로 가르고 있는 작은 강을 따라 동쪽으로 가면 국립미술관

(Museo Nacional de BellasArtes), 현대미술관을 만난다. 건물자체가 상당히 화려하다. 파리의 프티 팔레(Petit palais)를 모방해 만든 미술관으로 16~20세기 미술품과 조각품이 전시 되어있고 입장료가 무료라 관심을 가졌지만 일요일 휴무라 아쉬운 발길을 돌려 일찍 숙소로 돌아가려고 지하철 역 쪽으로 걸어가는데 진귀한 풍경이 보인다.

혼잡한 4거리 중심에서 젊은 남녀가 한데 어울려 기계체조를 열심히 하고 있다. 땀을 흘리며 묘기를 끝내자, 모자를 들고 신호 대기중인 승용차 운전석 문을 두들기며 또 구걸 행위를 한다. 남미에서는 그런대로 경제 사정이 좋다는 칠레가 이 모양인데, 앞으로 겪고 보아야 할 여행자들의 적색지대인 아르헨티나와 브라질은 어떤 인상을 줄지 기대 아닌 기대를 해 본다. 돌아가는 길에 적당한 식당을 찾아 저녁 한 그릇 하고 숙소로 돌아와 산티아고 첫 밤을 보낸다.

어제는 발파라이소에 다녀왔고, 오늘은 산티아고 마지막 날이다. 숙소에서 제공하는 아침을 든든히 먹고 지하철역으로 가서 이제는 능숙하게 현지인처럼 여유 있게 Pedro De Valdivia 지하철 역에서 내려 역 이름과 같은 거리 북쪽으로 끝까지 걸어본다. 주위 주택들이 고급스럽게 보이는 부촌을 거슬러 올라간다. 한 30여 분 걷다보니 멀리 케이블카가 흔들흔들 지나는 것이 보인다. 다와가는 모양이다. 산 크리스토발 언덕(Cerra San Cristobal)행 케이블카 정류장이 보인다. 대기줄 뒷꽁무니에 줄을 서서 기다려 나도 케이블카에 올랐다. 케이블카가 움직이자 산티아고 시내 전경이 훤히 보인다.

남미 3대 도시라고 하기에는 뭔가 부족한 것 같다. 케이블카 가는 방향에서 우측으로 시 중심 쪽이고 주택들도 고급스럽게 보이고, 반대편으로는 한눈에 서민 밀집 지역인지를 알 수가 있도록 확연히 차이가 난다. 물론 어느 도시이든 산동네, 달동네가 있지만 남미는 유난히 서민층 인구 밀도가 높은 것 같다.

한참 만에 케이블카는 언덕 정상에 도착했다. 정상에는 하얀 성모 마리아상이 산티아고 시내를 굽어보고 있다. 바로 밑에는 조그마한 교회가 있어 들어가 한 켠에 앉아 잠시의 안식을 찾는다.

케이블카에 바라보이는 마포초 강 남안과 북안 산티아고 시내 풍경. 남과 북 풍경이 차이가 난다

교회 바로 밑에는 내려가는 등산용 푸니쿨라가 있지만 내리막길이라 걸어서 내려가기로 마음먹고 가는데, 내려가는 길이 만만치 않다.

남미의 3대 도시를 꼽으라면 브라질의 상파울루, 아르헨티나의 부에노스아이레스, 칠레의 산티아고라는데 그 중 산티아고가 제일 안전하고, 가장 활기차고 정치가 안정되어 남미 중 최고의 도시라고 한다. 하지만 수많은 거지들과 작은 생수 한 병을 팔려 애쓰는 젊은이들, 구석구석에 앉은 노숙인들을 보고는 아르헨티나, 브라질의 도시들은 어떤지 상상이 간다. 여행자들이 적색지대라고 조심에 조심을 거듭해도 사고들은 난다.

산티아고 오기 전, 잉카여정의 필수 코스인 이스터 섬을 가느냐 마느냐, 지나가는 길이 아니라서 가성비를 생각하며 고민한다. 구차한 변명을 나 혼자 삭이면서 포기를 한다. 아쉬움을 달래기 위해 사전 공부 한 내용을 올려본다.

이스터 섬은 폴리네시아 제도 끝에 해저 화산 폭발로 생긴 화산섬이며, 칠레 영토로 산티아고에서 서쪽으로 3,600km떨어진 절해의 고도孤島이다. 약 2900년 전에 폴리네시아 인들이 처음 이 섬으로 이주해 온 것으로 추정한다. 현재 이스터 섬은 라파누이 국립공원(Parque Nacional RapaNui)으로 지정되어 보호받고 있으며, 1995년에는 유네스코(UNESCO) 세계 문화유산으로 지정되었다.

칠레 태평양상의 고도 이스터 섬 거대한 반신 석상(모아이, Moai)

　천문학자인 아버지의 연구지인 남극 남쪽 해역을 찾아 아들인 네덜란드인 야
코프 로헤벤(Jacob Roggeveen)은 범선 3척으로 태평양을 항해하다 우연히 태
평양 한가운데서 지도에 없는 외딴 섬을 발견한다. 상륙하여 섬에 오른 로헤벤
은 섬 곳곳에 거대한 반신 석상(모아이, Moai)이 수백 개나 서 있는 것을 발견
후 경악을 금치 못했다. 절해고도에 키가 5m가 넘는 석상이 각각의 표정으로
서 있으니 말이다. 섬에 도착한 날이 1722년 4월 5일이 마침 부활 주일(Easter
Day)이라 로헤벤은 섬 이름을 이스터라 부르기로 하여 지금까지 그 이름으로
남아있다. 본국으로 돌아온 로헤벤은 이스터 섬의 거석을 보고했고, 이에 학계
는 발칵 뒤집혔다. 석상의 높이는 대부분 약 3.5~5.5m의 높이에 무게는 20톤
정도 되지만, 일부 석상은 높이가 10m, 무게가 90톤이 나가기도 한다. 세계 각
지의 역사학자, 지리학자, 고고학자, 탐험가들이 900여개에 달하는 거대 석상을
연구하기 위해 몰려들었다.
　발견 당시 섬에는 원두막에 사는 원주민 5,000~6,000여명이 거주하고 있었
고, 문명의 흔적이라고는 찾아볼 수 없었다고 한다. 이스터 섬은 세 개의 화
산으로 이루어져 있으며, 테레바카(Terevaka) 화산이 섬의 대부분을 차지하고,
섬의 남쪽과 동쪽 끝에 각각 라노카우(RanoKau) 화산과 푸아카티케

(Puakatike) 화산으로 전체적으로 삼각형 모양을 하고 있다. 화산 활동이 활발했는지 철 성분이 풍부한 현무암으로 이루어져 있어, 모아이를 만든 사람들은 섬 화산 활동으로 나온 회색 현무암으로는 몸체를, 붉은색 현무암은 모자를 만들었던 것 같다.

섬 곳곳에는 거대한 미완성 몸체 따로, 분리된 모자 등과 함께 당시에 사용했던 작업 공구들이 널려 있어 일 순간에 모든 상황이 정지된 것처럼, 이스터 섬에 대한 미스터리는 아직도 풀리지 않아 미스터리 메소, 라틴아메리카 문명 중 한 곳이다. 모든 것이 순간적으로 정지된 듯 보이기 때문이다. 방사선 탄소 연대 측정법을 통해 거석상은 13세기 경에 만들어 졌을 것으로 추정된다. 당시의 5,000여 명의 원주민과 당시의 공구와 장비로는 거대한 석상을 만든다는 것은 불가능으로 보고 있다.

그리고 이스터 섬에서 서남쪽 500여m 떨어진 곳에는 해발 300m 높이의 자그마한 섬이 3개 있다. 사방은 깎아지른 듯한 절벽으로 어떤 선박도 접안이 불가능하다고 한다. 원주민들 전설에 의하면 거인 석상 몇 개가 그 절벽 꼭대기에 서 있었다고 한다. 지금은 어디로 사라져 버렸나?

여러 가지 불확실한 연구 결과가 있지만 아직 까지는 오리무중, 일부 학자들은 대형 석상이 고대 아메리카 문화와 밀접한 관련을 맺고 있다고 주장한다. 잉카의 고원에도 이스터 섬의 석상과 유사한 석상이 있기 때문이다. 또한 배꼽이란 뜻으로 가진 잉카 수도 쿠스코와 마찬가지로 이스터 섬도 세계의 배꼽이라고 불린다고 한다. 이 절해의 고도孤島에 13세기 공구와 이동 장비로는 제작이 불가능한 모아이 석상들만이 비밀을 간직한 채 오늘도 고고하게 서서 세계의 여행객들을 맞는다.

다시 숙소로 돌아왔지만 아직도 시간이 남아 밀린 숙제도 하고, 사진 정리도 하다가 3일 전 내렸던 터미널에서 버스를 탔다. 파타고니아의 중간 관문인 푸에르토 몬토로 버스는 달린다.

산티아고에서 서쪽으로 120여km 떨어진 해양도시 발파라이소를 찾았다.

발파라이소(Valparaiso)라는 말의 뜻은 '낙원의 골짜기'라는 뜻으로 칠레가 스페인으로부터 독립한 후 발전하기 시작한 태평양 연안의 항구 도시다, 산티아고에서 서쪽으로 120km 거리의 오래된 항구도시로 칠레 해군 기지도 있다. 미국의 서부 개척시대의 골드러시와 칠레산 밀의 수출로 태평양에서 무역선들이 칠레 남단의 마젤란 해협을 지나 대서양으로 항해하면서 항구는 발전했다. 스페인, 독일, 이태리의 이민자들이 이곳에 몰려들면서 활발한 도시로 발전했는데, 1906년 강진으로 3,000여 명이 죽고 많은 건물들이 파괴되면서 황폐화되었다.

자연재해에 이어 1914년 파나마 운하가 개통되면서 바로 대서양으로 항해할 수 있게 되자 무역항이었던 발파라이소는 급격히 쇠퇴했다. 1호선 지하철 역 종점인 San Pablo 역에 가면 발파라이소 가는 버스 터미널이 있다.

휴양도시 비나 델 마르(Vina del Mar)

발파라이소 버스터미널에 도착해서 우선 터미널에서 L1 대중버스로 북쪽으로 멀지 않은 휴양도시 비나 델 마르(Vina del Mar)를 찾았다. 태평양을 바라보며 시원하게 뻗은 백사장에 이어 하늘과 바다가 구분되지 않는 파아란 수평선에다, 해안의 바위 절벽과 절벽에 부딪치는 파도가 시원함을 더하는 한폭의 만경창파 萬頃蒼波다.

유럽풍의 건물과 어우러진 해안선이 어느 해안 못지않은 절경이다. 태평양이 바라보이는 여러 언덕에 수많은 리조트들이 다양한 형태로 각각의 멋을 내고 있다. 발파라이스의 신도시로 해군기술학교와 해군기지가 있다.

1686년에 개항한 발파라이소 쁘랏부두(Muelle Pret)

해군 총사령부 앞 소토 마요르 광장 (Plaza Sotomayor), 태평양 해전의 전쟁 영웅 해군 장병 기념탑(Monumento de los Heroes de Iquique)이 서 있다

다시 남쪽으로 타고 왔던 버스를 역행해서 해변길을 몇 정거장 달려, 1686년

에 개항한 쁘랏부두에 도착하니 우리의 부산 남항처럼 다양한 어선과 항구 주변을 도는 유람선, 한쪽에는 대형 화물선 등이 정박해 있다.

쁘랏부두 북쪽으로 바로 보이는 소토 마요르 광장(Plaza Sotomayor)에 들어섰다. 광장 중앙에 1879년 5월 21일 이끼게(Iquique)항에서 페루 해군과 칠레 해군과의 해전에서 전승을 한 기념탑이 서 있고, 그 앞에는 해군 총 사령부 건물이 서 있고 해군 초병들이 경비를 서고 있다.

나름대로 장엄한 분위기인데 바로 옆 벼룩시장이 형성되어 있어 여행객들의 눈과 발길은 기념탑보다 벼룩시장으로 옮겨져 분위기가 산만한 것이 아쉽다.

꼰셉시온 언덕을 올라가는
기점이고 발파라이소의 명물인
뚜리 시계탑(Reloj Turri)

다음은 발파라이소에서 여행객이 가장 많이 찾는 콘셉시온 언덕(Cerro Concepcion)을 찾아 기점인 오래된 높은 뚜리 시계탑(Reioj Turri)을 찾았다. 자투리 땅에 건축을 했는지 길쭉한 건물이 특이하다.

그곳에서 북쪽으로 좁은 골목길을 들어가면 1883년 개통한 발파라이소의 명물, 덜컹거리는 경사형 엘리베이터 아센스로(Asensor)가 있다는데 아무리 찾아도 보이지 않는다. 현지인에게 물어물어도 아센스로는 찾지 못하고 대신 제대로 된 골목길을 들어서니 예쁜 그림 동산이 나타난다.

올라가는 골목길마다 각각의 형상으로 여행객들의 눈을 사로잡는다. 주택 건물들도 제각기 특색 있는 건물들이 많다. 예술가 마을 같기도 하다. 중턱에 올라 아래로 내려다보니 쁘렛 부두가 한 눈에 들어온다.

서쪽 능선을 타고 '세계의 시인 네루다'의 집을 찾아가는 도중 만난 공동묘지, 으스스한 느낌이 아니고 동네 한가운데 공원처럼 아늑하게 보인다. 세계 곳곳을 다녀보면 동네와 어우러져 있는 공원 같은 공동묘지를 많이 본다. 왜 우리나라는 그런 곳이 없을까?

네루다 집을 찾기가 쉽지 않다. 현지인들에게 물어봐도 대부분 잘 모른다. 다리도 아프고 허리도 쑤시는 중에 아름다운 교회(Parroquia Las Camelitas)가 보인다. 들어가 안전한 여행에 감사 기도 드리고 주님께 다시 안식을 구한다.

발파라이소 중앙시장, 수산물과
야채 과일 전문 시장

이제는 무조건 경사진 길 아래로 동서 대로인 Avda Errazuriz를 만날 때까지 내려가니 해변이 보인다. 맛있는 해산물 요리를 생각하며 터미널 근처인 중앙시장으로 직행한다. 첫번째 보이는 건 파리 개선문 비슷하게 생긴 문이다. 가이드북에 보이진 않던 건물이라 눈요기만 하고 중앙시장으로.

현지 삶의 생동감이 넘치는 재래시장 여기저기를 눈요기한다. 며칠간 아침에 먹을 사과를 사고 늦은 점심을 위해 수산물 전문식당을 찾아 들어가니 늦은 점심시간이라 조용하다. 한자리에 앉았는데 메뉴판을 갖다 주는데 글은 모르겠고 사진을 보고 주문한다. 우리식으로 표현하면 칠레 특산 해물탕 빠일라 마리스코스 (Paila Mariscos)이다. 아마 칠레산 조개류는 종류별로 다 들어간 것 같다. 국물도 입에 맞아 또 한 번 여행의 즐거움에 빠진다.

중앙시장 해산물 센터에서 시식한 칠레
특산 해물탕 빠일라 마리스코스
(Paila Mariscos)

돌아갈 시간이다. 시장에서 멀지 않은 터미널로 발걸음을 재촉한다. 국회의사당이라는 대형 건물이 보이는 곳으로 급하게 발길을 돌려 20분마다 있는 산티아고 행 버스를 타고 산티아고로 돌아간다.

발파라이소 시내 전경.
저 멀리 쁘렛 부두가 보인다

칠레의 허리 푸에르토 몬토

팬 아메리카 종아리 부분을 남으로 800여km, 길다란 칠레의 허리 부분인 프에르또 몬또 항구도시를 향해 버스는 산티아고 시내를 벗어나 태평양 연안을 끼고 남으로 달린다.

아타카마에서 산티아고 오는 길은 대부분 황량한 벌판이었지만, 산티아고에서 내려가는 길은 넓은 푸른 초원에 넓게 펼쳐진 철조망 울타리 너머로 남미의 상징 동물 야마가 한가로이 풀을 뜯다가 쉬다가 하는 정경이 계속 이어진다. 철조망을 지지하는 기둥에는 숫자가 표시되어 있다. 무슨 의미인지 알 수는 없지만 그 숫자의 배열을 관심 있게 보면서 시간을 보낸다. 버스는 남으로 남으로 달린다. 밤 9시가 넘어도 훤하다. 계절은 여름으로, 남극 쪽으로 가까이 갈수록 해는 길어진다. 밤 9시 반이 되어서야 컴컴해지기 시작한다. 버스는 밤새 달린다. 산티아고에서 강행을 해서 그런지 버스 간이 침대에서도 잠을 잘 잔 것 같다. 새벽에 눈이 떠져 창 밖을 보니 햇님이 방긋 인사를 하면서 불그스름하게 동쪽 안데스 산맥 산등성이를 물들이고 있다.

얼마 되지 않아 푸에르토 몬토 터미널에 도착했다. 터미널에서 멀지 않은 숙소를 찾아 걸어가면서 동네 냄새를 맡아보니 조그마한 마을이지만 건물 구조가 특이하며 채색이 화려하다. 숙소가 앙헬모 항구로 가는 큰 대로변인데 아무리 찾아도 안 보인다. 분명히 지나친 것 같다. 다시 번지수를 유심히 보면서 거꾸로 내려가니 철문 위쪽에 Casona Lemuy hostel이라고 적힌 게 보인다. 철문에 붙은 벨을 누르니 조금 후 40대 중반의 아줌마가 반갑게 달려 나온다.

대문 입구에서 숙소까지 거리가 있다 보니 시간이 좀 걸린 것 같다. 도시 한가운데 산장 같은 건물이 아늑해서 마음이 든다. 체크인 수속이 끝나자마자 자기는 일이 있어 밖으로 나가 밤늦게 돌아올 것이고 아무도 없으니 편하게 지내란다. 그리고 나갈 때 문단속하는 방법을 알려 준다. 3층 내 방에 짐을 풀고 샤워를 하고 머리를 말리며 창밖을 내다보니 전망이 기가 막히다. 부엌 및 로비를 둘러보니 아무래도 숙박 손님이 아무도 없는 것 같다.

그제서야 숙소 사장이 나를 반갑게 맞은 이유를 알 것 같다. 주업이 안 되니, 부업이 주업이 된 모양이다. 밖으로 나가 주위를 둘러보아도 여행객 보기가 어렵다. 칠레 국기만 걸려 있고, 밤 10시까지는 아무도 없다. 모든 세간살이를 나한테 맡기고 주인은 출근을 하고 없다. 마음이 착한 분인가 보다. 어떻게 그렇게 태연하게 맡겨놓고 나갈 수 있을까? 내가 착하게 생겼나?

건물 구조가 각각 특색이 있고
색상도 개별적으로 특이한 몬토
동네 마을 거리

주인 양반 말대로 문단속을 하고 몬토의 주 볼거리인 앙헬모(Angelmo) 항구를 찾았다. 항구라기보다는 조그마한 어촌으로 보인다. 그래도 공항이 있는 도시인데 고개가 갸우뚱해진다. 부두 앞쪽에 산이라고 하기에는 좀 작은 언덕 위에 대형 예수님 상이 항구를 내려다보고 있다.

바다로 직선거리는 얼마 되지 않지만 조그마한 나룻배로 건너야 하는데 여행객이 없어 휴업 분위기다. 억지로 가자면 나 혼자서 대절해야 하는데 뱃삯이 만만찮을 것 같아 먼데서 눈요기로 만족한다. 수산시장을 지나 멀리 돌아가면 다리가 있을 것 같은데 무리하게 도보로 갔다가 허탕치면 그것도 아닌 것 같아 길찾는 것도 포기를 한다.

좌) 대형 십자가가 보이는 뗀글로섬(Isla Tenglo), 선외기가 달린 조그마한 나룻배로 이동한다
우) 조그마한 어촌 같은 앙헬모 항구 & 수산시장

　그곳에서 멀지 않은 수산 시장을 찾아 서쪽 대로를 걸어가니 공예품 가게들이
즐비하다. 수산시장 가는 길인데 목공예품 선물 가게만 줄지어 있다. 여행객을
기다리며 문을 열어 놓았는데 지금은 가게마다 한산하다. 아이쇼핑만 하면서 목
공예품을 자세히 보니 대단한 목공기술이다. 하나 사고 싶은 마음이야 굴뚝같지
만, 짐을 하나라도 줄여야 하는 판에 언감생심焉敢生心이다.
　앙헬모 수산시장으로 지도만 보고 계속 같은 길로, 서쪽으로 계속 내려간다.
부두 길가에 바다 쪽으로 물개 가족들이 산책도 하고 물장난을 치고 있다. 이
장면 하나로 푸에르토 몬토 여행은 본전을 찾지 않았나 생각해본다.
　수산시장 같지 않게 외형이 어느 고궁처럼 고풍스럽고 화려하다. 정작 수산물
파는 가게는 몇 군데 안 되고, 대부분이 수산물 전문식당이다. 호객꾼이 장난이
아니다. 여기도 한산하다 보니 호객 행위가 극심하다. 지금 파타코니아는 여행
성수기이고 이곳이 관문이라 생각 했는데 관문이 아닌 모양이다. 적당한 곳을
찾아 발파라이소에서 먹어보았던 해물탕을 주문하여 토종 맥주 한잔과 또 한번
여행의 한 멋을 즐겨본다. 단 가격은 발파라이소보다는 조금 비싸다.

앙헬모 수산시장
광장 및 내부
가게들

아르마스 광장가는 시내 중심 도로(Antonio Varas)와 푸에르토 몬또 아르마스 광장

쁘에르또 몬트 박물관(Museo de Puerto Montt)

　배는 부르고 시간은 많고, 동쪽으로 아르마스 광장 쪽으로 걷다 보니 가까운 곳에 박물관이 보이고 무료라 들어가니 안내인이 반갑게 맞이한다. 박물관이라고 하기에는 소박하다. 1597년부터 해전에서 사용되었던 범선 모형도 보이고, 식민시대 초기부터 현재까지의 생활 용품들이 간단히 전시되어 있다. 그곳에서 나와 아르마스 광장을 찾았으나 내가 본 아르마스 광장 치고는 제일 빈약하다. 다만 아르마스 광장에서 동쪽 바다를 바라 본 곳에 떠있는 대형 크루즈 선이 색 다르게 보인다. 칠레 남부 파타고니아 주요 항구를 다니는 크루즈 같다.

　숙소로 들어오니 주인은 없고, 주인이 기르고 있는 고양이만 나를 반긴다. 저녁 9시경쯤 주인이 들어오는 모양이다. 화장실이 2층에 있어 볼 일도 볼 겸 2층으로 내려가다 마주친다. 잘 지냈느냐고 안부를 묻는다. 서로가 짧은 영어로 몇 마디 하다 올라가 밀린 숙제도 조금 하고 일찍 잠자리에 들었다.

　다음날 아침에 일어나 2층에 내려가 보니 주인 양반은 벌써 출근을 한 모양이다. 고양이만 소파에 드러누워 물끄러미 쳐다본다. 숙소에서 나와 멀지 않은 터미널에서 공항버스를 타고 공항으로 가는 길, 다시 보아도 고풍스러운 것 같으면서 채색이 아름다운 푸에르토 몬토 풍경이다.

파타고니아 교통 요지 폰타 아레나스 해변

화창한 푸른 창공을 향해 이륙한다. 수평고도를 잡자마자 창 밖 안데스 산맥의 정기가 구름에 가렸다 보였다 하며 남극을 향해 날아간다. 그동안 육로로 먼 발치에서 희미하게 보이는 산맥 자락만 보고 남으로 내려왔는데.

세상에서 제일 긴 7,000여km 산맥으로 6000고지가 넘는 고봉이 50여 개의 고봉으로 만년설을 이고 있다. 안데스 산맥은 1억만 년 전에 지구의 태평양판과 남아메리카판이 지각변동으로 충돌 돌출되어 오늘과 같은 거대한 산맥이 되었다. 라틴아메리카 남쪽 끝까지 이어져 곳곳에 심산유곡深山幽谷과 녹수청산綠水靑山에다 백석 빙하로 세계의 여행객들을 부르고 있다.

랜딩 방송이 들려 창 밖을 내다보니 태평양에서 대서양으로 이어지는 미로같은 마젤란 해협이 보인다. 아름다운 폰타 아레나스 항구도 한 눈에 들어온다. 이곳 파타고니아는 큰 섬, 작은 섬으로 나누어져 복잡하게 어우러져 있다. 칠레와 아르헨티나 국경도 남북, 동서 일직선으로 나뉘어 있어 국경 넘기도 어려울 것 같다.

1914년 파나마 운하가 개통되기 전에는 대평양에서 대서양을 건너기 위해선 이곳 마젤란 해협을 통과하는 방법밖에 없었다. 그때는 폰타 아레나스 항구에서 연료를 공급받았기에 이 지역이 매우 번성했다 하는데, 파나마 운하가 개통되고 부터는 쇠퇴의 길을 걸었다. 지금은 파타고니아와 남극으로 여행하는 사람들이 많아 서서히 활기를 되찾아 인구 2만 명의 도시로 성장했다고 한다.

가이드북에는 폰타 아레나스 공항에 도착하면 나탈레스 가는 버스가 있다고 했는데 몇 년 전 이야기라 불안하다. 공항에 도착하여 짐을 급히 찾아 공항 밖으로 먼저 나간다. 저녁 시간이라 마음이 급하다. 어느 버스 앞에 여행객들이 많이 모여 있길래 물어보니 나탈레스 가는 버스란다. 버스에 타려고 하니 기사가 공항 내 사무실에서 버스표를 먼저 끊어서 오란다. 다시 공항으로 들어가 표를 구입한 후 버스에 오르니 한숨이 놓인다.

파타고니아 첫 지역인 푸에르토 나탈레스 지역은 공항이 없고, 몬토에서 육로로는 버스로 30시간 이상이 걸려 부득불 폰타 아레나스에 비행기로 도착하여 거꾸로 올라가는 길이다. 3시간 정도 걸리는 길이지만 파타고니아의 여러 풍경들에 지루한 줄 모르고 달려간다. 거꾸로 북으로 250여km를 달려 하얀 설산들이 보이기 시작하면서 얼마 안 가 푸에르토 나탈레스 산동네에 도착한다.

밤 10시경 도착한 터미널 주위 동네 풍경. 저 멀리 토레스 국립공원 설산이 보인다

밤 10시가 넘었는데도 아직 다닐 만할 정도로 어둡지 않다. 안데스 산맥

8,000km를 산악인 엄홍길씨가 트레킹한 특집방송을 본 기억을 되살려본다. 푸에르토 나탈레스는 토레스 델 파이네 국립공원에 가는 여행객들의 전초 기지화되면서 발전하여 지금은 인구 2만여명의 중소 도시로 성장했다. 다만 12~2월 트레킹 철만 북적대고, 나머지 추운 계절은 한가하다고 한다.

터미널에서 멀지 않은 숙소에 도착하니 거의 밤 11시가 다 되어간다. 밤이 시작되는 중이다. 남극이 가까울수록 해는 길어지는 모양이다. 체크인을 하고 주인장한테 내일 투어에 대해서 의논을 하니 한참 휴대폰으로 전화를 하더니만 지금은 너무 늦어서 어렵다고 한다. 투어는 포기하고 내일 아침 일찍 터미널로 가서 우수아이아 가는 버스표를 확인한 후, 델 파이네 국립공원을 개별적으로 일반 버스를 타고 갈 수 있는지 확인 후 움직이기로 하고 파타고니아의 첫 밤을 보낸다.

파타고니아의 상징이자 칠레를 대표하는 아름다운 국립공원, 풍부한 생물과 다양한 색상의 빙하 호수, 깎아지른 듯한 델 파이네 봉우리의 비경으로 네셔널 지오 그래픽이 선정한 죽기 전에 꼭 가봐야 할 50곳 중 하나다. 유네스코가 지정한 생물 다양성 보존 지역이기도 한 이곳은 트레킹이 최고의 여행법이다. 여행자를 위한 각종 투어가 있으며, 길을 걷는 매 순간마다 감동으로 다가온다고 한다.

토레스 델 파이네 국립공원은 1978년 유네스코 생물다양성 보존지역으로 지정

네셔널 지오그래픽이
선정한 죽기 전에 꼭
가봐야 할 50곳 중 한
곳인 토레스 델 파이네
국립공원

되었고, 세계 10대 공원 중 한 곳이다. 눈 덮인 산과 빙하, 푸른 호수와 강, 숲과 바람, 그리고 다양한 동물과 새들이 함께 어우러져 때묻지 않은 자연의 순수함이 그대로 남아 멋진 풍경을 이루는 곳이다. 트레킹 도로가 잘 나 있고 대피소 및 산장도 잘 갖추어져 있어 트레킹하기에는 그만이라고 한다. 최고의 트레킹은 토레스 델 파이네 산 밑까지 트레킹 후 그 바위 산 앞에 있는 호숫가에서 우뚝 솟아있는 봉우리를 올려다보는 것이다. 시간과 트레킹 할 준비가 되지 않아 못 가는 여행객은 전망이 좋은 지점 몇 군데에서 멀리서나마 볼 수 있다.

다음 행선지, 아르헨티나 끝 우수아이아에 가는 버스는 10시간 남짓 갈 수 있는데, 우수아이아에서 버스로 엘 칼라파테까지 소요되는 시간은 이틀이 걸린다는 정보에 육로 여행을 포기하고, 우수아이아에서 칼라파테 가는 저가 비행기표를 구입하다 보니 일정상 나탈레스에서는 이틀밖에 시간이 없다. 토레스 델 파이네 국립공원 트레킹할 수 있는 날짜 여유가 없다. 전망대까지 가서 멀리서 눈 도장만 찍으려고 여행사 하루 투어를 생각 하고 있었는데, 그것마저도 어렵고해서 개별 투어로 검토할 수밖에 없는 사정이다.

다음날 아침 우선 터미널로 가서 우선 우수아이아로 모레 아침 6시 45분 출발하는 버스표를 구했다. 다음 토레스 델 파이네 국립공원 가는 일정을 검토한 결과, 내일 9시 반에 출발 첫 번째 국립공원입구(Administracion)정류장, 다음 선착장(Putedo) 겸 전망대, 마지막 종점 아마르가 호수(Laguna Amarga)에서 30분 후, 오후 1시에 출발하는 왕복 버스표를 구입한 후 오며 가며 눈 도장만 찍고 오는 것으로 최종 결정을 하고, 시내 투어를 나선다.

바다 너머 토레스 델 파이네 공원이 보인다

크지 않은 항구도시의 모든 길이 방사선형으로, 푸른 바다와 바다 넘어 보이는 설산과 어울려 아름다운 도시 형태를 갖추고 있다. 서늘한 날씨이지만 청량한 공기가 폐 안을 청소하는 것처럼 쌀쌀하고 상큼하다.

부둣가로 내려가니 조그마한 시골 포구다. 해군들이 사용하는 해군용 부두가 있고, 그 옆 부두에는 어선들이 정박되어 있다. 바다 위에는 다양한 종류의 새들이 날아다니며 물장난을 치기도 하고, 바다 건너에는 넓은 초원과 설산들이 병풍처럼 가로 막고 있는 풍경이 장관이다. 이런 정경만으로도 행복하다.

터미널에서 산티아고 부에라스(Santiago Bueras)대로 끝까지 가면 여객선 터미널 부두에 도착한다. 여기서 파타고니아 여러 항구를 경유하는 크루즈 선이 정박하고 출항 하는데 오늘은 보이지가 않는다. 푸에르토 몬또에서 본 크루즈 선이 파타고니아 주요 항구를 거쳐서 항해한다.

해안 길로 서쪽 끝까지 산책을 하다 보니 날씨는 약간 쌀쌀하지만 찬 공기가 뺨을 스치는 기분이 춥기보다는 상쾌하게 느껴진다. 해안 중간에 교회 종루 같이 높은 종루가 있는 건물이 푸른 바다와 대비되어 무척 아름답게 보인다. 건물 문패에는 Espacio Cultural Costanera라고 적혀 있는데, 대충 짐작으로는 해양 박물관이다.

아르마스 광장
너머 보이는
아담한 교회

푸에르토 나탈레스 중심
도로 Fantástico Sur

　해변 끝에서 돌아 다시 시내 중심부로 나오니 아르마스 광장이 보이고, 광장 앞에는 아담한 교회가 서 있다.

　숙소에 돌아오니 입구 로비 휴게실에 앉아 있는 30대 중반의 한국인과 만났다. 인사를 하다 보니 내일부터 토레스 트레킹 계획이란다. 우수아이아는 계획은 없지만 칼라파테로 해서 파타고니아 구석구석 트레킹 예정이라고 한다. 갑자기 용기 있는 젊음이 부러워 아쉬운 마음이 든다. 잠깐이나마 우리나라 말로 자연스럽게 애기하다 보니 마음이 푸근해진다.

　토레스 델 파이네 트레킹은 대개 2가지로 구분하는데, 토레스 델 파이네 산 앞의 호수를 기점으로 W자 코스로 도는 것을 'W 트레킹'이라 부르며 5일이 소요되고, 델 파이네 산을 바깥으로 크게 도는 것은 '서킷 트레킹'이고 7~9일이 소요된다고 한다. 트레킹 장비도 만만치 않다. 포기하고 나니 아쉬우면서도 한편으로는 마음이 편하다. 아르헨티나 엘 찬텐에서 여기서 허기진 것을 메우기로 하고 마음을 비운다. 인연이 되면 깔라파테에서 다시 볼 수 있기를 기원하며, 내일의 투어도 아닌 투어를 준비한다.

　다음날 아침 간단한 점심 요깃거리를 터미널 상점에서 사서 버스 투어를 시작한다. 첫 번째 도착한 델 파이네 공원 입구에서 전부 내려서 입장권을 사란다. 나는 트레킹할 것도 아니고, 다음 정거장 선착장에서 배를 타고 파이네 그란데 산장 전망대도 가지 않을 것이라 표를 살 이유가 없는데도 얼결에 표를 사고 다시 버스에 올라 선착장으로 간다. 선착장 전망대에서 토레스 삼봉을 먼 곳에서나마 눈에 담고, 증명사진만 찍고 버스로 돌아오니 버스 문이 잠겨있다.

선착장 먼곳에서 눈에 담은 토레스 삼봉. 구름이 가려 아쉬움만 달랜다

아무리 기다려도 버스 운전기사가 오지를 않는다. 벌써 12시가 넘었는데도 종점까지 가는 여행객들이 없어서 그런지 종점으로 안 가는 건가? 아무리 기다려도 기사는 오지 않아서 주위에 보이는 현지인에게 물어봐도 영어가 안 통하는지 동문서답만 나오고, 어디서 시간 보내기도 마땅치 않고, 그냥 돌아가는 버스가 이쪽으로 오는지도 모르고, 내일 새벽에 우수아이아는 가야 하는데.

예전 여행할 때 한번씩 하던 히치하이킹을 시도한다. 승용차 주차장에서 승용차 한대가 시동을 걸기에 뛰어가서 나탈레스 하고 운전석에다 고함을 질러보니 머리를 젓는다. 잠시 시간이 흘러, 젊은 등산객 차림의 젊은 아저씨가 지프차 시동을 건다. 다가가 나탈레스 라고 또 고함을 질러본다. 이번에는 성공했다. 보조석 문을 열어 주면서 타라고 한다. 한숨을 돌리고 옆을 쳐다보니 온 전신에 문신이고 인상이 곱지가 않다. 운에 맡길 수밖에. 출발하면서 몇 마디 이야기를 나누다 보니 위에서 말한 5일간 W 트레킹을 하고 온 모양이다. 영어가 잘 안되어서 그런지, 아니면 날씨가 안 좋아 힘들었는지 긴 말이 없다. 출발해서 한 시간 정도 지나니 비포장도로가 나온다. 갑자기 뭔가 터지는 소리가 난다. 차를 세우고 보니 우측 뒤 타이어가 걸레 쪼가리로 변했다. 보조 타이어가 있어 다행인데 정차한 위치가 좌우 밸런스가 맞지 않아, 잭을 세우고 타이어를 교환하는데 쌀쌀한 날씨에도 이마에 땀이 송글송글 맺힐 정도고 엄청 시간이 걸렸다.

다시 시동을 걸고 차는 달리는데 이 아저씨, 파이프에다 이상한 것을 집어넣고 피우기 시작한다. 마리화나 종류 같다. 밀폐된 공간에서 계속 피우다 보니 나도 조금은 흡수할 수밖에 없다. 정신이 약간 몽롱해진다. 잠깐 동안이나마 내가 왜 이 차를 타고 있는지 잊고 숙소에 잘 있는 내 짐을 여기서 찾는다. 아무리 지프차 뒷좌석을 보아도 없고, 어디로 가는지 갑자기 납치되는 것인지, 아무리 생각을 해도 맑은 정신이 안 든다. 내 수첩을 꺼내 메모해 놓은 것을 보고 조금씩 현 주소를 찾아간다.

그래도 시간은 지나, 어제 보았던 나탈레스 항구가 보이기 시작하니 마음이 안정된다. 아르마스 광장 근처에서 차를 세우더니 숙소를 찾아 갈 수 있겠냐 묻는다. 물론이라고 답을 하면서 한국 전화번호 이름을 적어주며 한국에 오면 빚을 갚겠다고, '그라시아스'를 몇 번이나 말하면서 헤어진다.

숙소를 찾아 돌아오니 만감이 교차한다. 주인장이 오늘 투어는 어떻게 보냈냐고 묻길래, 황당한 일들을 무용담 삼아 얘기를 나눈다.

내일 새벽 버스를 타기 위해 짐을 챙긴다. 트레킹의 아쉬움은 엘 찬텐에서 보상받기로 하고 나탈레스 마지막 밤을 보낸다.

아르헨티나
Argentina

새벽에 숙소에서 제공하는 간단한 아침식사를 마치고, 숙소 앞에서 멀지 않은 터미널로 향한다. 여름인데도 새벽 바람이 차갑다. 터미널에 도착하니 아무도 없고 모든 문들이 잠겨 있다. 너무 빨리 나왔나? 터미널을 한 바퀴 돌고 남쪽 버스 출입구에 도착하니 그제야 터미널 직원이 출근을 한다. 큰 철문을 열고 안으로 들어가더니 터미널 매표소 및 대기실 문을 연다. 새벽 6시 45분에 출발하는 장거리 버스는 결국 정시에 출발한다.

이틀 전 표 구입할 때, 내 승차권에다 환승 지명을 적어준 그곳에서 내려, 폰타 아레나스 에서 오는 우수아이아 행 버스를 갈아타야 한다고 했는데, 문제는 내가 가지고 있는 지도에 삼거리 지명은 Odor Phillipi. 적어준 이름하고 달라서 내심 걱정을 안고 출발한다. 설마 했더니 한 시간 반쯤 달리다 정차해서 내리란다. 황량한 벌판에 대기실이라고 하는 경비 초소 같은 것이 있다. 창문은 다 깨어지고 문짝은 너덜너덜해서 찬바람은 쌩쌩 불어대는데 국제 미아가 되는 게 아닌지 걱정이 된다. 다행히 브라질 아가씨 둘이 같은 처지라 서로를 믿는 척하며 폰타 아레나스 쪽으로 눈길을 고정하고 버스 오기만을 손꼽아 기다린다. 3일 전 폰타 아레나스 공항에서 오후에 푸에르토 나탈레스로 가기 위해 지났던 길이다. 한 20분 기다렸나, 멀리서 오는 버스가 우수아이아 가는 버스 같다. 예측이 틀림없어 버스가 서서히 우리 곁에 선다.

파타고니아 칠레 땅 San Gregorio와 해협을 넘어 Primavera로 넘어간다.

편안한 자세로 이제는 창 밖 풍경에 시선을 두는 여유가 생긴다. 꼬불꼬불 좁은 해협을 끼고 산길로 한 시간여 달리더니 버스는 정차를 하고 여행객들은 모두 내리란다. 칠레 땅 San Gregorio동네와 해협 넘어 Primavera동네로 직선거리로 500여m 정도 되는 것 같은데 다리를 놓지도 않았다. 여행객은 빠른 배로 해협을 넘고 버스는 느린 바지로 20분 넘게 넘어온다. 한국 같으면 벌써 한 30년 전에 다리가 놓였을 것인데 하며 쓸데없는 남의 나라 경제 걱정을 한다. 1520년 이 해협을 통과하기 위하여 사투를 벌렸던 마젤란의 이름을 딴 유명한 마젤란 해협(Estrecho de Magallanes)의 여울목이다. 처음에는 강이라고 착각했듯이 넓어졌다, 좁아졌다 계속 이어져 이 좁은 여울목을 통과해 대서양으로 항로를 발견했다.

〈종의 기원〉으로 유명한 찰스 다윈의 비글 호 항해기에서 나오는 곳이기도 하다. 1831년 12월부터 1836년 10월까지 약 5년간 걸쳐서 지질, 생물, 광물, 해양 자원의 탐사 항해로 거쳐 간 곳이다. 부에노스아이레스, 파타고니아, 포클랜드, 마젤란 해협을 거쳐서 칠레 해안선을 거슬러 올라 마침내 〈종의 기원〉탄생의 단서를 제공한 에콰도르 갈라파고스제도에 도착한다.

버스가 해협을 넘어와 다시 타고 남으로 한 2시간 달렸나? 또 정차를 하더니 다 내려서 육로로 국경 통과를 하라고 한다. 국경 통과 전 칠레 돈 다 쓰고 가라고 마지막 휴게소인 식당 겸 매점이 있다. 칠레 돈 2,750페소가 있었는데 콜라 한 병, 비스킷 한 봉지를 계산해보니 50페소가 모자란다. 종업원이 주인에게 묻더니 그냥 계산해 준다. 국경 넘기 전에 여행한 국가의 동전 한 푼까지도 다 써보기는 난생 처음이다. 사소한 돈 몇 푼에 기분이 좋다.

먼저 칠레 San Sebastion 국경을 통과하고 다음에 좀 걸어서 아르헨티나 국경을 넘어 기다리고 있는 버스를 타고 이제는 아르헨티나 땅을 달린다. 일 세기 전 라틴아메리카에서 가장 잘 살았던 아르헨티나, 우리나라와 대각선으로 지구 정반대 편의 나라, 와인과 소고기의 천국인 아르헨티나!

야마가 노니는 초원이 계속 이어진다. 그러다 산악지역 고개를 넘어서자 도시 형태가 보이기 시작한다. 우수아이아가 가까워지는 모양이다. 우리나라 지도 모양의 호수가 아닌 바다가 보이고, 바다 너머에는 설산들이 이어진다. 해발 높이가 그리 높지 않은데도 설산이 형성되는 것은 남극이 가까워져 간다는 것이다.

파타고니아의 지도를 펴 놓고 보고 있으면 정신이 없다. 섬들과 섬들 사이의 해협은 어찌 그리도 많은지, 칠레와 아르헨티나 국경은 어떤 사유로 그어졌는지 머리가 갸우뚱해진다. 육지가 동서 직선으로 분할되고, 남쪽 땅은 땅이 아니라, 섬을 남북으로 갈라서 국경이 만들어져 있다. 우수아이아가 세상의 끝(Fin del

Mondo)이라는 말로 세상의 많은 여행객들을 유혹하고 있지만, 진짜 남쪽 끝은 칠레 섬 Isla Homos다.

대한민국 지도 같은 호수가 아닌 바다

아무튼 아르헨티나 최남단의 작은 마을 우수아이아는 조용하고 아름다운 곳으로, 박물관에서도 보았지만 원주민인 야마나 부족은 한 겨울에도 거의 옷을 입지 않고 사냥과 생활을 하는 모습을 볼 수 있다. 자연과 친화적인 조용한 곳이다. 아무튼 국경이 어지럽다. 국경이 어찌 되었던 버스는 350여 km되는 거리를 거의 11시간 동안 달려 세상의 끝이라는 남극의 첫 관문인 우수아이아에 도착했다.

뒤에 보이는 산 중앙부에 마르티알 빙하Glaciar Martial가 보이는 우수아이아 전경

우수아이아(Ushuaia)는 티에라 델 프에고 주의 가장 큰 섬(IsLa Grande)을 수직으로 국경선을 그어서 서쪽은 칠레 땅이고 동쪽은 아르헨티나 땅으로 나누었는데 그 아르헨티나의 남단 비글 해협에 접한 항구도시가 우수아이아다. 우수아이아는 어업 기지이며 국경을 지키는 해군기지가 있고 남극과 비글 해협을 여행하는 관광도시다.

불의 땅의 뜻을 가진 티에라 델 푸에고(Tierra del Fuego)라는 이름이 붙여진 것은 처음 이곳을 발견한 영국 선교사들이 원주민들이 불을 피워서 연기를 내고 있는 것을 보고 붙여진 이름이라고 한다. 우수아이아는 1893년부터 도시가 형성되었고, 1901년에 개업한 카페가 현재까지도 영업을 하고 있는 한 세기가 넘는 역사를 가진 도시다.

우수아이아 지역에는 원래 네 부족의 원주민이 살고 있었는데. 추운 날씨에도 옷을 안 입고 바다사자 기름을 몸에 바르고 카누를 타는 부족도 있었고, 조금 위쪽의 한 부족은 과나고(Guanaco)라는 동물 가죽으로 옷을 만들어 입었던 부족도 있었다고 한다. 유럽의 정복자들과 함께 건너온 병균 때문에 극소수의 원주민만 남아있고 다 죽었다는 이야기도 있다.

늦은 밤에 숙소에 도착해 곧장 잠들었다가, 다음날 아침 일찍 나서서 여행사를 찾아 비글 해협 투어를 알아보고, 10시에 출발하는 미니버스로 우수아이아 서쪽으로 15km 떨어진 티에라 델 푸에고 국립공원으로 출발한다.

숙소에서 부두로
내려가는 길.
부두길 삼거리에서
오른쪽으로 조금 걸어가면
미니버스 정류장이 있다

4시간이 소요되는 산책길이 정다운. 띠에라 델 푸에고 국립공원

바다 너머 보이는 설산은 진짜 땅끝. 칠레 섬 나바리노(Isla Navarino)

유럽 이민자들이 우수아이아에 와서 삶의 터전을 만들기 위해 길을 내고 마을 터를 잡고, 집을 짓고, 수송을 위하여 길을 내었다. 철로를 부설하기 위하여 본국의 죄수들을 이곳으로 1884~1947년 사이에 강제 이주시켜 노역을 시킨 결과로 나온 이 공원을 나는 가고 있다.

공원에 도착하여 처음 만난 곳 로카 호수(Lago Roca)는 아르헨티나와 칠레 국경이 동서로 나뉘어진 호수다. 호수 너머 보이는 설산은 칠레 땅의 섬이면서 높은 산이다. 동서로 길게 뻗어 있는 큰 호수는 물도 맑고 안데스 산맥 끝자락

이라 산수가 거칠면서도 수려하다. 국립공원 안에서는 자유롭게 풀을 뜯는 방목한 말들, 늑대도 보이고, 여러 종류의 새들 흐르는 냇물에서 수달과 다정하게 노는 오리도 보였고, 남극에서 불어오는 차가운 공기로 추우면서도 상쾌한 느낌이 들었다.

돌아오는 버스 정류장 겸 휴식처인 LagoLoca 산장

약 8km의 델 푸에고 갈매길을 지나 거의 4시간 만에 종착지에 도착한다. 돌아오는 버스 정류장 겸 산장이 있는 Lago Loca에 도착하여, 산장에서 주문한 커피 한잔으로 시간을 보내면서 생각해본다. 입장료에 비해 여행 안내 투자가 너무 안된 것 같다. 입장료가 300 아르헨티나 페소다. 한국 돈 2만원 정도인데 시설 투자가 전혀 안 되어 있다. 쉽게 말해 이정표 하나도 제대로 안 되어 있어 거리, 시간을 가늠하기가 어려웠다. 우리나라 남해의 갈매길은 이정표뿐만 아니라 좀 험한 곳은 나무다리를 놓고, 전망이 좋은 곳은 전망대도 있고, 여러 가지 안전 시설도 잘 되어있지만 입장료는 없다. 자연을 살리기 위해서라고 아무리 좋게 생각해도 이건 아닌 것 같다.

오후 3시에 출발하는 미니버스를 타고 우수아이아로 돌아왔다. 숙소로 돌아가기 전 마트에 들러 싸고 맛있다는 아르헨티나 소고기, 양파, 햄과 와인을 사서 들고 와 양파를 듬뿍 넣고 소고기를 같이 구워, 와인과 더불어 한잔하고 있으니 마나님 생각도 난다. 여행의 한 즐거움을 어디에 비하랴. 주방 벽에는 세계각국의 여행자 메모가 보인다. 한국 여행객 글도 많고 태극기도 보인다.

호스텔의 장점은 요리를 할 수 있는 주방시설이 되어 있어 한 번씩 직접 요리해서 한잔 하는 여행의 한 멋을 부릴 수 있다는 것이다. 설거지를 깔끔하게 하고 숙소로 들어오니, 새 손님이 들어 왔는데 연배가 나하고 비슷한 대만계 미국인이다. 이 양반도 혼자서 세계 곳곳을 다니는 토종 배낭여행자이다. 틈틈이 조우하는 대로 여행의 에피소드를 서로 나누고, 정보도 교환하고 세상살이 애기도 나누면서 틈새 시간을 보낸다. 며칠 뒤 엘 칼라파테에서 다시 만나진다.

내일 일정이 고민이다. 모레 오후에는 비행기를 타고 엘 칼라파테로 가야 하기에 시간은 내일 하루뿐인데, 비글 해협을 가느냐, 아니면 마르티알 빙하 등산로(Gracial Martial)를 가느냐? 가이드북에는 비글 해협의 하이라이트 세상의 끝 등대라고 하지만, 지도상의 세상의 끝 등대는 칠레 섬 Isla Homos이기에, 빙하 등산로를 가기로 하고, 와인 한잔의 힘으로 편안한 우수아이아의 둘째 밤을 보낸다.

우수아이아 땅끝 등대. 실제 땅 끝은 후면에 보이는 칠레 섬 나바리노Isla Navarino
남단에 있는 Isla Homos 섬이다

　숙소에서 아침을 들자마자 우수아이아의 마을 뒤 북서쪽 약 7km 지점에 마르
티알 빙하로 가는 트레킹 시작점에서 지도 한 장 들고 빙하 등산로를 찾는다.
불과 해발 1,450m 높지 않은 산인데도 남극점에 가깝다보니 빙하가 존재한다.
일단 시내를 벗어나 등산로 입구에 도착한 것이 거의 한 시간이 흘렀다. 이정표
가 따로 있는 것이 아니고 나무에다 어떤 길은 파란색으로 가는 도중마다 마킹
이 되어 있고, 조금 가다 보면 노란색으로 마킹한 곳이 드문드문 보인다.

　여행객이 별로 안 보여 혼자 산행을 하는 것이 불안하다. 한참 오르다 보니
예전에 운행했던 리프트카 기둥 잔해가 보인다. 운행 안 한지가 꽤 되어 보인
다. 노란 색으로 마킹한 곳을 따라 오르다 보니 차가 다니는 도로가 나온다. 차
도가 빙하 입구까지 연결되어 있는지, 하지만 등산로가 갑자기 찻길로 안내를
하면 어쩌란 말이냐? 벌써 산행한 지 3시간이 넘는다.

　길을 따라 가기에는 등산하는 것이 아니지 생각하며, 다시 노란색 마킹한 곳
을 거꾸로 들어가도 제대로 된 산행길을 찾을 수가 없다. 다시 차도로 나와 고
민을 하다 멀리서, 위로는 빙하 모습을, 아래로는 우수아이아 항구를 보는 것으
로 만족하고 돌아가기로 마음을 먹는다. 약간의 아쉬움은 남지만 시간이 꽤 흘

렀고 먼 이국 땅에서 이정표가 확실하지 않는 곳에서 홀로 산행하기에는 아닌
것 같아 숙소로 발길을 돌린다.

길을 잃어 더 이상 전진하지 못하고, 마르티알 빙하 증명 사진만 찍고 회군했다

마르티알 빙하 8부 능선에서 내려다 본 우수아이아 전경

돌아가는 길도 만만치 않다. 결국 저녁때가 되어 숙소에 도착했다. 물론 해는
하늘 중천에 있지만, 여장을 풀고 샤워를 하고 난 후 어제 남은 소고기와 양파
로 볶아서 남은 와인을 곁들여 오늘의 산행 피로를 푼다.

세계의 끝 야마나 박물관 Museo del Fin del Mondo

우수아이아 부두. 파타고니아 곳곳을 항해하는 거대한 크루즈선이 보인다

오늘 아침도 그렇게 좋은 날씨는 아니다. 숙소 제공 아침을 먹고, 오후에 출발하는 비행기라 체크아웃하여 짐은 숙소에 맡겨 놓고 멀지않은 야마나 박물관을 찾았다. 파타고니아 우수아이아 지역에 초기 정착한 야마나 부족의 삶을 비롯해 원시문명 등 초기에 살았던 생활상을 보여주는 소박한 박물관이다. 다양한 자료와 사진, 그림으로 당시 파타고니아의 생활상을 엿볼 수 있어 좋았다. 시간이 조금 있어 다시 부둣가로 내려가 항구를 바라보니 오래 전 남극 탐험에 운영되었음직한 오래된 선박이 보이고, 대조적으로 현대의 거대한 크루즈가 부두를 꽉 메우고 있다.

숙소로 돌아가 숙소에서 예약한 택시로 멀지 않은 공항으로 간다. 우수아이아의 항구와 아기자기한 건물들. 마르티알 빙하를 다시 눈에 담으면서 아쉬운 작별인사를 나눈다.

장거리버스를 이용하면 우수아이아에서 엘 칼라파테(El Calafate)까지 직선거리 700여km인데, 무려 이틀이 걸린다는 이야기에 고개가 갸우뚱한다. 국경 통과에 문제가 있는지? 부득이 비행기로 1시간 반만에 엘 칼라파테 공항에 도착하여 공항 셔틀 버스를 타니 칼라파테 호스텔 숙소 앞까지 편하게 내려준다. 엘 칼라파테는 인구 2만으로 작은 도시지만, 빙하 국립공원을 관광하러 찾아오는 사람들을 위하여 공항이 있어 수월하게 도착했다.

아르헨티나 파타고니아 여행의 기점인 엘 칼라파테, 숲과 호수로 둘러싸인 도시다. 그 곁에는 전체 면적 4,459km^{2}로 남극과 그린란드에 이어 3번째로 큰 빙하 면적을 가지고 있는 1937년 개장한 로스 글라시아 국립공원이 있다. 1981년에는 유네스코 세계자연유산으로 지정되었다. 국립공원 안에는 페리토 모레노 빙하와 웁살라 해협 빙하가 대표적이다.

칼라파테 호스텔에 도착하여 이틀만 예약되어 있는 것을 하루는 엘 찰텐 트레킹으로 비우고 돌아와 3일을 추가로 숙소를 예약했다. 원 계획은 모레노 빙하 하루, 엘 찬텐 토레호수(Laguna Torre) 트레킹 하루만 하고 아르헨티나 중부지방 바릴로체를 경유해서 부에노스아이레스로 갈 예정이었다. 바릴로체(San Carlos de Bariloche)까지 버스로 30시간, 하루 쉬고, 다음날 부에노스아이레

6일간 머문 가성비가 좋은 기업형 칼라파데 호스텔(Calafate Hostel)

스까지 버스로 20시간을 강행군 하느냐 마느냐 고민하다가 아무래도 무리라 생각했다. 엘 칼라파테에서 원기 보충이 필요할 것 같아, 엘 칼라파테에서 일주일 머물고 바로 부에노스아이레스 가는 비행기표를 예약했다.

마음의 여유를 가지고 재충전하는 시간이 필요하다.

초기 원주민들의 삶이 있는
조그마한 박물관 겸 공원

간만에 속이 편한 식사를 하고 나서도, 시간은 밤 8시가 넘었지만 해는 중천에 떠 있다. 산책 겸 중심 대로변에 공원이 있는 것을 슈퍼 갔다 오면서 본 기억이 나, 공원으로 산책을 나갔으나 시간 제한이 있어 문이 닫혔다. 아쉽지만 그 곳까지도 산책을 하고 나니 그간 피로가 날아가는 것 같다.

다음날 아침 숙소에서 제공하는 아침 식사를 위해 식당으로 내려가니 분위기가 일류 호텔급 분위기다. 물론 아침식사는 일반적인 호스텔 수준인데 빵도 맛있고, 주스와 요구르트 등 깔끔하고 모두가 입맛이 든다. 주위에 대형슈퍼도 있고, 손님 대접도 거의 호텔 수준으로 친절하다. 칼라파테 오시는 여행객은 한번 이용해보시길 추천한다.

너무나 목가적인 니메스 호수 가는 길

니메스 호수 정문

　아침을 든든히 먹고, 오늘은 몸과 마음에 충전하는 시간을 가지기 위해 아무 일정도 잡지 않고 숙소서 멀지 않은 니메스 호수를 찾았다. 니메스 호수까지 가는 길 풍경이 아주 목가적이다. 심신이 푸근해지고 여유로워진다. 아르헨티나 호수 남쪽 켠에 붙은 조그마한 얕은 호수로 각종의 물새들에게 먹이 사냥터로 여러 종류의 새들이 많이 보인다. 그 중에 특히 플라밍고가 많이 살고 있어 보기가 좋다는데 계절이 맞지 않는지 플라밍고는 안 보인다. 북쪽으로 조금 걸어 올라가면 칼라파테의 랜드마크인 아르헨티나 호수가 푸르고 푸르다. 하늘과 구분이 안 될 정도로 환상적인 정경에 그냥 주저앉아 버리고만 싶다.

앞에 보이는 조그마한 호수는 니메스 호수이고 뒤에 보이는 큰 호수는 아르헨티나 호수다.

다시 숙소로 돌아와 숙소 카운터에서 엘 찬텐(El Chalten)투어를 1,200페소에 예약하고, 밀린 숙제도 하고 밀린 속옷과 양말도 세탁하여 뜨거운 햇살이 내리쬐는 베란다에 널어두니 금세 마른다. 노트북을 들고 대형 식당 겸 휴게실로 가서 숙제를 하고 있는데 칠레 아타카마에서 만났던 젊은 친구를 다시 만났다. 서로의 무용담으로 수다를 떨다가 오늘 저녁은 특식으로 아르헨티나 소고기에 양파를 듬뿍 넣고 구워서, 아르헨티나의 유명한 와인도 한 잔 하면서 젊은 한국 친구와 간만에 술잔을 기울인다. 젊은 친구는 내일 우수아이아로 갈 예정이라 서로의 안전을 비는 마지막 건배로 파타고니아 밤을 보내니 세상이 내 것인 양, 또 하나의 여행의 즐거움에 흠뻑 젖는다. 생각 외의 휴양지 칼라파테 둘째 밤을 보낸다.

엘 찬텐에서 돌아온 다음날은 쉬는 날이다. 아침도 느긋하게 먹고 침실로 돌아와 밀린 빨래도, 숙제도 좀 하다가 쉬면서 뒹굴다가, 숙소를 나서 여행사로 발걸음을 한다. 내일 모레네 빙하 투어를 상담하여 결정해야 한다. 대충 주위에

들은 정보로 칼라파테 호스텔과 에이전시 사로 연결된 업체에다 페리토 모레네 전망대 투어만 하기로 예약한다.

우수아이아에서 만났던 여행 친구가 열심히 노트북을 보고 있다. 반갑게 인사 나누고 이런 저런 여행담을 나누다 마음을 모아 간단하지만 식당에서 요리를 한다. 아르헨티나 등심고기(Bife de Chorizo)와 양파를 듬뿍 넣고 잘 구워서 아르헨티나 와인과 더불어 2차 여행담을 나눈다. 이 양반은 내일 엘 찬텐으로 간다고 한다. 아쉬운 작별을 하고 5일째 칼라파테 하늘 아래 잠을 청한다.

다음날 아침 7시 45분에 호스텔 앞에 빙하 투어 여행자들이 모여 버스를 기다린다. 버스는 45분 늦게 도착하여 8시 반에 출발한다. 투어버스는 서쪽으로 향하여 달린다. 지각 출발에 열이 났지만, 아르헨티나 호수 남쪽을 끼고 달리는 파란 하늘과 짙푸른 호수를 바라보니 화는 금세 가라앉고 모레나 빙하의 절경을 상상하게 된다.

파타고니아의 빙하는 남극과 그린란드에 이어서 세계에서 세 번째 큰 빙하지역으로 칠레와 아르헨티나 국경을 중심으로 위 아래로 48개의 크고 작은 빙하들이 설산 아래로 흘러내리고 있다. 생성된 나이가 18,000여 년이다. 파타고니아 지역은 남위 50도 부근위치로 남극과 가깝고, 푸에르토 나탈레스의 토레스 델 파이네(2,850m), 엘 찬텐의 피츠로이 산(3,405m), 토레 산(3,102m)등의 높은 산들이 안데스 산맥에서 남으로 이어져, 강수량이 연 5,000mm 정도로 많은 눈이 쉽게 빙하로 형성되면서 아름다운 빙하 국립공원을 이루고 있다.

빙하 국립공원에서 가장 대표적인 빙하가 바로 페리토 모레노 빙하(Glaciar Perito Moreno)이다. 페리토 모레네 빙하는 파타고니아를 19세기 최초로 탐험한 아르헨티나 탐험가 모레노(Francsco Moreno)의 이름을 따서 붙여졌다고 한다. 페리토 모레네 빙하는 파타고니아 빙하 중에서 가장 유명하고 잘 생겨서 가장 많은 관광객들이 찾고 있는 빙하다. 길이가 30km, 폭이 5km, 물 위의 평균 빙벽 높이는 74m로 물 속의 얼음 깊이까지 합하면 170m에 이르는 거대한 빙하다.

총 길이가 35km, 높이가 74m인 페리토 모레네 빙하 Glaciar Perito Moreno

엘 칼라파테에서 서쪽으로 80여km 떨어진 지점 왼쪽에 우뚝 솟은 모레나 산 (Cerro Moreno, 2,068m) 과 그 뒤에 거대한 피에트로벨리 산(Cerro Pietrobelli 2,950m)과 오른쪽에 도스피코 산(Cerro Dos Picos 2,053m)사이 에 위치하고 있다. 여러 빙하가 녹으면서 만들어진 신선한 찬물이 칼라파테 아 르헨티노 호수(Lago Argentino)를 형성하고 있다.

공원 입구에 도착하니 공원 직원이 올라와 입장권을 팔고 도장을 찍어준다. 다시 출발해 제일 먼저 찾은 곳은, 유람선을 타는 바조라스솜브리스 선착장, 여기서 유람선을 타고 아르헨티노 호수 서쪽 끝에서 빙하 가까이 나아가 순백의 수직 빙하에 압도당한다. 진정하고 배는 선착장으로 다시 돌아와, 버스를 타고 빙하 중간지점 바로 앞에 작은 언덕에 빙하를 한눈에 볼 수 있는 전망대 앞에 차가 정차한 후 3시간 정도 자유시간을 준다.

중앙 전망대에서 서쪽 끝까지 전망대 길을 돌고 난 후, 다시 중앙으로 와 동쪽 전망대까지 걷다가, 벤치에 앉아 순 백색의 절경을 즐기다, 동쪽 버스 주차장으로 1시 50분까지 모이라는 가이드의 말이 끝나자마자 다들 바삐 움직인다. 지나고 보니 바삐 움직일 이유가 없다. 그렇게 긴 코스가 아니다.

뒤에 보이는 설산이 모레나 산(Cerro Moreno, 2,068m)

곳곳의 전망대에서 빙하 절벽을 보고 있자니, 대략 20분마다 한 번씩 포탄 터지는 소리가 난다. 여름철(12월~2월)에만 보고 들을 수 있는 빙하가 깨지는 소리다. 바로 앞에서 벌어져도 휴대폰으로 찍으려고 폼 잡으면 무너지는 장면은 사라진다. 그렇다고 언제 어디서 깨질지 모르는데 마냥 렌즈에 눈을 박고 기다릴 수는 없다. 전문 사진작가라면 망원 렌즈를 삼각대에 걸어놓고 종일 마냥 기다릴 수밖에 없다. 배를 타고 가서 보는 것이나 여기 전망대에서 보는 것이나 차이가 별로 없는 것 같다. 이곳으로 여행하시는 분은 참고하시길.

전망대는 빙하를 바로 눈앞에서 볼 수 있게 잘 꾸며져 있고 맨 아래에 약간의 넓은 공간에 벤치가 있어서 앉아서 느긋하게 조금 전 가까이서 보았던 빙벽, 무너지는 빙하의 장관을 보면서 다시 압도당하는 마음을 진정시킨다.

이 코스 말고 비용이 많이 들지만 직접 페리토 모레네 빙하를 직접 걸을 수 있는 빙하 트레킹 투어가 있고, 또 옵살라 빙하투어로 버스로 푸에르토 반데라(Puerto Bandera)에 도착하여 배를 갈아타고 노르테 해협을 지나 오넬리호(Lago Oneelli)까지 가면서 호수 위에 떠 있는 유빙을 보며 만지기도 하고, 옵살라 빙하 초입까지만 보고, 마지막으로 스파가시니 빙하(Glaciar Spegazzini)를 보고 돌아오는 투어다.

동쪽의 모이기로 한 장소로 가는 길이 또 한번 감동을 안긴다. 길게 이어진 빙하 벽 앞에 떠 있는 조그마한 유람선이 빙벽의 압도에 눌려 있는 것 같다. 지구 온난화로 빙하의 모체가 조금씩 줄어든다는데 언제까지 이 장관이 살아 있을까?

　모이는 시간에 여유가 있어 빙벽이 보이는 벤치에 앉아, 휴게실 음식값이 비싸다고 도시락을 준비하라는 가이드북의 안내대로 준비해온 간단한 점심 식사를 한다. 자연의 웅장함과 신비로움에 추운 느낌도 모르고 몰입하고 있다가, 시간이 되어 버스를 타고 칼라파테로 돌아간다.

아르헨티나 호수

　숙소로 돌아가는 길, 아르헨티나 호수변을 지나는 길이 파란 하늘과 뭉게구름과 파란 호수가 조화를 이루어 평화스럽게 보인다. 숙소로 돌아와 내일 부에노스아이레스 출발 준비를 하고 주방으로 간다. 또다시 소고기에 양파를 듬뿍 넣고 알맞게 구워, 아르헨티나 포도주와 파타고니아 마지막 밤에게 이별을 고한다. 아르헨티나의 명물 소고기와 와인을 파타고니아 지역에선 원도 없이 저렴하게 먹고 마신다.

　내일은 번잡한 도시로 나간다.

오늘은 하늘의 바위, 피츠로이 산을 보기위해 엘 찬텐으로 가는 날이다. 아침 8시에 엘 찬텐 트레블 버스가 호스텔로 픽업하러 와 편하게 투어를 할 수 있게 됐다. 숙소에서 예약을 안 했으면 택시비 100페소를 주고 버스 터미널로 가서 다시 엘 찬텐으로 가는 버스를 찾아 타야 한다. 같은 가격으로 번거롭지 않게 편하게 다녀올 수 있다.

아르헨티나 호수(Lago Argentino) 서쪽으로 돌아 수평선만 보이는 평원을 달린다. 그리고 비에드마 호수(Lago Viedma)서쪽을 끼고 돌아 3시간 만에 엘 찬텐 입구 공원 관리소에 도착한다. 공원 관리소에 모두 들어가 산행 방법과 주의할 점에 대해 설명을 듣고 다시 버스를 타고 공원 내부로 들어간다.

1차 산행으로 숙소에서 왕복 6시간이 걸리는 토레 호수(Lago Torre)에 올라 갔다 오는 게 좋을 것 같다. 호스텔 주인장이 자세하게 길을 설명해 준다. 마을 북쪽 가는 길 중간에 이정표가 있으니 이정표대로 가면 길을 잃지 않고 잘 갔다 올 수 있다며 Good Luck! 을 외친다.

광활한 팜파스(Pampas) 지역을 지나 하늘을 찌를 듯한 바위산인 피츠로이 산 (Mt Fitz Roy, 3405m)과 토레 삼봉(Cerro Torre)을 보기 위해 토레 호수까지 가는 트레킹이다. 엘 찬텐(El Chalten)이라는 말은 파타고니아 인디오 부족인 테월라족(Tehueche)의 말로 연기 나는 산이라는 뜻이라고 한다. 피츠로이 산은 세찬 기류가 정상부근에서 충돌해 하얀 연기를 뿜어대는 것처럼 보인다고 해서 원주민들은 이 산을 연기를 내뿜는 산(El Chalten)이라고 불렀다고 한다.

그리 높지 않은 산이지만, 1959년에야 겨우 인간에게 첫 등반을 허락한 산이라 만만하지는 않다. 피츠로이 산과 토레 삼봉은 보통 구름에 가려 있어, 일 년 중에 뚜렷한 모습을 볼 수 있는 날이 그렇게 많지 않다 한다. 출발할 때는 날씨가 그런 대로 좋았는데 가면 갈수록 흐려지더니 결국엔 비가 내린다.

그렇다고 돌아갈 수는 없다. 비바람을 뚫고 앞으로 계속 뚜벅뚜벅 걸어 올라간다. 땅을 걷다보니 나는 보지 못했는데 푸에르토 나탈레스에서 본 젊은 한국분이 인사를 한다. 나탈레스에서 트레킹을 하고 바로 버스로 칼라파테로 왔다고한다. 날씨 때문에 공쳤다는 애기도 한다. 엇갈리는 길이라 긴 이야기를 못 나누고 서로의 안전한 여행을 기원하며 헤어진다.

공쳤다는 소리에 다리에 힘은 빠지지만 돌아갈 수야 없지! 약 3시간 넘게 걸려 토레 호수에 도착은 하였지만, 역시나 눈 비와 구름에 가리어 보이지가 않는다. 정상적인 날씨라면 호수 좌측으로 Cerro Adela(2,938m), Cerro Torre(3,102m), Ag Egger(2,900m), Ag Standhardt(2,800m), Ag Poincenot(3,002m), 그리고 주인공 Cerro Fitz(3,405m)가 보여야 하는데 황토 색깔의 호수와 희미한 산자락만 보인다.

고도가 높아질수록 바람이 너무 강해져 도저히 버틸 수가 없다. 서 있기조차 힘들 정도로 바람이 계속 불어서 내려가기로 한다. 내일은 좀더 가까운 곳에서 볼 수 있는 트레스 호수(Laguna de Los Tres) 트레킹에서 환한 얼굴을 볼 수 있기를 기대하며 하산을 시작한다.

내려가면 내려갈수록 비는 폭우로 변한다. 엘 칼라파테에서 엘 찬텐으로 갈 때 해질녘 날씨가 좋은 날이면 비에마드 호수 위에 서 있는 토레 삼봉을 보며 탄성을 지른다는데, 훨씬 가까운 토레 호수에서 눈비와 바람, 구름 때문에 흔적도 찾지 못하고 내려가는 심정이란. 다리에 힘도 빠지고 내려가기도 싫어진다.

숙소에 돌아오니 속옷까지 젖어 있다. 샤워를 하고 히터가 나오는 곳에 겉옷을 걸어놓고 간단하게 저녁을 요리해 먹고 침대에 드러눕기에 바쁘다. 옆 침대에 누워있는 미국에서 온 동갑내기 아저씨가 날씨가 엉망이라 고생했다고 위로의 말을 건넨다. 혼자 여행을 다녀도 외롭지 않다. 내일도 기상예보상 날씨가 안 좋으니 나보고 모레 올라가란다. 자기도 하루 더 쉬다가 모레 출발한다고 한다. 고맙다는 말을 전하면서, 내일 오후 막차로 엘 칼라파테에 가야 할 사정이 있다고 말하기도 뭣하다고 혼자 생각하면서 내일 날씨는 맑아져 정상을 꿈에서라도 볼 수 있도록 잠을 청해본다. 피츠로이 산을 볼 수 있는 날은 일년에 60일밖에 안 된다는데…….

다음날 아침에 일어나 창문을 통해 밖을 쳐다보니 가랑비가 왔다가 멈추기를 반복한다. 7시 반에 숙소의 아침식사가 시작되자마자 든든하게 챙겨 먹고 짐을 챙겨 숙소를 나선다. 비는 멎었다. 남쪽 하늘에는 파란 하늘이 보인다. 북풍이 불어 피츠로이 산 근처에 있는 비구름이 북쪽으로 소풍 가기를 간절히 기도하며 출발한다. 오늘은 왕복 9시간이 걸리는 트레스 호수까지 갔다와야 한다. 저녁 6시에 예약된 엘 칼라파테 돌아가는 버스를 타야 하기 때문에 발걸음이 바쁘다.

주인장이 소개한 대로 마을 북쪽 끝까지 도착하니, 트레스 호수 가는 등반 안내도와 큼직한 이정표가 걸려있다. 편도 11.2km, 왕복으로 22.4km 산길을 만 9시간 만에 트레킹 후 하산해야 한다. 그러면 오후 5시경 등산로 초입에 도착하여 숙소에 가서 짐 챙겨 터미널로 가야 하는 강행군 일정이다.

아르헨티나와 칠레 국경에 접하고 있는데 정상은 아르헨티나 지역이다. 1952년에 프랑스 등반가 토레이(Lionei Torray)와 레그논(Gudo Megnone)이 피츠로이 산을 처음 등반했다고 한다. 3,500m 고지의 산이지만 깎아지른 높은 바위산으로 전문적인 산악 등반가가 아니고는 등반하기가 어려운 바위산이었다.

로스 트레스 호수는 빙하가 흘러내려와 형성된 호수로, 호수까지 도착하면 웬만한 날씨라도 토레 삼봉과 피츠로이 산을 볼 수 있다는데, 하나님이 도와주실 것을 믿고 등산로 입구에서 8시경에 출발했다. 시간 여유가 없다 보니 발걸음이 빨라진다. 숨은 가쁘기 시작하고 이마에 땀은 흐른다. 다행히 햇살이 비춘다.

흐렸다가 맑아지고, 또 흐리면서 비가 오락가락한다.

한 시간 반 정도 산행을 하니 1차 전망대가 보인다. 전망대를 보고 있자니 전망대 안내판에는 선명하게 피츠로이 산과 토레 삼봉이 보이는데, 불행히도 실제로는 구름이 가려 희미한 윤곽만 보일 뿐이다. 여기는 햇살이 비추는데 트레스 호수 근처는 날씨가 흐려 모든 것이 희미하게 보인다. 그래도 모든 것은 하늘에 맡기고 올라가 보자. 나는 아주 가벼운 산행 차림이지만, 산행 중간에 두 군데 캠핑장이 있다 보니 집채만한 등산배낭을 지고 올라가는 젊은이들이 많다. 짐을 잔뜩 졌음에도 나보다도 발걸음이 더욱 가벼워 보인다. 기죽지 말고 따라가자. 그래야 오늘 엘 칼라파테에 돌아갈 수 있다. 조금씩 오르면서 햇살은 사라지고 가랑비가 폭풍과 함께 잔치를 벌이려고 한다.

그래도 다 와 가는 것 같다. 마지막 리오 블랑코 캠핑장에 도착했다. 열서너 채의 작은 텐트 집들이 구석구석 자리잡고 있다. 젊음은 좋은 것이다. 어제 폭풍이 불고 폭우가 내렸는데 다들 잘 지냈는지 궁금하다.

4시간 여 만에 도착한 로스 토레스 호수. 기회를 주지 않는다.

보통 날씨가 좋으면 여기서도 토레 삼봉과 피츠로이 산이 보여서 여기서 사진을 찍고 돌아가기도 한다는데, 현실은 아니다. 가이드북에는 여기까지 오는 길

곳곳에 핀 야생화와 빙하에서 흘러내리는 시냇물을 보고 걷다 보면 천국이 따로 없다는데, 눈과 비바람에 정신이 없어서 그런 것들이 눈에 들어올 수가 없다. 이제 캠핑장 너머 큰 냇물 다리를 건너면 이 코스 최고 난코스인 수직 등반로를 타고 1시간 반 정도 올라야 한다.

멀리 트레스 호수 암벽이 병풍처럼 펼쳐져 있다. 그 곳에 도착하면 천국을 볼 수 있다는데. 아무리 힘들어도 여기까지 왔는데 이를 악물고 한 걸음씩 한 걸음씩 올라간다. 아무리 어두운 밤이라도 새벽은 오듯이, 한 시간 반 만에 한 발짝을 올라서니 어제 보았던 호수는 흙탕물이었지만, 여기는 파란 호수가 천국까지는 어니어도 아니지만 나도 모르게 탄성이 터져 나온다. 만약 날씨가 좋아 토레 삼봉과 피츠로이 산을 볼 수 있다면 천국이 아닐까?

비는 멈췄지만 피츠로이 산은 결국 자태를 보여주지 않고, 토레 삼봉도 약간의 실루엣만 보인다. 그래도 적지 않은 나이에 4시간에 이 코스를 주파한 것에 대해 뿌듯함을 조금 가져본다. 비록 보지는 못했지만, 최선은 다했다.

아직까지는 시간 여유가 조금 있어 호수 밑자락까지 가 보았다. 혹시 날씨가 갑자기 좋아져 천국 같은 정경이 나타날지 기대를 걸어보지만 여전히 구름이 걷히지 않고, 시간은 지나간다. 상상의 피츠로이 산을 그리면서 시간을 보내다가 더 이상 기다릴 수 없어 하산을 시작한다.

자평을 하자면 100점 산행은 아니어도 90점 이상은 자화자찬으로 주고 싶다. 내려가다 보니 비가 점점 멎는 것 같다. 아쉬워 다시 돌아보아도 피츠로이 산 근처는 그대로이다. 돌아보지 말고 가자. 그래도 비가 그쳐서 적당한 쓰러진 큰 나무 둥지에 앉아 점심으로 준비해간 햄버거와 사과, 바나나를 먹고 있으니 이 또한 하나의 즐거움이다.

　이미 엎질러진 물이다. 주워 담을 수도 없는 것을 아쉬워하면 얻을 것이 없다. 사람들은 꾸준히 올라온다. 야영 장비를 진 젊은이들이 많고, 나처럼 호수 앞에서 토레 삼봉과 피츠로이 산을 기대하며 가볍게 오르는 사람들도 꽤 있다. 내일 날씨가 좋다 하니 야영하는 젊은이들은 내일 새벽 해뜨는 천국의 장면을 볼 수 있겠지만 오늘 올랐다가 내려올 사람들의 마음을 생각하니 말릴 형편도 안 되고, 속으로만 안타까운 생각이 든다.

　오후 7시에 돌아가는 차 일정을 잡아놓고 올라오는 한국인 3명과 우연히 같은 쉼터에서 만나게 되었다. 그때 시간이 오후 3시 반이었는데, 토레스 호수를 보고 시간 맞게 돌아오는 것은 불가능한 시간이다. 어렵다고 말씀 전하니 가는 데까지 가보고 시간 맞추어 돌아오겠다고 한다. 어디서 오신지는 모르겠지만 먼 곳에서 왔다면 너무 억울할 일이다. 남의 걱정할 처지도 못 되면서……

올라갈 때는 시간 맞춘다고 주위 경치를 여유 있게 본다는 것이 쉽지 않았지만 내려올 때는 오를 때 강행군을 해서인지 시간이 많아 여유롭게 주위를 둘러보고 내려온다. 빙하에서 흘러내려 온 개울물이 굽이굽이 흐르는 곳마다, 나무로 정취 있게 만들어진 다리가 멋들어지고, 이름 모를 들꽃들도 눈에 들어오고, 행복한 시간이다. 리오 블랑크 캠핑장을 지나니 햇볕이 살살 들어선다. 남쪽 하늘은 파란 하늘이고, 북쪽하늘은 잿빛 하늘이다. 천지조화가 야릇하다. 같은 장소인데도 이렇게 달라, 사람 마음을 허하게 돌아서게 한다.

하산 하는 길에 고즈넉하게 보이는 엘 찬텐 마을

마을이 한눈에 보이는 곳까지 도착해 엘 찬텐 마을을 보니 뭐라고 표현할 말이 생각이 안 난다. 남쪽은 파란 하늘인데, 북쪽 하늘은?

아쉬움은 산에 묻어두고 숙소로 돌아가 짐을 챙겨 터미널로 나가 조금 기다리다 6시 출발하는 버스로 엘 칼라파테 터미널에서 다 내리고, 나 혼자만 대형버스를 타고 숙소로 돌아오니 내 집에 돌아온 것 같은 편안한 마음이 든다.

오늘 내일은 푹 쉬고 모레 파타고니아 마지막 여정인 로스 글라시아 빙하 국립공원을 생각하며 잠들 준비를 한다.

엘 칼라파테에서 하얀 눈을 이고 있는 설산과 바다같이 넓은 맑고 푸른 하늘과 옥빛 호수들이 여행객들을 부르고, 앞에는 나우엘 우아피 호수, 뒤로는 카테드랄 산을 비롯한 높은 산이 도시를 병풍처럼 감싸고 있는 덕분에 남미의 알프스라고 부르기도 한다는 바릴로체를 거쳐 부에노스아이레스에 갈 계획을 하고 있었다. 가이드북에는 버스로 25시간 정도 걸리는 것으로 나와 있었는데, 엘 칼라파테에서 바릴로체까지 실제로는 30시간 정도 걸린다는 애기들이 있어 비록 5시간 차이지만 고민을 했다. 이 나이에 무리라고 생각되어 결국 육로는 포기하고, 바릴로체는 건너뛰고 부에노스아이레스로 가는 1월 1일 아침 비행기를 탄다.

비행기 좌측으로는 바다를 옆에 끼고, 우측으로는 방사선 형의 푸른 농원들이 계속 이어진다. 소고기와 농산물 가격이 쌀 수밖에 없는 환경이다. 비행기가 부에노스아이레스에 가까워질수록 바닷물 색이 짙은 흙탕물 색으로 바뀐다. 공항 근처 방파제를 보니 짙은 흙탕물에서 세월을 낚는 낚시꾼이 여럿이다.

부에노스아이레스(Buenos Aires, 좋은 공기라는 뜻)는 남미대륙의 남동부 라플라다 강(Rio de La Plata) 하구 변에 위치한 항구도시다. 16세기 초 유럽의 가난한 이민자가 들어와 쌓아 올린 아름다운 도시로, 남미의 파리 혹은 남미의 유럽으로 불린다. 인구는 수도권 포함 1,500만이 넘는단다. 라틴아메리카에서 멕시코시티와 상파울루에 이어 세 번째로 인구밀도가 높은 지역이다. 탱고와 커피 아름다운 건물이 있는 이곳엔, 항구 도시 태생이라는 '포르테뇨'들의 자부심과 삶의 여유가 넘쳐흐른다.

공항에 도착하여 짐을 찾고 밖으로 나가 공항버스 사무실을 찾는데 두 종류다. 레티로 역까지 가는 버스회사가 있고, 센트로 가는 버스회사가 있다. 숙소가 센트로 지역에 있어 센트로 가는 버스를 타고 기다린다. 30여분 만에 숙소 가까운 곳에 정차하여 숙소 찾기가 수월했다. 나중에 알고 보니 숙소 앞 거리가 한국의 명동과 청담동을 합친 것 같은 플로리다(Florida) 거리이다.

산 마르틴 광장에서 5월의 거리와 마주치는 약 1km에 이르는 거리로 카페, 레스토랑, 갤러리, 백화점, 명품브랜드 숍, 거리의 악사, 노숙하는 젊은이들, 길거리 환전상, 세상에 없는 것 빼놓고는 다 있는 거리다.

이곳도 외교부 문자로 여행 유의 지구라 긴장했던 모든 것이 다 풀어져 늘어진다. 근처 맥도널드 식당이 보여 오래간만에 햄버거로 저녁을 때우고 숙소로 돌아와 샤워를 하자마자 침대로 직행하여 부에노스아이레스 첫 밤을 보낸다.

1810년 5월 25일 스페인으로부터 독립을 기념하는 오벨리스크 5월의 탑이 있는 5월 광장

광장 서쪽에 1820년 5월
25일 2층에서 독립을 선언
한 카빌도(Cabildo). 현재는
혁명 박물관으로 이용된다

1827년 완공된 대성당. 광장북쪽에 자리하고 있고 12인의 사도를 상징하는 12개의 기둥이 특이하다

다음날 아침 일찍부터 숙소 스탠더드 아침을 먹고 숙소를 나서서 가까운 곳부터 공략에 나선다. 도시 이름 그대로 구름 한 점 없이 맑고 화창한 아침이다.

5월의 광장(Plaza de Mayo), 독특한 붉은색 건물의 대통령궁(La Casa de Gobierno)이 같이 자리잡고 있다. 원래는 방어 목적의 요새였으나, 재건축 할 당시의 대통령 사르미 엔토가 붉은 색의 자유당과 하얀색을 표현하는 연합당의 단합을 위해 분홍색을 칠했기 때문에 분홍색 집이라는 뜻을 가진 카사로사다(Casa Rosada)라고도 불린다. 여기도 시민들과 이웃한 곳에 대통령궁이 자리하고 있다.

페론 대통령 정권 당시에는 아직도 대부분의 국민들이 추모하는 에비타와 나란히 선 그의 연설을 듣기 위해 5월의 광장에 10만 명이 넘는 사람들이 모였다고 한다. 궁 주위에는 무장 경찰들의 경비가 물샐 틈 없고, 무슨 공사인지 모르겠지만 작업용 펜스가 쳐 있고 주위가 어수선하다.

1536년 에스파냐 귀족 출신 페드로 데 멘도사(pedro de Mendoza)가 이곳에 자리를 잡아 부에노스아이레스 도시가 탄생된다. 1641년 원주민 과라나 족의 습격으로 도시 기능이 마비되고 폐허가 되었지만, 그 후 수많은 유럽인들이 이주해 남미 속의 유럽 도시로 성장했으며 1810년 5월 25일 스페인으로부터 독립을 선언한 5월 혁명 이후 지금의 이름으로 남아 이곳 5월 광장 중심으로 거리가 조성되었다. 대통령궁 앞은 5월 광장(Plaza de Mayo)으로 대통령 취임식, 수많은 집회와 시위, 월드컵 우승 기념식 등의 국가적 행사 때 많은 시민들이 모이는 곳이다. 40여 년 전 아르헨티나 군부독재시절 무고하게 희생되고 실종된 젊은이들의 어머님들이 실종자 확인을 위한 집회가 열리는 곳도 5월의 광장이다. 오월 광장의 어머니회가 지금까지도 운영되고 있고 세계 매스컴에서도 몇 차례 다룬 적도 있다.

광장의 중심에 서 있는 하얀 오벨리스크같이 생긴 5월의 탑은 5월 혁명의 기념의 산물인데 부에노스아이레스에서 가장 오래된 기념물이다. 또한 아르헨티나 국기를 창안한 마뉴엘 벨오리드 장군의 기마상 동상이 힘차게 서 있다. 광장 앞쪽에는 스페인 정부 정책에 항의해 1812년 독립선언을 했던 하얀색 건물 카빌도, 2층은 현재 5월 혁명 박물관으로 사용되고 있다. 식민시대부터 사용되어온 가구 및 비품 등 아르헨티나 역사를 가름할 물품들이 전시되어 있다.

그 광장 우측으로 대성당(Catedral Metropolitana)이 자리하고 있어 들어가 남아있는 여행도 주님이 주관하시길 빌며 잠시의 안식을 찾는다. 1822년 건설된 네오 클래식 양식의 성당으로, 성당 전면에는 12인의 사도를 상징하는 12개의 기둥이 있고, 남미 해방의 영웅 산 마르틴 장군의 관이 안치되어있다. 입구는 옛날 그 당시의 군복을 입은 호위병이 입구를 지키고 있다고 가이드북에서 보았는데 아무리 보아도 비슷한 사람도 없다.

다시 찬찬히 5월의 광장 주위를 다시 둘러본다. 유럽의 어느 곳을 비교하여도 손색없는 아름다운 도시 풍경이다. 불과 6세기 흘러간 세월로 이 땅의 원주민이었던 인디오들의 삶과 터전은 어디에 있는가?

대통령궁(Casa Losada)바로 너머 부에노스아이레스의 랜드마크이자 운하식 부두 Puerto Madero

대통령궁 뒤쪽으로 강이라기엔 좁지만, 많은 배가 더 나들 수 있는 운하 형식으로 되어 있어 화물선이 정박하기도 한다. 그 뒤쪽으로는 초고층 주상 복합빌딩을 비롯한 높은 건물과 고급카페와 식당도 많아 여행자가 많이 찾는 곳이기도 하다. 부에노스아이레스의 랜드마크 Puerto Madero지역이다.

그 앞쪽으로 Mayo 거리를 직진하면 만나는 거리, 이곳에서 가장 유명한 남북으로 길게 뻗은 7월 9일 대로(9 de Julio Ave)다. 독립기념일 7월 9일을 기념하는 도로이며 왕복 16차선 자동차 도로로 아르헨티나 인들은 세계에서 가장 넓은 도심 도로라고 자부심이 대단한데 맞는지는 확인할 수 없다. 이 길을 건너려면 큰 건널목을 세 번이나 건너야 될 만큼 넓다. 길을 건널 때 보이는 특이한 두 가지 중 하나는 이집트에서 넘어온 오벨리스크, 그 기둥을 중심으로 5월의 광장을 비롯한 부에노스아이레스 중요한 거리에서는 저 오벨리스크가 다 보인다. 저 오벨리스크의 고향인 이집트로 얼마 후 날아갈 것이다. 여기 서 있는 오벨리스크는 이집트 산이 아니다. 순수 아르헨티나 산으로 아르헨티나 건축가의 작품이다.

탱고의 거리라고 불리는
코리엔데스
(Avenida Corrientes)거리

그곳에서 숙소로 가기 위하여 탱고의 거리라고 불리는 코리엔데스(Avenida Corrientes)거리를 거닐어 보았다. 1920년도부터 탱고 라이브를 들을 수 있는 레스토랑(탕게리아, Tangueria)이 늘어나면서 밤의 유흥가로 군림했다고 한다. 지금은 그런 분위기는 사라졌고, 극장, 레스토랑, 카페가 밀집되어 있어 여행자들이 많이 찾는 것 같다.

또 북쪽으로 한 블록 올라가면 라바에 거리(Calle Lavalle)를 만나는데, 일명 영화의 거리라고 한다. 밤새도록 영화가 상영되는 토요일이면 암표상과 관람객들의 혼잡으로 사람 구경하는 것도 한 재미라고 한다. 단 여기도 적색지대이니 밤에는 조심해야 한다.

그곳에서 북으로 3블록 올라가면 Av, cordoba 거리가 나온다. 안전 문제 걱정으로 브라질 일정을 줄이고 부에노스아이레스에서 며칠 더 보내기 위해 알아보다 보니, 첫 번째로 우루과이 휴양도시 코로니아(Colonia)가 있고, 두 번째는 부에노스아이레스 북서쪽으로 30여km 떨어진 휴양도시 티그레(Tigre)이다.

오늘은 내일 둘러볼 우루과이 코로니아 페리 티켓을 구입하기 위해 코르도바 거리에 3개의 페리 회사 티켓 판매소로 찾아갔는데, 가격은 거의 동일하다. 그 중 한 회사를 골라 고속 페리 티켓을 샀는데, 편도 한 시간 걸리는 항해 거리인데 왕복 뱃삯이 1,332페소로 너무 비싸다. 별 도리는 없어 구입한 후 숙소로 돌아와 밀려있던 빨래도 하고, 휴게실에서 숙제를 하기도 하고, 하루키의 〈나는 여행기를 이렇게 쓴다〉 몇 줄 읽으면서 망중한을 보낸다.

저녁에는 유명한 아르헨티나 소 등심을 사다가 구워서 와인 한잔 하면서 여행의 또 다른 멋을 즐겨본다. 힘들고 지친 여행의 피로 회복제로 이보다 더 좋은 것은 없다. 탱고의 도시 첫 밤을 보낸다.

산 마르틴 도로.   아르헨티나 3대 명물중 하나인 엠파나다(Empanada) 식당

우루과이 휴양도시 코로니아를 하루만에 섭렵하고, 아르헨티나 부에노 부두에 도착하니 저녁 시간이다. 돌아가는 길은 우측으로 한 블록 떨어진, 독립영웅 이름을 딴 산 마르틴 도로를 걸어 숙소를 돌아가는 길에 눈에 띄는 곳이 나타났다. 가이드북에서 본 아르헨티나 3대 명물로 첫 번째로 아사도(Asado)라는 소고기 숯불구이, 두 번째로는 아르헨티나 산 와인이고, 세 번째로 엠파나다(Empanada)로 우리나라 만두와 비슷하게 생겼고 안에 내용물도 다양한 고기와 채소가 들어가 있는데, 차이가 있다면 화덕에다 굽는 스타일이다. 1892년 개업한 장수 식당이다. 엠파나다와 세트메뉴로 자체 생산한 수제 맥주를 우연찮게 찾아서 아르헨티나 명물로 뜻있는 저녁을 먹었다. 그 뒤로 저녁에 두 번 더 가서 다른 메뉴로 수제 맥주와 더불어 즐겼다. 관심 있는 여행객을 위해 위치를 기록하자면, 유명한 플로리다 한 블록 동쪽거리 San Martin 거리와 앞에서 언급한 코르도바 북쪽으로 한 블록 거리인 Paraguay 거리와 만나는 사거리에 있다. 많이 이용하시길. 같은 곳에서 둘째 밤을 보낸다.

가난한 유럽 이민자들이 첫 도착한 라보카 부두

라보카 지역 랜드마크 GAMINITO

혼자 가면 살아서 나오기 힘들다는 '라보카' 지역, 원래는 안전 문제로 여행 스케줄에 빼버렸는데, 다음날은 호스텔 자체 서비스 차원에서 가이드를 붙여 무료 투어 행사가 있다. 투숙자 중 원하는 사람만 모여서 단체 행동을 하면 안전하다 해서 그런지 신청자가 20여 명이 넘었다.

숙소 근처 볼리바(Bolibar) 역 근처에서 단체로 29번 버스를 타고 카미니토에 도착했다.

유럽에서, 특히 이태리 남부 사람들 중 어렵게 살던 사람들이 무지개 꿈을 안고 이곳 라보카 부두에 도착하여 '카미니토(Kaminito)' 라는 마을을 형성한 곳이다. 이곳을 근거지로 삼아 돈을 벌고 여유가 생기면 도시 중심으로 나간다. 계속 어려움에 헤매는 사람 중에는 대부분 부두 노동자로, 그것도 아니면 갱단으로 변해 여행객들을 상대로 무장 강도 절취행위가 심각한 수준이라 웬만한 여행객 단독으로는 가기가 어려운 곳이다.

라보카 지역(La Baco)은 초기 유럽 이민자들이 정착한 곳이라, 노동을 하며 지친 몸과 마음을 라보카 부둣가 선술집에서 여인들과 어울려 춤사위를 보인 것이 탱고의 시작이었다고 한다. 현지인은 처음에는 탱고라 부르지 않고 땅고라고 부른다. 상류사회에서는 무시했지만 파리에서 1920년경 상영된 탱고 영화가 좋은 인상을 남긴 후 인정을 받으면서 그들도 점차 열풍에 휩쓸리게 되어 아르헨티나의 독특한 문화로 자리매김한다. 해마다 레꼴레타 지역과 라보카 지역에서 세계 땅고 페스티발이 열린다고 한다. 이곳 출신 탱고 작곡의 황제 카를로스 카르텔의 이름이 거리 이름, 지하철 이름으로 불리기도 하고 탱고 박물관도 이곳에 있다.

　동네 일부를 개조해 예술의 거리를 만들어 새로운 이미지를 얻으려고 노력하지만, 일부 상인들이나 예술가들은 그런 대로 살아가지만, 나머지 대다수 이민자의 후손들은 삶의 고달픔에 헤매고 있다고 한다. 부둣가라는 뜻의 카미니토 (Caminito La Boca)동네에다, 부둣가 노동자들이 일하고 남은 페인트를 가지고 와서 자신의 집 담벼락에 바르면서 차차 원색의 집들의 거리로 탈바꿈하게 된다.

　나중에는 예술가들에 의해서 독특한 예술의 경지로 승화시킨 벽화 거리로 많은 여행객들을 불러모은다. 1822년에 개장해서 132년 된 카페도 옛 모양 그대로 지금까지 영업을 하고 있다. 총기소지가 불법이 아니라서 여기도 밤은 적색지대이다.

어느 한 골목에는 독재 시대에 3만 명의 학생들이 행방불명되어 그 항쟁의 산물인 5월회의 어머님들의 아픔을 벽화로 그려낸 곳도 있다. 삶의 아픔을 추상적으로 벽화를 그려낸 곳도 많다.

이곳에서 태어난 유명인이 많다. 사생아 출신에서 배우로, 배우에서 페론 대통령의 부인으로 서민 정책을 많이 펼쳐 국민적으로 추앙을 받는 에비타도 이곳 출신이다. 또 한 사람은 축구의 황제인 마라도나, 탱고의 세계적인 권위자 후안 데 디오스 필리베르토. 이 세 사람은 이곳 라보카 지역의 우상이다. 그래서 그런지 곳곳에 미니어처를 만들어 발코니에 우상으로, 아니면 광고용 홍보물로 많이 볼 수 있다.

가이드가 철길이 지나가는 지역을 손으로 가리키며, 이 철길을 넘어 혼자 들어가면 안전에 책임을 못 진다고 한다. 육안상으로는 평범한 마을 같은데 밤이 되면 그렇지 않은 모양이다. 살짝 한 곳을 지날 테니 대충 보고 지나가자는데, 얼핏 보아도 살고 있는 형편들이 열악한 곳이 많다. 급히 보고 나와서 일차 단체 여행은 마무리 한다.

2차로 탱고 관련 별도 관람을 희망하는 사람은 남아서 2차로 움직이고, 나머지는 일단 타고 왔던 29번 버스를 타고 이곳을 벗어나라고 한다. 다른 곳을 가고 싶은 사람도 이곳에서 절대 혼자 딴 곳으로 가지 말고 버스는 안전하니 해당 버스를 타고 나가란다.

100년이 넘는 문화재로 등록된 레티로 역(Estacion Retiro), 3개 지역 출구가 있다

나는 가이드에게 물어 20번 버스를 타고 레티로 역(Eatacion Retiro)으로 갔다. 3개의 대형 건물로 노선별로 나뉘어 있으며, 1915년 건설된 네오고딕 양식의 고풍스러운 건물이다.

역 주변으로 식당과 카페가 많아 이용하기가 편리하다. 숙소에서 멀지 않기도 하고, 하루 한날을 잡아 인근 휴양도시인 티그레(Tigre)가는 기차 형편을 알아보고 장거리 버스 터미널에 가서 푸에르토 이구아수 가는 버스표를 구입하기 위해서이기도 하다.

레티로 역 맨 우측에 있는 건물로 들어가니 단거리 노선으로 7개 출구가 있는데 1번 출구가 티그레 전용차선인 모양이다. 일반 대중교통 카드로 지하철처럼 이용할 수 있도록 되어있다. 그리고 북쪽으로 한 50여m 떨어진 곳에 대형 장거리 버스 터미널이 있다.

60개가 넘는 대형 버스회사들 3층에 사무실이 있고, 2층에는 각지로 나가는 간이침대 버스 출구가 100여 곳이 된다. 표를 살려면 3층 입구에 인포메이션 센터에 어디로 어떤 회사 버스를 타고 가는지 말하면 몇 번 창구로 가라고 알려준다. 개별적으로 찾으려면 고생을 해야 한다. 나도 물어서 102번 창구로 가라는데 한창 걸어서 건물 통로 맨 끝에 있는 매표소를 찾았다. 묻지 않고 찾았더라면 고생 좀 했을 위치다. 어느 블로그의 추천을 참고삼아 크루즈 델 노트 회사를 선택했고, 현찰로 줄 테니 할인받으라고 해서 현찰로 세미까마(보통침대)를 정가 1,660페소인데 1,320페소에 구입해서 기분 좋게 돌아간다.

아무튼 이곳은 기차역, 대형 버스터미널이 있어 전국 대부분의 도시에 갈 수 있는 대중교통의 중심지이다. 다만 한 블록 기찻길 너머 사는 사람들은 삶의 고달픈 현장에 있는 사람들로 밤이면 이곳도 적색지구가 되니 조심하시길.

돌아오는 길에 레티로 역 바로 앞에 있는 산 마르틴 광장(Plaza Libertador General San Martin)을 찾았다. 숙소로 가기 위해 지나야 할 곳이었다. 부에노스아이레스에서 가장 아름다운 광장으로, 봄이면 카란다 꽃이 보라색으로 물들여 한층 아름다운 공원으로 변모한다고 한다. 광장 중앙에는 남미 사람에게는 영웅인 산 마르틴이 있다. 1812년 아르헨티나에 들어와 기마 선발대를 조직하고, 남미 해방 전투에 참가했으며 1818년에는 칠레의 독립을 이루는 데 공헌을 하였다. 남미 전체의 독립을 위해 큰 공적을 기리기 위해, 남미 곳곳에 도로 이름이나, 동상으로 그의 업적을 칭송하고 있다. 이 공원에도 말을 탄 산마르틴 장군의 동상이 바로 전투에 임하기라도 한 듯 보인다. 기일인 8월 17일은 공휴일로 지정되기도 했다.

국회의사당과 의회광장. 로댕의 생각하는 사람 복제품 등 여러가지 조형물이 아기자기하다

다음날 아침에는 지하철역으로 가서 처음으로 숩테카드를 구입했다. 25페소라는데 몇 번을 탈수 있을지 물어봐도 알아들을 수가 없으니, 사용하다가 출입구가 안 열리면 돌아가 조금씩 충전해서 쓸 요량으로 그냥 부딪혀 본다.

처음으로 숙소에서 가까운 숩테 B선 플로리다 역에서 한 정거장 가서, 숩테 A선으로 환승을 하여 Congreso 역을 나오니 별천지 같은 곳이 나온다. 국회의사당 앞이다. 이탈리아 빅토로 메아노가 그레코 로망 스타일로 1906년 건설한 건물로, 폭이 약 100m, 면적이 9,000m²로 대리석으로 지어졌고, 건물 중앙에는 80m 높이의 청동 돔이 우뚝 서 있어 웅장하고 고풍스러운 느낌을 준다.

그 앞에는 국회 광장이 있어 5월의 광장처럼 정치 집회의 주 무대가 된다. 광장중앙에는 분수 가운데 로댕의 '생각하는 사람'의 복제품과 천사를 조합한 이색적인 조각품이 있고, 밤이면 분수와 조각상을 비추는 불빛이 환상적이라 산책 나오는 시민들이 많다는데, 이곳도 밤에는 적색지역이라 상상만 해본다.

1773년에 건조된 산토 도밍고 교회(Iglesia de Santo Domingo)

다음은 지하철을 타고 B선 Bolivar역에서 내려 남쪽으로 두 블록 내려가면 Belgrano거리와 Defence 거리가 만나는 사거리에 위치한 산토 도밍고 교회 (Iglesia de Santo Domingo)를 찾았다. 1773년에 건설되었으며, 1807년 영국 군의 공격으로 왼쪽 탑에 포탄 흔적이 있는 역사의 현장이기도 하고, 국회 의사 당 앞 동상으로 서있는 독립운동의 영웅이자 아르헨티나 국기를 만든 벨그라노 장군의 관이 안치되어 있다. 특이한 것은 교회 안쪽 예수님 전당에 아르헨티나 최대의 파이프 오르간이 설치되어 있다. 한 켠에 앉아 주님께서 역사하신 곳을 다시 한 번 되새겨보며 잠시의 안식을 갖는다.

다시 남쪽으로 레시마 공원으로 가기 위해서 지하철을 타고 돌아가느니 좀 걷 더라도 남쪽으로 걷기로 하고, 가다 보면 데펜사 거리(Calle Defensa)거리를 지 나게 된다. 산텔모 지역의 메인 도로라 할 수 있다. 거리 예술가들의 무대가 되 어 지나치는 여행객들의 볼거리를 제공한다.

전염병이 돌기 전 살았던 부유층의 저택과 가옥 등이 아직도 그대로 있다. 바닥 길은 인도나 차도나 돌 벽돌로 만들어진 거리로 19세기 유럽의 전통 도로 형식 그대로이고 전통 가옥들은 골동품, 기념품 등을 파는 상점으로 변해 여행객들을 유혹하고 있다.

레시마 공원내에 있는 국립 역사 박물관, 아르헨티나 역사에 관한 주요 유물.자료 등이 전시되어 있다

1536년 부에노스아이레스를 탄생시킨 뻬드로 데 만도사(Pedro de Mendosa) 동상

그 거리를 지나 찾은 산 텔모지역의 레시마 공원(Parque Lezema), 1857년 살타에서 온 상인 호세 그레고리 레시마가 이곳의 땅을 사들여 나무를 심으며 가

꾸어 온 곳을, 그가 죽은 후 시에 기증돼 그의 이름을 따 레시마 공원이 되었다. 공원 내에는 1536년 부에노스아이레스를 탄생시킨 뻬드로 데 만도사(Pedro de Mendosa) 동상이 서 있다.

일요일이면 벼룩시장이 열려 시민들의 사랑을 받고, 주위 골목골목 마다 상설 벼룩시장이 있어 여행객들을 부른다. 그리고 공원 내에는 국립역사 박물관이 있다. 식민지시대부터 19세기까지의 산 역사가 그림이나 사진, 유물 등으로 작고 아담하게 꾸며져 있다.

산텔모 지역에는 고 건물과 도로가 그대로 남아있어, 지역의 예술가들이 지역 특성을 살려 갤러리, 수공예품, 공예 수업을 하는 공방 등 오래된 카페와 골동품 상점들이 있다. 길거리 공연도 많아 여행객들이 많이 찾는 곳이기도 하다. 늦은 점심으로 산텔모 지역에 있는 맛집 라 브라가다 식당을 찾아 스테이크로 간만의 외식으로 배부르게 먹었다.

이제는 걸어서 돌아가기는 너무 멀고 해서 C선 Constitucion역으로 해서 환승하여 B선 프로리다역에 내려 숙소로 돌아간다. 오늘의 강행군을 뜨거운 샤워로 풀고 나니 몸이 가벼워진다. 에어컨이 고물이라 시끄럽지만 작동시켜, 한숨 푹 자고 일어나 단골 만두집을 찾아 명물 만두와 수제 맥주로 하루를 정리한다.

다음날 아침은 이제껏 놀던 곳과 달리 북서쪽으로 지하철을 타고 Las Heras역에서 내려 비운의 여인 에비타 광장(Plaza Evita)을 찾았다. 역을 나서자마자 기마상이 당당하게 서 있는 Plaza E. mitre 광장이 보인다. 다시 에비타 광장 쪽으로, 분명히 구글 지도상으로 위치가 맞는데 에비타 광장은 안 보인다. 결국 지나가는 행인에게 물어서 찾다보니, 앞의 광장에서 북동쪽 가까운 곳 귀퉁이에 조그맣게 서있다. 한때는 국모로서 국민의 사랑을 받았고

Plaza E. mitre 광장 모퉁이에 있는
조그마한 에비타 광장(Plaza Evita)

지금도 그 시절을 그리워하는 시민들이 많다는데……

에비타 광장에서 큰 대로(Libertador)를 건너면 국립미술관이 있다. 시간 여유가 있어 들어가기로 한다. 긴 줄이 서 있는데 꼼짝을 안 한다. 미술관 입구에 가서 안내자에게 물어보니 11시 문을 연단다, 30여분 남았다. 오늘의 주 목표인 레콜레타 묘지를 보고 와서 여길 들렀다 다시 그 길을 돌아가기에는 그렇고 해서, 서 있는 기다리는 줄 뒤에 서서 기다린다. 안 오던 비가 줄줄 내린다. 묘지 가는 길이 좀 서글프겠다고 생각하면서 입장을 한다.

국립미술관 규모가 크다. 물론 파리, 런던, 로마에 비할 수는 없지만, 성모 마리아 상의 성화가 다양한 패턴으로 유난히 많이 전시되어 있다. 모자이크, 목각 제품 등으로, 예수그리스도의 부활 장면을 카펫으로 짠 것도 특이하다. 프란시스코 고야, 렘브란트, 고흐, 피카소등 유럽의 거장들 작품도 보인다. 무료이니 레꼴레타 묘지 방문시에는 꼭 들여다보시길! 식민지 초기 이민 사회의 아픈 삶을 그린 유화도 많고, 에르네스트 까르꼬바의 '빵도 없고 일도 없고'를 보면서는 실직 노동자의 절망과 분노가 절실히 와 닿는다. 잘 산다는 우리나라도 비슷한 어두운 단면이 존재한다.

높은 종탑으로 라플라타 강을 오가는 배들의 지표가 되는 성모 필라르 성당

오늘의 메인 이벤트 레꼴레타 묘지(omenterios de la Recoleta)를 찾아 우산을 들고 가는 길이 왠지 서글퍼진다. 그래도 한국에서부터 따라온 우산인데, 한두 달 만에 두 번째로 들고 보니 한편으로는 약간 쌀쌀한 날씨에도 마음이 따뜻해진다. 가는 길 옆으로 언덕을 끼고 있는 알베아르 광장(Plaza Torcuato de Alvear) 보인다. 산텔모 거리 못지않게 거리 공연 및 산책을 나온 현지인들이 많다는데 비가 오다보니 텅텅 비어 있다.

레꼴레타 묘지 가는 길 바로 옆에 있는 성모 필라르 성당(Basitica Menor de Nuestra Senora de Pilar)을 먼저 찾았다. 1732년에 지어진 독특한 모양의 성당으로 종탑의 높이가 상당히 높아 라 플라타 강을 오가는 선박들의 길잡이 역할을 했다. 많은 장식품 중에서도 특이한 것은 매우 호화로운 산 페트로 알칸다르 상이다. 방문할 시는 유념해서 보시길.

바로 옆 레꼴레타 묘지에 들어섰다. 비가 상당히 오는데도 관광객뿐 아니라 일반 시민들도 보인다. 고급 주택이 많은 부자동네 한가운데 공동묘지가 들어선 곳이다. 유명한 사람들만의 묘지라, 도시 한복판 금싸라기 땅에 조그마한 별장같이 멋있고 고풍스럽게 지어진 무덤이 많았다. 1822년 개장된 부에노스아이레스에서는 가장 유서 깊은 묘지로 4700개의 납골당이 있다. 70개의 묘지가 국가문화재로 등재되어 있으며, 이 도시에서 가장 유서 깊은 묘지로, 수준 높은 조각과 고풍적인 장식으로 꾸며진 납골당은 묘지라고 부르기에는 너무 예술적이다.

　이곳은 앤 라이스가 소설 〈뱀파이어 연대기〉시리즈에서 자세히 묘사한 뉴올리언스의 죽음의 도시를 연상시킨다. 역대 대통령 묘도 13개나 된다. 그 중 특히 브로드웨이 뮤지컬 〈아르헨티나여 나를 위해 울지 말아요〉의 주인공이자 아르헨티나 영부인이었던 에비타, 에바 페론이 33세의 꽃다운 나이에 서쪽 한켠에 이곳의 주민이 되었다.

　사생아로 시골에서 태어나 13세에 무작정 상경, 그 후 여배우가 되어 1946년 남편 후안 페론이 대통령이 됨으로 영부인이 되어. 구제활동을 많이 하고 노동운동에도 적극적이어서 가난한 사람들에게는 성녀로 불리기도 했다. 선심성 정책으로 경제를 피폐하게 한 면도 있지만 에바 페론은 아직도 아르헨티나 인들의 가슴속에 살아 있다고 한다.

　그녀의 성지 주위에는 유명한 작가와 음악가, 배우, 저명인사들이 이웃 주민으로 자리하고 있다. 직접 찾아가서 보니 묘지는 예전 유명인처럼 화려하지는 않지만, 에비타의 납골당에는 일년 내내 꽃이 끊이질 않는단다. 실제로도 방금 꽂은 꽃들이 비를 맞아 더 영롱하게 보인다.

　하지만 아주 오래된 화려한 묘지도 세월이 흘러 대가 끊겼는지, 찾은 흔적이 없고 허물어져 가는 묘지도 더러 보인다.

바깥의 공원에는 주말마다 고급스러운 수제품을 파는 장이 선다고 한다. 묘지를 나서니 비가 좀 멎는 것 같다.

좌) 부에노스아이레스가 자랑하는 세계 3대 극장 중 하나인 콜론 극장(Teatro Colon)
우) 세계적인 탱고 공연장. 콜론 극장에서 멀지 않다

부에노스아이레스 마지막 볼거리 콜론 극장을 가기 위해 지하철로 네 정거장을 가야 하는데 비도 그쳤고 시간도 많고 해서 Libertador대로를 남으로 걷다가, 다시 7월 9일 대로를 남으로 걸어본다. 부에노스아이레스에서는 고층 빌딩들이 줄지어 서 있는 중심 상업지역이다. 걸어가는 길이 심심치 않다.

며칠간 멀리서만 보았던 부에노스아이레스 심벌 마크인 높이 67m 오벨리스크가 바로 코앞에 보인다. 이집트 어느 파라오의 기념물처럼 보이지만 아르헨티나 건축가의 작품인 순수 아르헨티나 산이다.

그 근처에 세계 3대 극장 중 한 곳인 콜론극장이 보인다. 1890년부터 유명한 3명의 건축가들이 참여해 20여 년만인 1908년에 건설이 완공되었고, 그 해 5월 25일 신축 기념 공연을 했다. 그 후 극장이 노후화되어 2006년에 보수공사를 시작해 100주년을 기념하기 위해 2007년에 완공계획을 세웠지만 공사가 지연되어 2008년 5월25일 독립기념일에 맞추어 재개관했다.

이탈리아 밀라노의 스칼라에 이어 규모로는 그 다음으로 세계에서 두 번째로 크다. 프랑스 파리 국립 오페라 극장과 함께 세계 3대 대극장으로 유서 깊은 극장 중 하나다. 내부 장식이 유럽의 궁전 못지 않다고 하는데, 공연은 없지만 입장료를 내고 극장 내부는 볼 수 있다는데 가격을 보니 우리 돈 2만원이다. 한국에서 아침에 보면 만원도 안 되는데 아무리 궁전 같은 극장이라도 내부만 보는데 2만원이라 포기하고, 겉모습만으로 만족하고 돌아선다.

그 곳서 멀지 않은 세계적인 탱고 공연장이 있는데, 그곳도 저녁시간에만 열고 예약제라 겉모습만 보고, '카미니토' '라 콤파르시타' 등 탱고의 진수 옛 공연 장면을 상상만 하고 발길을 돌린다.

멀리서만 보았던 오벨리스크를 가까이서 바라보고 숙소로 돌아간다. 돌아가는 길에 단골집에 들러 수제 맥주와 오늘은 피자로 마지막 성찬을 하고 숙소로 돌아간다.

부에노스아이레스 마지막 날인 오늘 하루는 서북쪽 교외 호랑이 마을 티그레를 돌아보고 숙소로 돌아왔다. 이구아수로 갈 짐을 대충 챙기고 아래층 로비로 가서 노트북을 켜 놓고 숙제도 하고 이구아수 정보 검색도 다시 한다. 단골집으로 마지막 출근을 하여, 오늘은 수제 맥주도 두 잔, 명물 만두도 곱빼기로 하여 부에노스아이레스 마지막 밤을 보낸다.

현세와 고풍스러운 것이
조화로운 티그레 기차역

　부에노스아이레스에서는 볼 것은 다 본 것 같아, 근교인 호랑이 마을 Tigre를 찾기 위해 숙소를 나서 레티노 역으로 향한다. 산 마르틴 광장을 지나 근교 전용 레티노 역 1번 출구로 갔더니 기차가 출발하고 있는 중이다. 아뿔싸!

　한 20~30분마다 기차가 있다고 하니 역 대합실에서 좀 기다렸다. 다음 열차가 출발 지점으로 들어온다. 숩테 카드를 출입구 검색대에 접촉하면서 잔고가 있을까 걱정을 했는데 무사히 통과되었다. 열차에 오르니 몇 사람 안 보인다. 좌석배열이 좌, 우, 앞, 뒤가 불규칙적으로 깨끗하고 재미있게 배열되어 있다. 시간이 조금씩 지나니 좌석이 거의 만석으로 찬다.

　열차는 출발하고 정거장마다 내리고 타고 한다. 티그레 가는 전용 열차가 아니고 가는 길에 출퇴근 및 업무를 보기 위해 열차를 이용하는 것 같다. 우리의 인천 가는 지하철처럼 1시간 여 만에 티그레 역에 도착한다. 관광안내소부터 찾아 시내 지도를 한 장 얻어 시내 공략을 검토하다 보니 이탈리아 베니스 같은 느낌이 든다.

강과 운하가 운치있게 조화된 도시다. 지도에 호랑이 마크가 있는데 호랑이 하고 어떤 연관이 있는지 호랑이 마크가 도시 곳곳에 보인다.

역 앞으로 나와 정식 산책로가 표시되어있는 다리를 건너 시계방향으로 시내 외곽을 한 바퀴 돈다. 고급 주택을 개조한 카페들이 많고, 강과 운하 사이를 각각의 모양을 낸 유람선이 다니고, 조용하고 청량하다.

역에서 9시 방향에 교회가 표시되어 그곳을 찾았으나, 웬일인지 문이 굳게 다닫혀있다. 저녁에만 예배를 드리는 모양이다. 아쉬움을 접고 12시 방향에 있는 역사 박물관을 향하여 걸어가는데, 눈에 담기는 주위 풍경이 너무나 고요하면서 아름답다.

특이한 곳이 보인
다. 요트 주차장 건
물이다. 육상 승용차
주차장처럼 한대씩
레일을 타고 올려서
지정한 위치에 보관
하고, 필요할 시는
꺼내어 타는 요트 육
상 주차장이다. 난생

처음 보는 요트 육상 주차장이다. 그곳을 지나 12시 방향에 있는 역사박물관에
도착하여 50페소 하는 입장권을 사기 위해 100페소짜리를 지불하니 잔돈이 없
다고 그냥 들어가란다. 동네 환경이 사람을 착하게 만드는 모양이다.

박물관 외관은 웅장하다. 특히 강가로 나와 있는 2층 테라스가 그랬다. 건물
의 웅장함에 비해 소장된 전시물은 그냥 소박하다. 식민지 초기 시대의 힘든 삶
을 표현한 유화 작품, 사진, 스케치화 등이 많고, 목각이나 청동제품으로 사람
을 조각한 작품도 많이 전시되어 있다.

티그레 역사 박물관

　블로그에서 추천한 근처에 있는 스테이크 집을 찾아 간만에 멋들어진 점심식사를 하였다. 식당이름은 'Club de Regeta'이고 역에서 3시 방향에 있는 해사박물관을 지나 대로 안쪽으로 한 블록 지나 Carlos Pellegrini거리에 있다. 관심 있으신 분은 한번 찾아보시길. 이제는 6시 방향에서 시작해 한 바퀴 돌았다. 천천히 산책하시면 3~4시간 정도 소요될 것 같다. 시간 여유가 있는 분들은 여러 종류의 유람선이 있으니 이용해 보시길!

　부에노스아이레스로 돌아가는 기차를 타고 레티노 역에 내려서 다시 산 마르틴 광장 벤치에서 부에노스아이레스에 대해 되새김하면서 조금 쉬다가 숙소로 돌아온다. 내일 이구아수로 갈 짐을 대충 챙기고 아래층 로비로 내려간다.

오늘 아침은 평소보다 든든하게 먹고 침실로 돌아와 마지막 짐을 정리해서 체크 아웃한다. 시원한 로비 소파에 앉아 쉬기도 하고, 노트북을 펼쳐놓고 밀린 숙제도 하면서 오전을 보내다 12시경 숙소로 나와 숙소 바로 옆에 있는 버그 집에서 점심을 먹고, 햄버거를 저녁용으로 사 가지고 터미널로 걸어간다. 다시 산마르틴 광장을 지나 터미널에 도착하니 천지가 시장 바닥이다. 떠나는 사람, 도착해서 각지로 빠져나가는 여행객들로 초 만원이다.

버스는 줄곧 드나들고, 나가고, 오후 2시 반 크루즈 델 노트 버스는 정확하게 출발한다. 레티노역 북쪽 켠에 생활용품 벼룩시장이 열리는 곳으로 지나간다. 워낙 적색지대라 가볼 생각도 못했는데 차장 너머로 보고 간다. 원래 계획은 부에노스아이레스에서 3박 4일 코스였는데, 브라질의 적색지대 소식이 자주 들리는 탓에 상파울루 일정을 포기하고 덤으로 부에노스아이레스에서 알차게 보냈다. 지난 일주일 돌이켜보며 즐거웠던 일, 불쾌했던 일들이 주마등처럼 흐른다. 저녁 6시가 되어 준비해간 햄버거와 사과, 바나나 등을 먹고 나니 든든하다.

이구아수 폭포 가는 길, 버스가 달리는 길 양 옆은 초원으로 까마득히 지평선만 보인다. 이게 바로 아르헨티나의 대초원 팜 파스(인디오 말로 평원)다. 저 멀리 뭉쳐있는 점들은 소떼다.

저녁 8시가 되니 간식도 주고, 저녁은 고기가 들어간 간편식에다 와인까지 곁들여진 소규모 성찬이다. 쓸데없는 부지런을 떨었으니! 배가 불러 포기한다. 와인만 수면제 대용으로 한잔 하고 간식은 내일 아침으로 대신하려고 배낭 한 켠에 모셨다. 초원 너머 지는 해를 보니 갑자기 외로움이 솟는다.

잔 듯 만 듯하게 새벽에 눈을 뜨자 정글 같은 초원을 보인다. 이제 다 와 가는구나 생각이 들자마자 어제 본 안내원이 2층으로 올라와 주섬주섬 준비를 하더니 간단한 아침을 제공한다. 현찰로 표를 사는 바람에 표도 싸게 구입하고,

저녁, 아침밥에 하룻밤 침대까지 서비스가 이만저만 아니다. 장기 여행하는 배낭 여행자에게는 이보다 더 좋을 수가 없다.

한 시간 연착하여 버스는 9시 조금 넘어 이구아수 터미널에 도착하였다. 숙소로 가는 첫 방향을 잘못 잡는 바람에, 잘 안 하는 길치 행동을 하여 한참만에야 숙소에 도착해서 땀범벅이다. 다행히 아침인데도 체크인이 되었다. 숙소가 터미널에서 멀지는 않지만 약간 외곽지대로 강변에 위치해 있다. 강변 테라스 안락의자에 앉아 강변 정글을 보고 있으니 뭐라 표현할 말이 생각나지 않는다. 지나온 길을 되새김하면서 남은 여정을 생각하다가 일어난다. 점심때가 되니 배가 출출해 어제 배식 받았던 간편식을 냉장고에서 꺼내어 비상용 사과와 비스킷으로 점심을 먹고 오후 내 푹 쉬었다. 이구아수 폭포는 아침8시 이전에 숙소에서 나가면 충분하다고 숙소 사장에게 이야기를 들었다. 그리고 이구아수 시내가 별로 볼 것이 없어 오늘 오후는 여유가 있다.

어떤 블로그에서 터미널 앞 뷔페 식당이 괜찮다는 말을 본 지라, 터미널 쪽으로 다시 걸어보니 그리 멀지 않다. 터미널 바로 앞에 뷔페 식당이 있다. 종류는 다양하지는 않지만 한국 사람 체질에 맞게끔 음식을 골라 무게를 달고 계산해서 먹다 보니 편리하고 먹을 만하다. 식사 후 바로 옆에는 아이스크림 가게가 있어 후식으로 아이스크림을 먹고 나니 또한 내 세상이다.

숙소에 돌아가 강변 베란다에 나가니 낮에 보지 못했던 빨래걸이에 여행자들의 빨래가 많이 널려 있다. 아이쿠! 얼른 들어가 밀린 빨랫감을 들고 나와 빨래를 한 후 비어있는 곳에 널기도 하고 의자 팔걸이에도 널어놓고 침실로 들어오니 속이 시원하다. 내일 세계 3대 폭포 중 한 곳이라는 이구아수 폭포를 상상하며 첫 밤을 보낸다.

숙소에서 제공하는 아침식사를 한다. 여기는 특별히 과일 덩어리 채로 종류별로 조그맣게 썰어서 야채 생 주스를 준다. 상큼하고 맛이 있다. 먹자마자 간단한 배낭을 들고 터미널로 간다. 마트에 들러 폭포 쪽에는 먹을 것이 마땅치 않다고 해서 간단한 요깃거리를 사 들고 터미널에 도착한다. 벌써 대기 줄이 한참이다. 뒤에 매달려 기다리고 있으니 첫차는 못 타고, 다음 버스는 순번이 되어 드디어 폭포로 간다.

입장권을 받고 조금 들어가니 안내 센터가 보인다. 내부에는 간단한 박물관 형식으로 전시되어 있는데 나올 때 보기로 하고 지도를 들고 중앙 기차역으로 가니 그곳도 대기 줄이 길다.

뒤에 서서 여기서도 첫 차는 놓치고 두 번째 열차를 타고 낮은 산책로를 갈 수 있는 두 번째 역 Calaralas Station에서 내려 낮은 산책로에 들어선다.

첫 번째 반기는 손님은 귀여운 동물 코아티(Coati)다.

나중에는 원수가 되지만……

낮은 산책로를 산책하며 등대 같은 곳을 지난다. 첫 번째 휴게소가 보여 쉴 겸 벤치에 앉아 목이 말라 콜라 한 잔 하려고, 아침에 마트에서 산 콜라와 빵이 들어있는 봉지를 열자마자, 아침에 반기던 그 놈들이 정말로 눈 깜작 할 사이에 손에는 콜라만 남아있고, 봉지 반쪽과 빵은 나무위로 날아갔다.

옆에 있는 스페인계 아줌마가 웃으면서 뭐라고 한다. 감으로 생각하니 손등 안 다친 것만이라도 천만다행이라는 소리 같다. 낮은 산책로 입구에 손등을 다쳐 피가 나는 사진을 담은 경고문 생각이 난다. 바로 내가 그 꼴이 될 뻔했다. 손등은 무사했으니 천만 다행이라고 다시 한 번 생각하며 웃어 넘긴다.

낮은 산책로에서 첫 번째로 쌍 폭포(Sallo Alvar Nunez)가 맞이한다. 강 너머에는 산 마르틴 섬(Isla San Martin) 이 보인다. 남미 어디에서든지 산 마르틴이 빠지면 안 되는 모양이다. 낮은 산책로 전망대가 가까워지니 굉음이 서서히 들려온다. 형언할 수 없는 장관이 펼쳐진다. 그전까지는 내가 본 것 중 제일

큰 폭포는 중국 운남성 황과수 폭포였는데, 비교가 안 된다. 정말 장관이다. 높은 산책로에서 아래를 내려다보는 여행객들이 저만치 보이고, 산 마르틴 섬 쪽에는 배를 타고 폭포 앞까지 다가서서 폭포를 쳐다보며 탄성을 지르는 것처럼 보인다.

아르헨티나와 브라질 두 나라에 걸쳐있는 이구아수 폭포(Iguassu Falls), 이구아수라는 말은 카인강구(과라니 족) 인디 언어로 '큰 물' 또는 '거대한 물'이라는 뜻이다. 꽃잎처럼 많은 나비들, 귀엽다가 얄미운 코아티, 악마의 목구멍. 중남미 여행에서 빼놓을 수 없는 세계에서 가장 큰 이구아수 폭포는 아프리카의 빅토리아 폭포, 북아메리카의 나이아가라 폭포와 함께 세계 3대 폭포로 크고 작

은 200여 개의 폭포 물줄기가 너무나도 거대하다.

가장 높은 폭포가 90m, 평균 높이가 64m, 물줄기가 약 3km에 이르는 폭으로 거대한 소리를 내며 떨어지는 모습은 장쾌하다. 가만히 시선을 고정하고 있노라면, 자연이 주는 경외 앞에 겸손이라는 단어가 서서히 다가온다.

조금 더 가까이서 느끼고 싶다면 모터포트에 탑승해 폭포 물줄기를 온몸으로 맞는 "마루코 사파리'를 고려해볼 것, 우비는 필수로 준비할 것, 차원이 다른 짜릿함을 선사한다라는 가이드북에서 본 이야기다. 그래서 나도 무료로 산 마르틴 섬도 가고, 다시 폭포 앞도 간다는 가이드 정보대로, 배를 탈 것이라고 낮은 산책로에서 산 마르틴 배를 타는 길로 가려니 문이 폐쇄되어 있다. 힘 있는 아저씨가 정부에 쑤셔서 무료 노선은 폐쇄하고 개인 유람선 루트를 만들어, 강 아래쪽에 터미널을 별도로 만들어 유료 관광선을 운영하고 있는 것 같다.

산 마르틴 섬 정상을 오르기가 힘들다는데, 그 곳에서 악마의 목구멍을 볼 것이라고 기대는 산산이 무너져 포기하고 높은 산책로로 발길을 돌린다. 맛보기 폭포(Sallo Chico)와 (Sallo Doshemanas)가 아쉬움을 달랜다.

폭포를 이루고 있는 상류 쪽으로 철망 길로 이어져 있어 여러 가지 생각이 든다. 강물 속에서 잉어만한 물고기도 보이고, 황새 비슷한 새도 강가 모래톱에

악마의 목구멍 입구로 가는 모노레일

한가히 서 있는 모습을 보고 있자니, 저렇게 조용히 흐르는 샛강 물이 어떻게 엄청난 물줄기를 만들 수 있는지 하는 생각이 든다.

다시 되돌아 나와 조금 전 내렸던 역으로 가니, 벌써 줄이 장난이 아니다. 혼잡을 피하기 위해 대기표를 사전에 배부한다. 대기표를 들고 휴게실 빈 좌석에 앉아 비상용으로 둔 비스킷으로 요기나 하려고 하는데 앞 쪽에서 경상도 말이 들린다. 처음부터 한국 사람인 것은 눈치 챘지만, 먼저 아는 체를 하지 않는다. 옛적에 별로 반기지 않는 사람을 본 적이 있기 때문이다. 그래도 같은 고향 말에 대뜸 한국에서 왔습니까 물었더니 놀랜다. 일본 사람인줄 알았단다. 알고 보니 동향인 부산 사람이다. 아들이 브라질리아에서 서반아 공부를 하고 있는데 아들도 볼 겸 여기에 왔다가 한다. 아주머니가 왜 사서 고생을 하고 다닙니까? 라고 핀잔을 주신다. 옆에서 남편 되시는 분이 별 소리를 다한다고 너털웃음을 짓는다. 나도 퇴직하면 여행할 건데 하시면서, 이런저런 애기를 하다 보니 시간도 잘 간다. 그분들 대기표가 나보다 빨라 먼저 일어나면서 작별 인사를 나누었다. 또다시 뵐 날이 있겠지요 하며, 아쉬운 악수를 하고 헤어졌다.

나도 순번이 되어 중간 역에서 열차를 타고 악마의 목구멍 역(Estacion Gargante del Diable)으로 가는 초입에서 내려 강 위로 이어진 철제다리를 몇 개 넘자마자 귓가에 울리는 굉음과 함께 엄청난 폭포 물이 발 아래로 쏟아진다.

높은 산책로에서 낮은
산책로를 내려다보니 폭포
물안개가 초점을 흐린다

악마의 목구멍으로 가기 전의 상류. 너무나 평온하다!

    여기가 이구아수 폭포의 하이라이트인 악마의 목구멍(Gaganta del Diablo)
폭포다. 높이가 90m, 가운데 폭이 150m, 전체 둘레는 700m로 마치 악마의 목구멍으로 다 빨려 들어가는 것 같고, 볼수록 장관이다. 국경 넘어 브라질 쪽 악마의 목구멍 전망대에서 아르헨티나 쪽 악마의 목구멍을 보는 관광객들이 멀리서나마 보인다.

악마의 목구멍으로 내려가기 직전

이구아수 폭포의 하이라이트인 악마의 목구멍

악마의 목구멍 지점은 브라질과 아르헨티나 국경선에서 아르헨티나 지역에 속하고 전체 폭포의 2/3는 아르헨티나 지역에 속한단다. 원 이구아수 폭포는 아르헨티나, 브라질, 파라과이 세 나라의 국경에 걸쳐 있다. 남미 역사상 가장 참혹한 전쟁이라고 하는 삼국 동맹 전쟁에서 파라과이가 크게 패전하는 바람에, 원래 파라과이의 영토였던 이구아수가 3등분이 되었다. 하지만 파라과이 쪽에서는 폭포에 접근하는 것이 불가능하기 때문에 파라과이만 제외되고 두 나라만 이구아수 폭포 주민, 브라질 국민, 남미공동체 회원 국민, 그리고 외국인 순으로 차등 입장요금을 받아 관광객 특수를 누리고 있다.

다시 역순으로 기다렸다 중앙역으로 이동해서, 중앙역에서 종점으로 가는 기차를 타려고 보니 상행만 운전하고 하행은 안 하는 것 같다. 모두들 지도에 표시된 산책길로 내려간다. 난들 어쩌리, 동행해서 입구에 내려가 오전에 미루었던 관광안내소 박물관에 들렀다.

이구아수 토착민들의 삶이 그림과 사진으로 전시되어 있다. 가볍고 보고 출구를 나가니 이제는 긴 줄 대신 버스가 대기하고 있다. 편하게 터미널로 돌아와, 다시 어제 먹었던 뷔페에서 맥주 한잔 하면서 이구아수 폭포를 되새기다가 숙소로 돌아간다. 빨랫감도 정리하고 브라질로 넘어갈 준비를 하니 벌써부터 긴장이 된다. 브라질 이구아수 가는 버스표를 미리 사려고 해도 당일 표를 살 수밖에 없고, 30분마다 한 대씩 있으니 걱정하지 말라는 매표소 아가씨 말과, 맥주 한잔의 힘으로 아르헨티나 마지막 밤을 편하게 보낸다.

우루과이
Uruguay

코로니에 행 동형의 고속
쌍동선이 보이고, 선창
너머 요트 교류장이 보인다

　부에노스아이레스에서 또 한번 외도 길. 아침 일찍 부두로 나가 공항과 마찬가지로 체크인을 하고, 한 장소에서 아르헨티나 출국도장, 우루과이 입국도장을 받고 출발 대기실로 가서 기다린다. 한 곳에서 출국과 입국 도장을 받은 것은 처음이다. 시간이 되어 고속 페리 선박에 탑승을 한다. 탑승을 해서 이곳저곳 둘러보니 아르헨티나 면세 상품을 파는 곳이 있고, 승용차와 트럭들이 빽빽하게 하층 주차장으로 들어와 빈틈없이 자리를 메운다.

　진한 뱃고동 소리를 내며 배는 10시 15분에 출항한다. 출발 전 우루과이 수도 몬테비데오를 둘러, 휴양 해변 폰다 델 에스테(Ponta del Easte)에서 하루 쉰 후 브라질 쪽 이구아수로 가는 길을 검토했었다. 검색을 해 보니 폰다 델 에스티에서 이구아수로 바로 가는 버스가 없고, 브라질 한 곳을 둘러서 가야 한다는 정보에 포기한다. 결국은 코로니아만 보고 다시 돌아와 부에노에서 아르헨티나 이구아수로 버스를 타고 가기로 결정한다.

고속 페리는 한 시간 만에 우루과이 코로니아 부두에 도착한다. 승용차를 가지고 탄 승객들은 하층으로 내려가고, 일반 여행객은 출입국 절차 없이 도착 대합실로 바로 나간다. 인포메이션 센터를 찾아 시가지 지도를 구해 탐색을 해보니, 몬테비데오 쪽으로 나갈 여행객들은 이곳을 대충 보고 신시가지로 나가 시외버스를 타고 우루과이 내륙으로 여행을 할 수 있다. 당일 관광을 온 여행객들은 도착한 부두 근처 구시가지를 둘러보고 북쪽 해안가를 둘러보면서 하루를 보낼 수 있다. 이곳은 우루과이에서 가장 오래된 도시이고, 1777년까지 스페인 통치 전에는 포르투갈의 중요한 무역항이었다. 이러한 역사 탓에 말이나 건축이나 생활 풍습 등이 포르투갈과 스페인의 혼합이다.

1995년 구시가지 전체가 세계 문화유산으로 유네스코 지정될 정도로 전체가 고즈넉하다

첫 인상은 쿠바 느낌이 든다. 때묻지 않은 옛날 그 모습으로 남아있는 조그마한 어촌 같은 마을이다. 쿠바에서 보았던 올드 카도 한두 대씩 보인다. 페리 부두 출구에서 좌측 해변을 따라 거닐어 보면 몇 세기 전 오래된 마을 같은 느낌

이 든다.

구시가지 입구에 있는 포르투갈 군이 지은 성문을 지난다. 좌측으로 스페인과 전쟁 당시 사용되었던 포르투갈 포대가 보인다. 다 허물어져 일부만 남아있는 요새 성벽도 그대로이고, 당시 스페인 군에게 퍼부은 대포도 몇 대 성벽에 걸쳐있다. 그 길로 더 안쪽으로 들어가면 요트 정박지가 있고 요트 정박지를 보호하는 방파제가 길게 뻗어있다.

방파제에는 몇 곳에 벤치가 있어 한 벤치를 차고 앉아 신발 벗고, 양말 벗고 따가운 햇볕에 온몸을 맡기고 환전이 귀찮아 미리 준비해온 점심거리를 펼쳐 놓고 맛있는 식사를 하면서, 아르헨티나 쪽으로 얼마 멀지 않은 곳에 고고하게 자리잡은 무인도를 보기도 하면서 망중한을 즐긴다. 고속 페리도 저만치 들어왔다 나갔다 한다.

무인도 뒤에서 나타나는 요트가 그곳까지는 돛으로 항해해서 들어오다, 무인도를 지나면 돛을 내리고 동력을 사용하여 요트 정박지로 들어온다. 그 정경을 보고 있자니 시간이 가는 줄 모른다.

내가 앉은 벤치 뒤쪽에는 요트들이 정박되어 부두에서 연결된 수돗물 호수를 요트 연결구에 꽂아 물을 받아 생활용수로 쓰고, 밥도 짓고 요리도 하고 빨래도 하고 매일 그곳에서 사는 분위기다. 삶이 지겨우면 한번씩 먼바다로 나가 돛과 바람과 씨름하다 들어오는 연속의 삶을 사는 것 같다. 요트마다 자전거 한두 대를 싣고 다니면서 정박할 때는 시내로 나가 일용품을 사기 위해 쓰기도 하고, 장거리 여행도 하고 그러는 것 같다. 강아지도 싣고 다닌다. 분명 그날은 평일인데 휴가를 갖는 것도 아닌 것 같고, 아무튼 여유 있는 삶을 살아가고 있는 사람들이다.

좌) 구시가지 골목마다 카페가 여행객을 유혹한다
우) 맑은 날은 등대 꼭대기에서 부에노스아이레스가 보이기도 하는 수녀원 터에 서 있는 등대

따가운 햇볕을 받으며 마을로 들어가니 마을 전체가 관광객 상대로 곳곳에 카페와 식당이다. 마을 한가운데 17세기 지어진 수녀원 터에 하얀 등대의 높이가 만만찮다. 올라가면 마을 전체가 한눈에 들어오겠지만 우루과이 돈이 없으니 올라가고 싶어도 입장료를 낼 수 없으니 그림의 떡이다. 굳이 간다면 달러를 내고

올라갈 수도 있지만, 그냥 등대 꼭대기에 올라간 여행객들의 눈만 빌리고 지나친다.

사크로멘토 성당(Basilica del Santisimo Sacramento). 성당 안쪽 전면의 전당이 특이하다

다시 북쪽 골목길로 올라가니 흰색이 바랜 사크라멘토 성당이 보인다. 안으로 들어서니 특이한 전면 전당이 보인다. 포르투갈 정착민들이 지었는데 일반적인 성당하고는 내부가 특이하다. 잠깐 앉아 안식을 찾는다.

마을 한가운데 5월 25일 중앙 광장(Plaza 25 de Agosto)이 있는데, 잔디마다 여행객들이 드러누워 오수를 즐기고 있다. 나도 한자리 차고 누워 배낭을 배게 삼아 잠깐 누웠다. 그래도 시간이 남아 Handcraft Market도 구경하고, 거리가 좀 먼 Infantry Brigade 2 'Gral San Martin' 고풍스러운 다리를 보고 부두로 돌아온다. 조금 후 다시 체크인을 하는데 이제는 역으로 우루과이 출국 도장을 받고 바로 옆 카운트에서 아르헨티나 입국 도장을 받았다. 이제껏 여행하면서 하루에 출입국 도장을 4번 받은 적은 처음이다. 우루과이 귀퉁이만 조금 밟아보고 눈요기하고, 다시 부에노스아이레스로 귀항한다.

::::::::::::::::::

브라질

Brazil

::::::::::::::::::

포스 드 이구아수

아침 일찍 숙소를 나서 푸에르토 이구아수 버스 터미널에서 포스 드 이구아수 시내버스 터미널 가는 버스를 타고 브라질 국경을 넘는다. 아르헨티나 출국도장을 받을 동안 버스는 기다려 주는데, 브라질 입국도장을 받을 때는 버스는 사람을 내려주고 바로 출발한다. 뒤에 오는 버스를 타고 오란다. 원칙이 그렇다고 사전 통보를 받았기 때문에 브라질 입국도장을 받고 내렸던 버스 대기실로 가 20여분 기다리니 크루즈 델 노트 버스가 온다. 혹시나 그냥 갈까 봐 티켓을 들고 손을 들었다. 브라질 포즈 이구아수 시내버스 터미널에 도착했다.

이번에는 실수 없이 숙소를 찾았는데, 문패도 없고 철 대문 위쪽에 번지수만 적혀 있다. 철망 문 안쪽에 달린 벨을 아무리 눌러도 안에서 소식이 없다. 수시로 벨을 누르면서 한 30여분 기다리는데 다행히 여행객 두 분이 나온다. 사정 얘기를 하니 여기는 현재 주인이 없다고 한다. 에어비앤비 같은 숙소이다. 두 분 중 한 분에게 주인에게 전화 통화를 부탁했는데 흔쾌히 들어준다. 전화 확인 후 예약 받은 사실이 없단다. 아마 오버부킹을 한 모양이다.

여행 다니다 이런 꼴은 처음이다. 할 수 없이 예약한 숙소는 포기하고 호텔 찾기에 나섰다. 다행히 근처에 호텔들이 많아 몇 군데 돌아보고 예약을 할 수 있었다. 생각지도 않은 추가 경비가 발생한다. 다행히 하룻밤만 자고 내일 리오로 날아가야 하기에 감수할 수밖에, 좀더 비싸지만 돈값을 하는 안락한 숙소다. 간만에 푸근한 침대에서 편안한 잠을 잘 수 있겠다 생각하고 추가경비 고민은 하늘로 날려 보낸다. 짐을 풀고 샤워를 하고 점심을 먹을 겸 숙소에서 지도를 하나 구해 숙소를 나서 시내 탐방을 나섰다.

아르헨티나 이구아수 폭포가 전체 폭포 중 2/3를 차지하고, 거의 다 구경해보다시피 했기 때문에 포스 드 이구아수(Foz Do Iguacu) 구경은 아쉽지만 포기한다. 대신 그 역사를 더듬어보자.

파나나 강을 경계로 브라질, 아르헨티나, 파라과이가 국경을 맞이하고 있는 이구아수 폭포

포즈 이구아수 폭포는 1541년 스페인 탐험가에 의해 처음 발견되었고, 폭포의 지형도는 1892년 브라질에서 비행기를 발명한 알베토 산토스 듀몬트(Alberto Santos Dumont)에 의해서 1916년 아름다운 전체 장관이 재발견되었다.

이구아수 폭포는 원래 개인 소유였는데 브라질 정부의 소유로 넘어와 규모를 넓히고 재보수하여 1939년 브라질 제 1 국립공원으로 지정되었다. 이구아수 폭포의 브라질 쪽에 가장 웅장한 지점에 처음 발견한 듀몬트씨의 실물크기 동상이 있다고 한다.

점심은 우연히 발견한 터키 케밥 집에서 이스탄불에서 먹었던 기억을 살려 맛있게 먹었다. 지도를 보니 포즈 이구아수 폭포 말고는 특별히 갈 곳이 없고 버스터미널에서 멀지 않은 Rio Parana 강변을 찾았다. 폭이 50m나 될까 말까한 강으로 브라질, 파라과이, 아르헨티나 국경이 나뉘어 있다. 강변 상류 쪽에 파라과이를 넘어가는 다리가 보이고 다리 너머에는 조그마한 도시 시우다드 델 에스테(Ciudad del Esta)가 나온다. 저 다리를 넘어서 가면 한국 여행자들이 많이 찾는 파라과이 아손시온(asuncion)가는 길이다.

다리를 경유해 더 상류로 올라가면 '세계 7대 건축 불가사의'라는 별명이 붙은 대형 이타이푸(Itaipu Binacional) 댐이 파라나 강을 막아 큰 호수(Lago de Itaipu)가 형성되어 있다. 브라질과 우루과이 양국 공동사업으로 10여 년간 건설한 대형 댐이다.

가보면 멋있을 것 같은데 가는 교통편도 마땅치 않고 안전 문제도 있어, 강가 벤치에 앉아 저 넘어 파라과이는 어떻게 생겼을까, 안전한 동네인지 혼자서 묻고 혼자서 답을 하며 시간을 보내다 숙소로 돌아온다. 나처럼 푸에르토 이구아수를 보고 브라질 포스 드 이구아수를 포기하시는 분 중 이타이푸 댐에 관심 있으신 분은 반나절 투어를 이용해도 되고, 시간상 투어를 못하시는 분은 시내버스 터미널 바깥 정류장에서 Con Junto C 라고 적힌 버스를 타면 편도 30분 정도 소요되는 거리로 댐 외관만 보고 올 수 있다.

숙소 오기 전 다시 터미널에 들러 분명히 공항버스가 이곳에서 출발하는지 다시 한번 확인을 했다. 시내버스가 공항을 간다니 조금 의심스러워서 재차 확인한 것이다. 정상적인 계획이라면 오늘 밤 버스로 상파울루를 가야 하는데……

상파울루는 브라질 최대도시로 상파울루 주의 주도로 성 바울을 존중해서 붙여진 도시 이름으로 신앙적인 전통이 배어있는 도시로 인구는 천만여 명이다. 그 중 우리의 한인들이 5만여 명으로 상파울루 봉헤티로에 많이 사는데, 주로 패션 업계에 종사하면서 삶의 터전을 이루고 있으며 한인 교회 40여 개가 세워져 있다고 한다.

다시 현실로 돌아와 숙소에서 숙제도 하고 쉬다가 먹을만한 식당을 찾아 나섰다. 여기도 밤이면 적색지대다. 특별한 식당도 안 보이고 해서 터키 식당으로 가서 재탕을 하고 돌아와 침대에 누우니 내일 걱정이 아련하게 떠오른다.

예약 후, e-ticket 을 받았는데 내 이름 중 가운데 이름이 빠져있다. 이제껏 e-ticket 받으면서 가운데 이름이 빠진 것은 처음이라 받자마자 이메일로 이름 컨펌을 해달라고 요청을 했으나 묵묵부답이다. 이곳에서 브라질 리우 데 자네이루로 잘 날아갈 수 있을지 걱정이다.

잠들었다가 알람 소리에 깨어나 급히 시내버스 터미널로 나간다. 브라질 언어로 Aeroporte 간판이 서 있는 곳에 기다리니 여행객은 안 보이고 거의 출퇴근 하는 사람밖에 안 보인다. 좀 똘똘하게 보이는 학생에게 재차 물어봐도 맞다고 한다. 불안하게 가다가 Aeroporte 이정표를 스치고 지나가는 곳을 보고 그제야 안심을 하고 여유 있게 창밖 풍경을 본다. 포스 드 이구아스 폭포 가는 길 이 정표도 보인다. 버스는 좌측으로 돌아 곧 터미널에서부터 40여 분만에 공항에 도착한다.

브라질 저가 항공 Azul

브라질 저가항공 Azul 체크인 카운터에 서니 오히려 긴장감이 없어진다. 이제 는 될 대로 가보자는 뜻인가 보다. 그러나 내 차례가 되어 카운터 앞에 서니 긴 장이 된다. 시비를 걸어 올 것인가, 아니면 무사 통과가 될까?

별일 없이 제대로 타고 적색지대인 브라질 리오로 날았다.

브라질의 수도 브라질리아(Brasilia)가 중간 기착지로 랜딩 아나운싱이 들린다. 고도가 낮아지니 평원만 보이던 곳이, 도시형태의 마을을 지나 고층빌딩들이 보이는 브라질리아 공항에 도착했다.

브라질의 수도 브라질리아(Brasilia)

활주로 옆으로 지나가는 비행기가 대한항공이다. 근 두 달 만에 보는 한국 비행기다. 한국에서야 별일도 아니지만 먼 이국 땅에서 태극기가 그려진 비행기를 보니 그래도 보기가 좋다.

다시 여행객이 내리고 타고 하더니, 다시 이륙하여 종착지인 리우 데 자네이루에 도착한다. 가이드북 안내에 따라 왼쪽으로 나가 본다. 파란색 공항 버스라는 것은 안 보이고 지하철 같은 전동차가 보인다. 세월이 흘러 지하철이 생겼나보다 하고, 전동차 앞의 안내원 아주머니에게 표를 어떻게 사느냐 물어보니 가만히 나를 쳐다보시더니 올해 몇 살이냐고 묻는다. 그대로 65세라고 이야기하니, 65세 이상은 무료라기에 그냥 타고 검표원이 표 요구를 하면 여권을 보여주고 65세라고 하면 된다고 친절히 가르쳐 주신다. 지도를 펴놓고 센트로 숙소 지역을 다시 물으니, 내 지도에다 적어 주신다. 여기서 네 정류장째인 Cariate역에서 내리란다. 고개가 갸우뚱해진다. 가이드북에서는 공항 버스로 40여분 걸린다는데, 너무 가깝다. 어디 가나 좋은 사람 나쁜 사람은 다 있다고 생각하면서 전동차를 타서 정류장 안내 표시 등이 있는 노선을 보니 네 정거장째가 맞다. 다시 의심스러워 젊은 학생처럼 보이는 청년에게 저곳에서 내리면 센트로 지역이냐고 물으니 맞다고 한다. 공항이 새로 생겼나 보다고 나름 추측하면서 가이드북을 원망한다.

숙소 옆에 공원이 있는데 경찰차에 무장 경찰 몇 명이 좌우를 살피고 있다. 전동차가 육상으로 운행하여, 오는 중간에도 곳곳에 무장 경찰들이 보여, 역시 적색지대는 맞으니 다시 한번 조심하자고 마음 속으로 다짐을 한다.

숙소에 도착하니 주인장 왈, 수리 하는 곳이 있어 여기서는 안 되고 가까운 호텔로 같은 조건으로 옮겨 주겠다고 한다. 별 수 없어 근처 호텔로 옮겼다. 옮긴 호텔에서 체크인을 하면서 아침은 몇 시에 먹느냐고 문의를 하니, 이 아가씨 영어를 전혀 못하는 것 같다. 번역기를 들이 대더니 영어로 쳐서 넣으니 포르투갈 말로 번역되어 나온다. 보자마자 No! 라고 한다. 그러면 원래 호텔로 가서 물어보겠다 하니 눈치로 알아들었는지 그러라고 하는 것 같다.

호텔이 깨끗하고 마음에 든다. 지도를 하나 얻어 침실로 올라가니 지금껏 지낸 숙소 중 제일 푸근한 곳

숙소 앞 공원(Parque Tiradontes). 여기도 산 마르틴 장군 동상이 서 있다

이다. 일단은 샤워부터 하고 짐 정리를 한 후, 지도를 펴 놓고 리우 공략을 검토한다. 그제야 내 손으로 내 머리를 친다. 센트로 에서 멀지 않은 국내선 전용 공항인 산토스(Aerporto Santos Dumont)공항에 내린 것이다. 케이프타운에 갈 때 편히 갈 수 있겠다고 생각했는데 물거품이 된다. 워낙 긴장을 하다보니 정신이 없다.

저녁 시간이라 숙소를 나와 조금 전 지나온 공원(Parque Tiradontes)쪽으로 걸어가다 보니, 풍악 소리가 들리는 카페 골목길이 바로 근처에 있다. 조금 전에는 숙소 찾기에 정신이 없어 그냥 지나쳤는데 알고 보니 이름 있는 보행자 거리 카페 골목이다. 대형 벽화 주인공 아가씨가 왜 이제 왔냐는 듯 쳐다본다.

한 곳에 들어가 메뉴판을 펴 놓고 보니 공연료가 포함되었는지 가격이 높다. 슬그머니 놓고 나와 지하철 역 쪽으로 걸어가며 거리 풍경도 보면서 적당한 식당을 찾아 간단히 식사를 하고 해지기 전에 들어가자고, 바쁘게 숙소로 돌아와 밀린 숙제도 하고 적색지대 첫 밤을 보낸다.

브라질의 가장 유명하고 낭만적인 해변도시, '일월의 강'이라는 뜻의 리우 데 자네이루. 1763년부터 1960년까지는 브라질의 수도였다. 호주의 시드니, 이태리의 나폴리, 리우 데 자네이루, 세계 3대 미항으로 꼽히는 도시로 아름다운 코파카바나와 이파네마 해변, 독특한 모양으로 솟은 팡데 아수카르, 리우를 내려다보는 세계 7대 불가사의 중 한 곳인 거대한 예수상 등이 있다.

리우는 1502년 1월 포르투갈의 항해사 아메리코 베스부치가 발견했으며 구아나바라만(GuanabaraBaia)을 강어귀로 잘못 알고, 리우 데 자네이루(Rio de Janeiro)라고 부르게 되었다고 한다. 브라질 하면 삼바라고, 2월말에 열리는 삼바 축제 때는 세계의 관광객들이 몰려들어 도시 전체가 음악과 춤으로 광란을 치른다고 한다.

리우 카니발은 그리스도교의 사순절 전날까지 5일간 펼쳐지는 대규모의 축제이다. 축제는 상파울루, 사우바도르, 해시피 등 4개 도시에서 열리는데, 그 중 리우 카니발이 가장 큰 규모로 치러진다. 카니발은 유럽인들이 이주하기 시작한

16세기 이후부터 19세기 초까지 포르투갈, 스페인, 프랑스, 등의 유럽 문화와 원주민들의 전통과 사탕수수 재배를 위해 끌려온 아프리카 노예들의 아프리카 문화가 합쳐져 삼바 춤, 리우 카니발이 탄생했다.

그리스도의 수난을 되새기며 금욕을 하는 사순절에 앞서 풍족하게 먹고 마시며 춤과 음악을 즐기던 풍습이 오늘날의 카니발로 자리 잡았다고 한다. 리우 카니발은 그 규모와 화려함으로 세계 최고라는 평가를 받고 있다.

카니발의 상징인 삼바(Samba)도 리우에서 탄생된 춤이다. 번쩍거리는 화려한 의상과 음악에 맞춰 엉덩이를 좌우로 격렬하게 흔드는 무용수들, 정교하고 화려한 퍼레이드 차량과 쉬지 않고 음악을 연주하는 악단은 카니발의 핵심 볼거리가 되고 있다. 독일 뮌헨의 옥토버페스트, 일본의 삿보로 눈 축제에 이어 세계3대 축제 중에 하나라고 한다. 소매치기 아저씨들도 대목 보는 시절이란다.

다음날 아침 숙소를 나서 첫 번째 찾아가는 곳, 팡 데 아수카루(Pao de Acucar)는 포르투갈어로 '설탕 빵'이라는 뜻이다. 설탕을 쌓아 올린 모양의 포르투갈 마데이라 성과 비슷해 붙여진 이름이라는 설도 있다. 바다 위에 솟아오른 커다란 화강암 바위산으로 이곳 정상에서 바라보는 리우 도시의 모습은 한 폭의 수채화처럼 아름답고, 해질 녘에는 이파네마 해변 너머로 붉게 물드는 석양이 환상적이라고 한다.

팡 데 아수카루
(Pao de Acucar)
포르투갈어로
'설탕 빵'이라는 뜻

이른 아침 숙소를 나선다. 숙소 앞 지하철 Carioca역에서 코파카바나 해변 쪽으로 달려 Batafoga역에서 내려 513번 버스를 갈아타고, 케이블카 정류장 근처에 내려서 입구에 들어서니 아침인데도 긴 줄이 서 있다. 한참 후 겨우 표를 사서 올라갔다. 75명을 실을 수 있는 대형 케이블카를 타고 올라가는 396m의 바위 봉우리이다. 케이블카를 두 번 갈아타고 올라가면서 바라보이는 구아나바라 만, 아름다운 하얀 해변을 가지고 있는 코파카바나, 이파네마 해안이 보인다.

전망대를 올랐다. 3대 미항이라는 말이 실감난다. 야간에 이곳에서 바라보이는 야경을 상상하니 환상적일 것 같다. 바위 봉우리인데도 주변에 다양한 아열대 사철나무들이 서 있고, 그 나무들 사이에 아주 작은 원숭이들이 놀고 있다.

북쪽 저 멀리에는 구아나바라 만 니떼로이(Niteroi)다리 넘어 희미하게 나마 비행기가 뜨고 내리는 것이 보인다. 저곳이 Galeao 국제공항인 모양이다. 내일 모레만 가야 할 곳이다. 리우 중심가와 리우 항구, 니떼로이긴 다리 넘어 니떼로이 시내가 보인다. 돌아가면서 파노라마처럼 보이는 전경은 3대 미 항이라는 수식을 거저 얻지 않았음을 확인시킨다. 멀리서 7대 불가사의 코르코바두 예수상도 보인다. 내일이 기다려진다!

이 독특한 모양의 봉우리는 두 곳의 아름다운 해변과 북쪽으로 나있는 부두와 공원 해변 가운데에 위치하여 우뚝 솟아 양쪽을 지키는 경비병처럼 보인다. 늦게나마 정확히 알게 된 Galeao 국제공항에서 뜨고 내리는 비행기를 보고 있자니 공항 관제탑에 앉아있는 기분이다. 며칠 뒤면 나도 저기 한 자리 앉아 아프리카로 날아가야 한다.

다시 돌아와 거꾸로 버스를 타고 내린 지하철역에서 다시 지하철을 타고 코파카바나 (Praia de Copacabana) 쪽으로 타고 가다, 이파네마 해변(Paaia de Ipanema) 중간에 있는 (Nossa Senhora da Paz)역에서 내린다. 우선 멀리서나마 예수상을 볼 수 있는 프레이타스 호수(Lagoa Rodrigo deFreitas)를 찾아 길을 나선다, 지하철역에서 북으로 5블록을 지나니 멀리 보이기 시작한다. 부자동네 같이 집들이 럭셔리하고 잘 정돈된 도시 마을이다. 호숫가로 산책하는 사람, 조깅하는 사람, 강아지와 산책하는 사람 모두 차림새와 표정들이 다 밝다.

호숫가에서 다시 이파네마 해변 쪽으로 내려가는 길, 주위가 고급주택들이 줄지어 있다. 여기는 경찰도 별로 안 보이는 것 같다. 해변에 도착했다. 해변 주위에도 고급 아파트들과 명품 상점, 고급 레스토랑들이 많이 보인다.

해변에는 비치발리볼을 하는 젊은 팀과 노년 팀들이 열심히 땀을 흘리고 있고, 배드민턴 형식으로 공을 가지고 시합을 하는 늘씬한 아가씨들, 해변도로에는 조금 전에 본 호수 산책길과 마찬가지로 조깅하는 사람, 산책하는 사람, 등 똑같다. 누가 적색지대라고 하겠나 싶지만 여기도 곳곳에 무장 경찰들이 깔려 있다.

비교적 여유있는 사람들이
드나드는 이파네마 해변

이파네마 해변은 직선 해변으로 길이가 길지 않다. 보사노바의 60년대 대표적인 히트곡 'garota de Ipanema(이파네마에서 온 소녀)'의 무대인 곳으로 유명한 해변이다. 천천히 해변 도로를 따라 걸으며 눈요기하는 재미도 쏠쏠하다.

다음은 코파카바나 해변 쪽으로, 내가 걸어가면서 찾는 곳은 코파카바나 해변 초입에 있는 맛집 중국식당 Chon Kh이다. 코파카바나 해변도 볼 겸 그 동안 잃었던 입맛을 살리기 위해 찾았다. 이파네마 해변을 지나 코파카바나 해변 쪽으로 4블록째인 Francisco거리 끝 이층집이다. 일층에 큰 입간판이 있어 찾기가 쉽다. 일층에 가격표가 있는데 가격이 장난이 아니다. 중국 보통 식당의 3~4배는 되는 것 같다. 들어가 요리 시키기에는 부담이 커서 볶음밥과 야채볶음, 탕 한 가지만 해서 간단하지만 간만에 맛있게 먹었다. 별다른 요리도 안 시켰는데 평소 이틀치의 경비가 소요됐다. 아끼며 여행하다가 한 번씩은 외도를 하자고 작정은 했지만 조금 과했나 싶다.

일반 대중들이 찾는
코파카바나 해변.
밤이면 적색지대다

　다시 코파카바나 해변을 나와 타원형으로 형성된 해안으로 길이가 5km정도
되어 끝까지 걷기에는 시간이 꽤 걸릴 것 같다. 도로변을 따라 걸어가면서 주위
를 잘 살핀다. 곳곳에 무장 경찰이 경비를 서고 있지만 틈은 항상 있기 마련이
다. 특히 코파카바나 해변은 낮이니까 이렇게 걸어보지만 밤이면 엄두도 못 낼
일이다. 여기도 비치발리볼을 하느라 땀 흘리는 모습들이 보인다. 선탠한다고
긴 의자에 누워 내려쬐는 태양빛에 몸을 맡기고 있고, 수영하는 사람들, 윈드서
핑 하는 사람들 모두가 어울려 하루를 멋지게들 보내고 있다. 이파네마보다는
못한 것 같아도 고층빌딩, 호텔, 레스토랑 등이 여행객을 부르고 있고 곳곳에
삼바 음악에 젊은이들이 주위 시선에 관계없이 소리치며 춤을 추고 있다.

　중간쯤 걷다가 그 곳에서 가까운 Cardeal Arcoverde 지하철역을 찾아, 이제
는 현지인처럼 자연스럽게 지하철에 오른다. 아침에 숙소를 나올 때 영어를
조금 하는 여직원이 가르쳐준 센트로 역 공항버스터미널 위치를 정확히 확인하
고자 센트로 역에서 내렸다.

　아무리 주위를 살펴도 터미널 같은 곳이 안 보여 어느 가판대 상점 여직원에
게 물어보니, 바로 앞에서 2145번 푸른 버스를 타면 된다고 한다. 가이드북에서
본 차량 번호와 버스 색깔이 같다. 그래도 확인하기 위해 좀 기다렸다. 10여 분

지나니 2145번 푸른 버스가 나타난다. 먼저 아가씨가 저거라고 소리치며 손짓으로 가리킨다. 물론 포르투갈어지만 아가씨도 걱정이 되는 모양이다.

여직원에게 다가가서 메모지에다 내일 모레 날짜를 적어주니, 그제야 안심이 되는 양 미소가 번진다. 그곳에서 숙소 직원이 가르쳐 준 대로 걸어서 오는 길에 뷔페식당이 보여 얼른 들어간다. 그래도 입에 좀 맞는 것을 골라 저녁도 푸짐하게 먹고, 해지기 전에 바삐 숙소로 돌아간다. 리우 둘째 밤을 보낸다.

다음날 아침도 공짜 밥을 못 먹고 미리 사둔 빵과 과일 인스턴트 커피로 아침을 때운 뒤, 숙소 앞 지하철역에서 4번째 역인 Largo do Machado역에서 내려 숙소직원이 가르쳐준 58번 버스를 타고 코르코바드 언덕 & 예수상(Morro do Corcovado & Cristo Redentor)이 서 있는 곳으로 갈 수 있는 등산열차 입구에 도착한다. 여기도 줄이 만만찮다. 하늘을 날 순 없고 한참 기다려 올라간다.

이 산악 기차는 스위스에서 제작해서 가져온 것으로 언덕을 돌아서 몇 정거장을 거쳐서 710m의 비교적 높은 언덕으로 올라간다. 올라가는 길 좌우로 자리잡

코루코바두 언덕을 올라가는 산악 기차

은 동네가 넉넉하지 못한 티가 난다. 가이드북에 안전하지 못하니 걸어서 올라가지 말라는 이유가 있다.

그리 높지 않은 것 같은데, 계단을 따라 언덕위로 올라가는 길이 만만치가 않다. 여기서도 리우 시내 전체가 조망된다. 다시 보아도 3대 미항이라는 말이 실감난다. 어제 본 '설탕 빵' '팡 데 아수카루'도 선명히 보인다.

코르코바도 언덕 위에 7대 불가사의 중 하나인 그리스도 상이 서 있는데 원 이름은 크리스토 헤덴톨(Cristo Redentor)이고, 우리말로 하면 '구속

자 그리스도'이다. 이 그리스도 상은 1926년 공사가 시작되어 5년 후인 브라질 독립 100주년에 맞추어 1931년 10월 12일 오후 7시에 불꽃놀이와 함께 세상에 태어났다. 이 그리스도 상은 리우의 자랑이고, 브라질의 상징이 되었다. 이 그리스도 상은 높이 38m, 좌우 폭 28m, 무게가 1,145톤의 거대한 조각상인데 한눈에 보기에도 하늘로 승천하는 느낌이 든다.

폴란드 출신 프랑스 건축가 폴 란도프(Paul Landovski)가 조각하고 건축하여 세웠다. 그는 스위스 제네바의 존 칼빈(John Calvin)종교 개혁 기념비도 조각한 바 있는 종교 전문 조각가였다.

그 높은 예수상을 전체를 한 렌즈에 담으려고 하니, 그 혼잡한 가운데서도 눕는 사진 작가들이 많다. 애인을 예수님 상처럼 팔을 벌리고 앞에 세워 놓고 사진 찍는 사람, 그 뒤를 이어서 계속 반복되는 상황이다. 입장료도 만만치 않은데 예수님 상이 브라질을 먹여 살린다 해도 과언이 아닌 것 같다.

조각상 뒤에는 조그마한 예배당이 있고 누구든 원하는 사람에게 세례도 받을 수 있고, 결혼식도 올릴 수 있단다. 나도 들어가 한켠에 앉아 주님과 함께 잠깐의 안식 시간을 가진다.

　다시 내려와, 오후에는 센트로 주요지역을 보기 위해 센트로 역 한 정거장 전인 Presidente Vargas역에서 내려 역에서 가까운 칸델라리아 교회를 찾았다. 포르투갈 리스본에서 가져온 석회암으로 건설한 돔이 특징인 이 교회는 리우 데 자네이루 최초의 교회이다. 1603년 심한 폭풍에 간신히 목숨을 건진 선장의 서원으로, 하느님께 살려주신 은혜로 교회를 건설하겠다고 지어진 교회다. 초기에는 조그마한 교회에서 개수, 보강되어 오늘날은 독특한 내부장식과 천장을 장식하고 있는 성화는 이 교회의 지난 과거를 보여준다.

포르투갈 리스본에서 가져온 석회암으로 17세기 초 지어진 칸델라리아 교회|greja de Nossa Senhora da Candelaria

11월 15일 광장
(Praca 15 de Novembro)

다시 그곳에서 멀지 않은 곳, 리우 데 자네이루 굴곡진 정치사의 현장인 11월 15일 광장(Praca 15 de Novembro)을 찾았다. 현재의 이름은 1889년 브라질 공화국의 선언일을 기념하는 뜻에서 이름 지어졌다. 두 차례의 대관식과 노예제 폐지 등, 페드루 2세의 폐위 등이 발생한 브라질 역사의 현장이다.

광장에 있는 파수 임페리알(Paco Imperial)은 포르투갈 식민지 시절 총독부로 사용되었다가 지금은 문화센터로 바뀌었고, 역사의 현장은 노점상들이 거의 차지하고 있다. 옛 영화는 간 곳 없고 노점 상인만 손님 없는 가게를 지킨다.

100년 전의 건물과 벽돌 도로가 있는 곤살베스 지아스 거리 Rua Gocalves Dias

그곳에서 서쪽으로 3블록 가서, 남북으로 이어진 100년 전의 건물과 돌 벽돌 도로가 있는 곤잘베스 자아스 거리를 거닐어 보았다. 20세기 초 상류층의 사교의 장들이 많이 모여 있는 곳이라 하는데 약간의 흔적은 있지만 특별한 것은 안 보인다.

치라덴치스 기념관(Palacio Tiradentes)에서 의회 의사당으로

광장 남쪽에 있는 치라덴치스 기념관(Palacio Tiradentes)을 찾았다. 입구 데스크에서 이름과 국가명을 적어야 하고, 개인별로 통역이 같이 다니며 안내한다. 그것도 무료로.

치라덴치스는 브라질 독립을 위해 목숨을 바친 브라질의 영웅으로, 그가 처형당한 4월 21일은 치라덴치스 기념일이자 브라질의 국경일이기도 하다. 지금은 의회 건물로 사용하고 있으며, 통역 안내자는 각방을 돌면서 브라질 정치사의 변화를 설명하면서 안내한다. 반 정도만 이해하고 나머지는 눈치로 고개를 끄덕이며 1, 2층 내부를 돌아본다. 한때는 세계 경제 5대국 중 한 나라였던 의회 의사당 내부도 보여주는데 참 간소하다. 물론 지금은 정치를 잘못하여 경제가 엉망이라 배고픈 강도들이 설치는 나라가 되었지만.

그곳에서 남쪽으로 멀지 않은 국립미술관(Museu de Belas Artes)을 찾았다. 포르투갈 왕실이 리우 데 자네이루로 수도를 옮길 때 가져왔던 17~20세기의 미술품이 전시되어 있는데, 토요일 휴관이라 외관만 보고 발길을 돌려 시립극장(Teatro Municipal)을 찾았는데 이곳도 토요일 휴관이라 문이 굳게 달혀있다. 외관이 유럽풍으로 고풍스러운 외관을 가지고 있다. 1909년 개관한 극장으로 파리의 가르니에(Garnier) 오페라 극장을 모방해서 지어졌다고 한다.

국립 미술관(Museu de Belas Artes)과 시립 극장(Teatro Municipal)

마지막으로 외형이 특이하다는 대성당을 찾다가 길을 잘못 들었다. 모여 있는 아저씨들의 분위기가 심상치 않은 곳이다. 얼른 빠져 나와 대로로 나와 경찰에게 물어 제대로 된 길로 접어들었다. 멀리서 보아도 성당 같지 않은 피라미드 같은 건물이다.

대성당 메트로폴리타나(Catedral, Metropolitana de Sao Sebastio) 내/.외부

대성당 메트로폴리타나(Catedral, Metropolitana de Sao Sebastio), 직경 96m, 높이 80m의 원추형으로 2만 명을 수용할 수 있는 대형 성당이다. 이 성당은 아르헨티나의 국민 영웅 호세 데 산 마르틴 마토라스(1778~1850)의 재가 묻힌 장소로 가장 유명하다. 브라질에서 가장 중요한 로마 카톨릭 교회다.

내부에 들어서니 성당 전면도 일반적인 성당 전당이 아니다. 상업 광고판처럼 여러 가지 조명으로 스테인드글라스에 성화를 표시했지만 성당 같은 느낌이 잘 들지 않는다.

성당 가까이에 여행객들이 많이 찾는 수도교 같은 아르코스 다라파(Arcos Da Lapa), 예술가의 계단으로 불리는 세라론의 계단(Eacadaria Selaron)이 있다.

지도를 따라 걷다 보니 만국기가 펄럭이는 데가 보인다. 우리 동네 보행자거리 유명한 카페들이 있는 곳이다. 남아있는 브라질 돈을 보니 내일 공항버스 14페소는 이미 따로 보관 했는데도 상당히 남아 있다. 상파울루 경유를 해야 되기 때문에 여유 있게 남겨둔 돈이다. 조금 외도를 하자고 생각하며 맥주 한잔과 적당한 식사도 될 수 있는 것을 주문해 폼 나게 앉아 있는데 밤의 어두움이 다가오니 갑자기 불안해진다. 숙소가 가까워 3블록을 지나서 한 100여m 거리인데도 밤은 긴장을 시킨다. 공연 소리에 발을 맞출 기분이 아니다. 돌아가자, 본전 생각하다가 큰일 당할 수도 있다고 생각하고 급히 발길을 돌렸다.

숙소에 들어가니 숙소 직원이 오늘 아침을 왜 안 먹었느냐고 뚱딴지 같은 소리를 한다. 대행사에 클레임 요청을 한 것이 먹혔나 보다. 알겠다고 내일 먹겠다고 올라와서 샤워하고 아프리카로 떠날 채비를 다시 한다. 숙소서 최소 7시 반에는 출발해야 여유 있게 공항에 도착한다.

새벽 6시 반경에 숙소 침실 앞 식당에 들어가 식사를 달라고 하니까, 손짓하는 폼이 침실에서 기다리란다. 침실로 돌아오자마자 아침 식사로는 과하게 차려

왔다. 시간이 없다 보니 대충 챙겨 먹고 3일 청소비로 침대 위에 팁을 남겼는데, 청소하신 아줌마가 챙길지, 아니면 식당 직원이 챙길지 모르겠다.

짐을 챙겨 메고 끌고 숙소서 나와, 돌길을 걷기도 하고 아스팔트 길을 걷기도 하여 7시 반 전에 터미널이 아닌 센트로 버스 정류장에 도착했다. 그제 본 직원은 안 보인다. 오후 당번인 모양이다. 시간이 일러 느긋하게 기다렸다. 그런데 50여분이 지났는데도 버스가 오지를 않는다. 푸른색 버스가 그 한 종류가 아니고 투어 버스가 몇 종류 되는 것 같은데 한 차례 놓친 것인지, 아니면 일요일이라 배차 시간이 긴 것인지 초조해진다.

이틀 전 재차 확인도 했고, 가이드북에서도 언급한 상황이라 오기는 필히 올 것인데 정말 초조해진다. 어렵게 구한 비행기표인데……

택시 한 대가 내 앞에서 한 손님을 내리게 한 후, 잠시 손님을 기다린다. 결정을 해야 한다. 저것을 타고 편하게 갈 것이지, 아니면 기다렸다 공항버스를 타야 할지 머릿속이 번개같이 돌아간다. 순간적으로 앞으로 다가가 공항까지 얼마냐? 100페소라고 한다. 리오, 상파울루 공항에서 비상금으로 남겨둔 돈으로 결국 택시를 택한다. 잘한 선택이라 생각하고 가고 있는데, 이제는 이놈의 택시가 바로 가는지 걱정이 된다. 워낙 적색 지대인지라 모든 것이 불안하다. 한 30여 분 달리니 공항 이정표가 보인다. 비행기 문양 밑에 'Aeroprote'라고 쓴 이정표가 그리 반가울 수가 없다. 이제는 케이프타운으로 가는 데는 문제가 없다고 한숨을 놓는다.

아프리카

Africa

———

남아프리카공화국

·

잠비아

·

이집트

남아프리카공화국
Republic of South Africa

　어렵사리 탄 비행기는 케이프타운을 향해 날아간다. 첫 경유지 상파울루 공항에 도착해 짐을 찾고, 다시 라탐 항공사에서 제공한 셔틀버스를 타고 시내를 관통하여 국제선 터미널로 이동한다. 창 밖으로 보이는 상파울루 풍경이 낯설지 않다.

　원 계획대로라면 상파울루를 3~4일 둘러보고 버스로 리우 데 자네이루로 가야 하는데, 야간 버스 무장강도 탈취 사건으로 브라질 적색경보가 내려 상파울루 대신 아르헨티나에서 며칠 더 머물다, 지금 아프리카로 가고 있는 중이다.

　상파울루에서 다시 남아공 수도인 요하네스버그를 향해 대서양 상공을 날아간다. 얼마 지나지 않아 어둠이 짙어진다. 기상 상황도 좋고 저녁 반주로 마신 와인 한잔 덕분에 숙면을 취한다. 새벽녘에 눈을 뜨니 아직도 날씨가 좋아 아래가 훤히 보인다. 대서양은 사라지고 아프리카 땅이 보인다.

　아래로 보이는 초면의 아프리카 땅, 정글은커녕 푸른 초원 보기도 어렵고 붉은 황무지가 대부분이다. 랜딩 콜이 떨어져 고도가 낮아지니 도시 형태가 나타난다. 아프리카 첫 도착지 요하네스버그 OR 탐보 국제공항에 도착한다. 케이프타운 환승 여유 시간이 고작 2시간인데 20여 분 연착에다, 항공사가 Latam에서 British로 바뀌면서 짐도 찾고 다시 체크인하느라 정신이 없다.

　입국 심사대에서 처음 만나는 아프리카인 입국 심사위원이 몇 마디 간단하게 묻고선 입국 도장을 꽉 찍어준다. 입국도장을 받고 게이트 대기실에 앉을 때까지 숨이 가쁘다. 남미 대륙을 북에서 남으로 더듬고, 아프리카는 남에서 북으로 더듬고자 희망봉 케이프타운 공항에 도착했다. 입국도장을 받고 공항을 나서 미지의 대륙 아프리카 첫 발자국을 디딘다.

　공항버스로 공항을 출발하여 시내로 나가는 길, 사전 정보 검색차 보았던 케이프타운 저소득층 밀집 구역인 타운 십(Town Ship) 동네를 지나는 것 같다. 양철 지붕의 집들이 다닥다닥 붙어 있고, 판자로 벽을 만든 허름한 가옥들이 일정한 간격을 두고 집단생활을 하는 듯 보인다. 이곳은 아파르트헤이트(인종차별 정책)의 산물이다. 지난 어렸을 적 어려웠던 서울 생활이 생각난다. 시내로 갈수록 집들은 좋아진다.

남아프리카공화국의 입법수도이자, 가장 활발한 도시 케이프타운은 항구도시로 오래 전부터 발달해 온 도시로 상업, 금융, 제조, 농수산물 등 다양한 산업이 발달한 곳이다. 고풍적인 유럽식 건축물과 현대적 도심 건물이 같이 조화롭게 어울려져 있다. 남아공 하면 만델라 대통령, 투투 대주교, 아파르트헤이트, 금과 다이아몬드, 보어 전쟁, 부시맨, 희망봉 등이 자연스럽게 떠오른다. 이 단어들은 남아공의 가슴 아픈 사연들의 대명사다. 엘도라도를 찾아 해적같은 유럽의 권력자들에 의해 중남미가 약탈당하고, 이 나라도 불행히도 금, 은 다이아몬드 등 지하자원이 많아 유럽 날강도들에게 약탈당했던 아픈 과거가 있으며 현재도 진행 중이다. 원래는 인도의 향신료를 찾아 떠난 유럽 상인들이 지나는 길목이다. 중간에 들렀다 가는 길에 남아공 엘도라도를 찾아온 반갑지 않은 손님이 안방을 차지하게 된다.

제국주의의 산물로 무지개 나라라는 별명에 걸맞게 다양한 인종이 생활하고 있으며, 이들의 다양한 문화를 함께 즐길 수 있다. 따라서 음식 문화도 아프리카 전통요리, 터키요리, 인도요리. 말레이요리, 일본, 중국, 유럽식, 지중해식 등 다양한 세계의 음식문화가 자리잡고 있다.

남아공 여행의 관문은 케이프타운이다. 또한 케이프타운은 아프리카 여행의 시작점이다. 이에 나도 이곳으로 들어와 남북 종단을 할 계획으로 여기에 와 있다. 케이프타운 시내의 첫 인상은 아프리카에 대한 선입견을 바꾸기에 충분하였다. 넓고 푸른 초원, 야생 동물, 가난과 무질서 등을 예상했지만, 높은 고층 건물, 넓은 도로, 깨끗한 주위 환경, 수많은 자동차 등을 보고 있자니 이곳이 아프리카인지 유럽의 한 도시인지 착각을 일으키게 한다.

공항 버스가 마지막 도착한 곳은 Civic Center, 롱 스트리트와 Strand street와 만나는 4거리에 있는 숙소에서 멀지 않은 곳이다. 터미널에서 대로로 직진, 좌회전, 직진하면 케이프타운 중심도로중 하나인 Stand street가 나오는데, 첫 번째 들어선 대로가 번지수가 틀려 또 한참 헤맸다. 나이 탓인지 길치 아닌 길치 행동을 종종 한다. 어렵게 걸어서 숙소를 찾아 짐을 풀고 나니, 남미 여정에서 쌓였던 피로와 저가항공 이용으로 몇 군데를 둘러서 온 탓에 축 늘어진다. 조금의 휴식을 가진 후 아프리카 첫 냄새를 맡고자 숙소를 나선다.

숙소 옆 도로 롱 스트리트 (Long Street)는 케이프타운의 중심가이면서 여행객이 즐겨 찾는 곳이다. 대부분의 배낭 여행자들은 롱 스트리트와, 한 블록 넘어 클루프 스트리트 (Kloof Street)에 많이 머문다. 숙소 가격이 저렴할뿐더러 여행 정보를 접하기 쉽고, 밤무대를 가볍게 찾기 위해서다. 다양한 카페들이 있어. 세계의 젊은이들이 이곳으로 모인다. 특히 케이프타운에서 야간 활동이 가능 한 곳이다. 하지만 과신은 금물이다.

여행객들의 길인 롱 스트리트, 시티투어버스가 지나는 길이기도 하다

케이프타운은 낮과 밤의 풍광이 너무 판이하다. 해가 떠 있는 대낮에는 사람과 자동차가 분주하게 다니는데, 해가 지기 시작하고 네온사인이 켜지기 시작하면 모든 것이 서서히 사라진다. 도로가에 그렇게 많던 경찰 아저씨, 아줌마도 사라지고 안 보인다. 오직 두 군데, 롱 스트리트와 워터프런트 지역만 밤이 살아 있다. 밤이 살아 있다고 혼자 다니는 것은 안전에 문제가 있다. 특히 흑인 강도가 밤이면 지역을 가리지 않고 설치는 곳도 케이프타운이다.

케이프타운은 500년이 넘는 역사를 가지고 있다. 첫번째 도착한 사람은 1448년 포르투갈 탐험가 바르톨로메우 디아스(Bartolomeu Diaz)로 희망봉을 발견했고, 도시 건설의 시작은 1652년 네덜란드 동인도 회사의 얀반 리벡(Janven Riebeeck)이 배 다섯 척을 이끌고 상륙한 시점으로 중간 보급 기지가 생겨나면서부터다. 유럽과 인도를 오가는 범선들의 중간 기항지로 오랜 항해의 지루함을 달래고, 보급품을 보충하는 보급 기지로부터 케이프타운 점령과 그 역사를 같이 한다.

그 이후 전쟁의 산물로 영국 빅토리아 여왕의 지배를 받아왔다. 이에 빅토리아 시대의 영향을 받은 건물과 카페들이 롱 스트리트에 즐비하다. 100여 년 전 유럽인들의 고급 쇼핑가였던 이 거리는 아직도 그 시대의 건축물들이 고스란히 남아 있어, 마치 유럽의 올드 타운에 온 듯한 느낌이다.

현재는 인구 550만명이 살고 있는 대도시이면서도 그렇게 번잡스럽지가 않다. 공항 버스터미널에서 길을 잘못 찾아 헤매일 때, 자상하게 숙소 근처까지 길을 안내한 흑인 아주머니, 깨끗한 도로며 행인들의 인상이 따뜻하고 부드러운 느낌을 받는 아늑한 곳이다. 하지만 롱 스트리트와 워터프런트만 빼고는 해가 지기 시작하면 모든 지역이 적색지대가 된다.

숙소 바로 앞에 있는 KFC에서 간단히 저녁을 해결하고, 해 지기 전 숙소로 돌아가 주위를 둘러보니 30대 중반의 한국 청년이 같은 방에 투숙하고 있다. 여행 8개월째란다. 시간이 없어 간단한 인사만 나누고, 아프리카 첫 밤을 보낸다.

첫 방문지 마운팅 테이블로 가기 위해 숙소를 나섰다. 멀지 않은 스트랜드 거리에서 롱 스트리트 쪽으로 3블록 가면 시티투어 버스 티켓 오피스가 있다. 시티투어 버스 레드 라인 노선도를 보니 이곳에서 2번째 정류장(노선도 상은 7번째)이 마운팅 테이블 종점이다. 시티버스는 출발한다. 그런데 이상하게도 산 쪽으로 안 가고 공항 쪽 도시 변으로 내려간다. 알고 보니 블루 버스 노선이다. 버스 색깔이 붉은색이라 레드 노선인줄 알았는데, 버스 앞 조명 글자로 표시되어있는 Blue Line 글자를 못 보고 탄 불찰이다. 정류장 도착 직전에 도착지 안내방송이 나오는데 한국어 방송은 없다. 아직까지 국력이 미치지 못하는 모양이다. 사전 공부를 철저히 하여 특별히 어려운 상황은 아니지만 마음은 별로 유쾌하지 못하다.

테이블 마운틴 기점으로 시계방향으로 해변길로 돌아가는 코스는 블루 라인이고, 케이프타운 대학, 식물원, 와인 농원, 후트베이, 캠프스 베이를 경유하여 워트 프런트 종점으로 가는 코스다.

테이블 마운틴 남쪽 방향에 있는 후트 베이(Hurt Bay)

덕분에 원 계획에 없던 와인 투어가 시작되는 정류장에 내려 먼발치에서나마 와인 농장(Constantia Glen) 풍경을 보게 되었고, 케이프타운에서 가장 아름다운 해변과 숲을 가지고 있는 후트 베이(Hurt Bay)에서 내렸다.

작고 아름다운 해변, 작은 어시장, 색다른 어선 등을 볼 수 있었다. 후트 베이의 원 이름은 체프만의 기회(Chapman's Chaunce)였다. 존 체프만이 이곳에 도착하여 자신의 이름을 붙이고, 그 후 네덜란드 탐험가 얀 반 리벡(John Van Riebeek)이 나무로 울창한 풍경을 본 후, 이름을 그대로 붙여서 그렇게 불리게 되었다. 블루버스 24번 정류장이다.

다음으로는 블루&레드 시티버스가 동시에 멈추는 곳 8번 정류장 Campus Bay, 백인 부유층의 럭셔리한 별장들이 많이 보인다. 해변도 무척 아름답고 유명하지만, 오랜 세월 침식 풍화작용으로 상대적으로 침식이 많이 이루어진 곳은 계곡이 되고, 남은 곳은 높은 산으로 형성된 12개의 봉우리도 유명한 곳이다. 기독교 신자가 대부분인 유럽 사람들에 의해 12사도(Twelve Apostles) 봉우리라 불리고 있다. 문제는 실제 봉우리 숫자는 14개다.

테이블 마운틴에서 이어진
12사도의 봉우리를 등에
진 캠퍼스 베이

또 비슷한 한 곳 호주 멜버른 'Great Ocean Road'. 살아서 꼭 걸어보아야 할 트레킹 코스, 그 해변가에 이어져 서 있는 12개 섬을 12사도라고 부르는데, 그곳도 침식 풍화작용으로 이제는 8개만 남았다고 한다. 아무튼 대서양을 바라보며 서 있는 트웰브 아파슬은 볼 때마다 그 모습을 달리하는 웅장하고 장엄한 산이다. 길게 병풍처럼 이어진 풍경이 언제나 경이롭다. 차가 있다면 Sea Point에서 Camps Bay를 지나 Chapmans Peak Drive까지 저녁시간에 석양이 지는 시간에 맞추어 드라이브하면 환상적인 장면을 볼 수 있다고 한다.

Sea Point 뒤로 시그너
힐(Signal Hill)이 보인다

Sea Point를 지나, 12번 정류장인 Beach Road에 내려 워터프런트 초입까지 홀로 걸으며 고독을 즐겨본다. 따가운 햇살, 하얀 백사장, 푸른 바닷물 과 어울려 눈이 부셔 그 맛에 취해 발걸음을 옮긴다. 워터프런트(Waterfront)에 도착하니 점심 시간이다. 터키식 케밥집이 보여 간편하게 점심을 먹고, 시티버스 출발점이자 종점인 1번 워터프런트 정류장에서 레드 버스로 갈아타고 테이블 마운틴으로 향한다. 테이블 마운틴은 레드 시티 투어라인 7번째 정류장이다.

케이프타운의 랜드 마크인 Table Mountain 전경

케이프타운의 랜드 마크인 Table Mountain은 글자 그대로 탁자 모양의 산이다. 산 정상은 평평한 탁상 윗면으로 길이 2km에 평균 폭은 약 300m이다. 수억년 전 바닷속의 사암층이 지각변동으로 솟구쳐서 현재의 모습으로 탄생했다. 산 정상부의 암석에는 나마(Gnama)라는 크고 작은 구멍들은 암석에 틈새에 물이 고이고 이물이 얼고 녹기를 반복하면서 침식되어 다시 파여서 오늘에 이르렀다. 벌써 케이블카 앞에는 긴 줄이 서있다. 케이프타운을 찾은 여행객에겐 필수 코스이다. 걸어서 올라가기도 하지만 대부분 케이블카를 타고 정상을 찾는다.

케이블 길이가 1,2km를 오가는 이 케이블카는 65명이 한꺼번에 탈 수 있고, 360도 회전이 되며 밑바닥에 4kℓ의 물을 담아 바람에 의한 요동을 막아준다고 한다. 1929년 10월 4일 개통되어 현재까지 약 300만 명이 이용했다고 한다. 시간과 체력적 여유가 되는 분들은 편도로 3~4시간 트레킹으로 천천히 아름다운 경치를 즐기면서 오르고 하행 시는 케이블카를 타도 된다. 정상까지는 약 5분 정도 소요되는데 계속 360도 회전하므로 케이프타운의 아름다운 전경을 한 곳에서 다 감상할 수 있다.

대서양 방향으로는 오랜 침식 풍화작용으로 깊은 계곡, 뾰쪽한 곳, 조그마한 백사장으로 해수욕장을 가진 아름다운 Camps Bay가 보이고, 캠버스 베이 뒤로는 병풍처럼 이어진 14개 봉우리가 보인다. 테이블 마운틴은 케이프타운 어느 곳에서도 보이는 랜드마크이다. 해발 1086m의 테이블 마운틴은 그리 높지 않지만, 바다를 따라 불뚝 솟아있는 수직 암벽의 장엄한 규모는 탄성을 지를만한 곳이다. 희망봉을 보고 돌아올 때 보았던 장엄하게 자리잡은 테이블 마운틴, 멀리 떨어져 있는 로빈 섬에서도 아무리 보아도 지겹지가 않다. 테이블 마운틴 정상은 평평한 모양으로 산책로 전체를 돌려면 3km나 된다.

테이블 마운틴 정상, 아래는 시그널 힐과 시 포인트 가장자리가 보인다

저 멀리 워터 프런트가 보이고, 남아공 저항의 성지 로벤 섬이 희미하게 보인다

산책로를 돌면서 3곳의 전망대, 북쪽 전경을 볼 수 있는 Dassie Wark 전망대, 동쪽 전경을 볼 수 있는 Klipspringer Wark 전망대, 남쪽 전경을 볼 수 있는 Agama 전망대 3곳으로 각각 전망대 에서 바라보이는 케이프타운 전경이 너무나 아름답다. 특히 북쪽으로는 능선이 이어져 Lions Head가 보이고, 그 다음으로는 Signal Hill이 보인다. 시그널 힐은 정상 초입까지 차도가 있어 차를 렌트해서 오르거나, 택시를 이용해서 석양을 보기 위해 많이 찾는 곳이다. 단 혼자서는 가급적 무리하지 말아야 한다. 케이프타운의 밤은 적색지대이다.

차로도 오를 수 있는 시그널 힐 (Signal Hill) 밑으로 시 포인트(Sea Point) 가장자리가 보인다

최소한 편도 2시간이 걸리는 뜨거운 햇살 아래 가파른 암벽을 타는 산행이다. 라이온즈 헤드는 사자 혹은 스핑크스를 닮았다고 해서 붙여진 이름이다. 라이온스 헤드 북쪽으로 시그널 힐(Signal Hill)이 촛대봉처럼 솟아 있다. 해발 669m로 정상까지는 빙글빙글 돌아서 올라가야 하기 때문에 케이프타운을 케이블카와 마찬가지로 360도 사방을 볼 수 있다고 한다.

아쉬움을 뒤로하고 하행하여, 시티투어 버스를 타고 다시 오전에 돌았던 그 코스를 반복해서 돌아서 롱 스트리트 5번째 정류장에 도착하니 벌서 오후 6시가 다 되어 간다. 상점들은 벌써 문 닫을 준비를 한다.

시몬스타운
(simon's town)

오늘은 일일 투어로 희망봉 가는 길, 숙소에서 최종 상담 결과가 중식제공에 780랜드, 시티투어버스에서는 550랜드라 점심은 간단하게 준비해서 10시 출발하는 시티투어버스에 올랐다. 도중 갈림 길에 조그마한 항구 도시가 있다. 이름하여 시몬스타운(simon's town) 인도양을 바라보고 자리한 조그마한 항구도시다. 해안가에는 조그마한 기차역이 있고, 시몬스 타운 박물관, 남아공 해군 박물관, 요트 클럽, 그리고 200여 년부터 자리잡은 해군 기지가 있다.

여기서 펭귄 투어가 있어 원하는 사람에게 한해서 투어를 실시하고, 나머지는 주위를 둘러보고 50분 후 버스주차장에서 다시 집결하기로 한다. 나는 남극도 아닌 곳에 뭔 펭귄인가 싶어 포기하고 주위를 둘러보았다.

　다시 집결하여 남으로 또 달린다. 남쪽으로 가다 보니 넓은 대 평원이 펼쳐지고, 인도양이 한 눈에 들어온다. 바다에서 불어오는 세찬 바람에도 굳건하게 서 있는 나무들 사이로 달린다.

　희망봉을 발견한 역사적 인물 두 사람의 기념비를 찾아서 창밖 양쪽으로 쉬엄없이 눈을 돌려도 보지 못했다. 그중 한사람은 바르톨르뮤 디아스(1450~1500, 포르투갈의 탐험가, 1,488년 유럽인으로서 최초로 희망봉을 발견함)의 기념비는 희망봉 가는 방향 우측 구릉지에 홀로 서있는 흰색 기념탑, 또 한 사람은 바스코 다가마(포르투갈의 왕자이자 항해가, 디아스가 탐험한 9년 후 1497년 11월22일 두 번째로 희망봉을 찾음)의 기념비가 해변가에 등대같이 서 있는 것을 볼 수 있다고 어느 책에서 본 적이 있는데, 허탕을 쳤다. 자동차로 여행하시는 분들은 천천히 한 번 찾아보시길. 버스 길 양편으로 여행객들의 셔터소리가 들리면 야생타조, 얼룩말, 개코원숭이들이 주위에 나타났다는 신호다.

　계속 숲길의 이정표를 따라 도착한 곳, 바다 쪽으로 툭 튀어나온 땅, 이곳이 케이프 포인터다. 입구 안내판에 동경 18도19분51초, 남위 34도 21분 24초 위도 표시가 되어 있다. 케이프 포인트는 희망봉 반도의 끝 지점에 위치해 있다. 유럽의 대항해시대를 연 포르투갈 해양 탐험가 Bartholomeu Diaz는 이곳이 아프리카 대륙의 남단인 줄 모르고 항해했다고 한다. 그는 케이프 포인트를 돌아 좀 더 항해를 하여 케이프타운에서 동쪽으로 200여km 떨어진 모셀 베이(Mossel Bay)에 닻을 내렸다(모셀 시에 가면 디아스 박물관이 있고, 디아스가

타고 항해한 범선을 복제한 카라멜 배
가 전시되어 있다고 한다). 그래서 케
이프 포인트는 디아스 포인터(Dias
Point)라고 부르기도 한다.

정상을 걸어서 올라가기도 하고,
1859년에 설치된 450명 정원의 플잉
터치맨 케이블카를 이용한다는데, 지
금은 개조를 한 차량 2칸으로 한 5분
만에 타고 올라간다. 나도 그렇게 시
간 여유가 많지 않아 왕복 70랜드로
케이블카 타고 올라가, 내리는 곳에서
계단으로 249m 높이의 정상을 오르면
1860년 설치된 희망봉 등대를 만난다.

등대 설치 후에도 여러 차례 여러 척의 배들이 좌초되어 1919년에 이보다
500여m 아래, 포인트 끝단 87m 위치에 새로운 등대가 설치되었다. 주변에는
난파된 26척의 배들 중 2척을 볼 수 있도록 난파선 트레잉 코스도 만들어져 있

다고 가이드북에서는 보았는데 실제는 없다.

　꼬불꼬불 계단을 오르기 10여 분, 땀이 배인다. 아름다운 경치와 들뜬 분위기에 발걸음이 가벼워진다. 드디어 정상에 도착하니 세계 각국 여행자들이 모여 있다. 이곳은 대서양과 인도양의 분기점이고, 세계 주요 도시들의 방향과 거리를, 베를린 9,575km, 리우데자네이루 6,055km, 예루살렘 7,468km, 남극 6,248km, 뉴욕 12,541km, 파리 9,294km로 나타내는 이정표가 있다. 서울은 안 보인다. 언제쯤 서울도 저 곳에 한 자리를 할까?

위 사진 상단 중앙부위가
희망봉.
아래는 희망봉에서 바라본
희망봉 반도의 끝지점인 케
이프 포인트(Cape Point)

　이정표 뒤에 희망봉이 보인다. 처음에는 착각을 했다. 등대가 있는 곳이 희망봉이고, 그곳에서 대서양 쪽으로 보이는 암벽 언덕이 Cape point인 줄 착각했다. 아프리카 대륙의 희망을 가득 담고 있는 희망봉, 남아공 끝단을 찾아가는 여행객들은 희망봉을 보기 위해서가 아닐까.

희망봉은 네덜란드 동인도 회사가 향료를 구하기 위해 인도를 가기 위해 인도양을 향해 하는 모든 해양인의 등불이다. 희망봉의 주인공 둘은 앞에서 이야기한 네덜란드 탐험가이자 항해가인 디아스와 바스코 다가마다. 하지만 디아스가 발견할 당시에는 폭풍의 곶(Cape of Storm)이라 불리어 졌고 희망의 곶(희망봉)(Cabo de Spreanza)이라고 명명한 사람은 포르투갈 주앙 2세이다.

희망봉은 오직 두 다리로 갔다 와야 한다. 케이프 포인트 하단에서 왕복 한 40분은 걸린 것 같다. 그곳에서 바라보는 Cape point가 까마득하게 서 있다. 서쪽 해안길로 차로 희망봉 입구까지 갈 수도 있다.

아프리카 남단 끝에서 남서서 방향으로 직선 거리에 지지난 주 들렀던 남미의 맨 아래 마을 우수아이가 있을 것이라고 생각을 하며 대서양을 바라본다. 또 한편으로는 인도양 동북 방향으로 일직선으로 가다 보면 3년 전 들렀던 인도 고아 해변이 나올 것이다. 인도양과 대서양을 품은 희망봉을 뒤로 하고 10여 분 달렸다가 버스가 선다.

희망봉에 왔다는 '인증사진'을 찍는 곳이다. 갈색 나무 판에 흰 영문 글씨로 'CAFÉ OF GOOD HOPE'에 줄을 서서 차례가 오기를 기다리고 있다. 사진 찍기가 끝난 후 오늘의 행사는 끝났고 돌아가는 길이다. 돌아가는 길은 반대로

서쪽 해변을 따라 돌아간다. 한 바퀴 돌다 보니 케이프타운이 생각보다 훨씬 크고, 깨끗하고 아름다운 도시라고 생각된다. 그 뒷면에는 큰 아픔이 있었겠지만.

밤 7시가 넘으면 중요 카페만 제외하고는 모두 철수하고 문을 닫고 인적은 드물어진다. 밤과 낮이 너무나 다른 도시다. 숙소로 돌아와 간단하게 저녁을 요리해 먹고 소화도 시킬 겸 롱 스트리트를 끝까지 왕복 산책을 하려고 했지만, 카페 말고는 거의 모든 상점은 철수했고, 낮에 보이던 경찰들도 하나도 안 보인다. 구걸꾼만 끈질기게 달라붙는다. 분위기가 아닌 것 같아 중간쯤에서 급히 숙소로 돌아간다. 씻고 나서 케이프타운 셋째 밤을 보낸다.

로벤섬 행 유람선

다음날은 정식으로 워터프런트를 다시 찾았다. 낮이 되면 모든 도시는 활기를 찾고 구석구석 무장 경찰들이 서 있어서 숙소에서 한 30분 되는 거리를 걸었다. 남아공 저항의 성지 로벤 섬, 로벤 감옥으로 가는 페리를 타기 위해서이다. 오전 9시와 11시, 오후 1시와 3시에 하루 4회 운행한다. 9시 배를 타기 위해 일찍 숙소를 나섰다. 배를 타기 위해 내려가는 계단의 벽면에는 투투 대주교를 위시한 혁명 전사들의 사진이 붙어있다고 가이드북에서는 보았는데, 그곳은 없어지고 티켓 오피스 2층에 간단한 박물관 형식으로 흑백 분리 정책(Apartheid)의 공로자와 만델라의 업적을 기린 기록물과 사진 등이 전시되어 있다.

1950년경 만들어진 인종등록법과 집단지구법으로 흑인들은 척박한 불모지에서 분리되어 살았다. 도시로 나와 허드렛일로 입에 풀질 할 정도로 벌어서 척박한 외진 곳을 오가며 생계를 유지했다.

1989년 보타 대통령이 물러나고 빌헬름 데 클레르크(1936~)가 새 대통령이 선출된 후 아파르트헤이트 정책은 폐지되고 넬슨 만델라도 종신형에서 24년 수형 생활을 마감하고 로벤 섬 감옥에서 풀려난다. 그는 1994년 만델라가 대통령에 선출될 때 부통령으로 흑백의 화합을 이루는 데 공헌이 컸다. 만델라가 헌법상 연임이 가능했는데도 5년 임기만 채우고 물러났다.

단임 대통령으로 끝난 후 총선거에서 데 클레라크가 2대 대통령이 되어 만델라 정책을 유지 발전시키면서 개혁의 속도를 올려 오늘의 남아공을 아프리카에서 제일 자유롭고 부유한 나라로 만드는 초석이 되었다. 2010년 아프리카에서 유일하게 월드컵을 성공적으로 개최하기도 했다. 아파르트헤이트를 해체한 공로로 인하여 데 클레르크와 만델라는 1993년 노벨 평화상을 수상하였다.

로벤 섬은 아파르트헤이트 정책이 시행되기 전에는 나환자들이 수용 격리되었다. 이후 인종차별 정책이 시행 되면서 이에 저항하였던 수많은 투사들이 수감되어 인고의 세월을 견디다 죽기도 하고, 만델라처럼 살아서 새로운 세상을 만드는 데 남은 평생을 혼신의 힘으로 개혁을 하여 아직도 미흡하지만 세상을 바꾸어 놓았다.

작년 10월 하순 모 일간지 사설에 실린 글이 생각난다. 정치 보복에 관한 한 세계에는 위대한 스승을 갖고 있다. 남아프리카 공화국의 넬슨 만델라 전 대통령이다. 그는 대통령에 당선되자 그를 고문했고 흑인을 탄압했던 백인 경찰관과 우익 관련자들에게 사면령을 내리면서 '그들은 나에게 모진 고문을 가하고 많은 흑인을 죽였지만 그것들은 정부가 시켜서 한 것이다'. 백인들이 소중히 여겨온 기념탑이나 기념물, 그리고 동상들을 허무는 일도 없을 것이라고 다짐했고, 350년 만에 백인 지배를 끝낸 흑인 최초 대통령 선언이었고 실천한 대통령이다.

또 한 사람 투투 대주교, 흑인 정권이 들어선 후 진실과 화해 위원회 위원장을 맡으면서, 흑인을 학살한 범죄자들을 죽여야 한다는 거센 흑인 사회의 요구를 설득해가며 실직적인 화해를 이끌어 내어 만델라 대통령을 도왔다. 지금 우리의 정치세계를 되돌아보며 무엇이 정답인지 로벤 섬을 향하면서 나 스스로 한 번 되물어본다.

포구에서 멀어질수록 며칠 보았던 케이프타운이 한눈에 들어온다. 다시 보는 테이블 마운틴이 새로운 감흥을 불러일으킨다. 배가 도착하는 곳은 만델라 대통령과 관련된 역사 현장 중에서 가장 잘 알려진 곳이기도 하다. 그의 수감 생활 24년 중 18년간을 이곳 감옥에서 보냈기 때문이다. 투사들의 사진이 전시된 감옥의 담벼락을 따라 조금 걸으니 감옥 섬 투어를 위한 버스가 기다리고 있다.

17~20세기까지 병원·군사기지, 최고의 보안장치를 갖춘 감옥 등으로 사용된 로벤 섬 전경

로벤 섬 정치 수용소
입구와 정치범 수용소

1964년부터 18년간
만델라가 묵었던 감방

뭍에도 나가지 못하고,
자유를 외치다
감옥에서
죽은 사도들의 무덤

'마르코 폴로'라는 이름표를 가진 버스에는 감옥을 안내할 가이드가 동승하였다. 섬을 일주하는 동안 등대, 해안선, 감옥 사령부, 사택, 강제 노역장, 해안 대포 등을 볼 수 있었다. 감옥 입구를 지나 감옥 내부로 들어가 대부분의 설명은 만델라 중심으로 이어졌고, 이어서 만델라가 투옥된 감방으로 이동, 좁디 좁은 감방에 담요 2장, 좁은 침대, 볼 일을 볼 수 있는 커다란 깡통, 초라한 식기가 보였다. 로벤 섬은 세계적으로 악명 높기로 유명한 곳이다. 지금은 자유의 기념관으로 바뀌었고, 1999년 유네스코 문화유산으로 지정되었다.

워터 프런트의 명물 배가 들어오고 나갈때 올리는 도개교와 빨간 2층 시계탑

오후 1시경, 다시 워터프런트 부두에 배가 도착하여 어제 맛있게 먹었던 터키케밥을 한 그릇하고 워터프런트 공식 탐방에 나선다. 케이프타운의 해안에서 가장 번화한 곳이 워터프런트다. 이곳은 케이프타운의 초기 정착지로서 각종 위락단지, 선착장, 카페, 쇼핑센터, 기념관, 박물관등이 조화롭게 서 있다.

1860년 항구방파제 공사의 첫 삽을 뜬 Victoria 여왕과 그의 둘째 아들

Alfred 왕자의 이니셜을 따 공식 명칭은 V&A 워터프런트이다. 그 후 남아공에서 금과 다이아몬드 발견되면서 전 세계에서 몰려드는 배를 수용하기 위해 규모가 확장되었다. 수에즈 운하 개통으로 잠시 성장세가 주춤했지만, 세계 여행객들이 이곳을 찾고, 아프리카의 관문 역할에 지금도 당당히 자리잡고 있다.

이곳의 명물 중 한 곳은 외관이 인상적인 빨간 2층 시계탑이다. 항구 관리책임자가 사용하던 사무실로 1층에는 수심을 체크할 수 있는 시설이 있으며, 2층에는 항구 전체를 감시할 수 있는 시설이 갖추어져 있다. 다른 배가 지나 갈 때 다리를 육지 쪽으로 끌어당겨 배가 지나 갈 수 있도록 흰색으로 도색 된 철교에 바닥은 나무로 깔아 운치가 있는 도개교가 명물이다.

해안가 공원에는 현대무용이 공연되고, 노인들로 구성된 악단이 흘러간 팝송과 전통 가락의 색다른 연주로 여행객들을 머물게 한다. 특히 한 할아버지가 한 곡 애틋하게 색소폰 연주를 하는 장면에 눈이 자주 간다. 곡이 끝날 때마다 앙코르 소리가 터져 나온다.

또 하나의 명물은 빅토리아 와프로 대형 쇼핑몰로 의류부터 각종 기념품 및 다양한 상품을 파는 250여 곳의 상점이 모여있어 쇼핑하기가 편하고 아래층에는 주요 나라의 고유음식을 파는 곳도 있다. 일반 식

당도 많아, 쇼핑하다 배가 고프면 쉽게 접근할 수 있다. 해가 지기 시작하면 워터프런트는 화려한 조명으로 낮과 밤을 확실히 구분하여 화려한 불빛으로 여행객들을 붙잡아 놓는다고 한다. 근처에 숙소가 있다면 맥주 한잔 정도는 객기를 부릴 수 있지만 숙소까지 가는 길을 누가 보장할 것인가? 숙소로 해지기 전에

도착하여, 내일 20일간 트럭투어로 출발하는 젊은 여행가와 이별주 한잔 하면서 케이프타운 넷째 밤을 보낸다.

케이프타운 마지막 날 시내 주요한 곳을 탐방할 생각으로 찾은 6지구 (District Six), 아파르트헤이트가 시행되기 전 흑인뿐만 아니라 말레이인, 이슬 람, 인도인 등 다양한 민족이 모여 살았던 문화의 해방구였다고 하는 곳이다. 아라파트헤이트가 시행 된 후, 이들은 모두 척박한 지정 구역으로 쫓겨나고 백 인 거주지로 재개발되어 옛 모습은 남아 있지 않은데, 이곳 일부 구역인 '부어 캅'은 말레이 계 사람들이 살던 지역이다. 온화하고 다양한 색으로 자기 집을 표 시하듯 이웃과 서로 다르게 칠한 집들이 조화롭게 거리를 이루고 있어, 유명한 볼거리 중 한곳이 되었다.

하지만 이곳도 네덜란드 동인도 회사가 16, 7세기에 인도네시아, 말레이시아, 스리랑카, 인도 등의 지역에서 데려온 노예들의 거주지였다. 이들은 직접 자신 의 터전을 꾸리며 마을을 형성하 였다. 케이프 말레이(Cape Malay)라고도 불리는 이들은 인 종분리정책에도 해당되어서 가슴 아픈 과거 시절도 있었다.

말레이계 사람들이 밀집하여 살고 있는 부어 캅(Bo-Kaap) 지역

무슬림 커뮤니티가 시작되기도 한 이곳의 주민들 대부분은 무슬 림을 믿으며 그들만의 문화를 발 전시켰다. 부어 캅 지역의 초기 생활 상황을 보여주는 조그마한 박물관도 초입에 있다. 케이프 말레이라는 전통 음식은 남아공 의 외국음식 중 하나로 인정받아 많은 여행객들이 찾는다. 이곳

에서 산길로 올라가면 시그널 힐을 오를 수 있다.

다음은 부어 캅에서 동남쪽으로 두 블록 지나면 가장 번화가인 Queen Victoria Street를 만난다. 은행, 시장 등 고풍적인 건물들에 건설 연대가 적혀 있어 옛 시절을 감안할 수 있다. 도심 한 가운데에는 오각형의 성채 (Castle of Good Hope) 펜타곤의 배열이 인상적이다. 오각형의 한 변은 180m이고 높이는 약 10m, 성채 주변에 해자로 둘러싸여 방어 구실을 하고 있다. 네덜란드 동인도회사가 영국의 침공에 대비하여 요새화한 건물로 이곳에서는 제일 오래된 유럽식 건물이다.

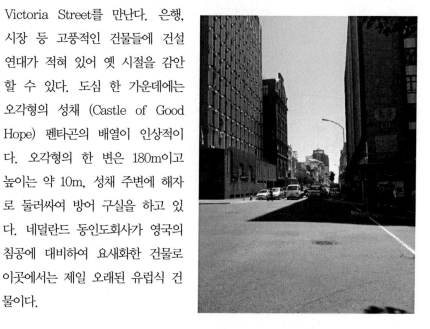

슬레이브 로지 박물관
(Slave lodge Museum)

컴퍼니 가든 한 귀퉁이 벤치에서 기타 연주를 하다. 잠시 레슨을 하고 있는 원주민 후예

다음 찾은 곳은 워터프런트 부두 쪽으로 두 블록 걷다 보면 만나는 곳, 처치스트리트 광장(Church Street Square)은 1901년 건설된 세인트 조지 성당에서 유래된 거리 명이다. 1989년 데스몬트 대주교가 이곳에서 시청까지 흑인 3만 여명과 함께 인종차별운동을 반대 했던 곳이기도 하다. 이 광장을 중심으로 크고 작은 도로들이 연계되어 있으며 도로를 따라 식민시대의 유물들이 산개해 있다.

케이프타운 도시를 걷다 보면 건물 사이로 녹색의 도시 숲, 동인도 회사의 정원이라고 불리는 컴퍼니가든

(Company's Garden)을 볼 수 있다. 1652년 얀 판 리베크(jan van Riebeerck)가 동인도로 떠나는 선원들에게 채소를 공급할 목적으로 만들어 졌는데, 지금은 도시민을 위한 조그마한 도심 공원으로 변했다. 컴퍼니가든의 입구에 있는 슬레이브 로지 박물관(Slave Lodge Museum) 은 과거 동인도회사에서 관리하던 노예들의 수용소였다. 화재로 소실된 후 1679년 복원 증축되어 현재는 박물관으로 사용 중이다.

세인트조지 성당

남아공은 네덜란드, 독일, 영국 등의 해적 같은 권력자 후예들이 권력과 부를 차지하고, 옛 주인인 원주민 흑인들에게는 인종차별이라는 굴레를 씌워 음지에서만 살도록 강요하였다. 이에 당연한 저항이 일어나고 그 중심에 투투 대주교와 넬슨 만델라 대통령이다. 1901년 설립된 세인트조지 성당은 영국 성공회의교회로서, 노벨상 수상자이자 아파르트헤이트에 저항한 투투 대주교가 직접 미사를 집전한 성당으로도 유명하다.

그는 1989년 인종차별 정책의 철폐를 주장하는 가두시위에서 흑인들에게 외쳤다. '당신만이 느끼고 있지 못할 뿐 당신은 매우 특별한 사람입니다' 희망은 모든 어둠에도 불구하고 빛이 있음을 볼 수 있는 것입니다'라는 명언을 남겨 흑인

사회에 깊은 메시지를 전하고 인간의 존귀함을 강조했다.

케이프타운 시청은 남아공 현대사에서 아파르트헤이트를 종식시켰던 마지막 저항의 장소로 기억되고 있다. 하지만 아시아에서 수입해 온 티크나무와 화강암으로 건설 되었으며 모래나 다른 건축 자재들은 뒤에 보이는 테이블 마운틴에서 가져왔고, 건축과정에서 수많은 착오를 겪어 오늘과 같은 고풍스러운 건물로 남아있다. 건물 안에는 조지 마틴이 300여 개의 파이프 오르간을 설치하는 등 내 외부에 공을 많이 들여진 건물이다. 1990년 2월11일 넬슨 만델라가 흑인 자유 선언을 했으며, 1994년에는 대통령 연설로 유명해진 곳이기도 하다.

조지 성당에서 남으로 두 블록, 버거(Burg) 스트리트와 롱 마켓스트리트 사이에는 그린마켓 스퀘어(Green Market Square) 일명 벼룩 시장이 있다. 거리를 따라서 시장이 장방형으로 길게 펼쳐져 있다. 주변에는 조각품들이 전시되어 있고, 기념품, 옷, 가방, 잡화를 각 부스 별로 진열되어, 케이프타운의 가장 번화한 거리의 뒷길을 오가는 여행객들을 유혹하고 있다.

이곳을 마지막으로 케이프타운 여행을 마치고 숙소로 돌아가 숙소 앞 KFC에서 간단하게 저녁을 먹고 공항 버스터미널로 길을 나선다. 내일 7시 반에 출발하는 비행기를 타기 위해 새벽에 숙소를 나서야 하기에 사전에 길을 한번 답습하고, 가는 길 도중 한국 참전 기념탑도 보기위해 해 지기전 대로를 걷는다. 한국 참전 기념탑을 들렀는데 한국 참전 기념뿐만 아니라, 2차 세계대전에도 참가해 400여 명의 파일럿과 비행기를 지원한 내역이 있으며 전쟁에 참전했던 용

6.25 한국참전 기념관

사들을 기리며 평화를 기념하는 기념비이다. 그곳에서 좌측으로 똑바로 가면 공항버스 터미널이다.

사전 답사는 되었고, 그곳에서 두 블록 더 가면 숙소 앞 대로인 스터랜드 거리가 나온다. 그 거리를 접어들어 숙소 쪽으로 돌아가는 길 시간은 오후 7시, 해거름 직전이다.

숙소 앞 50m 전방에서 처음에는 2명의 흑인 젊은이가 구걸하는 형식으로 칭얼대더니, 곧이어 3명이 더 붙어 돈을 내라고 위협한다. 주위에는 지나가는 행인도 몇 명 있었지만 아무도 관심을 두는 사람이 없다. 아! 강도떼들이구나, 순간적으로 건너편 차도로 뛰어갔다. 바로 직전 차가 지나가자 강도떼들은 바로 따라오지 못하고 차도 건너로 슬슬 넘어온다. 이제는 한 번 더 반대편 차도만 넘으면 숙소 입구다. 하행하는 차가 오는 걸 보고 무리하게 차 앞으로 질주하여 숙소 입구로 부리나케 들어갔다.

1층 현관 앞에 경비원이 있어 더 이상 접근은 못하는 모양이다. 급히 엘리베

타 키를 눌러 6층 숙소에 도착해도 진정이 안 된다. 누구한테 이야기 해봐야 웃음거리만 될 것이고, 조금 진정한 후 새벽 버스 터미널 이용은 포기하고 카운터로 가서 아침 5시 반에 택시 한 대를 불러 달라고 약속받고서야 진정이 된다.

며칠간 케이프타운 곳곳을 둘러보았을 때 느꼈던 흑백간의 차별은 아직도 남아있고, 넬슨 만델라와 투투 대주교가 만들어 놓은 무지개 나라가 정착하기에는 아직도 시간이 필요할 것 같다는 생각이 든다.

샤워를 하고 짐을 챙기고 5시 알람을 맞추어 놓고, 일어나면 바로 신발만 신고 나갈 수 있도록 해 놓고 잠을 청해도 좀처럼 잠이 안 온다. 얕은 잠에 뒤척이다. 알람 소리에 급히 일어나 짐을 챙기고 숙소 카운터로 가니 10여분 있으면 택시가 오니 여기서 기다리든지, 아니면 1층에서 기다리란다. 마음이 급하다 보니 1층으로 내려갔다. 다행히 새벽인데도 경비가 있다. 출입문을 열고 밖을 나가기가 겁이 난다. 아직은 동이 트기 전이다. 한 10여 분 기다리니 택시 한 대가 1층 앞으로 도착한다. 에어포트로 가느냐 묻자 고개를 끄덕인다. 부리나케 뒷좌석에 짐을 챙겨 넣고 얼른 타서 문을 닫는다. 운전기사도 흑인이다. 어제 일로 흑인 노이로제가 생긴 것 같다. 다행히 공항 이정표가 빨리 보여 조금씩 안정이 된다. 한 20여 분만에 공항에 도착했다. 케이프타운 마지막 밤을 이렇게 보낼 줄이야……

한국에 돌아와 최근에 읽었던 J.M. 쿳시(남아공 출생, 네델란드계 이민자, 노벨상 수상가)가 쓴 〈야만인을 기다리며〉를 보고 배고픈 흑인들의 마음을 이해하게 된다. 남아공을 제 3국 제국의 공간으로 설정하여 제국주의자들이 선량한 현지인(백인들은 야만인이라고 호칭)들에게 가한 고통과 폭력을 현재 시제로 전달하고 있다. 제국주의의 파렴치한 야망에 평화롭게 살고 있는 현지인을 야만인으로 몰아 상상이하의 천인공노할 짓을 한 결과의 산물이 내가 겪었던 케이프타운의 마지막 밤이 아니었나 생각하게 한다.

비단 남아공뿐이 아니라 온 세계의 곳곳에 야만인이라는 허울로 태어난 지난 과거, 현재 진행되는 사태, 예측되는 미래에 홀로 속끓임을 한다.

잠비아
Zambia

비행기가 케이프타운 공항을 날아간다. 어젯밤 악몽을 이륙하면서 날려보낸다. 활주로만 길게 놓여있는 조그마한 시골역 같은 공항이다. 짐을 비행기에서 내려 이동시킬 짐차도 안 보인다. 조그마한 카운터 2개에 입국 절차를 밟는 직원 두 명만이 덩그러니 앉아있다. 안 오른 물가가 없다. 달러 값이 떨어져서 그런지 30$인줄 알았던 단수비자가 50$이란다. 복수는 얼마냐고 물으니 짧게 80$이란 다. 입국 수속하고 짐 찾고 해서 공항을 나선다.

숙소 셔틀버스 기사가 내 이름자를 들고 서 있다. 원래 메일에는 4명을 픽업 한다고 했는데 나 이외는 없고 혼자라 미안한 마음이 든다. 숙소는 아프리카를 찾는 배낭 여행자들의 천국이라고 부를 만한 곳, Jolly Boys International Backpackers 이다. 가성비가 아주 좋은 곳이다.

인도 풍의 리셉션 데스크, 수영장에 넓은 정원이 있고, 조금만 밖으로 나가면 슈퍼, 은행, 버스터미널이 지척에 있어 그동안 피로에 찌든 육신을 한 동안 쉬고 재충전하기에 더없이 좋았다.

숙소에 짐을 풀고 숙소 주위를 둘러보고 있는데, 수영장 근처 로비에 앉아있는 여행객이 한국 사람 같아, 물어보니 맞단다. 50대 중반인 춘천 사람으로 20일간 나미비아에서 리빙스턴까지 트럭 트레킹을 하고 어제 도착

가성비가 높은 Jolly Boys International Backpackers

했단다. 저녁으로 라면을 같이 먹자고 한다. 같이 마트로 가서 파를 사고, 지은 밥을 사서 들어와 라면과 밥을 케이프타운에서 가져온 와인과 함께 하니 그렇게 맛있을 수가 없다. 저녁을 먹으면서 이야기를 나누다 보니 상대는 특이한 직업인 전문 심마니란다. 오래된 산삼을 캐어 유명인들에게 팔아 여유 있는 생활을 하시는 분이다. 심 선생은 내일 잠비아 수도 루사카로 해서 타자라 열차를 타고 잔지바르에 간단다.

아프리카를 대표하는 3대 기차 여행으로, 잠비아의 카리움포사에서 탄자니아 다르에스살람까지 가는 타자라 열차 Safari Express, 나미비아의 나비브 사막을 횡단하는 호화열차 Desert Express, 마다가스카르의 Jungle Express를 여행가들은 손꼽는다. 나도 타자라 열차를 타고 잔지바르로, 다르에스 살람에서 비행기로 카이로로 갈 계획이었는데, 구정 전에는 들어가야 하는 사정이기에, 카이로에서 한국 들어가는 비행기표는 이미 예약되었고 이집트에서 보낼 일정도 계획되어 있었다. 잠비아 음포시에서 화, 금 오후 4시 출발하는 걸로 알고 있었는데, 기차 시간이 화요일 출발은 오전 11시라고 한다. 루사카에서 표를 사고 일박해서 다음날 아침버스로 출발하면 오후 4시 기차를 탈 수 있는데, 음포시에 미리 가서 불필요한 1박으로 하루 일정이 날아가 버린다. 타자라 열차가 요즘도 연착이 심하다고 하여 다음 일정 잡기도 어려워 포기한 타자라 열차 여행이다. 심 선생이 아침 출발하는 날 여행 잘하시라고 인사하고 돌아서는데 마음이 심란하다. 하지만 나도 10시에 출발하는 빅토리아 폭포 가는 숙소 셔틀 버스에 오르니 심란한 마음은 사라지고 기대에 찬 얼굴로 바뀐다.

빅토리아 폭포는 짐바브웨와 잠비아 경계에 흐르는 잠베지 강에 있다. 폭포의 형성 시기는 약 1억 8천만 년 전 잠비아 남부에 용암이 분출하여 형성된 현무암이 수차례 지각변동으로 균열이 생겨 잠베지 강이 형성되고 일부 땅이 돌출되어 계곡과 폭포가 형성되었다고 한다. 잠비아 국명도 잠베지 강에서 나왔다고 한다. 오랫동안 살아온 원주민 칼롤로 로지족은 이 폭포를 모시오아툰야 (Mosi-oa-Tunya, 천둥소리가 나는 연기)라고 불렀는데, 1855년 영국 탐험가이

자 개신교 목사인 데이빗 리빙스턴이 발견하여 세상에 알린 후로는 영국여왕 이

름을 따서 '빅토리아' 폭포라고 불리어졌다.

숙소에서 무료제공 셔틀버스를 타고 입구에 도착했다. 한적하다 못해 너무 조용하다. 이구아수 폭포 매표소 입구에 아침 이른 시간부터 긴 줄이 서있는 것에 비해 너무나 대조적이다. 비수기라 그런지, 잠바브웨 내란 사건의 영향인지 모르겠다, 조용히 먼저 맞이하는 사람이 있다. 폭포를 발견하여 세상에 알린 리빙스턴 동상이 서 있다.

몇 발짝 걸었을 뿐인데 폭포수

떨어지는 소리가 들린다. 가려진 수풀들이 시야에서 걷히자 빅토리아 폭포의 위용이 나타난다. 얼마 전 대양 건너에서 세계 3대 폭포 중 한곳을 본지라 실감이 덜 난다. 폭포를 오른쪽에 두고 안으로 걸어 들어간다. 잠비아 쪽에서 제일 안쪽인 전망대에 도착했다. 어제 비행기로 건넜던 다리가 양쪽 계곡 사이를 두고

장엄하게 서 있다. 잠베지 강이라는 말은 큰 수로 또는 위대한 강이라는 뜻을 가지고 있고, 이 강은 짐바브웨와 잠비아 국경을 이루며 흐르다 동아프리카 중 남부를 가로지르는 강으로, 잉고라 고원에서 발원한 여러 지류가 합류하여 중류 에서 초베 강과 만나 빅토리아 폭포를 이루고 다시 말라위 호수가 합류해 인도 양으로 흘러간다.

짐바브웨와 잠비아 국경. 빅토리아 폴스 브리지(Victoria Falls Bridge) 다리

그 중 초베강 늪지 지역에 있는 초베 국립공원이 있고, 짐바브웨와 잠비아 국 경은 빅토리아 폴스 브리지(Victoria Falls Bridge) 다리를 경계로 국경이 그어 져있다. 이 다리는 번지 점프로 유명한 다리다. 평온하고 고즈넉하게 보이는 다 리지만, 한때는 남아공의 다이아몬드와 금을 쉽게 운송하기 위해 케이프타운에 서 카이로까지 남북 종단 도로를 꿈꾸었던 원대한 다리다. 언젠가는 이루어지리 라 생각하며 현실로 돌아간다.

빅토리아 폭포는 흔히 생각하는 폭포와 성격이 다르다. 강물이 흐르다 절벽에 서 떨어져 아랫강으로 흘러가는 그런 폭포가 아니고, 지각 변동에 의해 땅이 두 쪽으로 갈라진 것처럼 생긴 깊은 협곡에 한쪽 절벽에서 떨어지는 물로 폭포가 이뤄졌기에 다른 폭포와는 조금 차이가 있다. 얼마 전 찾아간 이구아수 폭포는 그래서 멀리서만 바라볼 수 있고 가까운 맞은편에서는 실감이 나게 쏟아지는 스릴을 못 느꼈기에 그저 아름답게만 보인다.

하지만 빅토리아 폭포는 특이한 지형적 구조로 바로 앞에서 손에 잡힐 듯 바라보이는 광경으로 짜릿한 흥분을 자아내는 체험을 가질 수 있었다. 입구에는 500만 년 전에 땅이 융기하여 생겨난 폭포라고 안내문에 그림과 함께 이 폭포의 지난 생애에 대해 설명되어 있다.

폭포 물이 떨어지는 맞은편 절벽 위 길을 따라 걸으며 차례로 전망대에 이른다. 수풀 사이로 나타나는 거대한 폭포가 눈앞에 나타난다. 불과 50~70m의 틈을 두고 110m의 깊은 협곡을 가로 질러 강폭 1.7km의 전 강물이 물 폭탄이 되어 일제히 수직 낙하하는 위용에 전율을 느낀다. 갈수기 10~11월에도 1분에 천만 톤의 물이 협곡으로 쏟아져 내리면서 한 번씩 무지개가 형성되어 여행객의 눈을 사로잡는다. 자연의 위대함에 또 한번 인간의 왜소함을 느낀다.

산책로 전체가 비오듯이 쏟아진다. 한국에서 여기까지 동행한 우산이 3번째 사용되는 영광을 가진다. 빅토리아 폭포는 지형과 물줄기에 따라 폭포의 특성과 형태에 의해서 이름이 지어졌는데 악마의 폭포, 메인 폭포, 말발굽 폭포, 안락의자 폭포, 무지개 폭포, 이스턴 폭포로 이어진다.

원래 계획은 짐바브웨이 빅토리아 폴스에서 내려 짐바브웨이 쪽 폭포를 보고 육로로 국경 다리를 넘어 잠비아로 들어올 예정이었다. 짐바브웨 현 대통령 무가베가 젊은 부인에게 정권을 넘기려다, 그 빌미로 군사 쿠데타가 일어나 가택 연금을 당했다는 소식을 듣고, 짐바브웨 빅토리아 폴스 여행계획은 취소했다. 여행을 떠나 그 이후 진행 과정은 모르고, 오늘에야 그 현장인 짐바브웨의 국경 지역인 빅토리아 폴스 너머 리빙스톤에 도착하였는데 어떤 변화가 일어났는지 궁금하다.

남아공의 만델라 대통령 관련 서적을 볼 때, 만델라(1918~2013)는 변호사로 무가베는 교사로 백인 정권에 저항하다 체포돼 감옥살이(만델라 27년, 무가베 11년)를 한 흑인 독립 지도자다. 무가베는 영국을 상대로 한 독립을 위한 전투를 성공으로 이끌어 만델라보다 먼저 1980년에 집권을 한다. 풍부한 관광, 천연 자원을 보유하고 있고 사회 기반도 잘 갖춰져 있어 앞날은 밝았다. 하지만 극단적인 사회주의 노선을 걷고, 백인들에 대한 무자비한 자산 압류로 백인들의 이탈로 전반적인 선진 기술은 사라졌다. 자기 주위만의 부와 권력을 장기 집권으로 유지하다 보니 외국의 원조도 중단되고 만성적인 인플레이션으로 모든 것이 황폐해져 국민들의 삶이 어려운 반면, 반면 만델라는 1994년 집권 이후 헌법상 연임이 가능 했는데도 5년 임기만 채우고 물러났다. 그보다 중요한 것은 '진실과 화해 위원회'를 만들어 관용 정책을 베풀어 백인들의 이탈을 막아, 남아공은 아프리카의 최대 경제 대국으로 국제적 위상을 유지하고 있다는 것이다. 리더 한 사람의 생각과 결정이 국민의 삶을 불행과 행복의 길 중 한 길로 가게 할 수 있는지 보여주는 증거인 것 같다.

현실로 돌아가자. 산책로를 따라 걷다 보면 절벽을 이은 다리, 일명

나이프 엣지 다리(Knife Edge Bridge)

나이프 엣지 다리(Knife Edge Bridge)라고 하는 유명한 다리를 만난다. 예전에는 다리 통행료만 20$ 받았다는데 지금은 없다. 다리를 건너면서 아래를 내려다보니 짜릿함을 느낀다.

폭포 위 일주 도로를 따라가며 절벽 돌출부위에서 조망하는데, 짐바브웨와 잠비아와 갈라지는 3거리 계곡에 영롱한 무지개가 국경 대신으로 가로막고 있다. 이구아수 폭포와 비교하면 빅토리아 폭포는 남성형이고 이구아수 폭포는 그에 비해 여성형이라고 표현하고 싶다. 전망대에서 수시로 달라지는 폭포의 우람한 모습을 가장 가까운 곳에서 가장 짜릿한 감동으로 체험할 수 있게 한 세심한 배려가 돋보인다. 국립공원을 나오며 설명문을 보니, 9월~12월이 가장 수량이 적은 건기이고, 3월~6월이 수량이 풍부한데 이때가 여행객이 제일 붐빌 때라고 한다. 지금은 어정쩡한 시기인 모양이다.

숙소로 돌아올 때는 택시를 타야 한다. 60콰차이 부르길래 50콰차이로 흥정해서 숙소로 돌아왔다. 타자라 열차와 잔지바르 일정이 빠지는 바람에 시간적 여유가 많다. 숙소서 오후 내내 수영장에서 놀다가 샤워하고 시원한 벤치에 앉아 밀린 숙제도 하고, 종일 멍 때리다 리빙스턴 둘째 밤을 보낸다.

3일째 아침이다. 아침을 챙겨 먹고, 초베 사파리투어 계약을 하기 위해 카운터를 찾았다. 물가가 올라봐야 'One night two days' 초베 사파리 투어비용이 100$ 정도 되지 않겠나 생각 했는데, 체크인할 때 물어보니 280$이란다. 생각 외로 비싸다. 현찰 지불로 좀 깎아야 할 판이다. 흥정이 시작되어 현찰 줄 테니 베스트 가격을 달라고 하니 이내 고개를 젓는다. 덤으로 한다는 이야기 돌아올 때 잠비아 입국비자 50$을 내야 한단다. 뚜껑 열리는 소리다. 몇 차례 공항 픽업, 초베 사파리투어 관련 메일을 주고받는데 보츠와나 비자 문제로 갑론을박하다. 최종적으론 한국 사람이라고 해서 별 문제없으니 그냥 잠비아 비자만 받고 들어오면 된다고 해 놓고, 지금 와서 비자 비용을 추가로 내야 한다고 하니 다시 생각해 볼 수밖에 없다. 투어 비용도 생각 외로 비싼데다, 추가 비자 비 50$을 낸다고 생각하니 별로 가고 싶은 마음이 안 생긴다.

타자라 열차도 물 건너가고, 초베 사파리 투어도 물 건너간다. 사파리 투어를 간다면 24일 하루만 숙박연장을 해야 하는데, 바로 추가로 이틀 더 숙소 연장을 하고 침실로 돌아와 마음을 정리한다. 3일 더 푹 쉬다가 원기 보충하여 이집션 사기꾼들과 흥정할 대책이나 세우자고 마음을 비운다.

리빙스턴 박물관

숙소 바로 앞에 있는 박물관을 찾았다. 박물관 앞에 리빙스턴 동상이 외롭게 서 있다. 이 땅을 처음 발견한 영국 탐험가이자 선교사인 리빙스턴(David Livingstone)의 이름을 따 그 이후 도시 이름이 리빙스턴이 되었다.

데이비드 리빙스턴(1813~1873)은 검은 대륙의 선교자로서 아프리카 개척자이다. 영국 빅토리아 시대 탐험을 즐겼던 리빙스턴은 중국 선교사로서의 꿈을 갖고 의학 공부를 하기도 했다. 1840년 런던 전도협회의 의료 선교사로서 남아프리카에 파견되어, 1841년부터 아무도 가지 않았던 아프리카 오지에까지 들어가 전도사업에 힘썼는데, 1852~1856년에 케이프타운을 출발하여 육로로 앙골라 서쪽 해안도시 루안다를 거쳐 대륙을 횡단하여 모잠비크 동쪽 해안도시 켈리마느까지 이르러 아프리카 횡단여행의 성과를 거두었다. 그때 빅토리아 폭포와 잠베지 강을 발견하였다. 리빙스턴의 꿈은 오로지 순수한 선교와 탐험이었지만, 리빙스턴이 남긴 자료는 원주민의 보금자리를 빼앗는 결정적인 정보가 되었다. 리빙스턴 동상 옆에 새겨진 'The double face of colonialism, 식민주의의 양면 얼굴' 문구가 뇌리를 떠나지 않는다. 박물관 입장료는 현지인 10콰차이, 외국인은 5$로 구분되어 있다. 1층에는 원시시대 초기부터 현재까지 원주민들의 생활상을 미니어처, 조각품, 사진, 기록물 등으로 전시되어있고 2층에는 리빙스턴에 대한 기록물, 사진, 당시 사용했던 측정기구, 생활용품 등이 전시되어 있다.

다음은 지도에 표시되어 있는 전통시장에 들렀다. 토종 식당을 만나면 내일 점심으로 한 번 먹어볼 기대를 하고 왔는데, 잡화상만 보이고 아프리카 사람들의 손재주가 담긴 목각 조형물들이 눈에 띈다. 그 외 향토색 짙은 상품과 생활용품이 가득하다. 사고 싶은 충동이 들지만 배낭여행자에게는 사치다. 다음날은 카페에 앉아 잠비아의 유명한 커피 한잔 하면서 이집트 공략을 검토한다.

드디어 고대문명을 찾아 두 대륙의 종착역 카이로로 향한다. 저가 비행기표를 이용하다 보니 다시 남아공 요하네스버그 공항을 경유한다. 짧은 시간에 3번째 경유를 하는 공항이다. 다시 케냐의 나이로비 공항을 경유하여 문제의 수단 라호름(Khartoum) 국제공항에 경유하기 위해 도착했다. 여러 경로를 통해 알아본 결과 24시간 이내 공항 밖을 벗어나지 않고 트랜싯 하면 별 문제없이 카이로로 갈 수 있다고 하지만, 내전 중인 나라라 무사통과할 수 있을지 걱정이 많았는데, 기우가 현실로 다가선다.

이집트
Egypt

고대문명의 한 자락, 이집트 카이로

랜딩 아나운싱 멘트가 들린다. 수단 수도 라호름(Khartoum) 공항에서 Transit 시스템이 갖추어져 있지 않아, 로비에 도착했는데 입국 심사대에 현지인들만 보인다. 수단은 사전 비자를 받아야 하는데 Transit Visa에 의거해 트랜싯 통로를 아무리 찾아도 안 보인다. 공항 직원 같이 생긴 사람에게 물어봐도 손짓으로 다른 사람을 가리키고, 또 그 사람한테 가서 물어봐도 모르겠단다. 시간은 흘러가고 카이로 행 비행기를 타야 되는데, 검은 이슬람 수건을 쓰고 명찰을 목에 건 아가씨에게 물어보니 일단 의사는 통한다. 어디에 전화를 걸더니 조금만 기다리란다. 조금 후 남자 직원이 나타나 내 여권하고 보딩 패스를 달라고 해 건네니 한참 보더니 여기서 꼼짝말고 기다리란다.

30여 분 기다리고 있으니, 다시 나타나 같이 동행을 하여 입국 창구를 통과하여 몇 개 사무실을 거쳐 도장을 받는다. 보딩 패스를 새로 받아 출국 검색대에 섰다. 수단 정치 상황이 내전으로 문제가 많다 보니 보안 검색이 철저하다. 긴 줄이 서 있는 검색대를 통과해서 출국 카운터에 도착한다. 또 줄서서 내 차례에 도착하니 도장이 한군데 빠졌다고 들어갔다, 나왔다 하는 사이 비행기 출발 시간은 지났다. 단말마의 비명소리만 내 목구멍을 넘실댄다. 천신만고 끝에 검색대 게이트를 다시 통과하여 체크인을 끝내고 나니, 어느 직원이 무척이나 기다렸다는 듯이 반갑게 나를 데리고 버스에 태운다. 나 혼자만 대형버스를 타고 활주로 근처에 있는 이집트 항공 비행기로 다가간다. 드디어 비행기에 올랐다. 지정 좌석에 앉자마자 승무원들이 바쁘다. 한참 아나운싱 소리가 나는데 내 귀에는 들리지도 않는다. 비행기는 이륙한다. 그제서야 정신이 돌아와 짜증보다는 탑승한 여행객들에게 미안한 마음도 들고, 끝까지 나를 이집트 카이로로 보내기 위하여 최선을 다한 수단 라호름 공항 직원들에게 감사한 마음을 가진다.

　1,200km에 이르는 나일 강 유역 곳곳에 5천 년에 걸친 고대 이집트 왕조시대를 거쳐　그리스-로마인 그레코 로만(Greco Roman) 시대, 이슬람 정복 시대를 거친다. 고대　유적과 유대인들의 이집트 탈출 전의 교회 유적 등 메소아메리카와 연관된 피라미드, 스핑크스, 카르낙 신전 등 고대 문명의 미스터리가 곳곳에 놓여있는 이집트 하늘을 지나면서 사전 지식을 얻기 위해 보았던 내용을 되새겨본다.

　국토의　대부분이 사막이고, 나머지 5% 나일 강 유역의 농경지대에 총인구 구천만의 90% 이상이 이곳에 산다. 아프리카 대륙의 동북부 모퉁이 사막지대에 나일 강을 끼고 세계 4대 문명 중 하나인 이집트 문명이 탄생한 거대 유적지이다. 고대 이집트인들은 이 땅을 타메리(Tameri, 홍수의 땅), 케메트(Kemet, 검은 땅), 혹은 타위(Taui, 두 땅)라고 불렀다. 해마다 비가 많이 오면 나일 강이 범람하면서 홍수의 땅이 나타나고, 홍수가 지나간 후 만들어진 기름진 검은 땅으로 나타나 두 땅이라고 불려졌다.

　아부심벨에서 멤피스에 이르는 나일 강 상류의 지역을 상 이집트로, 멤피스에서 지중해에 이르는 하류의 나일 델타지대가 하 이집트로 부채꼴 모양의 대 평원이다. 나일 강 위치에 따라 상. 하 이집트를 구분한다. 지금은 상, 중, 하 이집트, 사막지대, 시나이 반도 크게 다섯 지역으로 구분해 부른다.

사막을 피해 고대 이집트인들이 나일 강 유역에 모여든 것은 BC 7000년경으로 수렵과 채집으로 먹을 것을 찾던 시기로 추정한다. BC 5500년경 신석기 시대가 시작될 무렵부터 나일 강변에 정착하면서 농사를 짓고 가축을 기르면서 정주 생활이 시작된다.

BC 4000년경 고대 이집트는 멤피스 부근을 경계로 풍토, 정치, 종교, 문화가 서로 다른 상, 하 이집트로 나뉘어져 거의 천년 가까이 서로 다투던 시기에, 메소포타미아 평원에서는 바벨탑 사건이 일어난다. 시기는 BC 3450년경 이라고 추정한다. 그것은 고대 바빌로니아의 신인 마르두크가 메소포타미아의 지배권을 자신의 도시 바빌론으로 가져 오려던 시도였다.

탑 건설에 인간이 동원됐기 때문에 신들이 노하여 인류를 분산시키기 위해 사람들에게 언어를 다르게 사용하도록 하게 하여 의사소통이 안 되어 공사를 못하고 뿔뿔이 흩어진다. 단일 문명과 언어는 이때부터 분리되게 되었다. 그 후 350여 년 동안 지속된 혼란기가 끝난 뒤 이집트의 통일과자신의 독자적인 언어와 초보적인 문자를 가진 나일 강 문명이 형성되었다고 고대학자들은 주장한다.

19세기 말 출토된 이집트
시조 나르메르 왕의 팔레트
(출처: 미술대사전(용어편))

상 이집트의 전설의 왕 나르메르(Narmer)가 상, 하 이집트를 통일하고 파라오가 지배하는 고대 이집트 왕조를 세우면서, BC 3100년 무렵에 탄생되었다고 이집트학 연구자들은 추정한다.

신 호루스의 현인 신으로서 상 이집트의 흰 왕관 헤제트(hedjet), 하 이집트의 붉은 왕관 데슈레트(deshret)를 합친 상하 이집트는 프쉔트(pschent)라고 불리는 이중 왕관을 쓰고 통일 왕조를 30년 이상 다스렸다고 한다.

1898년 상 이집트의 히에라콘폴리스(Hierakanpolis)에서 출토된 의식용 팔레트로 짙은 녹색의 높이 64cm 점판암제(나르메르 팔레트, Narmer Palette)에 앞면에 상 이집트의 백관을 쓴 나르메르 왕이 하 이집트의 파필스를 정복하는 모습이, 뒷면에는 하이집트의 홍관을 쓴 나르메르 왕이 전과戰果를 점검하는 모습으로 왕 나르메르가 상, 하 이집트를 통일한 내용에 대해 부조화 되어있다.

이 팔레트로 이집트의 역사적 기록물로는 최초로, 고대 이집트의 통일 국가를 거친다. 이렇게 시작된 이집트의 역사시대는 거대한 피라미드나 다신교로 많은 화려한 신전과 언어는 고대 이집트어, 문자는 그림 문자인 히에로글리프 (Hierogloyphs) 신성문자를 사용한 고대 이집트 왕조시대는 시작된다.

고왕조(제1왕조~10왕조, BC3100~BC2040년), 중왕조(제11왕조~17왕조, BC2040년~BC 1567년), 신왕조(제18왕조~26왕조, BC1567년~BC332년)를 거친 순수 이집트 왕조는 여기까지다. 프톨레마이오스 왕조(BC332년~BC30년)까지 포함 약 3천 5백년 동안 30여 왕조에 약 200여명의 파라오가 이집트를 다스렸다. 현재도 발굴 중이라 정확한 파라오 수는 모른다고 한다.

파라오(Pharaoh)의 어원은 '페르-오'로 이는 본래 '성스러운 권좌'를 의미하는 것이었으나 시간이 지나면서 '페르-오' 자체가 통치자를 의미하는 말로 변화했다. 이집트 중왕조 시기의 아멘호텝 4세(아케나톤) 통치기 이후 왕을 직접적으로 가리키는 용어가 된 것으로 알려져 있다. 성서 사전에서도 '큰 집'이란 뜻의 바로(Pharaoh)라고 불렀다.

이후 마케도니아 알렉산더 대왕의 이집트 정복으로 그리스 문명이 접목된 300년 간, 그 이후 로마 제국의 속국이 되어 700여년 동안, 도합 1,000년 기간의 그레코-로만 시대이다. AD 7세기 중반 이슬람 제국에 이집트가 정복되어 현재까지 이슬람 시대로 이어져 오늘의 이집트에 이르렀다.

이집트의 원주민은 대부분 코카서스 인종인 함족에 속한다. 총인구의 대부분은 고대(古代)이집트인의 혈통을 이어받은 콥트인 및 누비아인으로 약 60%로 펠라라고 불리는 농민으로 구성된 농촌인구가 대부분이다. 페르시아에 정복당한 후 아라비아 반도 및 팔레스타인의 아랍혈통을 받은 자와 투르크 아르메니아의 피를 이어받은 자 등이 이주한 것이다.

그 후 이슬람 제국이 이집트를 정복하자, 이집트가 이슬람화되면서 원주민과 아랍인 사이의 대대적인 혼혈들로 이루어져 있다. 지금은 인구의 대부분인 93%가 이슬람 아랍계 이집트인이다. 다만 6백만 명에 가까운 콥트(Copts) 교도들이 고대 이집트인의 후손으로 명맥을 유지하고 있다. 그밖에 사막지대에 유목민 베두인족, 아스완 남부 누비아 지방에 검은 피부에 곱슬머리의 누비안(Nubian)인이 산다. 메소아메리카인들은 기원전 3100년이 아니라, 겟살코와틀, 곧 날개 달린 뱀이 자신의 새 영지에 도착한 때. 즉 자신들의 책력, 만년력을 시작했던 기원전 3113년 이라고 주장하고 있다.

이집트 여행은 신들과 신화의 여행이다. 카르낙 신전, 고대 이집트에는 많은 신들이 있었지만, 최고로 우선으로 치는 신은 태양신이었다. 특이한 신 스카라브(Scarab, 풍뎅이)는 고대 이집트어로는 케페레르(kheperer)라고 하였는데, 또한 생성, 창조, 재생을 의미하는 말인 케페르(kheper)와 음이 유사하기 때문에, 이 곤충의 형태가 '스스로 탄생하는 것', '하늘에 올라가는 붉은 태양'이라고 한 케페리(Kheperi)신을 상징한다. 태양신의 화신으로 카르낙 신전이나 룩소르 신전의 성스러운 연못가에 큰 스카라베 돌 조각을 볼 수 있으며 고대 이집트인들은 스카라베를 작은 모양의 호부(護符 부적), 인장(印章) 및 장신구 등으로도 많이 사용했다고 한다. 나일 강이 범람했다가 물이 빠지면 제일 먼저 땅에 나타나 동물의 배설물을 공처럼 뭉쳐서 굴리고 가는 것이 스카라베였다. 뿐만 아니라 여러 가지 동물들이 다양한 신들의 위치에 있었다. 런던 대영박물관, 파리 루브르 박물관에 이집트산 케프리(스카라브) 신이 전시되어 있다. 두 곳 박물관

참관하실 때 관심 가지고 보시길!

고대 이집트의 창조신 아툼, 대표적인 신화로 헬리오폴리스(Heliopolis)의 천지창조 신화로 태초 이 세상에는 아무 것도 없었다. 그리스 신화에서 천지가 창조되기 전의 상태인 카오스(Choas)나 성서 구약의 창세기에서 신이 천지를 창조하기 전의 상태인 흑암과 무한한 바다가 눈Nun이라는 신으로 불리어진다. 이후 태초의 바다에서 아침에는 '케프리' 한낮에는 '라(Re), 저녁에는 '아툼'이라는 태양신을 탄생시킨다. 이집트 대표적인 9신 중 시조始祖로 승격되어 아툼(Atum)신이 태어난다.

아툼은 이중왕관을 쓴 사람의 모습으로 태어났다. 아툼은 여신 없이 독신으로 공기의 신 슈(SHou)와 물의 여신 테푸누트(Defnut) 남매를 만들었고, 남매는 결혼하여 땅의 신 게브(Geb)와 하늘의 여신 누트(Nut)를 만들어 놓았으나 서로의 관계가 나빠 계속 이어지지 못하고, 결국 지상의 신으로 왕이 된 호루스(Horus)에 의해 헬리오폴리스의 천지창조 신화는 끝난다.

천지를 창조한 아툼, 아몬, 슈, 테프누트, 게브, 누트의 여섯 신과 천지를 다스린 오시리스, 이시스, 세트, 네프티스, 마아트, 호루스의 여섯 신은 고대 이집트에서 숭배된 헬리오폴리스의 주요한 신이다. 이중왕관을 쓴 헬리오폴리스 창조신 아툼은 룩소르 박물관에 전시되어 있고, 여신 이시스와 아들 호루스는 아스완 팔레 섬 이시스 신전에 전시되어있다. 아툼, 슈, 게브, 누트, 네프티스, 오시리스, 이시스 등 이집트 신들이 파리 루브르 박물관에 전시되어 있다. 왜 남의 나라 신들이 유럽 박물관에 전시되어야만 했을까?

룩소르 신전에 조각된 벽화에서 인간 창조 모습을 볼 수 있다. 이렇게 태어난 인간들은 태양신 '라'가 노쇠해지자 신에 대한 반기를 든다. 이에 노한 태양신 '라'는 암사자의 머리를 지닌 여신. 사자처럼 가공할 만한 힘을 지닌 파괴의 여신 세크메트(Sekhmet, 룩소르- 람세스 3세 장제전에 전시되어 있다)를 만들어 지상으로 내려 보내 지상을 풍비박산낸다. 우여곡절 끝에 살아난 이집트인들이 현세의 인간 모습이라고 신화로 전해 내려온다. 이로서 인간 창조 신화는 끝이 나고, 이 신화는 신 왕국의 세티 1세와 람세스 2세의 무덤에 고대 이집트의 그림문자 히에로글리프로 새겨져 있다고 한다.

고대신화는 2대 누트와 게브 신의 장남인 이집트 주신 오시리스가 동생 세트 (Seth)에게 죽임을 당하여, 오시리스의 시신은 열네 조각으로 갈기갈기 찢겨져 이집트 곳곳에 버려진다. 그러자 오시리스의 아내이자 동생인 이시스(Isis)는 샅샅이 뒤져 시체 조각을 찾아내고, 이를 미라로 만들어 오시리스는 부활할 수 있었다고 한다. 그는 죽음에서 다시 영생을 얻었고, 저승과 재생, 부활의 신으로 새롭게 태어난다. 이에 이집트인들은 육신이 보존되어야 영혼이 살아남을 수 있다는 윤회 관념을 가지게 되었다.

그래서 그들은 죽은 자의 내세를 보장할 방법으로 특수한 시체 처리법을 고안했는데, 이것이 바로 이집트 미라다. 이집트인들의 미라 제조술은 그 기법이 표준화 됐을 정도로 발달했다. 부패방지를 위해 정밀하게 절개해 뇌수를 제거하고, 무게로 오시리스 심판을 받아야 하는 심장을 제외한 내장을 전부 꺼낸 후 카노푸스 단지에 별도 보관하고, 사체를 양잿물에 담가 수분이 완벽히 제거되면, 붕대를 빈틈없이 감은 후 특수 고무를 바르고 철저하게 밀봉한 관에 넣어 부패를 방지했다. 외부공기와 차단되어 미라로 보존될 수 있었다.

라틴아메리카 잉카족 및 안데스 산맥 줄기에 살았던 높은 사람들을 사후 방부처리해서 미라를 제조했고, 중국에서는 육조시대 이래 많은 승려들이 미라가 되었다. 초기의 미라는 거의 인공을 가하지 않았으나, 수당시대隋唐時代에 들어와서는 시체에 칠을 발라 마포麻布로 감싸 미라를 만들었다고 한다. 이러한 미라 제조술 덕분에 고대 이집트의 의학과 외과 기술은 현대인의 상상을 초월했다고 한다. 나일 강 중류 콤 움부(Kom Ombo) 신전에는 외과 수술 장비를 표현한 조각들이 보이는데, 오늘날 수술 장비와 흡사하다고 한다.

벨기에의 건축학자 Robert Bauval은 20년째 이집트 피라미드와 건축, 천문을 연구하는 학자인데, 기자 거대 피라미드들은 오리온 별자리 허리에 있는 3개 별과 동일하게 배치되어 있고, 시간을 BC 10,500년 무렵으로 되돌리면 밤하늘의 오리온 별자리와 피라미드가 일직선상으로 연결되어, 지평선에는 이시스 여신의 별, 오시리스가 걸려있다고 한다. 춘분 새벽이 되자 동시에 자오선 상에

다다른 오리온 벨트의 3개 별은 지상의 세 피라미드와 똑같은 형상을 이룬다고 한다. 그때 스핑크스는 사자자리를 응시하고 있단다. 오리온 성좌는 오시리스의 별이다. 고대 이집트인들은 파라오가 죽으면 죽은 자의 신인 오시리스가 된다고 생각한다.

스핑크스가 향하고 있는 사자자리 역시 고대 이집트인들에게는 매우 중요한 별자리였다. 피라미드들은 매우 정확한 방위를 가리키고 있다. 피라미드의 각 방위는 오차가 0.05도에 불과할 정도로 동서남북으로 정확한 방위를 가리키고 있다. 쿠푸왕의 피라미드는 런던 그리니치 천문대의 자오선 건물보다도 정확하게 북쪽을 가리키고 있다고 한다. 스핑크스 역시 정 동향이다. 동서방위를 완벽하게 계산했다는 것은 천문학적 지식기반이 현대 못지않았다는 이야기이다. 그 위대한 과학의 유산들은 다 어디로 사라진 것일까?

1894년 노먼 로키아(Normen Lockyer, 1836~1920)가 천문학의 여명(the Down of Astronomy)에서 어느 시대, 어느 곳을 막론하고 가장 초기의 신전에서부터 가장 큰 성당에 이르기까지 모든 신전은 천문학적으로 위치가 정해 졌다고 한다.

그의 생각은 '바빌론에서는 처음부터 신을 나타내는 부호가 별이었다는 놀라운 사실'이집트에서는 신성문자로 쓰인 문서에서 별 세 개는 여러 명의 신들을 나타냈다. 인도 신들 가운데서 가장 숭배된 신이 태양이 가져다준 낮 인드라(Indra)와 새벽 우사스(Ushas)였다고 한다. 모두 일출과 관련된 신들이다. 로키아의 가장 큰 공헌은 고대 신전의 방향 설정이 그 정확한 건축 연대를 알아내는 실마리를 찾을 수 있다는 것이다.

그의 주요 사례는 상 이집트 테베에 있는 카르낙(karnak) 신전 단지다. 카르낙의 아멘라(Amen-Ra)에게 바쳐진 대 신전은 동, 서 축에서 남쪽으로 기울어져 등을 맞대고 서 있는 두 개의 사각 구조물로 이루어져 있는데, 하, 동지 때에는 햇빛이 길이 150m에 이르는 회랑 전체를 통과해 한 부분에서 다른 부분에 있는 두 오벨리스크(Obelisk)사이를 지나가게 된다. 그리고 몇 분 동안 햇살이 회랑 저쪽 끝에서 번쩍이는 빛으로 지성소를 쪼이게 된다. 새해를 시작하는 첫

날의 순간을 나타내보이는 것이다. 그러나 정확한 순간은 일정치 않았다고 한다. 지구가 태양 주위를 도는 궤도 평면에 그 자전축이 기울어진 각도가 늘 현재(23.5도가 약간 안 된다)와 같은 것이 아님을 발견 했다. 지구의 흔들림은 이 기울기를 7,000여 년 정도에 1도씩 변화시킨다. 그것이 21도 정도로 줄다가, 다시 늘어나 24도 이상까지 올라가는 것이라고 한다.

안데스 고고학에 적용시킨 롤프 뮐러(Rolf Muller)는 고고학 유적들이 24도 기울기로 방향을 잡고 있다면 그것은 적어도 4,000년 이상 전에 지어졌음을 의미한다고 추산했다. 뮐러는 쿠스코의 태양의 신전이 동짓날 일출 순간에 햇빛이 직접 지성소에 비치도록 지어졌다고 한다. 마추픽추에서 신성한 바위 꼭대기에 지어진 구조물의 원형 부분의 두 사다리꼴 창문은 관측자가 그곳을 통해 하 동지의 일출을 볼 수 있게 하기 위한 것이었다고 결론지었다. 지금으로부터 4,500년 전에 말이다!

이집트, 가나안, 바빌론, 메소아메리카, 메소포타미아 서사시 '에누마 엘라쉬'와 창세기에서처럼 창조 설화들은 천상에서 지구로 전하는 상징, 남자와 여자, 에덴동산, 큰 강, 뱀, 산들, 신성한 호수 등, 레만니체의 말을 빌자면 잉카 판 세상의 파노라마다. 그림으로 보는 안데스의 구약이다.

이집트는 곧 나일 강의 선물이다. BC5세기 그리스의 역사가이자 여행가인 헤로도토스(Herodotos, BC484~425))가 기원전 5세기에 이집트 여행 후 그의 저서 '역사'에서 나온 말이다. 나일 강변의 전체 인구의 90% 이상이 살고 있으니 말이다. 빅토리아호에서 발원하여 수단 수도 하루툼(Khartoum) 까지의 백 나일(White Nail)과 에디오피아 고원에서 발원한 청 나일(Blue Nail, 아랍어로는 바르알아즈라크)이 수단의 수도 부근에서 만나, 여기에 에티오피아에서 흘러오는 또 하나의 지류인 아트바라(Atbara)강과 합류하여 6,671km로 세계에서 아마존 강(6,992km) 다음으로 제일 긴 강으로 이집트와 더불어 살아온 나일 강이다.

고대 이집트인들은 강물의 수위를 측정하기 위해 AD 861년에 이집트 카이로 남부 로다(Rodah) 섬에 나일로미터(Nilometer)를 설치하였고, 그외 곳곳에 우물식이나 계단식으로 나일로미터를 설치하여 강물이 높낮이를 하늘의 변화와 연계시켜 모든 생활의 기초로 삼았다.

이처럼 고대 이집트에서는 시리우스가 다시 나타나는 하늘의 현상과 나일의 강물이 불어나는 땅의 현상을 합쳐서 태양력을 만들어 농사, 수산업, 신전 의식 등에 기초가 되었다.

1902년 아스완 댐의 완공에 이어, 1970년 현대의 피라미드라고 일컫는 아스완 하이 댐이 완공되어 나일 강 상류 사막 속에 높이 111m, 저수지 길이 500km의 거대한 인공 호수 나세르 호가 탄생한다. 그 결과 홍수의 예방과 안정된 농업용수의 공급으로 1년에 두 번 농사를 지을 수 있었고, 나일의 범람이 없어지면서 안정된 농지, 공업용지, 주택지, 전력 생산이 크게 늘어나 이집트의 경제 성장에 크게 이바지하게 된다. 그 이후 나일로미터는 기념물로만 남는다.

중왕국 18왕조 14대 투탕카멘 파라오 시절, 3500여년전의 나일 강을 두고 고대의 연애사가 오늘날까지 전해진다.

나는 그대의 첫사랑, 나는 그대의 정원,
꽃향기 그윽한 정원이로다.
깊이 흐르는 나의 수로를 그대의 논밭이 달래주고
북풍이 식혀주고, 나일 강이 가득 채워 주는구나
– A 바턴 (고고학과 성경)에서

구천 년의 세월을 흘러 보냈는데도 광대한 모래 사막 사이로 오늘도 묵묵히 흐르고 있다. 나일 강은 참으로 위대한 강이며 이집트인들에게는 영원한 생명의 강이다.

고대 이집트의 문명의 유산은 그 수가 헤아릴 수 없을 정도로 많다. 피라미드를 비롯하여 신전, 파라오의 무덤만 하더라도 300개가 훨씬 넘는다. 고대 일용품, 신에게 바친 공물, 장제 용품, 도구, 장식품, 조각, 미술품 등 현재까지 출토된 유물이 200만점이 넘고 계속 발굴 중이다.

나폴레옹 이집트 원정군의 탐험대 책임자로 드농이 파견된다. 탐험가이자 도굴꾼으로, 드농은 이집트 전역을 탐사하고 귀중한 유물은 프랑스로 반출하여 루브르 박물관의 전신인 나폴레옹 박물관을 건립하여 관장이 되어 이집트 유물 전시 관리를 하였다. 드농의 저서 〈이집트 나일 강 상류와 하루 여행기〉는 1802년 파리에서 발간, 40판까지 발행되어 온 유럽의 귀족들이나 부호들이 이집트 유물에 관심을 가졌고, 결국 이집트 유명한 유물들이 국외로 반출되었다. 반출되지 않은 유물들이 이곳 카이로 박물관에 있고, 그 외 룩소르 박물관, 아스완의 누비아 박물관, 알렉산드리아의 그레코-로만 박물관에 전시되어 있고, 국외에는 드농에 이어 이탈리아 출생인 드로베티는 프랑스로 귀화하여 1798년 이집트 원정대 대령으로 전쟁에 참가한 후, 1810년 이집트 총영사로 부임하기도 했고, 퇴임 후 고대 유물사업에 뛰어들었다.

그 외 이집트 주재 영국 총영사 헨리 솔트도 점잖은 도굴꾼이자 거래 업자 덕택으로 도굴된 귀중한 이집트 유물들을 영국으로 반출하여, 현재 런던의 대영박물관외 세계 유명 박물관에서 전시되고 있다. 유럽 귀족들이나 부호들이 보관하고 있는 국보급 유물들은 과연 얼마나 될까? 19세기 초에 행해진 고대유물의 수치스러운 약탈이 또 다른 한 면으로는 오히려 파괴되어 사라질 유물을 구해냈다는 웃지 못할 주장이 나오기도 한다.

세계적으로 4500년 이상의 오래된 고대 유적이 이집트만큼 그런대로 잘 보존된 곳도 드물다. 이집트에는 거의 100년에 한 번 정도 큰 지진이 발생하는데도 불구하고, 피라미드나 스핑크스나 아부심벨의 대 신전 같은 거대한 고대 건축물들이 특이하게 잘 보존되어 있다. 첫째 요인은 이집트인들의 건축 기술이 우수하였고, 둘째로 건조한 사막 기후와 모래가 유적을 덮어버려 외세의 침입과 종교적인 피해가 심하지 않은 요인이 아닐까 하고 고고학자들은 추정한다.

랜딩 아나운싱 멘트가 나오고, 여유로워진 마음으로 창 밖에 시선을 돌려 바라보니 사막지대가 보이고 도시가 나타나자마자 카이로 공항에 내려앉는다. 드디어 고대문명의 한 자락인 이집트에, 산전수전 끝에 도착한다.

세계적인 유적 관광지의 명성에 비해 공항 시설이 허술하다. 어느 블로그에서 입국비자 받을 때 사기꾼이 많다는데 긴장을 하여 옳은 곳을 찾아 25$을 주고 관광비자를 받아 입국 도장을 받고 짐을 찾아 공항을 나선다. 검은 히잡을 쓴 여인들이 많이 보인다. 알라의 땅 이슬람 나라가 실감나는 장면이다.

체크인 시간도 많이 남아있고, 아예 바가지 구렁텅이에 빠지지 않기 위해 대중버스 정류장을 찾는다. 찾는 도중, 사전 정보 검색 차 보아왔던 람세스 2세 오벨리스크가 공항 광장에 있다고 했는데 버스 정류장을 찾기 위해 제1터미널에서 제3터미널까지 한 바퀴 돌았는데도 내 눈에는 안 보인다.

'신들의 요람'이라고 불렸던 헬리오폴리스, 지금은 공항 확장공사 및 재개발로 흔적을 찾아보기 어려운 것 같다. 고대 이집트의 최고신인 태양의 신으로 천지창조 신화가 탄생한 신화의 땅이다. 고대 이집트에서 오벨리스크(Obelisk)는 태양신에게 바치는 기념 건축물이었다. 오랜 왕조기간에 약 120기의 오벨리스크가 만들어졌다고 추정한다. 현재는 29기만 남아, 룩소르의 카르낙 신전에 3기, 룩소르 신전, 헬리오폴리스, 카이로 공항, 나일 강변에 각각 하나씩 모두 9기가 남아있고, 아이러니 하게도 로마에 13기, 런던, 파리, 뉴욕, 이스탄불 등 이집트를 떠나 있는 것이 더 많다. 카이로 공항 광장에 있다는 오벨리스크는 어디론가 사라져 버렸다.

맥스 로덴벡이 저술한 〈카이로〉에서, 북동쪽 허름한 동네에 주변에는 아무렇게나 회칠한 판잣집이며 공장이 빼곡히 들어차있는 볼품없는 동네 근처 온(On, 성서 구약에서 헤브라인들이 불렀던 곳)이라는 폐허가 된 고대 유적지에 4천년 역사를 간직한 우뚝 솟은 분홍 화강암 기둥 '오벨리스크'가 보인다고 했는데 안 보인다.

이곳이 지금은 공항이 세 개에다 부속 건물들이 옛 헬리오폴리스 유적지에 자리잡고 있어, 옛 흔적이 안 보이는 헬리오폴리스 고대 유적지다. 온의 사제들은 천지창조주 '아톰'이라 주장했고, 경쟁도시였던 멤피스는 '프타'가 조물주라 주장했지만 두 곳 다 역사 속으로 사라졌다.

고대 문명에 비해 카이로 역사가 처음 등장한 것은 BC 6세기 바빌로니아인들이 콥트 지대에 고대 요새를 세움으로 바빌론성이 태어났다. 그 이후 1세기 끝 무렵 로마 군이 지금의 올드 카이로에 바빌론 성(Fort Babylon)을 재구축하면서 본격적인 카이로 시대가 탄생한다.

그 이후 7세기 중반 이집트를 점령한 이슬람 군의 장군 아무로 빈 알라스 (Amr Bin Alas)가 바빌론 성 근처에 술탄의 거점도시 푸스타드(Mist al-Fustat)를 세워 이집트 통치의 거점으로 삼으면서 약 1천년 동안 그레코-로만 수도였던 알렉산드리아에서 새로운 이집트 수도 카이로가 탄생된다.

카이로라는 명칭 자체가 아랍인들이 이도시를 정복한 승리감을 나타낸다. 승리라는 뜻을 가진 알 카헤라(Al Quahirah)가 이집트식 초기 이름이다. 카이로는 알 카헤라의 이태리식 발음이다. 이렇게 발달한 카이로는 13~16세기 250여 년 동안 맘루크 왕조(1250~1517)시대 초기에는 노예 출신의 술탄으로 이집트 백성들에게 저항을 많이 받았으나 철권 통치로 정권을 안정시켜 동서무역의 길목으로 중계무역이 크게 번창하여 이스탄불, 바그다드를 대신한 이슬람 세계의 중심지로 부상했다.

카이로는 도시면적이 동서 15km, 남북 30km 밖에 안 되는 도시에 상주 인구가 1천 7백만 이상으로 세계적으로 인구 밀도가 높은 도시이면서 아프리카, 아랍세계를 통틀어서 제일 거대한 도시다.

도시 형태에 따라 올드 카이로, 뉴 카이로, 이슬람 카이로, 교외 유적지 카이로로 나뉜다. 최근에 교외 사막지대를 개발하여 위성 도시를 건설하고 있는 중이다. 거리마다 자동차, 버스, 미니버스, 사람, 당나귀 수레대신 오트바이 릭사, 하루에 5번 예배 시작을 알리는 '아잔' 소리 와 뒤 섞여 무질서하게 보이는 가운데서도 기독교, 이슬람교, 유대교가 공존하면서 매우 매력 있고 활력이 넘치는 이슬람 도시다. 매스컴을 타고 나오는 이슬람 과격 단체의 리더들은 대부분 카이로 대학 출신이고, 팔레스타인 기구 의장 아라파트, 헤즈블라의 리더 나스랄라, 알 카에다의 수장 오사마 빈라덴 등 이슬람 과격 단체의 상층부에 있는 대부분이 카이로 대학 동문이라는 또 하나의 자랑거리다. 카이로의 영향력은 이집트에만 국한되지 않는, 세계 2억5천만 아랍인과 6억 이슬람교도들에게 카이로는 숭배의 대상이자 마음의 고향이라고 한다.

블로그 정보에서 보았던 357 버스는 아무리 기다려도 안 온다. 버스가 보일 때마다 뉴 카이로의 심장인 타흐리르 광장(Tahrir Square)앞 '사다트 메트로'를 고함질러, 타라는 운전사의 수신호에 간신히 올라탄다. 옆자리에 앉은 젊은 사람에게 이 버스가 사다트 메트로역 근처에 가느냐고 묻자. 아니라고 영어로 말한다. 자기소개를 간단히 하는데 공항 직원이고 야간 근무를 마치고 돌아가는 길인데, 나하고 같이 지하철역 가까운 정류장에서 내려 지하철을 타고 사다트 메트로 역에 내리는 데를 알려주겠단다. 얼굴이 성실하게 보여 수락하고 고맙다는 말을 전하고 나니 한숨 놓인다. 운전사는 사다트는 빼먹고 메트로만 들었던 모양이다.

어느 정류장에서 내려 지하철 역으로 내려간다. 자기가 지하철 표 두 장을 사서 한 장을 나에게 건넨다. 돈을 주는 것도 예의가 아닌 것 같아 진정으로 고맙다는 말을 전하니, 타국에서 우리나라를 방문했는데 당연한 일이 아니냐고 반문하면서 미소를 짓는다. 이집트인은 외국인에게는 모두 사기꾼으로 생각하라는 말을 수없이 들어왔는데 나만 예외였나? 그 후 내가 만난 일반 카이로 시민들은 모두 친절했다. 몇 정거장 지나자 옆에 앉은 친절한 친구가 다음 역에 내리면 된다고 하며, 좋은 여행하라는 말을 남기고 손을 내민다. 정말 따뜻한 손이었다.

사다트 역에 내려 출구로 나오니 몇 년 전 세계 매스컴을 탔던 뉴 카이로 타흐리르 광장이 보인다. 최근 2011년 튀니지에서 일어난 제스민 혁명의 불길이 이곳 카이로까지 밀려와 이 광장에서 수만명 민중이 모여 무바라크 독재정권을 청산하고 '아랍의 봄'을 탄생시킨 역사적인 곳이다.

카이로 박물관 앞 '해방'이라는 뜻을 가진 타흐리르 광장

그곳에서 멀지 않은 카이로 박물관 바로 앞에 있는 숙소를 찾아 들어가니 시간이 이르다고 짐만 맡기고 볼 일보고 12시 이후에 체크인 할 수 있으니 그때 다시 오란다. 오늘은 금요일이라 이집트는 휴일이다. 카운터 직원에게 박물관은 오늘 개장하느냐고 묻자, 개장한다고 바로 답이 나온다.

카이로 박물관

숙소를 나서 박물관으로 도착하여. 삼엄한 무장경비 검색대를 통과하니 벌써 긴 줄이 서 있다. 차례를 기다려 표를 들고 박물관 안으로 들어서니, 세계사에

서도 많이 보았고 여행 가이드북 및 이집트 문명 관련 책자에서 많이 보았던 유물들이 한눈에 들어온다.

이집트 박물관 중앙 홀

람세스 2세 부부 좌상 | 네페르트 왕자와 그의 처 라호테프

고대 이집트 문명과 5천 년의 이집트 역사가 숨쉬는 곳, 1858년에 개관하여 1978년 대홍수로 기존 블라크(Bulaq)박물관이 피해를 입기도 하고, 박물관 규모가 작아 1902년 보수 복구되어 세계적인 박물관으로 20만여점의 고대 이집트 유물을 소장하고 있다. 숙련된 현지 도굴꾼들의 상거래에 의한 유물 반출 및 점령국의 약탈로 세계 곳곳에 나가있는 이집트 유물들을 합치면 도대체 얼마나 될까? 이슬람 점령으로 종교적으로 파괴된 유물들은 어떻게 복원할 것인지? 지금 현재 대 이집트 박물관을 건설 중에 있고, 완성되면 흩어져 있는 주요 유물들을 그곳으로 다 이전할 계획이란다.

이 박물관에는 천정이 없는 중앙 홀에 거대한 람세스 2세상이 여행객들을 반긴다. 1층에는 50여 개의 전시실이 정문에서 시계방향으로 고, 중, 신왕국, 그레크-로만 시대 순으로 전시되어 있고, 2층에는 투탕카멘(Tutankhamen) 왕의 무덤에서 발굴된 유물과 이집트 신왕조 시대 왕들의 미라 및 기타 유물들이 보존, 전시되어 있다. 한국어 통역 가이드도 없이, 까막눈 아랍어에 어떻게 이 역사적인 오랜 유물들을 이해하고 역사적인 배경을 알 수 있을지 막막하다. 다만 출발하기 일 년 전부터 이집트 관련 서적을 통해서 많이 공부를 하여 감은 있지만 실상 면전에 들어서니 책에서 보아온 유물 번호들도 옛 것과 다시 작성된 번호가 혼선되어 한 달을 들여다 바도 이해를 할 수 없을 것 같다.

1층에는 고왕국 시대의 유물로 제 3왕조 파라오 제세르의 조각상에서부터 건축에 필요한 각 기구들, 악기, 생활용품, 미라 등 귀중한 각종 보물들과 기자 피라미드의 막내 4왕조 멘카우레(Menkaure) 왕과 두 여신의 석상, 카프레(Khafre) 왕의 석상, 서기관의 좌상, 촌장의 목상, 귀족 라호테프(Rahotep) 부부상 쿠푸(Kheops)왕의 어머니인 호텝-헤레스 여왕이 사용하던 모던한 가구 등이 전시되어 있다.

'촌장(村長, Sheikhel-Balad)의 상'이라는 속칭으로 유명한 고대 이집트 제5왕조 초기(B.C. 2490경)의 주신관인 카 아페르의 목조 입상이 서 있다. 카이로 초대 박물관 관장인 마리아트가 사카라 마스트바 무덤에서 발굴하였다. 색의 조화가 아름다운 헬리오폴리스 태양신전의 신관 라호텝도 보인다.

아톤 신을 경배하는 아그나톤과 그의 가족들 | 상이집트의 상징 헤제트(Hedject, 백관)가 보인다

신의 세계에서부터 일상생활에 이르기까지 파라오의 정신과 파라오들이 남긴 다양한 유물들이 오천년 전의 일상들이 이곳에서 재현되고 있다. 매로 변한 호루스 신이 그의 목덜미에 앉았다는 데서 생각해낸 고대왕국 4왕조 파라오 케프라의 놀라운 섬록암 조상이 특이하게 보인다. 이집트에서 제일 귀한 보물, 짙은 녹색 점판암의 나르메르 팔레트와 히에로글리프어(신성문자) 해독의 열쇠가 된 로제타스톤 복제품(원본은 대영 박물관 전시)이 보인다.

이 박물관에서 역사적으로 제일 귀한 것은 로제타스톤이다. 로제타스톤의 구성은 위부터 고대 이집트 상형문자인 히에로그글리프, 중간 부분은 이집트 민중문자인 데모틱, 그리고 아래 부분은 그리스 문자로 새겨져 있는데 세계의 고고학자들이 해독을 시도 했으나 실패했다. 1799년 7월 나폴레옹의 이집트 원정시 공병장교가 처음 발견하였으나, 프랑스군이 알렉산드리아에서 영국군에 항복하면서 프랑스가 확보하고 있던 이집트 유물은 영국으로 넘어가 현재 대영 박물관에 전시 보관 중이다. 처음에 학자들은 상형문자를 그림문자로 생각해 모든 기호를 그림으로 해석하려 들어 실패했다.

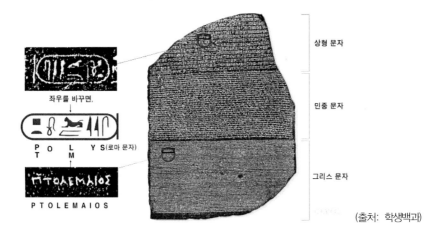

좌우를 바꾸면,

P O L Y S(로마 문자)
T L
M

PTOLEMAIOS
PTOLEMAIOS

상형 문자

민중 문자

그리스 문자

(출처: 학생백과)

그 이후 스웨덴의 아케블라드가 로제타 석의 민중문자에 그리스어와 관련되는 고유한 이름을 포함한 단어들을 해독함으로써 이집트어 해독에 한 차원 진전을 보였다. 뒤이어 영국의 만능 천재로 알려진 토머스 영(영 계수의 창안자)은 타원형 테두리 속에 있는 상형 문자가 왕들의 이름을 적은 것임을 밝혀내기도 하면서, 일부 기호들이 상징 문자이기보다는 음성학적이라는 개념을 갖고 있다고 추정하면서도 더 이상 진전은 하지 못했다.

최종적으로 어려서부터 언어적인 천재성을 보인, 프랑스 학자인 프랑수아 상폴리엥에 의해 해독되어 이집트의 역사가 세상에 알려지게 된 역사적인 돌 판이다. 그는 해결의 실마리를 콥트 어에서 찾는다. 콥트 어는 아랍 이전 7세기까지 이집트인들이 사용하던 언어라서 고대 이집트의 근원을 찾을 수 있는 유일한 단서가 되었다고 한다. 기본적인 문자의 수는 700여 개로 각 문자는 본래의 소재 자체를 나타내는 표의문자였으나 음의 전용에 의해 표음문자의 구실도 한다. 특히 두음의 활용으로 24개의 알파벳이 정해졌으므로, 이는 현재 사용되고 있는 각종 알파벳의 기원이라고 말할 수 있다.

베일에 싸여 있던 무덤 벽화와 신전의 벽면, 기둥, 법률 등 고대문서들이 해독 되면서 이집트의 유구한 고대문명이 세상에 선보이게 됐다고 한다. 반면에 유럽의 귀족들이나 부호들은 이집트 유물에 관심이 증폭되어 전문 도굴 중개상을 통해 싹쓸이 하듯 유물을 빼내어 개인 소장 및 유럽의 유명 박물관에 전시품으로 전락하게 된다.

우) 람세스 2세의 포로 처형 장면

중왕국 시대의 유물로는 멘투호테프 1세(Mentuhotep I)와 2세의 석상, 귀족 하르호테프(Harhotep)의 분묘 벽화, 이집트에서 가장 유명한 오시리스 신상 등이 있다.

신왕국 시대의 유물로는 18왕조 하트셉수트(Hatshepsut) 여왕의 석상, 투트모세 3세(Tuthmosis Ⅲ)의 입상, 신왕국 18왕조 아크나톤(아멘호테프4세)왕과

네페르티티 왕비의 아름다운 초상화와 석상, 람세스 2세(Ramses Ⅱ)의 석상, 여왕 하트셉수트의 스핑크스, 대표적 아르마나 대표적 미술 작품인 파라오 아멘호테프4세의 거상, 왕녀의 머리상, 왕비 네페르티티의 미완성 머리상, 그리고 중앙 홀의 맨 안쪽에 신왕국 18왕조 거대한 아멘호데프 3세와 왕비의 좌상이 전시되고 있다. 시리아. 팔레스타인까지 정복하기도 한, 이집트를 가장 번성시켰던 파라오이다.

1층에는 말기왕조 시대의 유물, 그레크-로만 시대 이후의 유물 등도 전시 되어있다. 이 외에도 석관, 목선, 미라 수술대, 미라를 제작할 때 심장을 따로 들어내어 보관하는 케노푸스 단지 등이 전시되어 있다. 수없이 많은 유물들에 고 고학자가 아닌 사람이라 머리가 혼란스럽다. 이곳 말고도 유럽의 부호나 귀족들이 개인 소장한 명품 유적들은 규모가 얼마인지 상상할 수도 없다.

중앙 홀의 2층에는 신 왕국 18왕조 14대 파라오 투탕카멘(BC 1334~1325)전시실이 있다. 황금마스크, 황금 관, 투탕카멘 실물 크기 입상 등 왕의 전차, 목관, 항아리, 황금침대, 옥좌 등 2천여 점의 유물이 전시되어 있고, 미라 특별실에는 람세스 2세(Ramses Ⅱ) 등 제18왕조~제20왕조 왕들의 미라 12채가 전시되어 있다. 미라실 입구에는 미라 수술 도구 및 재료가 전시되어 있고, 미라 수술 방법이 간략히 설명되어 있다. 그 밖에 파피루스 문서와 필기 용구, 제1왕조 이후 비잔틴 시대까지의 각종 장식품

이 전시되고 있다. 관련 서적을 들고 며칠을 돌아도 전부 이해하기가 어려울 것 같은데, 반나절 시간의 여유만 있어 수박 겉 핥기 식으로 보고 나간다.

　박물관을 나와 앞서 보지 못했던, 박물관 정원에는 앨러베스트로 만든 두 개의 스핑크스가 보인다. 서쪽으로는 고대 이집트 유적 관리에 공적이 많았고, 1885년 초대 박물관 관장인 프랑스 고고학자 오귀스트 마리에트의 동상이 있고, 그 밑에 그의 유해가 안치되어 있다고 한다. 그는 1850년 10월 27일 사카라에 도착하여 반쯤 모래속에 파묻혀 있는 스핑크스를 발견하였고, 아피스 황소의 지하묘지, 룩소르 서안 데이르엘바하리(Deirel-Bahri)에 잠들었던 왕들의 미라, 투탕카멘의 무덤, 타니스왕의 무덤군 등의 발굴로 이집트 고대 역사학의 이정표를 세우고 이집트 고대 문화를 구하려는 유명한 고고학자였다. 1858년 6월 1일 마리에트는 고대유물 관리국의 책임자로 임명되어 유적 발굴에 필요한 모든 권한과 재원을 받았다. 그 결과로 탐욕스러운 농민 도굴꾼과 관심 많은 유럽 부호들로 부터 유적과 유물을 보호하게 되어 카이로 박물관의 기초를 마련했다. 타흐리드 광장 벤치에 앉아 고대문명 속에서 느꼈던 놀라움과 아쉬움을 진정시키면서, 150여 년 전의 이 주위를 상상한다.

　숙소로 돌아가 체크인을 하고 나니 어디로 여행 할 것이냐고, 모든 투어 프로그램이 있으니 말만 하면 자기 숙소 고객에게는 저렴히 최선을 다하겠다고 한다. 말하는 폼이 믿음이 안 간다. 일단 피곤하니 씻고 쉬다가 의논하자고 한 후, 샤워하고 그날 오후는 푹 쉬었다. 저녁에 숙소를 나서 식당을 찾아보아도 보이는 곳은 피자집뿐이다. 치킨과 파스타로 간단히 식사하고 숙소로 돌아오니 이제는 매니저가 반갑게 맞이한다. 일단 카이로에서는 투어 에이전시를 안 거치고 내 발로 할 생각이라, 아스완 가는 기차표를 얼마에 구해줄 수 있느냐고 묻자 첫말에 80\$ 이란다. 지난해 7월에 카이로에서 아스완까지 야간기차를 18\$에 타고 갔다는 블로그 내용을 이야기 하면서 값이 어이없다고 얘기했더니, 직접 기차역으로 가보면 알 것이다, 절대 너는 살 수 없다고 장담을 한다. 생각해보마 하고 침실로 들어와 수단 라호름 공항 트랜짓 몸살에 눕자마자 잠이 든다.

이집트 여행 첫날 새벽, 어느 모스크에서 새벽 기도 시간을 알리는 아잔 소리가 정겹게 들린다. 여행자의 귀에는 그저 정겹게 들리지만, 모스크가 밀집된 이슬람 지역에는 하루에 5번씩 울리는 아잔 소리에 고통을 하소연하는 현지인이 관청에다 대책을 세워 달라고 하는 민원이 상당히 많다고 한다. 그에 대해 여러 가지 갑론을박을 하는데 아직까지는 별다른 묘책이 없는 모양이다.

숙소 아침 먹는 시간이 9시라, 침대에서 뒤척이다 일어나 아침을 먹으려고 식탁 의자에 앉아 기다리고 있으니, 검은 히잡을 쓰고 온몸을 검은 드레스로 감싸고 인상이 좋아 보이는 아주머니가 아침상을 봐준다. 웃는 모습이 너무 선하게 생겼다. 니시가나코 장편소설 〈사라바〉에서 나오는 주인공 아유무의 카이로 친구 야곱의 어머니나 아유무의 현지인 보모인 제이콥의 다정다감한 장면이 떠오른다. 영어가 전혀 안 되니 아쉬웠다. 직접 끓여주신 커피 맛이 일품이다. 뭐라도 더 챙겨 주시려고 뭐라 하는데 도무지 알아들을 수가 없는데 나중에 알고 보니 매니저 어머니고, 사장은 아버지다.

바빌론 성의 성문이었던 로마 타워 유적 | 올드 카이로 지하 상가

아침을 맛나게 먹고 오늘은 여기서 남쪽으로 5km 정도 떨어진 카이로 시발점

인 나일 강변 푸스타드 지역으로 간다. 지하철로 마르 기르기스(Mar Girgis)역에서 내리면 가까운 곳에 있다. 역 이름은 그리스 정교회의 이름을 따서 지은 것이다. 콥트 카이로의 관문답다.

역 바로 앞에는 로마 황제 트라야누스(Trajanus, 53~117)시대에 세운 성곽도시 바빌론 성의 성문이었던 로마 타워 유적이 남아 있다. 이곳은 이슬람 군의 침입 시 로마 군과의 격전지이다. 카이로의 발상지인 이곳에 로마시대의 성벽 유적, 폐허가 된 채 버려져 있는 이곳을 푸스타드 지역이라고 한다.

서기 641년 4월 이집트를 정복한 이슬람 군의 아무르 장군은 바빌론성에서 북동쪽으로 500여m 정도 떨어진 곳에 새로운 수도 푸스타드를 건설했다. 642년에 그곳에 자기 이름을 딴 아무르 모스크(Amr Mosque)를 세웠다. 이집트뿐만 아니라 아프리카에서 가장 오래된 모스크다.

코란 2장 257절에 '정복한 지역에서 그 지역의 신앙의 자유를 누려야 한다'는 원칙에 콥트교, 유대교, 이슬람 유적이 같이 공존하는 지역이다. 로마 점령 초기 그리스도교의 수난의 역사가 잠겨있는 4~5세기 콥드 교회들이 남아 있다. 그래서 일명 콥트 카이로(Coptic Cairo)라고도 불린다. 11세기~12세기 푸스타드는 다양한 인종들이 뒤섞여 살아가는 국제적인 도시였다고 한다.

다음으로 찾은 곳은 올드 카이로, 아기 예수가 3년간 이집트 유랑시절에 거쳐 간 기독교적인 성지 중 하나다. 몇 년 전 과격 이슬람 근본주의들이 이 지역을 습격하여 많은 콥드 교인들이 살상을 당한 곳이다. 지금은 몇 년 전 참상은 다 사라졌고 평온을 찾아 사이좋게 지내는 모양이다.

기독교의 기원에는 이집트를 무시 할 수 없다. 아브라함과 야곱, 그리고 예레미야도 애굽으로 갔고, 바빌론유수에서 풀려난 사람들도 각박한 예루살렘으로 돌아가기보다는 풍요로운 이집트로 대이동했다. 모세의 출애굽, 아기 예수의 카이로 피난 등 초기 기독교의 발원은 출애굽 후 알렉산드리아에 잔류해있던 유대인의 활동과 42년 무렵, 복음 전도사이며 마가복음 저자 성 마가(St Mark)가 네로 황제의 박해를 피해 로마에서 알렉산드리아로 오면서 기독교가 활성화 되었다고 한다. 4대 복음서 가운데 하나인 마가 복음이 로마에서 집필을 시작해서 AD 60년에서 70년 사이에 이집트 알렉산드리아에서 마무리 됐다고 한다.

예수의 부활이 이집트 오시리스신의 부활과 비슷했고, 기독교교의 상징인 십자가의 모양이 고대 이집트어로 '생'을 뜻하는 앙크(Ankh)의 장식모습이 T 자형 십자가로 비슷하고, 성모 마리아가 아기 예수를 안고 있는 모습이 이시스 여신이 어린 호루스를 안고 있는 모습과 닮았다고 해서 기독교가 쉽게 이집트에 정착할 수 있었다고 한다.

7세기 이슬람 군이 이집트를 정복했을 때 이집트인들 대부분이 기독교였다. 이슬람인들은 그들을 그냥 '쿠브트'(qubt)라고 부른 데서 기원한 것이다. 아이깁티오스→애굽부트→쿠브트→콥트로 와전되어 간 것이다. 이것이 영어로 콥트라고 불리게 되었다. 콥드들 역시 기독교가 로마 제국의 국교로 공인될 때까지 심한 박해를 받았다. 로마 황제 디오클레티아누스(Dioclecyianus) 황제(재위 284~305) 때 심한 박해와 순교가 이루어져, 후에 이를 기념해서 284년을 원년으로 하는 콥트력을 정하였고, 콥트 순교의 해로 정했다. 이 해를 원년으로 하여 이집트인 10% 정도인 700만 곱트 교인들의 교회 역사를 기술하고 있다.

5세기 경에는 수단을 오가며 무역을 하던 이집트 상인들에 의해 기독교가 전파되어 남쪽으로 에티오피아까지 확장되었다. 그 시절 에티오피아 전 인구의 절반 정도가 기독교인이었다고 한다. 그래서인지 에티오피아에는 의외로 기독교 역사적 유적들이곳곳에 있다.

콥트 박물관
(Coptic Museum)

아담과 하와가 에덴 동산에서 추방되기 직전과 후

로마타워 바로 옆에 1947년 개장한 콥트 박물관(Coptic Museum)이 있다. 29개 전시실로 시대별 콥트 예술품들을 한눈에 볼 수 있다. 비잔틴 영향을 받은 대리석 기둥과 사카라의 예레미야 수도원에서 가져온 전시품, 파피루스로 쓰인 콥트 문자와 책 등이 눈에 띈다.

세계 최대의 콥트 예술품, 자기, 모직 공예품, 프레스코 벽화 1만여 점을 소장하고 있는 박물관으로 초기 그리스도교의 박해와 수난의 산 역사를 보여주는 많은 유물이 전시되고 있다. 기독교도라면 꼭 보아야 할 박물관이다. 예수나 성서를 주제로 한 콥드 미술의 프레스코화 등이 유명하다.

박물관 입구에 들어서니, Textile 전시관이 제일 먼저 눈에 들어온다. 천을 짜고 옷을 만드는 기술이 발달되어 로마시대에도 곱틱 제품에 대해서는 인기도 많았다고 한다. 당시 제작된 천이나 옷들과, 성화 유화, 십자가 문양이 들어간 나무조각품, 돌 조각품 등이 많이 전시되어있고, 특히 눈에 뛰는 것은 곱트어로 표기된 오래된 성경 책들이 많이 전시되어 내 눈을 사로잡는다. 2층 전시실 중 아담과 하와가 낙원에서 추방되기 직전의 모습을 그린 벽화가 퍽 인상적이다.

어디서 오신지 모르겠지만 나이가 지긋하신 이집트 수녀님들이 많이 관람을 하고 계신다. 내가 성경책을 유심히 보고 있으니 영어로 어디서 왔느냐고 물으신다. 한국이라고 말하니까, 코리아 하면서 밝은 미소를 짓고 교인이냐고 물으신다. 그렇다고 하니까 만나서 반갑다고 손을 잡으신다.

원래 사진 촬영이 엄격히 제한되어 있다. 감독하시는 분에게 멀리 한국에서 온 교인인데 몇 컷만 찍어서 한국 교인들에게 소개하고 싶다고 간청을 했다. 주위를 둘러보더니 수녀님들이 앞서 나가신 줄 알고 빨리 찍으란다. 몇 컷만 양해를 받아 고대 성경책과 창세기 아담과 이브시대의 유화, 성모마리아, 예수님의 유화 몇 점을 찍었다. 감독하시는 콥트 교인에게 정중히 고맙다는 말씀 올리고 박물관을 나섰다.

다음은 로마타워 오른쪽에 로마제국시대 이슬람 의 침입에 대비한 바빌론 성의 성벽 겸 7세기에 지어진 알-무알라카 교회(Muallaqa Churcu)가 있다. 무알라카는 아랍어로 '매달다' 라는 뜻으로 공중교회(Hanging Church)라고도 불린다. 여러 차례 개보수되어 지금의 모습으로 13세기 이집트 내에서는 가장 중요한 콥트 교회다.

아기 예수가 3년간 이집트 유랑시절에 거쳐간 행적 | 올드 카이로에서 가장 큰 Muallaqa Churcu)

　무알라카 교회의 오른쪽 지하계단을 내려가 좁은 골목을 따라 안으로 들어가면 13세기에 세워진 성 세르기우스 교회(St. Sergius Church)가 나온다. 성 세르기우스는 로마 제국이 기독교를 가장 박해하던 3세기 때 시리아 북부 출신으로 멕시밀리안 황제의 근위대 대장이었다. 그는 제우스 신전에 가서 절하라는 황제의 명에 대해 끝까지 거부하다 죽음으로써 끝까지 신앙을 지켰다. 콘스탄티누스 황제가 기독교를 공인한 뒤 세르기우스의 믿음과 용기를 추앙한 교회가 세워졌다. 성 세르기우스 교회에 들어서면 초대 교인들의 박해 시 고문을 했던 도구들이 전시돼 있다.

　인근에는 유명한 아기예수 피난교회(아부 세르가 교회)가 있다. 아기 예수가 이집트로 피난 왔을 때 한 달 동안 머물렀던 동굴 위에 서 있기 때문이다. 그래서 아기 예수 피난 교회라고 불리기도 한다. 유대국 왕 헤롯(Herod, BC 73~4)의 박해를 피해 요셉과 성모 마리아와 함께 이집트로 피난 와서 3년 반 가까이 있었다. 마태복음 2:13~15에 이집트 피난 사실이 기록되어 있다.

　이곳을 지나 이집트의 남부 지방 베니 핫산을 지나 알—쿠시아 지역까지 가서 오랜기간 머물렀다. 헤롯 왕이 죽자 애굽에서 요셉에게 현몽하여 요셉이 일어나 예수를 데리고 이스라엘로 귀환한다(마태 2:19~21).

이 교회는 좁다란 골목에 교회 입구가 반 지하로 되어 있어 겉으로 보아서는 교회로 보이지 않는다. 당시 사용하던 우물도 현존하여 특이하게 보았다. 매년 6월 1일 아기 예수를 기리는 축제가 이 교회에서 열린다. 그 외 초기 그리스도교 수난의 역사가 잔재해 있는 4~5세기 콥트 교회들이 많이 남아 있다. 그래서 올드 카이로를 콥트 카이로(Coptic Cairo)라고도 불리기도 한다.

4세기에 건립된 모세 기념 교회 벤 에즈라 시나고고 (Ben Ezra Synagogue)

성 세르기우스 교회 부근에 4세기에 건립된 모세 기념 교회 벤 에즈라 시나고고(Ben Ezra Synagogue)가 있다. 현재의 건물은 12세기 초 예루살렘에서 온 랍비 아브라함 벤 아즈라가 재건한 것이다. 천년 가까이 이집트 유대인 공동체의 중심이 되었던 곳으로 지금은 유대 교회로 사용하고 있다. 교회 안에 12세기에 만든 모세의 출애굽을 기념한 기념물이 있다.

이 유대 교회는 아기 예수 피난 교회와 함께 기독교 성지 순례자들의 발길이 일 년 내내 끊이지 않는다. 교회의 지붕이나 기둥은 아랍의 아라베스크 양식인데, 교회 안의 창문이나 벽은 모자이크와 성화 등 카돌릭의 전통이 그대로 표현되어 있다. 유럽식 성당보다는 러시아 정교회 분위기가 나는 편이다. 사진 촬영이 극히 제한되고, 감시관이 두 명이나 있고, 출입하는 여행객도 많고 해서 사진을 한 장도 못 찍어 아쉽다.

올드 카이로에는 이슬람의 모스크, 이집트 정교인 곱트교, 유대교가 한 지역에 공존하고 있다. 이슬람 코란의 종교 자유가 현재도 이어지고 있는 올드 카이로 탐방을 마치고 돌아간다.

카이로 중앙 기차역

돌아오는 지하철로 카이로 기차역으로 갔다. 지하철 역에서 내려 기차역 티켓 창구에 도착하니 별로 긴 줄이 아니다. 조금 후 내 차례가 되어 내일 아스완 침대 표를 요구하자 철길 넘어 반대편 창구로 가란다. 상, 하행선 티켓창구가 틀린다. 역 안으로 들어가 왼쪽으로 조금 걸어가면 넘어가는 지하 통로가 있다. 새로운 창구로 가서 아스완 애기를 꺼내자마자 왼쪽 끝 창구로 가란다. 거기에는 줄 서 있는 사람도 없다. 끝 창구로 가서 아스완 내일 침대 표를 요구하자, 이곳에서는 안 팔고 여행사를 통해 구하란다.

무슨 이런 놈의 나라가 있을까 싶지만 읍소 작전으로 나갔다. 한참을 망설이더니 선심 쓰는 척 하면서 80$을 요구한다. 숙소 매니저 말이 맞는가 보다 생각하고 다른 방도가 생각이 안나 할 수 없어 100$을 내밀었더니 이제는 잔돈이 없단다. 이집트에서는 잔돈 받을 생각하지 말라는 게 이집트 행동 철학중 하나 인데, 이것은 좀 심하다 싶어 포기를 한다. 역을 나서기 전 지하철역 앞 터미널 2층에 깔끔하게 보이는 레스토랑이 있어 2층으로 올라가 그림 메뉴를 보고 대충 주문하여 식사를 마치고 계산서를 청구해 보니 93파운드 정도가 되어 잔돈이 필요해 200파운드 지폐를 건넸는데, 50파운드 2장하고 잔돈을 가져와, 50파운드 2장만 챙기고 나머지는 팁으로 남겨두고 나왔다. 박시시, 일종의 팁이라고 볼수 있는데, 이슬람에서는 부자가 돈이 없는 사람에게 돈이나 물건을 줘야 한다는 종교적 관습이 있다. 이러한 관습에서 유래된 것이 '박시시'이다. 화장실 등 공공장소에서 남의 도움을 받았을 때는 5~10파운드 좌우의 돈을 주는 게 마음이 편하다. 그래서 이집트를 여행할 때는 주머니 속에 잔돈이 필요하다.

친절하게 박시시까지 주고 나왔는데 첫 번째 이집션 사기꾼에게 당한다. 나중에 무엇을 사고 계산하려고, 기차역 레스토랑에서 받은 50파운드를 지불했더니 이 돈은 50파운드가 아니고 0.5파운드라고 한다. 뚜껑이 열리기보다 헛웃음이 먼저 나온다. 시장통 식당도 아니고 멀쩡한 레스토랑에서 카운터 아가씨와 서비스 맨 아저씨가 작당을 하여 사기를 친 것이다.

숙소로 돌아오니 매니저는 없고 저녁시간 교대자만 있어 다행이다. 있었다면 기차표 샀느냐고 물어볼 텐데, 답할 말이 궁하다. 침실로 들어와 매연과 먼지로 뒤덮인 몸을 씻고, 어떻게 남부여행을 해야 할지 고민을 하다. 아침 먹을 때 이야기하던 콜롬비아 친구 말이 생각난다. 아스완이나 룩소르를 버스로 가면 싸게 갈 수 있다는 말이 떠올라, 다음날 아침 식사 시간에 그 말을 상기시키면서, 버스 표 파는 데가 어디냐고 묻자, 한 술 더 뜬다.

버스가 남미처럼 까마(반 침대)가 아니라 불편해서 알아보던 중 괜찮은 여행사가 있어, 그곳에 갈 예정인데 같이 가겠느냐고 해서 일단 함께 숙소를 나선다. 숙소에서 멀지 않은 여행사 밀집구역 중 한 곳으로 들어가 상담을 하다 보니, 작년 블로그에서 나온 가격보다는 비싸지만 전체 물가가 인상된 상황을 감안하면 그리 비싸게 보이지도 않는다. 개별여행을 한다면 정도의 차이가 있겠지만 사기를 당할 가능성이 많다.

비행기로 룩소르에 도착하여 제일 단기 코스인 3박4일 크루즈 여행에 아스완에서 카이로까지 1st class로 오후 5시 출발하는 기차표, 별도 아부심벨 여행(35$) 포함 330$에 계약한다. 한 김에 크루즈 여행 후 카이로에 돌아와서 1박2일로 알렉산드리아 개별 여행 계획도 똑같은 마음이 생겨, 당일 투어 50$로 계약을 하고 나오니 마음이 홀가분하다.

1박2일 초베 사파리 투어 값으로 3박4일 크루즈 투어에 아부심벨까지 갔다 올 수 있고, 당일로 내가 보고자 했던 곳보다 알렉산드리아 동북쪽 교외 지역에 있는 몬타자 궁전까지 추가로 볼 수가 있다는데 마음이 편할 수 밖에 없다.

내 상담이 끝나고 콜롬비아 친구 비행기표 및 호텔 예약을 마치고 여행사 문을 나서니 콜롬비아 친구가 다음 일정을 묻는다. 게지라 섬으로 넘어가 오페라 극장, 카이로 타워를 보고 난 후 이슬람 카이로를 갈 예정이라고 하니, 자기는 오늘 특별한 일이 없으니 함께 가자고 해서 갑자기 둘이서 투어를 해야 할 사정이 생긴다.

타흐리르 광장 쪽에서 게지라 섬으로 넘어가는 사자다리 | 세계적 공연이 서는 카이로 오페라 하우스

섬에 가기 위해서는 유명한 사자다리를 건너야 한다. 다리 양단 입구에 사자 두 마리가 보초를 서고 있다. 다리를 건너 그리 멀지 않은 곳에 오페라 극장이 있는데 극장이 아니라 궁전 같다.

높이 187m 카이로 타워 | 카이로 타워 동편 나일 강 서안 해변 공원 선착장

　수에즈 운하 개통식과 더불어 세계적인 작곡가 이탈리아 베르디가 특별히 작곡한 오페라 '아이다(Aida)'를 처음 공연한 곳이기도 하다. 그 후 '아이다'는 1911년 최초로 기자 피라미드 앞에서 야외공연을 가졌다. 아이다는 에디오피아 공주의 이름으로, 에디오피아 원정대의 이집트 사령관 라다메스와의 비극적인 사랑 이야기이다. 1871년 12월 24일 카이로 오페라 극장에서 수에즈 운하 개통 기념으로 초연을 가졌다. 1971년 가을 원인 모를 대 화재로 100년의 역사를 가진 건물뿐만 아니라 극장 안에 있던 귀한 보석과 의상, 자수품, 각종 기자재들이 역사 속으로 사라진다. 1987년에는 룩소르 카르나크 신전에서 세계최고의 테너 프리시도 도밍고가 주연으로 '아이다' 야외공연이 성대히 치루어졌고, 그 이후 1988년 일본의 원조로 이 자리에 최첨단 기능을 갖춘 새로운 오페라 하우스로 탄생된 곳이다. 20세기 초 여행 작가인 독일의 배데커(Baedeker)에 의하면 오페라하우스에서는 날마다 각종 공연이 다국어로 무대에 올랐다고 한다. 1929년과 1930년 사이 공연 시즌에는 영어, 터키어, 아랍어, 프랑스어, 이탈리아어

등의 언어로 오페라, 연극, 희곡 등 다채로운 공연으로 카이로 상류층, 카이로 주재 외교관 및 해외 여행객들을 맞이한 역사가 있는 오페라 극장이다.

다음은 그곳에서 멀지 않은 카이로 타워로, 높이가 187m로 상층에 전망대가 있어 나일 강 주변의 경치가 한 눈에 들어온다. 입장료가 100파운드다. 다음에 코스로 가 볼 예정인 무함모드 알리 모스크에 가면 지대가 높아 시내 조망이 가능한데, 콜롬비아 친구에게 묻자 그냥 가자고 한다.

또 이 섬은 파라오 세티 1세의 아기 박해를 피해 갈대숲에 숨겨 놓은 아기 모세를 왕녀가 발견하여 건져내어, 람세스 2세와 친구가 되기도 한 곳이다. 람세스 2세와 관련한 책에서 나오는 내용이다. 또 다른 학설로는 세티 1세가 아니고 아멘호테프 2세 재위기간이라고 한다. 아무튼 자신의 뿌리를 알게 된 모세가 이집트에서 유대인의 박해가 심한 것에 대해 반기를 들어, 출애굽기의 현장인 '성서의 땅'이기도 하다. 다시 다리를 건너 동쪽으로 이슬람 카이로를 향해서 걷는다. 이슬람 카이로는 카이로 동부지역에, 아랍이 이집트를 정복한 지 300년 후 10세기에 건설된 이슬람 역사 기초에서 태어난 도시다. 시대에 따라 비슷하면서도 각기 다른 이슬람 양식으로 지어진 건축물들이 모여 있는 곳이 이슬람 카이로 지구다. 600개가 넘는 중세 이슬람 시대의 역사적 건축물과 1000 개 가까운 첨탑이 남아 있다.

전 세계에서 카이로 만큼 이슬람 관련 건물들이 많은 곳은 없다고 한다. 유네스코는 이 지역 전체를 세계문화유산으로 지정했다. 15세기에 카이로를 방문한 어느 유대인 여행가는 이탈리아의 로마, 밀라노, 베네치아, 피렌체를 다 합쳐도 카이로의 반만도 못하다고 평가했다고 한다.

매일 하루 다섯 번, 모스크 첨탑에서는 '알라는 위대하다'라는 예배가 아잔 (Azan)으로 울려 퍼진다. 타흐리르 광장에서 모함메드 알리 모스크 & 시타텔 요새까지 구글 지도상으로 2.5km 밖에 안 되어, 이집트 일정이 여유가 있어 가능한 택시기사와 입씨름을 피해 지하철이나, 버스, 도보위주로 계획을 잡았다. 이슬람 카이로 거리를 거닐다 보면 마치 중세의 이슬람 세계 한가운데 있는 것 같다. 좁다란 골목길 같은 대로에 하얀 전통 복장 갈라베야(Galabeya)를 입은 남자, 검은 히잡과 베일로 얼굴을 가린 여인들이 거리를 메우고 있다. 그 와중에 말과 당나귀들을 대신한 오토릭사까지 합세를 하고, 길가 노천 식당에서 양고기 굽는 냄새 등 이 모든 것들이 어울려 이집트 이슬람 향기로 가득하다. 1802년부터 이어온 이슬람 전통식당도 보인다. 돌아오는 길에 들러서 점심을 먹자고 약속을 한 후, 다시 이 골목 저 골목으로 이슬람 향기를 맡으며 걸어간다.

200년 전통의 카이로 토종 식당 | 모스크 첨탑

10여 년 전 9.11 테러 사건은 세계를 경악시킨 사건으로 이슬람은 곧 악의 화신으로 생각하게끔 만든 사건이다. 나 역시 한때는 부질없는 각주구검刻舟求劍이라 생각하고 천하의 몹쓸 놈들이라고 동조한 보통 사람이다. 하지만 우연한 기회에 이슬람 종교를 접하고 관련 서적을 보다보니, 왜 저들이 저렇게밖에 할 수 없었나하고 곰곰이 생각할 마음의 여유를 가지기 시작했다. 물론 시아파 일부 극단주의 지하드(성전聖戰)에 문제가 있다는 데는 동의한다. 이슬람은 아랍어로 '순종'과 '평화'를 기본으로 두고 있는 종교다. 강제성이 띤 선교 활동도 없지만 7세기 늦게 탄생했으면서도 단일 종파로만 비교한다면 세계의 전 지역으로 80여 개국 16억 정도로 저변화된 종교이기도 하다. 뭐라고 꼬집어서 옹호할 말이 떠오르지 않지만 8세기부터 아랍세계로부터 전수한 문명의 이기로 기초가 되어 15세기 이후 산업혁명으로 이등국에서 일등국으로 변신한 유럽인들의 차별과 문화 정복으로 이루어진 산물이 아닌가 생각한다.

떠돌이 나그네로 돌아가자. 이곳 뒷골목 전통 가옥에는 마슈라비아(Mashrabeya)라는 특이한 창문 구조를 볼 수 있다. 밖에서는 안이 안보이고 안에서는 밖이 보이는 구조로 이곳 이슬람 여성들이 바깥 세상을 구경할 수 있는 유일한 창구다. 도보로 걷지 않고는 체험할 수 없는 정경이다. 올드 카이로의 콥트 박물관 2층 전시실 창문이 모두 마슈라비아로 되어 있다.

이슬람 카이로는 남부의 시타텔(Citadel)성채 일부와 아바스 왕조가 지배하는 동안 푸스타트는 점점 그 중요성을 상실해 그 대신 알 아스카르(al-Askar)의 북쪽 교외지역으로 중심이 옮겨 간 지역으로 크게 나뉜다. 아스카르 일대는 소규모의 모스크가 밀집되어있고, 뉴 카이로가 생기기 전까지는 카이로의 중심지였다고 한다. 이슬람 카이로의 대표적 볼거리는 시타텔, 무함마드 알리 모스크, 술탄 하산 모스크, 이븐 툴룬 모스크, 아즈하르 모스크, 모스크에 딸린 1,000여 개의 첨탑, 이슬람 예술 박물관, 재래시장 칸 엘 칼릴리 등을 들 수 있다.

유명한 이스탄불식 첨탑이 보이기 시작한다. 거의 다 온 것 같은데 두 갈래 길이 나타난다. 어디로 가야 할지 현지인에게 묻자, 왼쪽으로 쭉 돌아가면 입구가 나온다고 한다. 한참 걸어서 갔는데도 입구 같은 곳이 안 보여 재차 지나가는 행인에게 물어보니, 지금 이쪽은 폐쇄되었고 시계 반대 방향으로 돌아가야 하는데 무척 멀다고 하면서 지나가는 미니버스를 세운다. 내가 청하지도 않았는데 운전사와 흥정을 하더니 20파운드란다. 우리 돈 1,200원이다. 고맙다고 인사를 하고 미니버스에 올랐다. 정말로 한참이나 시계반대 방향으로 돌아서 입구에 내려준다. 걸어왔으면 정말 힘들었을 거리다. 그만큼 무함모드 알리 모스크와 시타 텔 성채가 크다는 이야기다. 아무튼 일반 시민들은 대체적으로 친절하다. 다만 외국인을 상대로 상행위를 하는 사람들은 99% 바가지꾼으로 보면 된다. 현지인의 5배 이상인 외국인 표를 사서 입장을 한다.

십자군 침략 시대에 지으진 거대한 성곽 시타텔 요새

카이로 동남부 높이 100여m의 민둥산에 가까운 석회암 언덕이 남북으로 길게 뻗어 있는 모카탐 언덕(Moqattam Hills)위에 시타텔 요새가 있다. 이 성채는 이슬람 군의 영웅이며 아이유브 왕조의 창시자인 살라딘(Salah-al-DIN)이 1176년 십자군의 침략으로부터 카이로를 방어하기 위하여 세웠다. 약 800년 (12~19세기) 동안 시타텔은 이집트 통치의 거점 겸 통치자의 거성으로 사용되었다. 성벽 길이가 3km나 되며, 당시 성 안에는 모스크, 왕궁, 시장, 감옥, 무기고, 조폐국, 법원 등 건물들이 빽빽하게 들어찼다고 한다. 근대 이집트의 초석을 다진 무함모드 알리 총독도 이곳에 묻혀 있다. 지금은 북한에서 지어준 군사 박물관, 나세르 무함마드의 궁전 터, 무함모드 알리 모스크 등 그밖에 많은 기념비가 있고, 박물관 앞에 십자군과 맞서서 이집트를 지킨 영웅 살라딘의 동상이 있다. 여기를 찾았던 유럽인들은 화려함이나 규모에 있어 이에 필적할 왕궁을 찾을 수가 없다고 했고, 1422년 피렌체 외교관 펠리체 브란카치가 술탄 바르스바이를 알현했던 경험을 글로 남겼는데, 새벽부터 시타텔 성문 앞에서 몇 시간을 기다렸다가, 몸 수색은 양말까지 뒤집어 보였다고 한다.

그리고 이곳은 이른바 '살육의 골목'으로도 유명하다. 알바니아 출신 이집트 총독 무함모드 알리가 1811년 이 나라의 토착세력으로 정치적으로 반대인 투르크족 전사 집단인 맘루크 실력자 수백 명을 왕궁의 연회에 초청해 연회가 끝난 후 돌아가는 길에미리 매복한 군인들에 의해 집중 사격을 가해 간신히 한 명만 살고 나머지는 몰살시키는 만행이 자행된 곳이기도 하다.

그 여세를 몰아 지방에 있는 맘부크의 잔존세력 또한 말살시켰다. 13~16세기 동안 이집트를 장악하고 지배했던 맘루크 세력은 사라지게 되고 이집트는 무함모드 알리의 천하가 된다.

무함모드 알리 모스크에서 바라다 보이는 술탄 모스크와 리타이 모스크 너머 보이는 카이로 시내

무함모드 알리(1769~1849)가 착공하여 그의 아들 사이드 퍄사가 1857년에 완공한, 높이 84m의 2개의 높은 터키식 첨탑과 큰 돔을 가진 무함마드 알리 모스크(Muhammad Ali Mosque)는 이스탄불에서 보았던 성 소피아 사원과 비슷한 귀중한 모스크 사원이다. 무함모드 알리의 지시로 외부는 터키 이스탄불의 예니자니(Yeni Cami)를 모방하고, 내부는 바로크 양식으로 건설된 모스크다.

내 외부를 보니 이스탄불에서 보았던 Yeni Cami모스크와 내 외부가 흡사하다. 그러나 내부의 화려한 장식이나 커다란 상들리에는 이슬람 전통 사원의 양식과 맞지 않게 세속적이고 지나치게 장식적이라고 비평하는 학자들이 많다.

위) 시타텔 요새 안에 있는 카이로에서 제일 규모가 큰 무함모드 알리 모스크
아래) 무함마드 알리 모스크의 안마당. 정자 뒤 프랑스 루이 필립이 귀증한 시계탑이 보수 중이다

무함모드 알리 모스크 안 당 서쪽 끝에는 1846 년 프랑스 왕 루이 필립이 현재 파리의 콩코드 광장에 있는 오벨리스크 선물에 대한 답례로 보낸 구리로 만든 시계탑이 서 있다. 지금은 공사중!

시타 텔의 언덕 바로 아래 보이는 술탄 하산 모스크(Sultan Hassan Mosque)가 있다. 맘루크 왕조 시대의 대표적 모스크로 이슬람교 대표적인 건축물이라고 한다. 7년에 걸쳐 이슬람 교리를 가르치는 학교로 건설하였다. '기자의 피라미드'에서 가져온 석회암을 주재료로 건설했다고 한다. 높이 90m가 넘는 첨탑 미나렛이 하늘을 찌르고 있다. 카이로에서는 제일 높은 첨탑이다. 이슬람 종파의 학교와 무덤들이 함께 있다. 알리 모스크만 바라보고 올라올 때는 예사로 지나쳤는데 위에서 보니 가히 예술작품이다.

그 바로 옆에 무함마드 알리 왕조(Muhammad Ali Dynasty)의 왕실 전용 모스크로서 1869년에 공사가 시작되어 1910년에 완공된 리타이 모스크(Ritai Mosque)가 더 폼나게 서 있다. 종교적 기능보다는 부설된 영묘의 기능이 더욱 크다고 한다. 나세르 혁명으로 물러난 파루크 1세(Farouk, 1936~1941)의 무덤과 이란 혁명으로 이집트로 망명 와서 병사한 팔레비 왕의 무덤이 있다.

시타 텔에서 북쪽으로 조금 떨어진 곳에 죽음의 도시라고 불리는 중세의 공동 묘지가 있다. 공동묘지는 사라지고 죽은 자의 무덤 위에 주택난과 가난 때문에 산 사람들의 집을 짓고 살고 있는 그 수가 50여 만 명이 된다고 한다. 거주구 밑에 영면한 사람들의 부활은 가능한 것인지? 세계에서 제일 높은 인구 밀도를 실감나게 한다. 오늘은 그곳까지는 못 가고, 나일 강 상류 아스완까지 여행 후 시간이 남으면 가볼 생각이다.

돌아가는 길, 이제는 걷기에 는 무리가 있는 것 같아 조금 걷다가 버스 정류장이 보이면 버스를 타자고 제안하여 동의를 받고 조금 아래로 내려가니 미니버스 승차장이 있다. 손님 호객하는 소리, 크락숀 울리는 소리, 매연과 먼지가 뒤섞여 가슴이 답답할 지경인데 현지인들은 전혀 그런 얼굴이 아니다. 사다트 메트로! 고함을 지르자 차장이 손짓을 한다. 미니버스에 올라타고 옆 사람에게 가격을 묻자 5파운드라고 한다. 우리 돈 300원이다. 아무튼 대중 교통요금은 너무 싸다. 지하철이 2파운드 우리 돈 120원이니 서민들이 월급이 적어도 살아가는 한 이유가 된다. 오늘 하루 이집트 곳곳을 다니면서 들리지 않는 아랍 말에서도 '인살라(신의 뜻대로)'라는 말은 자주 들었다. 인도 여행서 귀에 익은 '노 프라블럼'같은 의미의 소리다. 분명 다른데 같은 말로 들린다.

방향이 틀린지 오전에 보았던 오래된 이집트 전통 식당은 찾아 갈 수가 없다. 숙소로 가기 전, 여행사 소개한 팁으로 간단한 식사 대접을 하겠다고 동의를 받은 후 숙소에서 멀지 않은 단골집이 된 피자집으로 가서 치킨 파스타로 점심 겸 저녁을 먹었다. 반주로 맥주 한잔을 하려고 주문을 내자 여기는 안 판단다. 이슬람 국가라 식당에서는 술을 못 판다. 아쉬운 발길로 숙소로 돌아와 매연과 먼지를 들어내고 조금 쉬다가 밀린 숙제를 하고 나니 컴컴한 밤 기운이 창가로 스며든다.

다음날 아침 친절한 아줌마의 간결한 솜씨로 차려낸 아침식사를 먹고 있으면서 조금 미안한 마음이 든다. 숙소가 교통이 편한 위치이지만 주위에 식당이라고는 피자 집 한 곳뿐이고, 기차표도 안 사고 투어도 딴 곳에서 예약하다 보니 숙소 매니저인 아들이 별로 살갑지 않다. 2박3일 남부 여행을 마친 후 숙소를 옮기기로 마음먹은지라 괜히 아주머니 보기가 안쓰럽다. 사소한 것이지만 매사 살갑게 웃으시며 무어라도 하나 더 챙겨 주시려는 따뜻한 마음을 가지신 분인데, 이번 아침으로 아쉬운 이별을 한다고 생각하니 마음이 편치 않다. 어쩌랴! 만나고 헤어짐은 필수적인 것이 인생살이 여정인데, 안 통하는 말이지만 고마웠다고 말 전한다. 알아들을 일은 없지만 연신 웃으신다. 아주머니는 오후 점심시간 지나면 집으로 퇴근하시고, 나는 오후에 돌아와 내일 새벽이면 룩소르로 떠나야 하니 이 마음을 어찌 전할까.

아쉬운 마음으로 숙소로 나서 이집트의 하이라이트인 기자 지역 피라미드를 보기 위해 지하철역으로 간다. 이제는 자연스럽게 매표구에 가서 2파운드를 내고 표를 받아 이집션처럼 태연하게 지하철을 타고 간다. 옥상 지하철역인 '기자' 역에 내려 출구로 나가니, 멀리 아래쪽에 블로그에서 본 대로 미니버스 승차장이 대목 시장 통을 방불케 한다. 서로 손님을 태우려고 기사들끼리 싸움도 하면서, 한편으로 호객행위를 하고 전쟁통이다. 적당한 미니버스에 올라 옆 사람에게 묻자 6파운드라고 한다. 우리 돈 360원이다. 좌석이 정원이 되자 출발한다. 아침인데도 혼란의 연속이다. 미니버스, 자동차, 수레, 그 속을 비집고 가는 사람들, 자전거… 그래도 잘 굴러간다. 세계에서 제일 택시가 많은 곳이 카이로라고 한다. 그 택시는 대부분 낡고 지저분하다. 한국의 기아, 현대 소형차도 여기서는 신형으로 신나게 달린다. 그 어수선한 도로 가에 꼬불꼬불 아랍어가 적힌 간판은 알아보지는 못해도, 복잡한 카이로 거리를 채색하는 멋진 장식품이다.

카이로 여행의 하이라이트 카이로 남서쪽에서 기자 고원지대의 거대한 세계적인 유적, '강 건너 있다'는 뜻을 가진 '기자'피라미드로 간다. 멕시코시티 근교 떼오띠우아칸의 태양, 달의 피라미드와 유사한 점이 많은 기자 피라미드가 무척 기대가 된다. 올드 카이로에서 멀리 바라다 본, 피라미드 콤플렉스(복합체)라고 불리는 세계에서 가장 오래되고 가장 큰 석조 건축물이다.

내일부터 앞으로 5일간은 가이드 안내로 편히 다닐 수 있다는 푸근한 마음으로 미니버스 한 귀퉁이에 앉아 카이로 삶의 현장을 마음껏 훔쳐본다. 총알 택시처럼 지그재그로 길을 뚫고 달려간다. 그래도 꽉 막혀있으면 용 빼는 재주 없이는 움직일 수 없다.

기자 피라미드에서 제일 큰 쿠푸 피라미드

그래도 새벽은 어김없이 온다고, 입구에 도착하니 거대한 구조물인 쿠푸 왕 피라미드가 나를 반긴다. 더 반갑게 맞이하는 것은 낙타 몰이꾼, 마차 몰이꾼들이다. 반 협박 비슷하게 10km넘는 거리를 걷지 못한다고, 타라고 난리다. 어느 젊은 여행가가 올린 블로그에 걸어서 3시간 정도 걸려 다 돌아봤다는 그 말에 용기를 얻고, 현재 날씨가 초여름 날씨라 걷기에도 무리가 없어 가감하게 뿌리치고, 입장표 120파운드와 쿠푸왕 피라미드 내부를 볼 수 있는 표 300파운드로 구입을 했다. 작년 7월보다 두 배 올랐다.

검표를 하고 입구에 들어서도 타라고 난리다. 안에는 말도 있어 말 몰이꾼이 채찍을 휘날리며 호객행위를 한다. 익히 들은 바가지에다 도착해서 추가 돈을 요구하며, 안 주면 내리지도 못한다는 정보에, 힘이 들더라도 걸어서 피라미드 정복을 하기로 한다.

첫 방문지 고왕조 제 4왕조 2대 파라오 쿠푸 왕(Khafra, B.C. 2589~2566. 재위) 이집트식 발음으로 쿠푸라고 하지만, 그리스식 발음으로 케옵스라고 하여 예전에는 케옵스가 더 알려져 있다고 한다. 쿠푸 대 피라미드를 향해 다가서니 입구에 긴 줄이 서 있다.

고대 이집트인들이 피라미드를 정사각뿔 모양으로 만든 것에 대해 학자들은 하늘에 이르는 성스러운 계단을 의미한다고도 하고, 구름을 뚫고 내려오는 태양 광선을 형상화한 것이라고 하기도 한다. 고대 이집트인들의 재생, 부활에 대한 태양신 숭배는 종교관의 산물이다. 태양에 대한 신앙이 파라오에 대한 신앙으로 연결되었던 고대 이집트에서는 피라미드는 바로 파라오의 강력한 왕권의 상징이기도 했다.

대형 피라미드가 탄생하기 전, 다시 말해 왕조시대가 열리기 전 오랜 세월 동안 고대 이집트의 장례는 간단하게 모래에 구덩이를 파고 시체를 안장하고 모래로 덮었다. 건조한 공기와 뜨거운 모래 때문에 급속히 탈수되어 시체가 썩지 않고 미라 형식으로 매장되어 있는 것을 우연히 발견하여, 이집트인들은 죽은 후에도 환생 하려면, 시신 보존의 중요성을 느껴 관을 만들어 매장하기 시작했다고 한다. 모래의 직접 접촉이 차단되어 시체는 썩어 뼈만 남게 되자, 그 때부터 이집트인은 인위적으로 미라를 만드는 방법을 꾸준히 개선하며, 사막의 바람과 동물들의 파헤침을 막고자 개발된 것이 진흙 벽돌로 상부가 평평하고 옆이 경사진 '마스타바'형 무덤이다.

피라미드의 초기 마스타바 다음 단계인 계단식 피라미드

이는 피라미드의 기원이 되는데 마스터바는 아랍어로 벤치라는 뜻이다. 마스타바 무덤들은 아비도스, 사카라, 기자, 메이둠, 아브시르 등지에서 발견된다. 점차 파라오의 초기 무덤으로 대형화 된다. 피라미드 초기화로 조세르 왕(BC 2630년~2011년)의 계단식 피라미드로 고대왕국의 수도인 멤피스 교외 사카라에 바닥 면 가로 121m, 세로 109m, 높이가 60m로 현재까지 의연하게 서 있다.

다음으로 진화한 피라미드는 제 4왕조의 시조 스네푸르(BC 2613년~2589년, 재위)무덤으로 고 왕조의 가장 위대한 건축가로서 기자의 세 피라미드와 유사한 피라미드를 건설 하였으며, 제드 스네프루(스네프루는 영원 불멸하다)로 불릴 정도로 리비아와 누비아를 정복하기도 하고, 시나니 원정 등으로 이집트 번영의 기초를 세웠다고 한다. 그런데 스네프루 사후 무덤은 고왕국의 사카라 지역이 아니고 남쪽으로 5km 떨어진 다슈루 지역에 굽고, 붉은 2기의 피라미드가 있다. 2기 중 어느 피라미드가 진짜 스네프루 무덤인지 여러가지 학설이 있는데, 대체적으로 첫 번째 세운 붉은 피라미드가 진짜 무덤이라고 한다. 이 스네프루 피라미드를 기초로 하여 기자 쿠푸 대 피라미드가 탄생한다. 피라미드 건축술이 비약적으로 발전한 것은 스네프루 왕 다음 세대인 쿠푸왕 때부터다. 지금 내가 들어가려고 기다리고 있는 피라미드이다.

피라미드는 주로 농한기나, 홍수가 져 논밭이 침수되어 농사일을 못하게 되어, 먹고 살기가 어려울 때 기아를 막는다는 실용적인 목적도 있었다고 한다. 또 다른 사유로, 농부들은 죽어서 미라로 묻히지도 못하고 좋은 무덤에 매장되지도 못하기 때문에, 건설 현장에 동원된 농부였던 노동자들은 지하 세계에서 신이 된 파라오의 은총을 받을 수 있다는 종교적인 열정의 토대에서 작업 인원에 뽑히는데 적극적이었다고 한다. 품삯을 주고 2만 여명(내셔널 지오그래픽에서 고대 숙소를 밝혀내, 숙소의 천체 수용 규모는 2만 명 정도이며, 숙소 한 동에 2,000여 명이 기거했다고 밝혔다)을 동원했다고 한다.

석회암은 카이로의 모카담 언덕에서, 겉에 입힌 흰 석회석은 카이로 남부 투라(Tura)지역에서, 거대한 화강암은 아스완에서 나일의 강물이 불어날 때 배로 운반해 왔을 걸로 추정한다. 2.5톤 무게의 석회암 230만 개를 210 단에 걸쳐

접착제도 없이 쌓아 올린 것이다.

대부분의 피라미드가 고 왕국(BC 2650~2180)왕조 시대에 건설되었다고 한다. 그래서 이 시대를 피라미드 시대라고 부른다. 피라미드는 고 왕도 멤피스(카이로 남부지역)를 중심으로 남북 90km에 이르는 '피라미드 지대'라고 불리는 사막지대에 모여 있다. 이집트에 약 90기의 피라미드가 남아 있는데, 그 중 37기가 파라오의 피라미드다. 원래 모습을 그런대로 유지하고 있는 곳이 15기 정도이고, 가장 완벽하게 남아 있는 곳이 기자의 세 피라미드이다.

피라미드는 파라오의 사후 환생을 위한 대기실 역할을 하는 곳이다. 파라오는 이집트 신화에 나오는 호루스 신의 화신化身이자, 태양신이며 창조신인 라의 아들로 피라미드는 인간의 세계에서 신의 세계에 도달하게 하는 운하 역할을 한다. 매년 홍수 때 모든 사막과 초원이 물로 뒤덮여도 오직 피라미드만이 고고히 솟아 있어 파라오는 신의 세계에 올라갈 수 있다고 한다. 공사를 책임지는 신관들은 단순한 무덤으로 생각치 않고, 파라오가 신의 세계를 용이하게 갈 수 있도록 모든 공사와 장식을 신화적으로 가미하여 새로운 생명의 기운을 피라미드 내부 곳곳에 신의 에너지가 스며들도록 돌 속에 재창조하였다.

거대한 피라미드 한 가운데 파라오의 석관에 태초 태양의 빛이 닿을 수 있도록 외부로 통하는 2개의 구멍이 있다. 하나는 용자리(영생을 의미함)를 향해 뚫려있고 또 다른 하나는 오리온자리(부활을 의미함)를 향해 뚫려 있다고 한다. 네 개의 측면이 각각 정확하게 동서남북을 바라보고 있으며 피라미드의 둘레를 피라미드 인치(피라미드 건설에 사용했다고 추정되는 측정 단위)로 나타내면 태양년의 일수 365.2의 천 배와 일치하도록 과학적으로 설계 배치되어 있다고 한다. 당시의 문물로는 상상을 초월하는 능력으로, 건축사 7대 불가사의 중 생존하고 있는 곳이 쿠푸 왕 피라미드이다.

순서가 되어 피라미드 가운데 가장 큰 쿠푸 대 피라미드를 택하여 들어가 본다. 밑면들의 길이가 230m 이상이며, 높이가 147m이다, 1889년 파리의 에펠탑이 서기 전까지는 세계에서 가장 높은 건축물이었다고 한다. 쌓여진 돌들 중 가장 큰 것은 무게가 16톤이 넘으며 추정 무게는 600만 톤 이상으로 거대한 석조

쿠푸 피라미드 2부 능선 가운데 출입구에 여행객들의 긴 줄이 이어져 있다

구조물이다. 양으로는 10톤짜리 화물트럭으로 70만 대 분이 된다고 한다. 나폴레옹이 이집트를 정복 후 이곳을 방문하여 세 개의 피라미드를 보고 계산한 결과를 보면 프랑스 전체를 폭 30m, 높이 3m의 성곽으로 둘러쌓을 수가 있다고 하니 불가사의 한 일이다. 평균 무게 2.5톤의 암석 2백3십만여 개를 제위기간 30년 동안 2분에 한 개씩 쌓아 올려야 되는데 이론상 불가능한 일이라고 학자들은 주장한다.

이러한 돌들의 운송 방법은 연구를 통해 밝혀졌으나, 어떻게 들어 올려 쌓았는지는 계속 연구 조사 중이지만 아직도 미궁에 빠져 있다. 각 면은 51도 52분으로 기울어져 놀라울 만큼 정확하게 동서남북을 가리키고 있다. 크놈 신의 보호를 받았던 쿠푸 왕의 통치에 관해 파악할 유물들이 모두 도굴되어, 현재 카이로 박물관에 보관된 작은 석관 하나만 남아있어 대 피라미드 건설만 했다는 것 외에 그의 업적에 대해서는 파악 할 수가 없다고 한다. 그래도 아직 내부 유물들이 남아 있는 것은, 쿠푸 왕 피라미드 동쪽에 있는 조그마한 '마스트바(Mastaba)들' 피라미드 3개뿐이라고 한다.

아직까지도 일부 학자나 이집트인들은 쿠푸의 대 피라미드 안에 아직 발견 되지 못한 비밀 공간이 있으며, 그 곳에는 많은 보물들이 부장되어 있다고 믿는 사람들이 많다고 한다. 세 피라미드 밑에 각 피라미드의 장례를 집전하는 '계곡의 신전'에 대한 대대적인 발굴 계획을 가지고 있다고 한다.

입구에 들어서니 경사진 통로의 바닥은 나무 판에 일정 간격으로 사다리를 만들어 두었고, 벽면에는 손잡이로 쇠 봉을 박아두어 오르고 내려가기가 쉽게 되어 있다. 두 번째 올라가는 길이 높이가 낮아 키가 별로 크지 않은 나도 머리를 몇 번 부딪혔는데, 키 큰 사람들은 올라가기가 쉽지 않을 것 같다.

내부에는 지하 방, 왕비 방, 왕의 방, 중량 경감의 방과 큰 복도, 통로, 환기통으로 구성되어 있다고 하는데, 아래 내부 배치도에서 현재는 입구를 지나 경사진 길로 내려가다가 다시 좁은 통로 길로 올라간다. 왕의 묘실만 개방되어 있고 나머지는 들어갈 수가 없도록 되어 있다.

쿠푸 피라미드의 내부 구조
(출처: 네이버 지식백과)

9세기의 이슬람 칼리프 알 마문(Al-Ma'mun, 786~833)이 최초로 들어간 입구로, 그 이후 알 마문(Al-Mamun)의 입구라고 불리는 곳을 지나 좁은 통로를 조금 내려가면 올라가는 길, 내려가는 길 세 갈래 길이 나온다. 계속 내려가면 지하 방이 나오는데 지금은 폐쇄되어 있고. 앞선 세 갈래 길 위로 오르면 도중에 좌우로 갈라지는데 오른쪽으로 가면 왕비의 방이 나오고 왼쪽으로 오르는 계단을 40m쯤 오르면 지성소라는 왕의 방이 나온다.

왕의 방 서쪽 벽 앞에 예전에는 뚜껑이 없는 붉은 석관이 놓여 있었다고 하는데 보이지 않고 카이로 박물관에서 본 듯하다. 아스완의 화강암으로 만든 이 석관에 파라오 쿠푸의 미라가 안치된 것으로 보는데 현재는 석관 자체가 보이지 않는다. 왕의 방 남쪽과 북쪽 벽에 두 개의 작은 환기 구멍이 있어 내부 온도가 20°가 되도록 유지해주고 있고, 고대 이집트인들은 이 구멍을 통해 죽은 파라오들의 혼이 드나들었다고 믿었다.

입구에서 내려가는 길 | 오르막으로 대회랑으로 지나는 길

한 바퀴 돌아보니 유물들은 도굴되고 일부만 박물관이다. 쿠푸 무덤 방은 특히 볼 만한 것이 없는데다 계속 밀려들어오는 여행객들 때문에 무덥고 갑갑한 느낌만 들어서 바깥 세상으로 나가고 싶은 마음만 든다.

대 피라미드의 꼭대기에는 각 변의 길이가 3m인 평평한 바닥이 있다. 원래 작은 피라미드가 하나 놓여졌던 것으로 추정되는데, 태양으로 올라가기 위한 계단이라는 데에 신비함을 더한다. 1867년 미국의 소설가이자 기자인 마크 트웨인(1835~1910)이 건장한 이집트인들의 유혹으로 무리한 등반을 하게 된다. 막상 정상에 올라서니 신비한 행복감에 젖었다고 글을 썼고, 한국의 김찬삼 여행기에도 피라미드 꼭대기에서 찍은 사진이 나온다. 1581년 팔레르모가 기술한 책에서는 어떤 용감한 사람이 꼭대기까지 올라갔으나 그만 현기증을 일으켜 아래로 굴러 떨어져 사지가 산산조각 났다고 한다. 그 시절엔 등정이 허락된 모양이다.

쿠푸 피라미드 남쪽변에는 하얀 궁전이라는 태양선 박물관(Khufu ship Museum)이 있다. 1954년 대 피라미드 남쪽변 모래 속에서 5척의 태양선을 발견하여 그 중 한척을 복원하여 건조한 박물관이다. 태양선은 죽은 파라오가 재생 부활하여 영생하기 위하여 하늘로 항해하기 위한 목적으로 무덤 곁에 묻었다고 한다. 일명 쿠푸의 배라고 한다.

걷는 방향이 틀리고 시간 관계상 카이로 박물관에서 본 걸로 대신하고 생략을 했다. 시간과 관심이 있는 분들은 쿠푸 피라미드를 꼭 관람해보시길!

다음은 4대 카프라 왕(Kaoura, BC 2558~2532)의 피라미드, 5대 파라오 멘가우레 왕(Menkaoura, BC 2532~2504)의 피라미드가 5천년의 세월을 고고하게 버티어, 오늘날까지 세계 여행객들을 부른다. 멕시코 떼우띠우아칸의 태양의 신전은 쿠푸 왕 대 피라미드와 유사하고, 달의 신전은 카프라 왕의 피라미드와 유사하면서 뭔가 연계되어 있다고 고고학자들은 주장한다.

기자의 세 피라미드 중에 가장 아름다운 카프라 피라미드

기자의 세 피라미드 중에 가장 아름다운 것은 카프라 피라미드이다. 기자 피

라미드의 겉은 화강암으로, 그 밖은 원래 흰 석회암으로 아름답게 화장 석으로 덮혀 있었다. 근데 지금은 카프레 피라미드 꼭대기만 흰 석회암이 일부 남아 있어 불균형하면서도 더욱 아름답게 보인다.

카프라 피라미드의 외부 석회암 장식은 로마 점령시에 로마군들이 벗겨내 회 반죽하는데 사용했고, 심지어 람세스 2세도 이곳 피라미드에서 화강암을 가져다 사용했다고 한다. 이슬람 정복 후에는 카이로의 이슬람 모스크를 짓기 위해 대부분 뜯어 가버려, 현재의 모양이다. 이 피라미드의 내부 구조는 매우 단순하다. 피라미드 북쪽 면에 두 개의 입구가 있다. 높은 입구를 지나 통로로 내려가면 수평통로로 이어지는데 그 끝에 방이 있고, 이 방의 벽에 카프라 왕의 조각상 23개가 등을 기대고 서 있다고 한다. 그 중 파라오 카프라의 조각상 하나가 현재 카이로박물관에 보관 전시되어 있고, 붉은 색 화강암으로 만든 길이 2m, 폭 1m의 빈 석관만 남아있다고 한다.

쿠푸 피라미드 옆에
작은
마스트바(Mastaba)가
보인다

기자의 세 피라미드 중 가장 작은 고왕국 제 4왕조 멘카우라 피라미드, 높이가 65m로 제일 낮지만 쌓여진 각 돌들의 크기는 제일 크다고 한다. 이 피라미드를 끝으로 대형 피라미드는 더 이상 건설하지 않았다고 한다.

'이집트의 신데렐라'라고 불리는 전설이 있다. 유리구두가 아닌 예쁜 신발의 소녀가 파라오의 왕비가 되어 병으로 일찍 죽자, 슬픔에 잠긴 파라오가 만든 석조 기념물이 지금의 멘카우라 피라미드라고 한다.

이 피라미드도 표면이 핑크색 화강암으로 된 돌로 덮여 있어 매우 아름다웠는데, 카프라 피라미드와 마찬가지로 무지한 정복자들이 사적 건물 및 모스크를 지으려고 뜯어가는 바람에 현재의 모습으로 남아있다. 북쪽 면에 있는 입구에 들어서면 지하 6m되는 곳에 납골당이 있다. 하지만 진짜 납골당은 그곳에서 지하로 더 내려가야 보인다고 한다.

멘카우라의 후계자이자 제 4왕조의 마지막 파라오인 셉세스카프(BC 2504~2500)는 자신의 무덤을 기자에서 사카라로 옮겼다. 그런데 그의 무덤은 피라미드 형태가 아닌 거대한 마스터바로, 사실상 대 피라미드의 건축시대가 그 이후 막을 내렸다고 한다.

피라미드의 동쪽에는 장례를 위한 장제葬制전이 있고, 그 아래 화강암으로 만든 하얀 신전이 450m의 참배 길로 연결되어 있다. 하얀 신전은 16개의 기둥이 남아 있는데, 현재 이집트에 남아있는 유일한 하얀 신전이란다. 하얀 신전에 사용된 돌 중 무게가 100t이 넘는 것도 있다. 하지만 지금은 미개방중이다. 이곳에서 발견된 현무암 석관은 영국으로 운반도중에 선박이 난파되어 스페인 근처에 바다로 가라앉았다. 피라미드와 함께 장제전에 있었으나 지금은 흔적조차 없다. 이곳도 현재는 미개방중이라, 내부 구경은 쿠푸 피라미드로 대신하고 사막 지평선만 보이는 곳으로 발길을 돌려본다. 이곳도 낙타, 마차, 말 몰이꾼들의 호객행위가 극성이다. 뿌리치고 가도가도 끝이 안 보여, 내일 새벽에 출발해야 되는 일정이라 아쉽지만 스핑크스 있는 곳으로 발길을 옮긴다.

세 피라미드에서 북서쪽으로 조금 떨어진 곳에 '피노라마 포인트' 라고 불리는 모래 언덕이 있다. 그곳에 가면 세 피라미드를 한눈에 볼 수 있고, 그곳에서 스핑크스까지 낙타나 마차를 타고 사막을 내려가면서 피라미드 남쪽 면의 아름다운 정경을 볼 수 있다. 물론 만만치 않은 비용이 든다.

마지막으로 찾은 곳에선 스핑크스의 뒷머리와 엉덩이가 보인다. 오른쪽 돌담을 따라 내려가도 스핑크스는 모습을 안 나타낸다. 조금 더 내려가니 긴 줄이 서 있는 곳이 보인다. 입장료가 필요한 증표다. 줄 서서 내 차례가 되어 돌담을 돌아 계단을 올라서니 스핑크스의 전면 얼굴이 크게 압도한다. 발 디딜 틈 없이 관광객들의 인산인해로 시골 5일 장터가 따로 없다.

피라미드
'피노라마 포인트'

 거대한 사자의 몸에 사람의 얼굴을 가진 이 스핑크스는 세계에서 가장 큰 석조 조각으로 높이 20m, 길이 60m의 스핑크스는 고왕조 4왕조(BC2650년경) 카프레 시대에 하나의 거대한 석회석 언덕을 조각해 만들어졌다. 다만 발톱 부분만은 벽돌로 만들어졌다고 한다. 얼굴은 지금은 손상을 입어 정확한 형상을 알 수 없으나 카프레 왕의 생전의 모습이라고 한다.

 기자 고원 사막지대를 스핑크스라는 수수께끼의 석조상 하나가 세 피라미드와 주위의 조그마한 피라미드 6기를 지키고 있는 것 같다. 파라오와 신의 힘을 사자의 강한 모습으로 위엄 있게 서 있다. 후기 왕국 시대에는 순례자들이 이곳을 찾아 스핑크스에게 소원을 빌기도 했다고 한다.

특히 제 18왕조의 두 파라오가 특별히 스핑크스를 경배하여 7대 아멘호테프 2세(BC 1453~1419)는 북동쪽에 비석을 세웠고, 아멘호테프 2세 아들인 투트모세 4세(BC 1419~1386)는 자신의 과업을 알리기 위해 스핑크스 두 앞 발 사이에 비석을 세웠다.

투트모스 4세는 장자가 아닌데도 성서의 출애굽기에서 하나님의 이집트에 내린 열가지 재앙 중 새롭게 태어나는 생명체 중 장자는 죽도록 만들었기 때문에 장자인 형이 죽음으로서 파라오가 되었다고 한다. 위 내용으로 보면 성서의 출애굽기 시기는 아멘호테프 2세 재위기간 중 BC 1446년으로 주장하기도 하고, 또 람세스 2세 관련 책자에서는 람세스 2세 재위 기간 중 BC 1225년경이라고 한다. 일부 학자들은 출애굽이 한번에 일어난 것이 아니라 BC 15~13세기 동안 계속 이어졌다는 주장을 하기도 한다.

대 스핑크스는 정확하게 동서를 향해 앉아 있으며 눈은 해가 뜨는 곳으로 응시 하고 있다. 원 모습은 파라오를 상징하는 두건을 쓰고 턱에는 파라오처럼 턱수염을 달고 있었으나, 지금 현재 모습은 엉망이다. 두건도 턱수염도 사라졌고 코도 뭉개져 측은하게 보이기도 한다. 나폴레옹의 이집트 원정 시 병사들이 대포를 쏘아 부서졌다는 이야기도 있고, 고대 이집트의 전설을 들은 이슬람 군이 종교적으로 망가뜨린 것이라고도 한다. 나폴레옹의 이집트 조사단이 떨어져 나간 턱의 수염 조각은 근처에서 발견했지만, 지금은 런던의 대영 박물관이 소장하고 있다.

이 스핑크스의 인근지역이 발굴작업이 완전히 끝나지 않아, 전설에서처럼 과연 어느 피라미드하고 연결된 통로가 있는지 아직 미궁이다. 다만 이 위대한 스핑크스가 쿠푸 왕의 신관과 조각가들에 의해 건설되었다고 추정하며, 이 시기부터 기자 고원의 파라오 사후 보존 시설의 전체적인 배열과 건축이 구상되었을 거라고 추정만 할 뿐이다. 또 한편으로는 지질학적 침식에 관한 지식, 기자 고원과 관련된 천문학상 배열으로는 BC 9500년~10500에 건설되었다는 추정도 있다. 물론 보수적인 이집트 학자들은 거부하고 있지만. 이렇게 대 스핑크스에 얽힌 전설들이 수없이 많이 전해진다. 나폴레옹은 쿠푸 왕 피라미드 내부를 보고 경악을 했고, 스핑크스를 바라보며 이집트의 매력에 빠져 학자와 예술가들을 데려와 이집트 유물과 유적을 유럽에 소개해 고고학 붐이 일으키기도 했지만, 반면에 수많은 이집트 고대 유물이 불법으로 유럽으로 반출되는 일면도 있다.

그러나 문제는 동체가 서서히 붕괴되고 있다고 한다. 스핑크스의 동체는 원래 돌산을 깎은 것인데, 모암母岩 이 깎여나가고 있다. 모암을 지탱해주던 로마 시대에 붙여진 석회석 타일이 떨어져 나가는 바람에 그 틈새로 수분을 포함한 공기가 들어가 붕괴를 유도하고 있다. 아스완 하이 댐과 자동차 공해, 열악한 인근의 주거 환경으로 마구잡이 지하수 개발 등으로 지반이 침하하고 오수가 지표면을 스며들어 피라미드와 스핑크스의 유적까지 침투해 붕괴를 조장하고 있다고 한다. 여러 가지 방안을 강구하고 있다는데 아직까지는 뚜렷한 대책이 없는 모양이다. 그 와중에 대 스핑크스 앞의 상설무대에서 매일 밤 '빛과 소리의 향연'이 열린다고 한다. 캄캄한 밤하늘과 사막 속에서 레이저 빛이 오색 찬란하게 비치면서, 세 피라미드와 대 스핑크스, 이집트 역사에 대한 신비에 가득 찬 목소리로 이야기 해 주고, 로제타 스톤과 히에로글리프에 대해 설명도 해준단다. 이러한 화려한 공연도 붕괴를 재촉하는 데 일조하는 것은 아닌지 걱정된다.

이제는 숙소로 돌아갈 시간이다. 다시 미니버스 주차장으로 가 미니버스에 올랐는데 어중간한 시간대라 좌석을 다 채워야 출발하는데 세 좌석이 비어 있는데 기사는 손님 호객하러 출입구 근처로 가면서 고함을 친다. 나처럼 홀로 여행하는 아저씨가 올라탄다. 이제는 2명만 채우면 되는데, 기사양반이 의기양양하게 세 사람을 한 팀으로 모시고 온다. 어! 두 자리뿐이네, 다시 또 호객행위로 나서 간신히 두 사람을 채워 돌아가는 길이다.

오후 4시반 밖에 안 되었는데도 돌아가는 길이 주차장이다. 지금 시간이 퇴근 시간인가? 기사의 숨은 실력이 나타난다. 도저히 들어들 수 없는 곳도 비집고 들어가고, 지그재그 운행으로 최선을 다해도 꽉 막힌 길은 시간이 해결할 뿐이다. 아침에는 30여 분, 지금은 그의 한 시간 걸려 기자 지하철역에 도착했다.

지하철이 출발하여 한 정거장도 채 못간 지점에서 멈추어 선다. 옥상 지하철 구간이라 이슬람 예배시간을 알리는 '아잔'소리가 지하철 내부까지 들린다. 그래서 지하철은 멈추어 선 것 같다. 그런데 반대차선 지하철은 멈추지 않고 달린다. 우리 지하철 운전사만 절실한 이슬람 신자라서 그런가? 그러면 뒤따라오는 지하철은 어떻게 되는 건지 나로서는 알 방법이 없다.

지하철 진행 방향 우측으로 로다(Roda)섬이 자리하는데 나일 강의 수위를 재기 위해 8세기에 만든 나일 m가 있다. 현재 이집트에 남아 있는 나일 m 중에서 가장 크다고 한다. 하지만 아스완 댐 건설 이후로는 사용되지 않는다고 한다.

7천년 찬란한 고대 문명을 가진 국가에서 3등 국가로 변모한 현실을 생각하니 가슴 한 켠에 의구심을 떨칠 수가 없다. 정녕 역사는 돌고 도는 것인지?

신 왕국의 고도 테베, 룩소르

다음날 아침 택시비 바가지는 당했지만, 택시는 10분 일찍 도착하여 출발한다. 새벽인데도 스모그로 자욱하다. 도시가 비대해지는데 비해 도로 사정이 열악하여 상시 정체되고, 차량은 노후화되고, 급정거는 다반사고 매연이 심할 수밖에 없다. 유적 입장료가 작년보다 2배 이상 올랐고 유적지마다 외국 여행자들로 북새통을 이루어 관광수입이 상당할 텐데 그 돈은 다 어디로 가고, 매연과 먼지로 눈뜨고 다니기도 힘들 지경이다. 카이로 대 박물관이 건설 완료되면 관광객은 더욱더 늘어날 텐데… 최소 한 시간 이상 걸린다고 하여 7시에 예약된 택시로 출발 했는데, 이른 아침이라 그런지 채 30여 분도 안 되어 공항에 도착한다. 카이로 박물관 북쪽 버스 터미널에서 공항으로 가는 일반 시내버스가 있는데 잘못 걸리면 공항까지 두 시간이 걸린다고 해서 숙소 매니저에게 바가지 쓴 것인 줄 뻔히 알면서 택시를 예약하여 공항에 도착한 것이다.

상황판에 룩소르 게이트 문이 열렸다는 신호가 뜬다. 짐을 다시 꾸려 다시 검색 게이트를 통과해 비행기에 올랐다. 최근에 테러가 심해져 곳곳에 검색대가 놓여 있고 무장 경찰들이 깔려있어 분위기가 엄중한데도 여행가나 일반 시민들은 전혀 불안한 표정이라고는 눈곱만큼도 없다.

비행기는 이륙하여 고도를 높인다. 맑은 하늘에 아래가 훤히 보이는데 나일 강 변으로 사막지대만 연속으로 전개된다. 나일 강변만 녹색으로 초원지대가 형

2박 3일 룩소르에서
아스완까지 동행할
크루즈 선

성되어있고 강변을 벗어나면 온 천지가 황량한 사막지대만 펼쳐진다. 나일 강이 이집트의 젖줄이라는 말이 실감난다. 도착하는 룩소르 공항도 사막 한가운데에 있다. 내려서 출입구로 나가 내 영문 이름을 들고 있는 가이드와 인사를 나누고 바로 크루즈 배로 이동한다.

룩소르 현지 직원과 부두에 도착하니 계류된 유람선이 4척이나 같이 묶여져 있다. 내가 여행할 배는 첫 번째로 계류되어 있다. 현지 직원은 숙박 등기 수속만 밟고는 자기 임무는 여기까지고, 오후 2시 반에 새로운 가이드가 올 것이니 점심 식사 후 리셉션 대기실에 기다리라고 한다. 배정받은 2층 방으로 올라가 짐을 풀고 방안을 살펴보니 실내는 그렇게 호화롭지는 않았지만 더블 베드에 2일 밤 지내기는 무리가 없을 것 같다. 더블 베드를 보니 집사람과 같이 못 온 것에 잠시나마 아쉬움에 젖는다. 한 바퀴 둘러보니 지하 선실에는 식당 겸 홀이 있고, 1층에서 3층까지 객실인데 층별 등급별로 가격차이는 있다. 맨 꼭대기 갑판에는 넓은 풀장과 차를 마실 수 있는 카페가 있어, 오후 해질 무렵이면 차 한 잔하면서 석양에 물든 나일 강변을 보는 운치도 있을 것 같다.

점심시간이 되니 지하 식당으로 내려오라는 안내 방송이 나온다. 정식으로 식당으로 내려가 배낭 여행 중 변변하게 먹지 못하여 축난 몸을 보신 할 때다. 뷔페 식으로 어느 일류 식당 못지않게 그럴싸하다. 식사를 하면서 주위를 둘러보니 대부분 나이든 분들인데 나같이 홀로 다니는 여행객은 극소수고, 대부분 부부 여행객이다. 다들 현역에서 은퇴하고 마음 편히 여행을 즐기시는 여행객들이다. 점심 때인데도 맥주잔을 들고 있는 사람, 포도주를 마시고 있는 사람… 여기는 술이 제공되는 모양이다. 분위기에 젖어 나도 맥주를 주문하여 한잔하면서 멋진 요리를 들고 있으니 다시 한번 집사람 생각이 난다.

식사를 마치고 방으로 올라가 짐 정리를 하고, 간편하게 작은 배낭에 보온병과 차를 챙겨 3층 Bar에 가서 뜨거운 물을 받아 보온병에 넣고 1층 리셉션 대기실 소파에 앉아 가이드를 기다린다. 다른 가이드들은 자기 손님을 찾아서 같이 나가는데, 2시 40분이 지났는데도 나를 찾는 가이드는 없다. 우버 택시 및 숙소 예약 등 패키지투어는 아예 생각을 안 했기에 유심 카드 필요성을 못 느껴서 휴대폰에 현지 유심 카드를 넣지 않아 정신적 고행은 시작된다. 패키지 투어를 하다 보니 지역별로 가이드가 다르니 내가 연락할 수도 없고, 가이드가 내쪽으로 연락할 수도 없는 상황에서 크루즈 여행은 시작된다.

나일 강변에서 바라보이는 카르낙 신전

룩소르(Luxor), 중, 신왕조시대의 이름은 고대 이집트어로 '많은 신이 모여 있는 곳'이라는 뜻의 와세트(Waste)였다. 원래 테베의 지방 신인 '독수리 머리에 몸은 사람'인 몬투(Montou)에서 전성기의 테베를 지배한 신은 신들의 신인 아몬이다. 그레코-로만 시대에는 테베(Thebes), 이슬람 시대에 룩소르로 바뀌어 지금의 지명으로 남아있다. 중왕국과 신왕국의 수도로 1600년 간 이집트 왕국의 중심지로 크게 번성한 고대 도시다. 아몬(Amon) 신의 숭배 중심지이자 100개의 거대 탑문이 있는 고대 이집트의 최대 신전 건축지이다. 신왕국 시대 전성기에는 100만 명이 넘는 사람들이 룩소르에 살았다. 그리스 시인 호메로스가 〈일리아스〉라는 서사시에서 탑문이 100개나 있는 도시라고 했던 곳이다. 그리스의 역사학자 헤로도토스가 아스완까지 여행을 마친 후 쓴 '이집트는 나일 강의 선물이다'라는 이 짧은 문장은 현재까지도 이집트 5천년 역사를 압축한 문구 중 최고로 치고 있다. 유럽의 많은 귀족이나 문인들이 이집트, 특히 나일 강을 배로 여행하며, 이들이 이집트에서 얻은 문학적 영감은 후에 유럽 문학의 풍부한 소재가 되었다고 한다. 고 왕국 때 이 도시는 부유한 하나의 지방 소도시에 불과했다. 파라오들의 선견지명의 산물인 거대한 신전들, 미이라와 같이 묻힌 수많은 보물들이 있기에 해마다 세계 곳곳에서 매년 천만이상의 여행객들의 발걸음을 옮기게 한다. 이집트 백성들에게 내린 파라오의 커다란 선물이다.

고 왕국 말에 분열된 이집트를 이곳 출신의 제 11왕조 4대 파라오 멘투호테프 2세(Mentuhotep, BC 2060~2010 재위)가 재통일하여 중 왕국을 열면서 왕도를 멤피스에서 테베로 옮기면서부터 번성해진다.

테베의 황금기는 18왕조 투트모시스 3세 때다. 하트셉수트 여왕의 섭정으로 어린 시절을 허송세월한 울분의 표출이었던지, 남으로는 시리아까지 남아있던 북방 왕조까지 17회 원정으로 이집트 영토를 크게 확장시킨 파라오다. 제 1왕조를 세운 메네스, 제 18왕조를 세운 아하메스와 함께 거대한 제국을 세운 파라오로 추앙 받든 파라오다. 카르나크 신전 제 7탑문 뒷편에 투트모시스 3세의 무용담이 돋을새김으로 표현되어있다.

중 왕국 끝무렵에 팔레스타인 출신의 셈족이 원천인 학소스(Hyksos)족에 의해 약 150년 간 나일 강 하류 일대를 지배받게 된다. 침략자 학소스를 물리친 이는 테베의 파라오 신왕국 18왕조 초대 파라오 아하메스(BC 1570~1546 재위)로, 상, 하 이집트를 BC 1550년 재통일하여 신 왕국이 열리는 초석을 만든다. 공을 아몬 신에게 돌리고, 카르낙의 아몬 신전은 당시 이집트의 중심이 된다. 그 후 람세스 1세가 제 19왕조를 열고, 그 뒤를 이어 세티 1세와 그의 아들 람세스 2세가 영토를 크게 확장하기도 하고, 집정 능력이 탁월해 신 왕국의 전성기를 이룬다. 그 후 21왕조의 수도가 델타 지역의 타니스로 일시 옮겨가기 전까지 5세기 동안 후속 파라오들의 끊임없는 복구와 재건으로 테베는 번성한다.

약 천년 동안 중 왕국과 신 왕국의 왕도였던 룩소르는 고대 이집트의 정치, 경제, 종교, 문화의 중심지였다. 하지만 제21 왕조 때부터 이집트의 영광의 뒤안길로 접어든다. 점차 델타지역이 경제와 상업, 무역의 발전으로 점점 빛을 내기 시작한다. 테베는 단지 북 이집트의 전통만을 지키는 도시로 전락하고 만다. 26왕조 시대 BC 7세기경 앗시리아 침략으로 신전을 약탈당하고 주민들 일부가 추방되기도 하였다.

BC 3세기 로마제국의 지배하에서는 신전이 로마군대의 요새로 전락하기도 하고, BC 4세기경에는 그리스도교가 로마의 국교로 된 이후 역시 이곳도 신전들도 종교적인 영향으로 폐쇄되었다. 그로 인해 테베는 급속히 쇠퇴해갔다. 테베는 정치 중심에서 서서히 멀어지고 옛 향수를 찾아 찾아오는 박물관으로 변해간다. 고령으로 장기 집권으로 권좌에 앉아있던 무라바크 대통령의 고향이기도 하다.

BC 27년에는 지진까지 발생하여 이 역사적 도시는 더욱더 황폐해지게 된다. 그 이후에도 로마인, 기독교인, 아랍인들이 종교적인 이유로 유적들을 크게 훼손시킨다. 그 결과로 테베는 역사 속에서 사라졌고, 지난날의 영광은 어디서도 찾아볼 수 없는 곳으로 전락했다. 1718년에서야 이 도시는 다시 그 존재가 확인되어 조금씩 관심을 받고, 다시 테베로 부활하여 전문 복원 전문가와 건축가들이 협의 연구 하에 옛 돌들이 모아지고 복원되어 유적들의 원 모습을 서서히 찾아간다.

카이로 박물관 초대 관장인 마리에트가 1881년 사망한 후 고대유물 관리국 책임자로 임명된 가스통 마스페로는 룩소르 서안 쿠르나 지역 현지인의 도굴 범행을 조사한다. 영국, 벨기에, 러시아 영사관의 관리들을 등에 업은 도굴꾼이자 중개인인 무스타파를 잡아 여죄를 추궁하다, 룩소르 서안 데이르엘바하리 신전 근처의 동굴 내 비밀 공간에 신왕국 제18, 19왕조의 위대한 파라오들의 미이라. 석관, 엄청난 부장품, 각종 미라를 만드는 보조기구를 발견하게 된다. 그것이 기초가 되어 룩소르 신전, 테베의 동안, 서안 유적 유물 등이 세상에 선보이는 계기가 된다.

룩소르는 나일 강을 사이에 두고 아크로폴리스라고 불리는 동안에는 고대 이집트의 신전 유적이 있고, 네크로폴리스라고 불리는 서안에는 장제葬制전과 암굴 무덤 유적들이 있는, 일명 죽은 왕들의 계곡이 있다. 이처럼 룩소르는 고대 이집트 문명 유산의 최대 최고의 보고로 도시 전체가 살아있는 거대한 노천 박물관이다.

첫 번째로 신전중의 신전인 카르나크 신전(Temple of Karnark)을 찾았다. 모래 속에 파묻힌 카르나크 신전 발굴은 1895년 프랑스의 이집트 학자 조르주 루그랑의 지휘하에 이루어졌다. 이곳의 최고 신 아몬(Amon), 그의 아내 무트 (Mut)여신과 아들 콘스(Khons) 신, 이 세 신을 모신 거대한 신전이다. 카르나 크 신전 가는 길 중간에 위치한 1975년 개관한 룩소르 박물관에는 테베 일대에 서 발굴되어 초기 왕조시대부터 신 왕국 시대까지의 유물들이 전시되어 있는데, 패키지 투어에 묶여 카이로 박물관 유적들을 본 것으로 가름하고 아쉬움을 달래 며 카르나크 신전으로 바로 간다.

이곳의 옛 이름은 '고르고 고른 땅'이라는 뜻을 가진 이페트 수트(Ipet Sut)였 다. 아몬은 이후에 태양신인 '레'와 결합되어 전 이집트에서 가장 높은 신인 '아 몬-레'신으로 변한다. 이집트의 역대 왕들은 번영과 전승을 기원하거나 국가의 중대한 일에 축복받고자 할 때는 카르나크 신전에서 아몬-레 신에게 제물을 바치고 제사를 드렸으며 신전 건물을 계속 증축해나갔다. 초기 중왕조 시대에 는 신전 규모가 크지 않았으나 왕조가 번창하면서 개, 신축되어 현재 이집트에 남아 있는 신전 중에서 가장 오래되고 가장 큰 신전이다.

먼저 현지인 팀 7명에게 현지 언어로 설명을 하고, 다음은 프랑스인과 나에게 영어로 안내통역을 한다. 결국 이중 설명으로 시간이 제한되어 구석구석 볼 수 가 없는 것이 아쉽다. 사전에 공부한 것도 있고, 주요자료는 발췌해서 들고 다 니며 안내 통역을 짧은 영어 실력으로 대충 이해하면서 넘어간다.

아멘 대신전 첫째
탑문. 스핑크스가
나란히 앉아있는
카르나크 대신전 입구

카르나크 대 신전은 약 4천 년 전, 중 왕국의 제12왕조 초대 아메넴헤트 1세가 착공한 이후 역대 파라오를 거치면서 증축, 개축 되어 프톨레마이오스 왕조 (Ptolemaeos dynasty, BC 305~30) 시대에 이르러 카르나크 대 신전은 현재와 같은 웅장한 모습으로 남아있다. 이 신전의 절정기에는 약 8만 명의 종사자가 살고 있었으며, 100여 척의 배를 소유 운영하면서 나일 강 동안에서 서안으로 장제전, 신전을 지을 물자 및 파라오들의 시신을 이송하는 데 사용하였으며 수리 및 건조를 위한 조선소도 보유했다고 한다.

이 신전은 대사제들에 의해 위탁 경영되었고 상당수의 가축들도 소유했으며, 파라오는 이 신전에서 왕위를 즉위식을 가졌다고 한다. 이른 아침에 파라오는 왕궁을 떠나 신전으로 갔으며 거기서 심신을 정화한 후 하트셉수트의 오벨리스크 옆에 있는 홀로 들어가 두 개의 왕관을 받았다고 한다.

남북으로 540m, 동으로 500m, 서로 600m의 사다리꼴 형태로 이루어진 세계 최대 규모의 신전 건축물이다. 이곳에는 주 신전인 보존 상태가 좋은 아몬 신의 신역이 있고, 남쪽에 무트 여신의 신역은 원래는 넓은 신전이지만 대부분 훼손되고 미 발굴이 많다. 북쪽에는 테베지방의 원래의 토착신 이었던 몬투 신의 신역이 있다.

이 신전의 대부분을 차지하는 아몬 대 신전(Great Temple of Amon)은 주신전답게 규모가 크고 복잡하다. 처음 이 신전을 대하는 사람은 그 어마어마한 규모에 놀라 복잡하게 서로 뒤얽힌 유적들이 아무렇게나 세워진 것이 아닌가 하는 생각을 하게 한다. 하지, 동지 때에 햇빛이 성소에서 기둥 홀을 지나서 둘째, 첫째 탑문을 일직선으로 지나게끔 지어졌다고 한다.

고대 천문학자들은 세계의 고신전이나 성당 등의 건축, 농사, 제사 등이 태양력에 의거 춘, 추분 하, 동지와 연관되어 있다고 주장한다. 라틴아메리카의 쿠스코, 마추픽추의 인띠와따나, 3개의 창이 있는 신전 등, 유카탄 반도의 엘카라골 등, 메소포타미아문명의 바빌론, 우르, 수메르의 천문학 수준 등은 상상을 초월한다고 주장한다.

스핑크스 참배 길, 열 개의 탑문, 두 개의 안마당, 두 개의 기둥 홀, 세 개의

오벨리스크, 한 개의 성스러운 연못과 성소, 몇 개의 사당들이 있고, 아몬 대
신전 내에 세티 2세 신전, 람세스 3세 신전, 타하르키 신전, 콘스 신전, 오페트
신전, 무트 신전, 프타 신전, 아메노피스 3세 신전, 몬트 신전 등 많은 신전들
이 나일 강을 따라 남으로 배치되어 있다.

　람세스 2세가 만든 신전의 수호신, 사자의 몸에 숫양의 머리를 가진 스핑크스
들이 양쪽으로 즐비하게 앉아 방문객을 맞고 있다. 지금은 도중에 끊겼지만 원
래 참배의 길은 2km 떨어진 룩소르 신전과 연결되어 있었다고 한다.

첫째 탑문을
지나 접하는 큰 안뜰

　아몬 대 신전의 입구인 첫째 탑문, 이 탑문은 신왕국 제25왕조 BC 7세기경
완성된 것으로 알려져 있다. 높이가 43m, 탑문벽 길이가 110여m, 탑문 입구
폭이 약 10m로 여행객들이 홍수를 이루어 들어갔다 나왔다 한다. 이집트에서는
가장 큰 탑문이라고 한다.

　탑문의 바깥 벽은 돋을새김으로 장식되어 있고, 입구로 들어서면 제22왕조 때
건축된 첫째 큰 안뜰이 나오는데 입구 우측에 세티 2세 신전이 있다, 남쪽에는
람세스 3세의 신전이 있는데 신전의 작은 안뜰에는 양쪽으로 오시리스 신 모양
을 한 파라오의 기둥이 늘어서 있고 안쪽에 작은 기둥 홀과 성소가 있다. 안뜰
의 중앙에는 원래 10개의 파피루스 기둥을 가진 주랑柱廊이 있었다고 하는데 지

금은 거대한 기둥 하나만 남아 있다.

대광장을 지나면 제2 탑문 앞에 붉은 화강암으로 조각된 람세스 2세의 석상이 있고, 다리 사이에는 람세스 2세 왕비의 작은 석상이 서 있다. 또 다른 고고학자들은 네페트리아 왕비가 아니고, 람세스 2세와 이스트노프레트 사이에 난 딸인 빈트–아나트 인지도 모른다고 한다.

람세스 2세 석상. 다리 사이에 왕비가 서 있다

둘째 탑문이자 파라오 타하르카가 세운 주랑柱廊

둘째 탑문은 신 왕국 제18왕조의 마지막 파라오 호렘헤브(Horemheb, BC 1321~1293 재위) 때 착공하여 제19왕조 람세스 2세 때 완공했다. 탑문 앞에 람세스 2세의 거상이 탑문을 지키고 있다. 둘째 탑문을 지나면 카르나크 신전의 백미라 할 수 있는 큰 기둥 홀(다주실)이 나온다. 당시에는 둘째 탑문부터는 일반 백성들은 출입이 금지되고 오직 신관만 들어갈 수 있었다고 한다.

중앙 큰 홀에는 아멘호테프 3세(Amenhotep III)가 건축한 12개의 거대한 기둥이 있으며, 세티 1세 때 착공하여 람세스 2세 때 완공한 파피루스 모양을 한 134개의 거대한 돌기둥들이 장관이다. 큰 기둥 홀의 거대한 돌기둥에는 역사적인 자료와 파라오가 신에게 제물을 바치는 모습, 성스러운 배의 행렬, 신전에서의 생활 모습 등이 돋을새김 방식으로 새겨져 있다. 큰 기둥 홀을 에워싸고 있는 바깥 벽에는 람세스 2세의 전승 기념과 관련되는 내용이, 기둥 홀 바깥벽에는 람세스 2세의 무용담이 역시 돋을새김으로 표현되어 있다.

셋째 탑문과 넷째 탑문 사이에는 투르메스 1세가 세운 오벨리스크 2개가 있었는데, 1개는 로마의 라테라노의 산 조반니 광장에 서있고 지금은 높이 23m, 무게 143톤 하나뿐이다. 넷째 탑문과 다섯째 탑문 사이에는 하트셉수트 여왕이 세

운 높이 30m의 붉은 화강암으로 만든 높이 27.5m, 무게 320톤 오벨리스크가 1개는 서 있고, 현재 남아 있는 오벨리스크 중 제일 크다고 한다. 나머지 하나는 근처에 누워있다. 아몬 신전의 남서쪽 코너에는 콘스 신전이 있고, 바로 옆에는 오페트 신전이 있다.

이집트 문명의 가장 독특한 상징 가운데 하나이자 도 다른 건축물은 오벨리스크이다. 오벨리스크는 바늘처럼 위로 올라갈수록 작아지며 꼭대기는 소형 피라미드처럼 되어 있다. 오벨리스크는 고대 이집트에서 나온 말이 아니라, '꼬챙이'라는 뜻의 그리스어 '오벨리스코스(Obeliskos)에서 나왔다. 최초의 오벨리스크는 기원전 2,500년에서 2100년 사이에 헬리오폴리스의 태양의 신전에 세워졌을 것이라고 추정하며, 신 왕국시대까지 화강암이나 규암硅巖으로 카르나크와 룩소르 같은 신전 앞에 파라오들의 기념상으로 세웠다.

여섯째 탑문을 지나 동서축 맨 끝 쪽에는 카르낙 최초의 신전터인 안뜰이 나오고 신성한 배들의 성소가 있다. 가장 안쪽에는 투트모시스 3세의 축제의 방이 있다. 벽에는 각종 식물이 돋을새김으로 새겨져 있다. 나일 강의 범람과 국가의 풍요를 기원하며 축제를 벌이던 장소라고 한다.

성스러운 호수
(Sacred lake)

일곱 번째 탑문 동쪽으로 이집트에서 제일 크다는 성서러운 호수가 보인다. 아스완 댐이 생기기 전 이야기라도 정말인지? 20세기 초 릴케의 이집트 여행 때 담은 사진과 비교를 해 보아도 잘은 모르겠다. 신관들이 업무를 보기 전 이 호수에서 목욕재계한 후 직무를 수행했다고 한다.

아몬신전 남쪽으로 7, 8, 9, 10번째 탑문을 지나면 무트신전을 만난다. 무트 신전은 아멘호데프 3세가 세운 신전으로 대부분 파괴되고 입구에 머리 없는 파라오의 거상과 무트 여신의 신전과 초생달 모양의 빈터만 남아 있다. 좌우에 아메노피스 3세 신전과 람세스 3세 신전이 있다. 그 밖에 아멘 신전 북쪽에 별채의 옹벽과 제사장들이 종교 의식을 행하기 전 목욕재계하던 신성호수가 있고 몬트 신전이 있다.

카르낙 신전 탐방은 마감하고 다시 입구로 나가 버스에 타기 전 일행을 모이게 한 후 나일 강변을 가리키며 저곳에 룩소르 서안으로 이동할 수 있는 나룻배 선창이 있었다고 한다. 선창에는 세티 1세의 두 오벨리스크가 장식하고 있었던 편편한 포장바닥이 남아 있고, 오벨리스크는 둘 중 하나만 살아 있었다고 하는데 지금은 흔적이 없다고 한다.

아몬 신의 거대한 나룻배와 신전들을 세우는 데 사용될 자재들이 도착하는 것이 바로 여기고, 이 선창에서부터 스핑크스들이 늘어선 길이 시작되어 제 1 탑문까지 이어진다. 이 스핑크스들은 사자의 몸에 아몬 신의 신성한 동물인 양의 머리를 가졌다. 이 길로 선창으로 해서 죽음 이후의 삶을 위하여 배를 타고 서안으로 옮겨져, 죽은 사체는 미라로 변신되어 장제전에서 새로운 치장을 하고 평소에 애호하였던 보물과 사용하던 귀중한 생활용품을 다 갖고 무덤으로 들어간다. 그 귀중한 유물들은 도굴꾼에게 삶을 이어 갈 수 있도록 하고, 유럽의 귀족들이나 부호들에게 만족을 안겨주고, 세계 유수의 박물관을 자신들의 유물로 빛내 주기도 한다. 수천 년이 지났지만 해마다 1,000만 이상의 관광객 발길을 끌어당겨 이집트를 먹여 살리고 있으니, 신들의 바람대로 영원한 생명력이 발휘되고 있는 현장이다.

다음은 어둠이 슬슬 스며드는 초저녁에 나일 강 동안 신전지대 중 가장 변화가인 곳에 자리 잡은 '카'의 신전, 룩소르 신전을 찾았다. 카르나크 신전의 부속 신전으로, 아몬 남쪽 궁전이라고 불렸고, 아몬 신의 아내인 무트 신을 위해 제사를 지내는 곳이기도 하다.

신 왕국 시대에 해마다 나일 강이 범람하기 시작하면, 카르나크 신전에 모신 신들을 배에 태워 룩소르 신전으로 옮기는 의식을 치렀다. 이 의식을 오페트 축제(Opet Festival)라고 하는데, 룩소르 신전은 오페트 축제를 치르기 위해 지어진 카르나크 신전의 부속 건물이라고 한다. 이 성대한 축제의 모습은 룩소르 신전의 큰 기둥 복도 벽에 돋을새김으로 표현되어 있다.

현재도 해마다 룩소르 시민들은 축제를 열고 카르나크 신전의 세신 아몬, 아몬의 처 무트, 아들 콘스의 신상을 말이 끄는 수레에 싣고 룩소르 시내를 돌며 축제를 즐긴다고 한다.

룩소르의 신전은 BC 1408년 신왕국 제18왕조의 아멘호테프 3세(BC 1386~1349 재위)가 지은 작은 신전이었는데, 신전으로 통하는 길을 넥타네보 1세가 카르나크 신전까지 약 2km의 '스핑크스의 길'을 만들었으며, 훗날 아메노피스 3세가 세운 숫양의 머리를 한 스핑크스들로 교체되었다. 지금은 대부분 없어지고 카르나크 신전 앞에 일부만 남아 있다.

람세스 2세를 비롯하여 알렉산드 대왕에 이르기까지 여러 파라오들이 계속 증축하여 오늘과 같은 큰 신전이 되었다. 여기 신전도 첫째 탑문-첫째 안마당-둘째 탑문-원기둥이 늘어선 길-둘째 안마당-아멘호데프 3세의 안뜰-원기둥 홀-제실-봉헌실-봉헌실 좌측에 탄생의 홀-나룻배의 성소-나룻배의 성소 좌측 옆에 대관식 홀-대 성소 순으로 나일 강과 나란히 남북으로 배치되어있다.

첫째 탑문 앞에는 스핑크스가 문지기 역할을 하듯이 서 있고, 높이가 24m에 달하는 오벨리스크는 BC 1300년 제19왕조의 파라오 람세스 2세가 세운 것으로, 신전 입구에 서 있다. 원래는 두 개가 서 있었으나, 하나는 1829년 프랑스의 왕 루이-필립에게 주어져 지금은 파리의 콩코르드 광장에 서 있다. 또 하나의 입양, 탑문 앞에는 원래 화강암으로 만든 람세스 2세 좌상 두 개와 입상 4개가 있었는데, 두 개의 입상은 파리의 루브르 박물관으로 보내져 지금은 입상

두 개만 남아 있다. 첫째 탑문은 폭 65m, 높이 25m로 람세스 2세가 세운 것이며, 고대 로마의 개선문이나, 파리의 개선문이 첫째 탑문을 모방해 만들어 졌다고 한다. 첫째 탑문의 바깥 벽에는 람세스 2세의 카데시 전투모습 등 람세스 2세의 무용담이 돌을새김 그림문자로 표현되어 있다.

첫째 안마당 람세스
2세의 안뜰

탑문을 지키는 람세스 2세가 앉아있는 둘째 탑문 | 투탕카멘과 왕비 네페르티티 상

첫째 탑문을 지나면 18왕조 아멘호텝 3세가 지은 높이 20여m에 달하는 74개

의 파피루스 기둥이 에워싸고 있는 람세스 2세의 첫 번째 안뜰이 나온다. 기둥 사이에 람세스 2세 좌상과 입상이 있고, 둘째 탑문 옆에는 어린 파라오 투탕카 멘과 왕비 네페르티티의 입상이 서 있다. 안쪽 벽의 가장자리를 두르고 있는 원 기둥들 사이에는 우뚝 선 왕의 '카'의 조각상들이 작은 크기의 여왕이나 공주들 상과 함께 있다. 오직 하나의 조각상만이 검은 화강암으로 되어 있고 다른 것들 은 모두 장밋빛 화강암이다.

둘째 탑문 앞에는 아멘호테프 3세의 탑문의 문지기로 람세스 2세의 대형 좌상 이 앞을 지키고 있는듯하다. 받침돌에는 전쟁에 패한 적들의 포박된 모습이 그 려져 있고, 파라오 람세스 2세의 오른쪽 무릎 옆에 등을 기댄 그의 아내 네페르 타리는 '카'를 활성화시키는 역할을 하는 위대한 태양신으로 숭배받는 호루스 (Horus)의 아내인 하토르 여사제의 옷을 걸치고 있다.

아멘호데프 3세의 안뜰. 파피루스 봉우리형 기둥들이 안뜰을 둘러싸고 있다

둘째 탑문을 지나면 높이 16m 의 원기둥 7개가 양 옆으로 서있고, 동쪽과 서 쪽의 두 벽이 이 주랑朱廊의 가장자리를 두르고 있다. 원래는 지붕이 있었는데 지금은 사라졌다. 벽의 장식은 투탕카멘과 호렘헤브의 작품으로 그들은 벽의 장 식으로 오페트 여신의 대 축제 장면들을 묘사했다. 이집트 신전에 많은 기둥이

서 있는 것은 창조신화에서 유래된 것으로, 거대한 기둥이 하늘을 받치고 있고 이를 통해 하늘에 도달할 수 있다는 것을 상징한다고 한다.

둘째 안뜰은 64개의 꽃핀 모양의 파피루스 기둥(papyruscolumn)이 안뜰의 삼면을 이중으로 둘러싸고 있는 아멘호테프 3세의 안뜰이다. 조명으로 화장을 한 환상적인 이곳에는 수직적 강인함만 있고 홍보용 상형문자나 그림이 없는 게 특징이다. 안뜰 기둥사이로 안쪽에는 여러 개의 방이 있다.

첫번째 방은 파라오에게 경배를 드리는 전실이다. 벽은 장제葬制 문서에서 발췌한 '밤과 낮의 태양선'을 담은 돋을새김으로 표현되어 있고, 알렉산더 대왕의 이름과 아멘호테프 3세의 이름이 나란히 새겨져 있다.

다음 칸은 4개의 원기둥이 서 있는 조그마한 안뜰로 파라오들이 신에게 봉헌식을 올리는 곳이다. 나룻배의 성소 왼쪽에 다른 두 개의 전실이 있는데, 하나는 아멘호테프 3세의 즉위를 표하고 있는 대관실 홀이며, 다른 하나는 사당의 동쪽에 자리한 아멘호테프 3세의 신성한 수태와 탄생을 상기시키는, 콥트어로 '탄생의 장소'라는 뜻을 가진 맘미시(Mammisi)라고 불리는 탄생의 집이 있다.

룩소르 신전의 탄생의 집에는 아문 신에게 바치는 성소인 동시에 아멘호텝 3세가 태어난 분만실이기도 하여, 파라오의 탄생을 묘사한 부조가 돋을새김으로 표현되어 있다. 아멘호테프 3세 시대만큼 풍요롭고 전쟁도 없고 평온한 시기가 없었던 것 같다고 한다.

나룻배의 성소 안쪽 맨 뒤편에는 성자중의 성자가 있다. 이곳은 12개의 원기둥이 있는 세 개의 전실로 한가운데의 전실에는 신선한 조각상을 모신 신상 봉안소가 있고, 파라오가 신 아몬을 접견하는 신성한 곳이다. 신전의 가장 은밀한 이곳은 BC 4세기 초, 룩소르 신전은 로마인들의 황제를 경배하는 사원으로 탈바꿈했다가, 콥트 교회의 예배 장소로 사용했다고 한다.

저녁 6시가 조금 넘었는데도 주위는 캄캄하다. 왕들의 계곡으로 가는 길에 보이는 폐허 같은 성터만 보일 뿐인데, 야간 조명으로 어제는 그렇게 환상적으로 보였던 룩소르 신전이다.

클레오파트라가 죽고 이집트가 로마 제국의 지배아래 놓인 이후 룩소르 신전은 로마군대의 요새로 전락했다. 신전 주위에 군인들의 막사가 지어졌으며, 신전의 벽돌을 가져다 병영을 만드는데 쓰여 졌다고 한다. 다음 날 아침에 스쳐본 룩소르 신전이 그 사실을 말해 주고 있는 것 같다.

이제는 배로 돌아갈 시간이다. 패키지 투어가 아니고 혼자 발췌한 자료를 들고 천천히 둘러보았으면 하는 마음이 더해지는 오후 투어였다. 도착하여 방으로 가 좀 쉬고 나서도 저녁 식사시간이 7시 반이라 시간이 남아 상층 갑판으로 올라가니 또 다른 정경이 펼쳐진다. 나일 강변의 야경이 잔잔하게 감동을 준다.

다음날 아침 어제 가이드가 7시 반까지 리셉션 대기실에서 기다리라고 해서 아침을 일찍 먹고 대기실 의자에 앉아 또 기다린다. 오늘 투어는 천년 왕도 테베의 네크로폴리스, 죽은 파라오들의 암굴 집이 있는 안식처를 찾는다.

무덤의 영구적인 보전과 도굴을 막기 위해서 엄청난 자원과 인력을 동원해 피라미드를 건설했지만 도굴은 피할 수가 없었다. 제 12왕조부터는 피라미드 건설을 기피하게 되었는데, 18왕조 3대 투트모세 1세의 재위기간(BC 1504~1492) 중 피라미드를 대체할 '왕가의 계곡'이란 발상을 하게 되어, 건축가 이네니에게 죽은 파라오들이 영면할 수 있는 비밀스런 장소를 찾아내도록 지시했다.

그 건축가가 찾아낸 곳이 나일 강 서부 해안변에 있는 황량한 사막 골짜기 데이르 엘-바하리이다. 산꼭대기가 피라미드 모양을 하고 있어 '피라미드'라고 하는 고대부터 내려오던 무덤의 개념과도 일치하였고, 이들 지역은 예전부터 신성시 여겨 이곳을 침입하는 자는 '침묵의 여신'이 벌을 내린다고 믿고 있어 도굴을 피하기 위한 안성맞춤인 장소이고, 무덤이 설치되면 계곡이라 입구와 출구만 경비하면 관리가 수월하다는 점에서 최종적으로 택한 곳이다. 18 왕조 투트모세 1세부터 왕가의 계곡에 안장되었다.

예전에는 배로 나일 강을 건너가야 했지만 지금은 다리가 생겨 차로 쉽게 넘어간다. 파라오가 죽으면 그 유해를 성스러운 배에 싣고 나일 강 서안에 있는 하안신전河岸神殿으로 옮기고 유해를 해부해 내장, 간, 폐 등을 제거하고 심징은 별도의 케노푸스 단지에 별도 보관한다. 특수한 시신 처리를 하여 미라를 만들어, 미라가 된 파라오의 유해는 참배 길을 따라 장제전葬制殿으로 옮겨지고, 최고 신관이 죽은 파라오가 내세로 가는데 필요한 부활 의식을 거친 후, 파라오의 미라는 무덤으로 옮겨져 관 속에 넣고 생전에 애용했던 온갖 보물들과 부장품을 함께 지하에 마련된 방에 안치되어 마지막으로 퇴거의식을 거친 후에야 무덤은 완전 봉쇄된다.

파라오의 무덤은 나일 강에서 떨어진 사막의 깊숙한 바위 골짜기에 만들어 졌다. 분묘들은 여러 유적지로 나뉘는데, 왕들의 계곡, 여왕들의 계곡, 귀족들의 계곡, 장인들의 계곡으로 구분되어 잠들어 있고, 그리고 장제전은 무덤의 동쪽과 나일 강 사이의 녹지대에 신전 못지않게 크고 화려하게 만들었다.

현재 룩소르 서안에는 36개의 장제전이 남아있다. 그 가운데 세티1세 장제전, 하트셉수트 여왕의 장제전, 람세스 3세의 장제전이 비교적 보존 상태가 좋아 여행객들이 많이 찾는다.

일행은 가이드와 함께 파라오의 안식처인 왕들의 계곡(Valley of The Kings)
으로 간다. 지금은 다리가 놓여져 서안으로 쉽게 갈 수 있지만, 3천 5백년 전에
는 카르낙 신전 앞, 나일 강변 부두에서 배로 서안으로 모든 장례 물자와 사체
를 이동시켜 장제전도 만들고, 무덤도 만들었다.

아멘호테프 3세 장제전 앞에 서 있는 멤논 거상

우리도 차로 다리를 건너 첫 번째 도착한 곳, 가이드의 통역 설명을 보충해서
적어본다. 왕 들의 계곡을 올라가면 처음 만나는 것이 높이 18m 큰 돌 조각의
멤논 거상이다. 3천 4백여 년 전에 신 왕국 제18왕조의 아멘호테프 3세가 장제
전 입구에 세운 것이다. 아멘호테프 3세는 앗시리아와 팔레스티나까지 영토를
확장하여 고대 이집트의 기틀을 세운 위대한 파라오였으며, 람세스 2세에 못지
않게 많은 유적들을 세웠다.

기원 1세기부터 많은 로마인들과 그리스인들이 이집트를 찾을 때면, 그들이
가장 보고 싶어 했던 곳이 기자의 세 피라미드와 멤논 거상 이었다고 한다. 석
상의 옆면에는 나일신 해피(Hapi)와 상하 이집트의 상징인 로터스와 파피루스가
함께 조각되어 세마타위(Samtaui)라고 부리는 돋을새김으로 새겨져 있다.

멤논 석상이라고 불리게 된 사연은 이러하다. BC 27년, 테베를 뒤흔든 대지
진으로 신전은 폐허가 되고 석상에도 심한 균열이 발생하는데, 석상은하나의 큰

돌을 깎아 만들어져 틈새가 없었는데, 지진으로 석상에 틈이 생겨, 석상은 해 뜰 무렵이면 기이한 소리를 내기 시작한다. 그 소리를 들은 그리스 여행객들이 그리스 신화에 나오는 새벽의 여신 에오스(Eos)의 아들 멤논과 닮았다고 여겨 '멤논의 거상'이라는 이름으로 불렸다고 한다. 또 한편으로는 트로이 전쟁에 참가했다가 죽은 에디오피아의 왕 멤논이 탄식하여 구슬피 우는 소리라고 전해져, 멤논의 거상으로 불리게 되었다고도 한다.

멤논의 이야기는 트로이 전쟁을 다룬 서사시 아이티오피스(Aithiopis)편에 나오는데, 이 내용은 로마제국 전체로 퍼져 로마 황제의 귀에도 들어가, 특히 로마 하드리아누스 황제는 멤논의 기이한 소리를 듣기 위해 수차례나 테베를 방문했을 정도로 멤논 석상은 나날이 유명세를 탔다고 한다. 거대한 석상 위에 로마의 하드리아누스와 셉티미우스 세베루스 두 황제의 방문 기념으로 이름이 새겨져 있다. 로마 세베루스 황제(BC 193~211 재위)가 수리 보수한 후에는 소리가 더 이상 안 들린다고 한다.

람세스 3세 장제전의 탑문

멤논 거상에서 다시 버스를 타고 북으로 왕들의 계곡으로 가다 보면 첫 번째로 테베 네크로폴리스의 중심인 람세스 3세의 장제전(메디넷 하부, Medinet Habu), 신왕국시대의 전형적 구조의 장제전으로 전체가 높은 벽으로 둘러싸여 있어 마치 성처럼 보인다.

사원의 규모는 폭 210m, 길이 300m, 아름다운 부조로 장식된 주벽(周壁)으로 둘러싸여있다. 장제전의 입구는 대형 벽돌로 쌓은 요새형 탑문으로 주변 유적에 비해 보존상태가 좋다.

입구 안쪽에는 아몬(Amon)신을 섬기던 세명의 여사제를 모신 제실이 있으며, 그 뒤로 장제전 건물의 제1탑문이 있다. 제1탑문에서 왼쪽으로 파라오 람세스 3세의 궁전터가 남아있다. 안뜰을 지나 제2탑문을 지나면 다주실(多柱室)이 있고, 그 안쪽에 성스러운 나룻배를 모신 성소가 있다. 다주실과 성소의 명각과 부조는 주로 파라오가 시리아와 누비아의 이민족들을 통치한 업적 등을 다루고 있다. 콥트 기독교 교회가 장제전 안에 있었으나 유적 발굴이 시작되며 철거되었고, 일부 벽면에 콥트 기독교의 상징만이 남아있다.

다음으로 람세스 2세 장제전(라메세움, Ramseum), 이 장제전은 동서 260m, 남북 170m로 넓은 부지에 외부 벽, 두 개의 탑문, 두 개의 안뜰, 한 개의 기둥 홀이 있는 람세스 2세가 20여 년 걸려 완성한 큰 장제전이다. 첫, 둘째 탑문 벽에는 람세스 2세가 히타이트를 굴복시키는 모습이 돋을새김으로 새겨져있다. 람세스 2세 말기에 델타지역의 페르-라메수로 왕도를 옮긴 후에도, 그곳은 겨울에는 비가 오고 춥기 때문에 이곳 장제전에 이궁(離宮)을 짓고 겨울을 이곳에서 보냈다고 한다. 이곳에 있었던 람세스 2세의 거대한 흉상은 현재 런던 박물관에 전시되어 있다.

그 다음으로 하트셉수트 장제전으로 가는 삼거리 우측에 세티 1세의 장제전이 있다. 람세스 2세의 아버지 세티 1세 사후 람세스 2세가 건립한 길이 100m이며 널방이 15개나 있는 거대한 신전이다. 신전 서쪽 벽면의 주랑(柱廊)과 안뜰의 다주실(多柱室) 등도 비교적 잘 보존되어있다.

한정된 투어 일정으로 가보지는 못하고 가이드 설명과 책에서 본 내용을 정리해본다. 개별 여행을 하시는 분들은 참관해보시길!

하트셉수트 장제전
절벽 너머로 왕들의
계곡이 있다

세티 1세 신전 좌측으로 왕가의 계곡 절벽 전면으로 달린다.

파라오 장제전 중 한 곳인 하트셉수트 왕비 신전 입구에 도착한다. 외국인 전용표를 사고 여러 명이 탈수 있는 긴 카트를 별도 돈을 주고 타서 신전 앞에 도착하였다, 외형은 그리스 신전처럼 웅장해 보이는데 안에는 도굴되고, 박물관으로 옮겨져 아무것도 볼 것이 없다는 가이드 설명에 보충을 한다면, 하트셉수트 왕비 신전의 역사적 배경은 간단하게 보고 갈 내용이 아니다. 람세스 3세 장제전에서 북으로 조금 떨어진 사막에 붉게 타오르는 듯한 단애 절벽을 뒤에 품고, 룩소르를 마주보는 데엘바흐리(Deir-el-Bahari)계곡에 서있는 신 왕국 제18왕조 5대 여왕 하트셉수트의 장제전이 요새처럼 서 있다. 이 신전 역시 수만 톤의 모래 속에 몇 세기 동안 묻혀 있다가 재발견된 것이다. 1961년부터 폴란드 고고학 연구소에 의해 복구되어 현재와 같은 모습을 갖추었다.

이집트 18왕조 4대 투트모세 2세의 첫째 왕비였다. 왕이 죽자 그녀는 후궁이 낳은 10세 나이의 아들 투트모세 3세의 섭정을 하다, 스스로 파라오가 되어 BC 1498년부터 1483년까지 이집트를 통치했다. 이 여왕은 중국의 당나라의 측천무후(則天武后, AD 624~705)처럼 정식으로 왕이 될 수 없는 사람이 정변을 일으켜 여왕이 되어 이집트의 중요한 역사의 한 페이지를 만든 위대한 여왕이었다 한다. 사후의 안식처로 나일 강 서안 '데엘바흐리'에 15년 걸려 이 장제전을 세운다. 여기서 제례의식을 마친 후 미라가 된 시신은 산 너머 왕들의 계곡에 묻혀 있다.

이 장제전은 3층 건물로 각 층마다 넓은 테라스가 있으며 열주식 기둥으로 떠받치고 있고 넓은 경사로로 층마다 연결되어 있다. 신전 정면부분 옆면에는 하토르(Hathor) 성소에 있는 머리 장식처럼 암소 귀가 달린 여성의 머리로 되어 있어, 일명 '하토르식 기둥'이라고 불린다. 테라스 안쪽 벽은 채색 벽화로, 기둥은 돋을새김으로 새겨져 있다. 1층 복도 벽에는 오벨리스크의 건립 모습, 여왕의 탄생 모습, 여왕의 업적 등을 담은 돋을새김으로 아름답게 새겨져 있다.

2층 테라스 복도 벽에도 여왕의 탄생에서부터의 생애를 담은 모든 모습들이 돋을새김으로 장식되어 있다. 테라스의 중앙 비탈길을 따라 올라가면 성소에 다다른다. 3층 테라스의 기둥들 가운데 몇 개는 지하의 신 오시리스(Osiris)의 형태로 표현된 여왕 모습이 부조화 되어 있다. 신전의 상부에 있는 좌측 끝단에 있는 성소에서는 평민에서 신이 된 임호텝을 추모하기도 했다고 한다.

왕들의 계곡

마지막으로 찾은 곳은 오늘의 하이라이트 왕들의 계곡이다. 하트셉수트 장제전 절벽 너머에 그 유명한 왕들의 계곡이 있고. 하트셉수트의 무덤뿐만 아니라, 람세스 2세를 비롯하여 28명의 파라오 무덤이 있다. 피라미드처럼 생긴 높이 400여m의 거칠고 메마른 알 쿠른 산(Al Qurn) 아래 모래 계곡 사이에 파라오들의 암굴 무덤이 있다.

지금은 개발되어 쉽게 접근할 수 있다. 계곡 입구에서 여러 명이 탈 수 있는 긴 카트를 타고 바위 산 계곡으로 깊이 들어가면 곳곳에 암굴 무덤이 있다. 파라오의 무덤들 중에 열 개 정도만 현재 일반에게 공개되어 있다. 한 장의 입장권으로 3개의 무덤을 볼 수 있으며, 유명한 투탕카멘의 무덤만 별도로 입장권을 사야 한다. 신 왕국 시대의 제 18왕조부터 제20왕조까지 파라오의 암굴 무덤들이 모여 있다.

이 유적지의 최초 거주자는 투트모시스 1세(BC 1524~1518 재위)이고, 모두 64기의 무덤들이 동 서로 나뉘어 있는데 그 중 24기가 파라오 무덤이다. 가장 오래된 것이 투트모시스 3세 무덤이며, 투트모시스 3세(BC 1504~1450)는 17차례 원정을 한 위대한 정복자로 람세스 2세와 더불어 이집트 최고의 파라오로 손꼽히는 파라오다. 그의 무덤은 두 개의 방으로 이루어져 있는데 안쪽 방에 석관이 놓여있고, 방안의 벽화는 전체가 가로 세로 직선으로 구분되어 그 안에 질서 정연하게 주술적인 내용의 문장이 그려져 있다고 한다. 태양이 밤 열 두 시간 동안 여행하는 내용이라고 한다. 가장 규모가 큰 것은 세티 1세의 무덤이다.

3개의 무덤을 볼 수 있는 티켓으로는 세티 1세, 람세스 2세, 람세스 4세 무덤을 보고 싶었는데, 시간을 줄이기 위해 산개 하지 않고 한군데 모여 있는 곳으로 가이드가 지정을 한다. 람세스 3, 4, 10세 입장권 및 투탕카멘 무덤을 별도로 사서 개별 입장을 한다. 덧붙여 하는 말이 사진을 찍다 들키면 카메라나 휴대폰이 압수되니 절대금지하고, 소요시간은 단 30분 내로 보고 오라는 가이드의 독촉이 뒤따른다. 오후 1시 반에 배가 출항하기 때문이라고……

책에서 본 내용과 내가 짧게 본 것을 정리해보면, 왕들의 계곡 입구로 들러가면 오른쪽 첫 번째 무덤이 람세스 4세 무덤이다. 발굴 번호가 말해주듯 발굴 된 지가 오래된 무덤이라 그런지 무덤 안 벽화의 색이 꽤 바랬다. 이곳 천정에도 약간 퇴색됐지만 하늘의 여신 누트가 그려져 있다. 누트는 밤이면 태양을 삼켰다가 아침에는 뱉어내어 세상을 환하게 밝히는 신인 동시에 죽은 자를 지키는 신이기에 모든 파라오의 무덤 벽화의 단골손님인 것 같다. 입구 쪽 벽면에는 세계 각국 여행객들의 낙서 흔적이 눈살을 찌푸리게 한다. 그 다음으로 조금 올라가면 람세스 2세 무덤이 있다. 람세스 2세의 무덤에는 7개의 방이 있는데 다 도굴되어 빈 공간만 남아있다.

비교적 왜소한 무덤인 투탕카멘 무덤, 오시리스를 모방한 투탕카멘의 황금 관으로 3중으로 된 관 중 가장 안쪽의 셋째 관 소년 파라오 투탕카멘의 무덤이다. 안에 있는 유물들은 모두 카이로 박물관에 전시 및 보관되어 있다. 람세스 2세 무덤에서 조금 올라가 람세스 5, 6세 무덤에 못 미쳐서 있다. 투탕카멘의 무덤은 람세스 6세의 무덤에 가리어 도굴을 면할 수 있었다.

투탕카멘의 발굴에 얽힌 사연을 들어본다. 카이로 골동품 시장에 나온 유물을 보고 이를 알아본 이집트 고고학자 하워즈 카터에 의해 골동품을 판 사람을 수소문하여 왕들의 계곡 위치를 발견해 한 사업가의 지원을 받아 발굴에 들어갔는데 이미 대부분 무덤은 도굴되어 허탕을 치게 되는데, 크게 실망하고 돌아가려고 할 때 당나귀 다리가 돌 틈에 걸려 다리가 부러지는 바람에 그 주위에서 도굴되지 않은 투탕카멘의 무덤이 발견되어 세상을 놀라게 했다는데 사실인지 허황된 꾸민 이야기인지…… 1922년 이 무덤은 아무도 손을 대지 않은 채로 발견되어 전 세계를 놀라게 했다.

1922년 11월 23일, 20일 전에 미리 발견한 영국의 고고학자 하워드 카터 (Howard Carter)는 발굴에 경제적인 지원을 한 카나본 경에게 연락한 후 그가 도착할 때까지 기다렸다. 도착한 그날 카나본 경의 딸과 함께 맨 선두에 서서 구멍을 뚫고 문을 열자, 그들 앞에 놀라운 광경이 펼쳐졌다. 왕가의 무덤 중에서 제일 작은 편에 속하는 투탕카멘의 무덤에는 의식용 침대와 옥좌, 아름다운 상자와 도기단지, 황금 장의자 등 수많은 유물들이 도굴꾼의 흔적도 없이 원 그대로 보존되어 있었다. 발견 당시 무덤은 그의 미라와 함께 3천 5백 여 점의 유물들이 발견되어 보물 창고 같았다.

투탕카멘(Tutankhamen, BC 1334~1325 재위)은 제18왕조 14대 파라오로 10살에 파라오가 된 그는 9년 동안 이집트를 다스렸다가 죽은 단명한 파라오였다. 그의 무덤을 발굴했을 때 금박으로 장식된 높이 165cm의 두 입상이 봉과 지팡이를 들고 방의 입구를 지키고 있다. 구석진 방에는 투탕카멘의 내장을 담은 황금으로 도금된 상자, 케노푸스 단지라고 불리는 가로 150cm, 세로 120cm, 높이 195cm에 상감 장식된 코브라들이 태양원반을 떠받치고 있으며, 이 상자의 네 면에는 투탕카멘의 간을 지키는 여신 이시스, 폐를 지키는 여신 네프티스, 위를 지키는 신 네이트, 장을 지키는 신 셀케트가 각각 한 명씩 서서 두 팔로 감싸 안은 장면이 새겨져 있다. 금으로 고양이, 사자머리, 날개 달린 독사를 장식된 옥좌가 있고, 전체가 금 도금으로 장식된 전투용 전차가 있고, 파라오의 미라는 4중으로 된 금박의 나무 상자 속에 3중으로 된 파라오의 모습을 따서 만든 인형관 안에 안치되어 있었다. 맨 안에 있던 인형 관은 순금으로 만들었으며 그 속에 황금 가면을 쓴 투탕카멘의 미라가 누워 있었다고 한다.

어느 책에서 본 웃지 못할 이야기로는 투탕카멘이 좋아했던 구운 오리고기와 송아지 고기가 썩지 않도록 방부처리가 되어있고, 평소에 애용하던 타조 깃털 부채도 있었다고 한다. 투탕카멘의 무덤에서 발굴된 유물들은 이집트 박물관 2층 특별실에 전시되어 있다. 무덤에는 빈 관과 아름다운 벽화만 옛 영화를 표현하고 있다. 고대 이집트의 파라오의 무덤은 모두 도굴 당했으며, 더욱이 19세기에 와서는 유럽인들의 약탈로 유럽의 주요 박물관에 전시되어 있다.

〈파라오의 저주〉에서 발췌한 내용을 보충하면, 투탕카멘이 병사病死가 아니고 궁중 음모로 살해됐다는 가설이 있다. 당시 장례 관례를 벗어나 장례식을 급하게 치러졌다는데서 의문을 많이 가진다. 영국 리버풀 대학 연구진이 1968년 투탕카멘 미라의 X-선 촬영 결과 머리 부분에서 작은 뼈의 단편이 발견되어, 뒤통수를 강타당해 숨졌다고 밝힌다.

'저주'의 주인공은 사실상 투탕카멘의 미라다. 투탕카멘의 미라가 공개되지 않았다면, 파라오의 저주라는 단어 자체가 존재하지 않았을 것이기 때문이다. 그 이후로 투탕카멘 파라오의 저주로 15세 왕비의 남편이 되어 파라오가 된 투탕카멘을 키운 네페르티티 왕비의 아버지인 아이(Ay)가 파라오가 된지 얼마 안 되어 사망한다. 투탕카멘의 관에 쓰인 저주의 문구로 '왕의 영원한 안식을 방해하는 자에게 벌이 내릴 것이다'는 저주가 현실화되어 주변을 놀라게 하고 있다.

투탕카멘 무덤 발굴을 경제적으로 지원한 영국의 부호인 카나본 경이 발굴 후 6개월 만에 면도하다 모기에 물려 사망하였고, 발굴 당시 투탕카멘의 무덤에 가장 먼저 들어간 사람중의 한명인 영국계 고고학자인 '화이트'가 며칠 내 목매 자살하면서 유서에 '나는 투탕카멘의 저주 때문에 쓰러진다, 나는 사라져야만 한다'고 남겼다.

카나본 경의 조카 오베리 하버트가 카나본 경이 사망한지 반 년도 안 되어 갑자기 죽었으며, 1972년 투탕카멘의 유물을 영국 박물관에 전시하기 위하여 수송 작업을 지휘하던 가멜 메레즈도 '파라오의 어리석은 전설을 믿지 않는다'고 공언한 후 그날 밤 갑자기 사망하였다. 그 외 직, 간접으로 관련된 사람들이 지금까지 21 명이 파라오의 저주로 사망했다고 알려져 있다. 또 한편 1963년 카이로 대학의 한 의학 교수는 묘지에 들어갔던 사람은 바이러스에 감염되어 죽었다는 주장을 했다.

람세스 2세의 아버지 세티 1세의 무덤은 왕들의 계곡의 무덤 중에서 가장 크다. 그는 이집트 영토 확장과 아마르나 시대에 폐쇄된 신전을 복원하였다. 세티 1세의 미라는 현재 카이로 박물관에 전시되어 있다. 왕들의 계곡 제일 안쪽에 투트모세 3세 무덤이 있다. 투트모세 3세는 람세스 2세와 더불어 이집트 최고의 파라오로 손꼽히는 파라오다. 그의 무덤은 두 개의 방으로 이루어져 있고 '신성한 나무의 젖을 먹는 파라오' 벽화가 특이하다고 한다. 그리고 최근에 람세스 2세 가족묘가 추가로 발견되어 현재도 발굴이 계속되어, 큰 아들인 허코세프의 이름 등이 적혀있는 유물들이 발견되고, 현재 파악된 아들 묘의 숫자가 90기나 되며, 람세스 2세의 아들 딸들이 200여 명이라는 역사의 기록물을 증명할 수 있을지도 모른다. 람세스 2세 가족 무덤은 왕가의 계곡에서 가장 큰 무덤으로 일부 도굴되지 않은 부분도 있어 앞으로 많은 화제를 일으킬 것으로 추정한다.

왕들의 계곡에서 남서쪽으로 멤논거상에서 북서쪽으로 올라가면 마디나트 하브의 배후에 있는 계곡 사막지대에 왕비들의 계곡(Valley of the Queens)이 있다. 왕들의 계곡은 험하고 은밀하지만, 여왕들의 계곡은 개방적이고 접근하기가 쉬워 도굴꾼들의 표적이 되어 약탈이 빈번했고, 심지어는 어떤 무덤은 불살라지기도 했다고 한다.

왕비의 계곡에서 가장 유명한 무덤은 이집트인들에게 제일 아름답다고 칭송을 받은 람세스 2세의 왕비 네페르타리의 무덤이다. 이 무덤 안에는 기도하는 네페르타리 왕비, 제사를 올리는 왕비, 세네트 놀이를 하는 왕비 등의 채색 벽화가 고대 이집트의 벽화 중 가장 아름다운 것으로 평가 받고 있다. 왕비들의 계곡 안의 무덤은 왕들의 무덤에 비하면 그 규모가 작다.

파라오와 왕비 무덤 외에 귀족들의 무덤 계곡에는 여러 무덤들이 있는데, 규모가 방대한세이크 압 델 -구르나흐, 벽화의 보존 상태가 좋은 나그트, 그외 민, 차이, 제세르카레세네브, 우아흐, 아몬모세. 멘나, 레크미레, 세네페르 등 특징이 있는 귀족들의 무덤이다.

'데이르 알-메디네흐'라고 불리는 장인들의 무덤계곡에는 세네젬의 화려한 무덤, 벽화가 특이한 파세드 등 신들에게 영감을 받은 우수한 장인들의 무덤이 있다, 개인적인 무덤들로 고 왕국의 마스터바처럼 겨우 두세 명이 들어갈 수 있는 작은 것에서부터 거의 하나가 신전을 방불케 하는 대단한 규모의 무덤에 이르기까지 각각 독특한 양식으로 안장되어 있다. 그 밖에 일반 백성들의 무덤 400여 기가 남아 있다. 이들 무덤들도 일반 백성들의 생활상을 알 수 있는 내용을 담은 채색 돋을새김과 벽화들로 장식되어 있다고 한다.

한정된 투어에 묶여 가보지 못하고 책에서 본 내용을 정리해 본다. 개별 여행을 오시는 분들에게 참고가 되길 바란다.

모든 이집트인이 미라를 만든 것은 죽은 자의 영혼이 언제라도 육체로 돌아오자면 시신이 썩지 않아야 했던 이유다. 또 그들은 인간이 죽으면 태양이 뜨는 동쪽에서 태양이 지는 서쪽으로 옮겨간다고 믿었기 때문에 모든 피라미드 및 무덤을 나일 강 서쪽에 만들었다. 이집트에서 만들어진 미라는 얼마나 될까? 고고학자들은 미라가 BC 3000년경부터 만들어졌으며, 그때부터 제작된 미라의 수는 대략 1억5천만이 될 것으로 추정한다. '부장품이 많을수록 환생이 빨리 된다'는 설에 비추어, 이들 미라 1구당 부장품이 적게 잡아 평균 10점이라고 하더라도 모두 15억 점이 된다. 수많은 이집트 유물이 유럽인 여행객들에게 판매되었음에도, 이집트에서는 새로운 유물이 끊임없이 나타난다. 그 유물들이 모조품이 아니라 왕족들만 사용할 수 있는 명품 중의 명품이라는 사실이 놀랍다. 근대에 이르기까지 도굴 열풍이 사라지지 않는 이유다.

룩소르 서안의 쿠르나라는 조그마한 마을의 유력자 중 한 사람인 도굴꾼 라술이 체포되는 바람에 알려진 여담. 라술은 도굴꾼으로 기소되지도 않았고 유적 발굴의 공로로 500파운드의 상금도 받았고, 테베의 지하묘지 경비대 대장으로 임명되기도 했다. 마을 대부분의 사람들이 미라를 만드는 전문 기술자이거나 무덤을 관리하는 사람들이 살던 곳인데, 마을 주민 7,000여 명이 전부 도굴꾼이며 대대로 도굴꾼 가문 중에서도 명문가에 해당한다는 웃지 못할 이야기이다.

한단지몽邯鄲之夢이라는 고사성어가 생각나게 하는 이틀간의 여정이었다!

아스완과 룩소르 구간을 항해하는 크루즈는 300여 척이 넘는다고 한다. 3성급에서 5성급까지 있으며 각 크루즈 내에는 층별 룸별로 등급이 나뉘어 있다. 일정은 3박4일, 4박5일, 1주일 코스가 있다. 아스완에서 출발해도 되고 룩소르에서 출발해도 된다. 강물을 거슬러 올라간다 해도 속도가 느리거나 배가 흔들리는 경우는 없다고 하니 일정 편한 대로 출발지를 정하면 된다. 가격은 성수기 비수기에 따라 똑 같은 등급이라도 가격차이는 있다. 중고등학교 시절 많이 읽었던 애거서 크리스티가 쓴 〈나일 강의 죽음〉의 무대이기도 하다.

진한 뱃고동을 울리며 배는 나일 강 상류로 미끄럼 타듯 유유히 올라간다. 해질 무렵이 되니 상갑판에서 펼쳐지는 붉게 물들어가는 하늘과 모든 속세의 번잡함을 빨아들이듯 고요한 나일 강은 강변에 서 있는 야자수와 조화를 이루어 환상적인 장면을 연출한다. 무릉도원武陵桃源이 따로 없다.

람세스 2세가 누비아 정벌을 위해 수없이 오르내렸던 나일 강의 한 지점이다. 피라미드에 쌓여진 돌, 카르낙 신전에 사용된 돌들, 오벨리스크도 다 이 강을 지났으리라.

배는 석양을 우현右舷에 두고, 오전에 나일 강 동안에서 서안으로 지났던 다리 중앙 밑을 크루즈는 유유히 지난다. 저녁을 먹고 다시 상갑판 카페로 나와 앉아, 이집트 대중적인 홍차에 민트 잎을 넣은 민트 차를 마시며 지난 시간과 다가올 시간에 대해 상념에 빠진다.

한두 시간 지났나? 선 우현으로 도시라고 알리는 야간 등의 행렬을 지나친다. 룩소르에서 남으로 약 50여km 떨어진 에스나(Esna)가 아닐까 추측을 해본다. 남쪽으로 있는 무역 중계도시로서 번성했던 곳으로 악어와 숫양들을 신으로 표시한 흔적이 있는 에스나 신전이 있다.

다시 나일 강의 어둠에 묻혀 지나온 여정을 되돌아본다. 멕시코시티에서 출발하여 남미 끝자락 우수아이아에서 다시 북상하여 브라질 리오에서 아프리카 케이프타운으로 지금은 나일 강 상류 한가운데를 지나는 여정을 돌이켜보며 주마등처럼 지나가는 지난 일들에 입가에 미소가 번진다. 나일 강으로 보내면서 크루즈 둘째 밤을 보낸다.

다음날 새벽 5시40분 리셉션을 통한 모닝콜에 눈을 떠 창 커튼을 열고 밖을 보니 배는 에드푸에 도착하여 계류되어 있다. 어제 챙겨놓은 작은 배낭을 지고 식당으로 내려가 아침을 간단히 먹고는 리셉션 대기실에 소파에 앉아 가이드를 기다린다. 30여분이 지나 7시경이 되니, 현지 가이드들이 나타나 대기실에 기다리고 있는 다른 여행객을 인솔해서 나가기 시작한다.

나를 찾는 가이드는 30여 분이 지나도 안 나타나 조바심에 죄 없는 손목시계에만 초점을 맞춘다. 대신 리셉션 데스크 직원이 나를 부른다. 부두로 나가면 마차가 기다리고 있으니 나가 보란다. 미심쩍었는지 아래 직원한테 같이 나가서 챙겨주란다. 같이 부두로 나가니 여러 마차들이 호객행위를 하고 있는데 그 중 한 마차를 지정하면서 타라고 한다. 만약 나 혼자였다면 못 찾았을 것 같다. 마부는 시커멓게 생긴 산적 두목같이 생겼는데 올라타자마자 출발한다.

생각지도 않은 마차를 타고 가니 새벽 바람에 기분은 상쾌한데 출발이 한 40분 늦은데다, 크루즈 출입구 안전요원이 8시 반에 배가 출항하니 출항 전에 필히 도착하라는 당부가 생각나 슬슬 조바심이 생긴다. 그리 멀지 않은 길인 줄 구글 지도로 대충 알고 있는데, 아무리 달려도 신전 같은 성터가 안 보인다. 얼마나 남았냐고 묻자 바로 1km라고 소리지른다.

호루스 대신전의
거대한 탑문

룩소르에서 남으로 100여 km 떨어진 나일 강 서편에 자리한 에드푸, 그리스인들은 아폴로노스폴리스메갈레(Apollonospolismegale)로 불렀고, 이집트식 옛 이름은 베흐테드(Behdet)라고 부른다. 이집트 신화에 등장하는 신인 호루스에게 봉헌된 신전이다. 카르나크 다음으로 규모가 크지만 룩소르의 신전보다 천년

이상 늦게 지어졌다. 보존 상태가 좋아 카르나크 신전보다 좋다는 학자들이 많다. BC237년부터 BC57년까지 건설된 신전이다.

에드푸 신전의 선명한 벽화 | 에드푸 신전의 상징 호루스 상

　첫째 탑문만 비교한다면 높이 36m, 폭137m 로 룩소르의 카르낙 대 신전보다 규모가 조금 크다. 그 바깥벽에 천지 창조, 호루스 신이 악의 신 세트가 싸우는 모습 등이 타 신전의 돋을새김 보다 선명한 것이 특징이다. 탑문을 들어서면 32개의 둥근 기둥으로 둘러싸인 안뜰이 나온다. 그 앞에 이중 관을 쓴 매 모습의 호루스 상이 있다. 이시스와 오시리스의 아들로 에드푸 신전과 파라오를 지키는 수호신이다. 이집트 항공의 로고가 호로스 신을 상징하는 매의 머리모양이다. 큰 기둥 홀을 지나 안으로 들어가면 작은 기둥 홀이 있고 그 안에 성자중의 성자 성소가 있다.

　1798년 나폴레옹의 이집트 원정대가 이곳에 도착 했을 때는 모래에 파묻힌 신전위에 주민들이 집을 지어 살고 있었다고 한다. 이곳을 처음 발견한 프랑스 고고학자 마리에트는 1860년 목동을 따라 사막을 헤매다 모래에 파묻힌 신전을 발견해 세상에 선을 보이고, 신전 벽에 새겨진 상형문자를 전부 필사하여 15권의 책으로 세상에 알리게 된다. 상형문자 수가 무려 3천 개나 된다고 한다.

크루즈 배는 다시 출항해 엔진 소음을 나일 강에 뿌리며 아스완을 향해 거슬러 올라간다. 다음 정박지는 에드프와 아스완 중간 지점인 콤 옴보(Kom Ombo) 유적지로, 리셉션 상황판을 보니 오후 5시 입항 예정이다. 아스완에서 북쪽으로 50여km 떨어진 나일 강 동편에 있는 조그마한 언덕 마을이다.

구글지도 검색을 해 보니 유적지가 강변 부두에 붙어 있어 걸어가도 되는 거리에 있다. 오늘 오후에는 가이드와의 만남이 어떤 상황이 될지 기다려진다. 점심을 근사하게 먹고 상갑판에 올라 나일 강 양안을 보고 있자니 강렬한 햇살에 너무 눈이 부신다. 상갑판에 수영장이 있지만 수영하기에는 날씨가 초여름 날씨라 아무도 찾지 않는 애물단지가 되어있다.

파라솔 아래 상갑판 벤치에 누워 강변을 바라보면서 야자수와 펠레카 돛단배가 항시 어울려져 한가로운 풍경에 젖게 만든다. 아무리 보아도 지겹지 않은 풍경이다. 오만 잡생각을 떨쳐버리고 잠깐 오수에 잠기다가 방으로 내려가 노트북을 펼친다. 숙제는 해도 해도 끝이 없다. 그래도 조금씩 해 놓아야지 기억력도 예전만 못하니 어쩌랴! 창 밖으로 보이는 정황이 부두에 접안하는 폼이다. 시계를 보니 오후 3시 반이다. 이집션 시간은 정말 들쑥날쑥 아라비안 나이트다.

악어, 매를 상징하는 두 신으로부터 환호받는 파라오

　이번에는 내가 선수를 치자. 멀지 않은 곳이니, 나 혼자 가서 보자고 작은 배낭을 챙겨 들고 1층 리셉션 대기실로 가 한 10여분 기다리다 정박 지를 나와 콤 옴보 신전 지역으로 걸어간다. 크지 않은 신전인데도 입장료가 80파운드다. 조 그마한 유적지는 일률적으로 정했나 보다. 아무리 규모가 적어도 80파운드 이하는 없다.

3천여 년전에 투트모스 3세가 밝은 사암으로 지었던 것을 BC 180년 프톨레마이오스 왕조때 허물고 다시 착공하여 로마제국의 아우구스투(Augusyus, BC 63~14) 황제 시대에 완성된 신전으로 정면의 기둥부터 그리스 식인 콤 옴보 신전이다. 탑문–안마당–기둥, 홀 –성소가 이중구조로 되어 있다. 콤 옴보 신전은 두신을 모시고 있다. 이집트 왕조 말기에 누비아나 에티오피아 방면을 상대로 하는 대상무역의 거점으로 번영한 곳이기도 하다.

이곳도 에드푸 신전과 마찬가지로 모래에 파묻혀 일생을 보내다 1893년 세상에 다시 선보인다. 악어 머리 형상을 하고 있는 소베크(Sobek)신과 매의 머리 형상을 한 호루스 신을 모시는 신전으로 신전의 벽면에는 파라오가 악어 신에게 제물을 바치는 부조와 벽화의 향연이 펼쳐진다. 신전은 크게 파손되어 보존 상태가 좋지 않다. 두 개의 입구로 된 신전의 탑문을 들어서면 이중으로 된 안뜰이 나온다. 안뜰의 벽을 따라 16개의 돌기둥이 서 있었던 흔적으로 기둥 밑부분만 남아있다.

고대 이집트인들은 악어는 두려운 존재로 신으로 숭배함으로써 위험에서 벗어날 수 있다고 믿었다. 신전의 남쪽에 있는 하트호르 여신의 작은 성소, 악어 박물관(Crocodile Museum)에 이시스 신전에서 기른 소베크 신의 악어 미라가 보존되어 있다고 한다.

신전을 나와 해안 부두로 내려가는 길에 풍악소리가 들려 눈여겨보니 이집트 전통식당이다. 야외에 무대를 설치하고 이집트 고유 악기를 연주하며 여행객을 유혹하고 있는데, 현지인 여행객들이 대부분 손님으로 앉아 있다. 악기 합주 소리가 그럴싸하게 들려 시간 관계상 테이블 의자에 앉지 못하고 길가에 서서 잠깐 경청만 한다.

배로 돌아가 방으로 올라가 얼마 안 있으니 전화벨이 울린다. 내려오라는 신호다. 1층으로 내려가 보니 이제야 아줌마 가이드가 와서 나를 찾는다. 입항 시간이 예정보다 빨라 이제야 왔단다. 오전에 에드푸에서 벌어진 상황을 전하면서 아무튼 늦게라도 와주어서 고맙다고 감사 메시지를 전했다. 가느다란 손가락을 목에 들이댄다. 잘못하면 짤린단다. 그러면 에드푸 현지 가이드는 목이 두 개인가 보다고 실없는 소리 한마디하고 헤어져 방으로 돌아오면서 내일 새벽 일에 걱정이 앞선다. 딴 곳은 몰라도 아부심벨 신전은 필히 보아야 하는데.

저녁시간 전 상갑판으로 올라가 뱃전에 기대서서 잠시 앉아 나일 강 크루즈를 되새겨 본다. 나일 강을 오르내리며 이집트의 고대 역사와 함께 하는 여행이다. 동안 보아왔던 위대한 파라오의 발자취, 수많은 신들, 풀지 못한 수수께끼들을 크루즈 선미로 흐르는 나일 강에게 되물어본다. 해질 저녁 무렵 상갑판에서 보는 나일 강 건너 사막지대로 지는 석양빛에 가물가물하게 보이는 펠루카 돛단배, 표현할 말을 찾기 어려울 정도로 황홀하다.

인도 고아 해변서 보았던 인도양으로 사라지는 일몰, 순식간에 사라지는 석양이 다시 생각나게 한다. 장강 3협 4박 5일 크루즈 여행보다 짧지만, 나일 강 양안의 단순 한 사막지대를 지나다 보니 약간 지루한 느낌이 들지만은 나름대로 운치와 특색이 있다.

저녁 시간이 되어 식당으로 내려가니 오늘저녁은 뷔페가 아니고 미리 주문 받은 데로 정식 코스로 저녁 식사를 한다. 수프 한 접시 주고 한참 기다려야 되고, 빵하고 야채 한 접시 주고 한참 기다려야 하니 이것은 접대가 아니고 고역이다. 그냥 뷔페로 하시지 무슨 특별 음식 접대라고, 나는 닭 요리를 주문했는데 우리 테이블은 거의 닭 요리를 주문했던 모양이다. 뒷다리 하나에 감자 곁들여 나왔는데 아무리 생각해도 뷔페가 나은데 혼자서 구시렁댄다.

맥주 한잔과 더불어 식사가 대충 끝나자, 다음은 후식 차례인데 다들 슬슬 일어난다. 빔 9시부터는 3층 Bar에서 전통 춤 무료공연이 있는데, 물론 술과 음료는 공짜가 아니다. 나는 내일 새벽 3시 반에 일어나야 할 사정이라 일찍 방으로 돌아간다. 크루즈 마지막 날인데 3층 바에서 전통춤도 보고, 선상 카페에 앉아 차 한잔 하면서 밤의 나일 강에 흠뻑 취하고 싶은데…… 아쉽다.

내일 새벽 체크아웃할 준비로 조금 일찍 누워 크루즈 마지막 밤을 보낸다.

크루즈 마지막 날 새벽 3시 반 모닝콜로 눈곱만 떼고 1층 대기실로 내려간다. 캐리어는 리셉션 데스크에 맡겨놓고 방 키는 반납하고 체크아웃을 하고 나니 카운터 매니저가 아침 식사대신 간단한 도시락을 건네준다. 생각지도 않은 배려에 동안 가이드로 인한 쓰렸던 마음이 눈 녹듯이 녹는다. 어제 부질없는 걱정더러 보란듯이 이번에는 달리 가이드가 미리 대기하고 있다. 새벽 4시에 가이드와 함께 크루즈 배를 떠나서 부두로 올라가는 길이 새벽길이라 초여름 날씨인데도 뺨을 스치는 바람이 서늘하다.

한국인 대학생이 휴학을 하고 군대 가기 전 여행 왔다고, 홀로 올라타더니 내 옆자리 혼자 앉는 좌석에 앉는다. 다음 차례는 어느 호텔 앞에서 올라탄 동양인, 앞에 좌석이 다 차있는 관계로 내 옆에 와서 유창한 영어로 같이 앉아도 되겠느냐고 정중히 묻는다. 안쪽으로 자리를 잡고 얼마 안가 서로가 한국 사람인 걸 눈치채고 새로 인사를 나눈다. 아랍에미레이트 출장 왔다가 짬을 내어 아부심벨을 보고 아스완에서 룩소르까지 2박3일 크루즈 투어를 마친 후 룩소르에서 아부다비로 날아가야 한단다. 옛 시절이 생각난다. 인도 델리 출장길에 타지마할 투어를 급히 갔다 온 기억이 새록하다. 아부심벨까지 3시간여 걸리는 시간에 이런저런 이야기를 나누다 보니 지겹지 않은 사막 길이다.

아스완 시내를 벗어나니 바로 사막지대의 연속이다, 얼마 되지 않아 동쪽 사막지대에서 태양이 떠오른다. 세계 곳곳의 사막지대에서 일출을 보아왔지만 나

름대로 각각의 특색이 있는 것 같다.

화장실도 가고 기사도 쉴 겸 사막 한가운데 식당 겸 휴게소에서 차가 정차를 한다. 볼일을 보고 차도를 나와 아부심벨 방향으로 쳐다보니 끝없는 외줄 찻길만 수평선 너머로 이어져있고, 나머지 보이는 건 사막뿐이다. 암굴신전을 건설한 3천 3백 년 전에도 똑같은 태양이 이곳을 비추었을 것을 생각하니 더욱 신비롭게 다가온다. 다시 출발하여 3시간 여 만에 마을이 서서히 보이기 시작하면서 차창 좌측으로 아부심벨 공항이 보인다. 지금은 신전에서 멀지 않은 곳에 공항이 들어서 있는 것을 보니, 옛 정보에 격세지감隔世之感을 느낀다. 공항을 지나니 바로 마을 중심에 도착한 것 같다. 검문소가 있고 무장 경찰들의 경비가 엄중하다.

일반 시외버스를 타고 와서 이 마을에서 내려 택시를 타고 아부 심벨 매표소까지 갔다는 블로그 글을 생각하고 근처에 터미널 같은 곳을 유심히 챙겨보는데 안 보이고, 택시도 안 보인다. 만약 패키지 투어를 안 하고 그냥 왔으면 조금 황당한 상황에 맞닥뜨리지 않았을까? 쓸데없는 걱정까지 한다. 검문소를 지나 얼마 안 가서 매표소 입구 주차장에 도착했다. 이집트의 하이라이트 두 번째인 아부 심벨(Abu Siimbel) 암굴신전 매표소 앞이다. 매표소에서 신전까지 가는 길이 가깝지 않은 길이다.

이집트의 남쪽 끝, 아스완에서 300여km, 수단 국경에서 40여km 떨어진 북쪽에 자리한 암굴신전은 3천 3백여 년 전, 위대한 람세스 2세(BC1279~1212 재위)가 만들어 태양신과 여신 호루스에게 바친 신전이다. 이곳은 1813년 요르단의 페트라 도시 유적지를 발견한 스위스의 탐험가이자 동양학자인 요한 루드비히 부르크하르트가 발견했지만, 입구가 다시 모래에 뒤덮이곤 해서 몇 차례 영국인 학자들의 발굴을 재시도 했지만 실패하고, 결국 1909년 프랑스 고고학자 가스통 메스페로에 의해 모래를 전부 치우고서야 세상에 다시 태어났다. 하지만 내부 종요한 유물들은 이탈리아의 도굴꾼인 조반니 벨초니가 1817년 무덤 안에 들어가는 데 성공해 가지고 나올 수 있는 것은 모두 그 손에 들어갔다고 한다.

람세스 2세는 이 밖에도 누비아 사막지대에 여섯 개의 신전을 더 지어 이집트

남쪽 끝 누비아 지역을 이집트화하는 데 공을 들였다. BC 13세기 무렵, 신 왕국 제19왕조의 파라오 람세스 2세는 고대 이집트 왕조를 가장 훌륭하게 다스린 파라오였다. 25세에 파라오가 된 그는 67년간 왕조를 다스렸고, 역대 파라오 중 최고 집권 기간을 가진 파라오다. 10여 명의 아내와 100여 명의 자식을 두었다. 누비야 뿐만 아니라, 시리아, 팔레스티나, 리비아까지 영토를 확장하는 등 많은 업적을 남긴 이집트의 최고 왕권을 세운 파라오이다. 시리아의 지배권을 둘러싸고 시리아 히타이트(Hittites) 아무르 왕과 가졌던 오론테스 강변의 카데시(Kadesh)지역을 두고, 16년간, 싸우기도 하고, 동맹국가가 되기도 한다. 현대전에서 벌어지는 첩보전도 치열하게 벌이다, 결국은 인류 역사상 국가간 조약은 최초일 것으로 추정되는 '카데시 조약'으로 평화 협정을 맞는다.

이집트에서 다니다 보면 위대한 정복자이자 위대한 건축가인 람세스 2세와 관련되는 유적지가 하도 많아, 없는 곳을 찾으면 여기가 이집트가 맞는지 의아하게 생각할 정도다. 1881년 룩소르 서안의 왕들의 계곡에서 발견된 람세스 2세의 미라는 카이로의 이집트 박물관 미라 실에 전시되어 있다. 이곳도 아스완 하이댐으로 수몰 위기에서 유네스코의 주선으로 세계 50여 개국부터 3,600만 달러라는 거액의 자금을 지원받는다. 여기에 한국도 50여 만 달러가 지원되어, 1963년부터 10여 년 걸려 아부심벨 신전에 17,000여 개의 구멍을 뚫고 송진 덩어리로 신전의 바윗돌을 단단히 굳힌 후, 거대한 쇠줄 톱을 사용해 대 신전은 807개 블록, 소 신전은 235개 블록으로 나눈다. 원래의 장소에서 70여m 높은 곳으로 위치를 옮겨 인공 언덕에 완벽하게 재조립되어 1972년 마침내 새롭게 탄생된다.

3300년 전에 탄생된 신전이 다시 완벽한 모습으로 새로운 곳에 탄생된다. 정확히 람세스 2세가 설계한 태양의 기적이 오차 없이 새롭게 태양의 기적이 일어난다고 하는데, 3300여 년처럼 햇빛이 신전 안에 있는 람세스 2세상과 여러 신들에게 비추어져 세계 여행객들을 부른다.

원래 대신전 근처에는 텐두루 신전, 데보르 신전, 타파 신전, 엘-레시야 신전 등이 있었으나, 어떤 연유인지, 텐두르 신전은 뉴욕 메트로폴리탄 박물관에, 데

보르 신전은 마드리드에, 테파 신전은 네덜란드에, 그리고 엘-레시야 신전은 이탈리아 토리노, 기타 유물은 이집트 박물관으로 모두 람세스 2세와 네페르타리 왕비를 떠나 뿔뿔이 흩어져 입양되었다.

매표소에서 입구를 지나 작은 언덕을 왼쪽으로 돌아가니 아부 심벨의 대 소 신전이 웅장한 모습으로 다가온다. 아부 심벨의 대 신전(Great Temple of Ramesses 2)은 하나의 사암층(沙岩層) 돌산을 깎아서 입구를 만들고 그 속을 파서 만든 거대한 암굴신전으로 폭 38m, 높이 33m, 길이 55m로 거대하다.

아부심벨의 대신전

대 신전의 정면 입구에서 안으로 뻗어있는 통로에 안뜰—첫째 탑문—큰 기둥 홀—작은 기둥 홀—성소가 동서로 일직선상에 있다. 신전 입구에는 높이 22m의 거대한 람세스 2세의 좌상 네 개가 머리에는 상, 하 이집트를 상징하는 이중 관을 쓰고 수단을 향해 여기까지는 내 땅이라고 침묵으로 앉아 있다. 훤칠한 호남형이다. 조각가의 작품이고 실물은 이보다 못하다고 한다.

거상 위에 태양신의 상징인 코브라가 장식되어 있고 그 위 꼭대기에는 개코원숭이들이 태양을 향해 경의를 표하고 있다. 거상의 두 다리 밑에는 특별히 사랑했던 왕비 네페르타리, 왕의 어머니, 왕녀들의 작은 석상 등으로 조각되어 있다.

좌) 람세스 2세 얼굴을 가진 오시리스 기둥 8개가 서 있는 기둥 홀
우) 람세스 2세의 무용담이 돋을새김으로 조각되어 있다

입구를 지나 안으로 들어가면 길이 18m, 큰 기둥 홀이 나온다. 그 안에 람세스 2세를 오시리스 신을 본떠 만든 8체의 기둥 상과 6면의 넓은 벽면에는 카데시 전투에서 람세스 2세가 전차를 타고 활을 쏘며 싸우고 있는 모습 등, 람세스 2세의 무용담을 담은 모습이 돋을새김으로 조각되어 있다.

신전의 안쪽 끝에는 대신전의 심장인 성소가 있다. 성소에는 왼쪽으로부터 람세스 2세상, 테베의 태양신 아멘-라, 헬리오폴리스의 태양신 라-호르아크티, 멤피스의 어둠의 신 프타상이 나란히 앉아 있다. 성소에 나란히 앉아 있는 람세스 2세가 살아 있는 신이라는 것을 과시하고 있다.

대신전의 심장인 성소

이 성소가 바로 '태양의 기적'이 일어나는 곳으로 유명하다. 신상은 항시 어둠 속에 있으나 2월 20일경과 10월 20일경 두 번만은 아침 해가 신상의 전신을 비치게 되어 있다고 한다. 다만 죽음의 신 프타만은 그때도 비추지 않는다고 한다. 책에서 본 내용이지만 현장에 서서 다시 한번 상기를 해보면, 고대문명의 과학적인 구조 배치에 전율을 느낀다. 다만 대신전을 복구하는 과장에서 설계착오로 지금은 이 광경을 두 번 다시 볼 수 없다고 한다.

아부심벨의 소신전

대신전에서 북동쪽으로 90여m 떨어진 곳에 람세스 2세가 하트호르 여신과 신격화된 왕비 네페르타리(Nefertari)를 위해 세운 아부 심벨 소 신전이 (Nefertari's Temple of Hathore)이 있다.

왕비의 단독 신전이 파라오의 신전과 나란히 세워진 것은 이집트 왕조 처음이다. 이 신전 정면 바위 언덕에 높이 10m의 람세스 2세의 입상 4체와 그 옆에 아들들의 작은 조각상이 있고, 네페르타리 입상 2체와 딸들이 조각되어 있다.

람세스 2세는 이곳에서도 두 가지 역할을 담당하고 있다고 한다. 어둠의 힘들을 쳐부수는 수장으로서의 역할과, 신들에게 봉헌을 하는 제사장으로서의 역할이다. 이 여왕의 신전 분위기는 파라오의 신전 분위기와는 대조적이다. 네페르타리 왕비는 기둥머리에 태양을 상징하는 원반과 두 개의 긴 깃과 뿔이 달린 관을 쓴 사랑과 기쁨의 여신 하트호르의 머리로 장식되어 있다. 꽃 봉헌이 많으며, 네페르타리 여왕의 늘씬한 실루엣이 비록 돌조각이지만 우아하다.

람세스 2세의 위대한 힘은 모두 왕비 네페르타리와의 사랑의 결실이라고, 그림 문자를 통해 가장 아름답고 지혜로운 왕비라고 이야기하고 있다. 41세에 죽은 왕비의 무덤은 룩소르 서안 왕비의 계곡에 잠들어 있다.

여러 신들과의 람세스 2세와 왕비와의 과거 행적들이 돋을새김으로 조각되어 있다

신전의 입구를 들어서면 제1실에는 12개의 하트호르 여신상의 기둥이 있으며, 각 기둥에는 왕과 왕비의 생전 생활상이 돋을새김으로 새겨져 있다. 벽면에는 왕이 포로를 희생으로 신에게 바치며 왕비가 옆에 시립해 있는 그림이 있고, 내실 안쪽 끝에는 성소가 있다. 기둥과 성소의 안 벽에 하트호르 여신의 돋을새김이 있고, 여러 신들과의 람세스 2세와 왕비와의 과거 행적들이 묘사 되어있다. 이집트 역사상 왕비에게 신전을 바치고 그 신전의 정면에 파라오와 같은 크

기의 왕비의 상을 세운 것은 람세스 2세뿐이라고 한다.

탐방시간을 한 시간 반 받았는데, 여행객이 많지 않아 한 시간 정도 둘러보니 대충 마무리된다. 아스완 하이 댐 건설로 강이 바다로 변한 나세르 호숫가 벤치에 앉아 수평선을 바라보며 70m 아래 원 아부심벨 신전 위치를 가름해 본다. 저 멀리 수평선 넘어 수단 땅, 10일 전 수단 하드롬 공항에서 3시간 여 헤매던 생각에 눈길이 수평선 너머로 고정된다.

구글 지도로 보면 이집트와 수단 국경선이 동서로 일직선이 되었다가 나세르 호에서는 이집트 쪽으로 20여km 안쪽으로 들어와 있다. 왜 국경선이 그렇게 된 건지 궁금하다. 바라보이는 호수 수평선에서 'U'자식으로 안쪽으로는 수단 호수인데 어떻게 구분하며, 이유는 뭘까? 한참 궁금해하다 시간이 되어 승합차 주차장으로 가서 차에 오른다.

아부 심벨 주변은 사막지대로 사막 말고는 아무것도 볼 것이 없다. 바로 아스완으로 돌아간다. 아부 심벨에서 돌아가는 길, 심한 모래 바람과 불볕 더위에 달아오른 모래 열기까지 합쳐, 상당히 뜨거운 날씨로 인해 사막의 신비 신기루를 볼 수 있다던데, 나의 돌아가는 길은 초여름이라 그런지 나폴레옹 군대가 보았던 신기루는 안 보인다. 다만 나일 강변에 우아하게 떠 있는 이집트의 전통

배인 '펠레카'가 대신 보인다.

아스완 시내가 보일 때쯤 아스완 하이 댐 근처를 지나는 것 같은데, 아스완 댐이 보일까 눈을 크게 뜨고 둘러 보아도 잘 안 보인다. 카이로에서 남쪽으로 1,000여km 떨어진 인구 30여 만 명의 아스완, 도시에서 조금 벗어나면 온 천지가 사막지대이다. 아스완 시내에 도착하여 역순으로 내린다. 현지인 5명이 먼저 내리고, 젊은 한국 청년이 다음 내리는데 오후 3시 기차로 룩소르로 간단다. 다음은 출장 온 한국분이 호텔에서 내려 바로 짐 싸 들고 크루즈 배를 타고 룩소르로, 룩소르에서 출장지 아부다비로 돌아갈 계획이다.

다음은 나를 다시 크루즈 배가 정박되어 있는 부두로 내려주면서 오후 2시 반에 새로운 가이드가 리셉션 대기실로 픽업할 것이라고 한다. 프랑스인에게 여행 잘 하시라고 작별 인사를 하고, 부두에서 강 밖으로 세 번째인 크루즈 배 리셉션으로 가서 캐리어를 찾아 대기실 소파에 앉아 시계를 보니 오후 1시 반이다. 오후 투어가 아스완 댐과 필라 신전 두 곳을 보아야 하는데 기차 출발시간은 오후 5시인데 과연 두 곳을 보고 기차를 탈 수 있을지 걱정이다.

캐리어를 다시 카운터에 맡겨 놓고 부두로 나와 시내쪽으로 발길을 돌려 먹을 만한 식당을 찾아 길을 나서는데, 대부분의 원주민들 피부 색깔이 흑인과 비슷한 이집트인과 원주민 누비아의 혼혈인이다. 특히 훤칠한 키에 큰 눈망울과 오

뚝한 코를 지닌 여인들이 모두 예쁘게만 보인다.

아스완은 옛 이집트와 '활의 땅' 누비아와의 국경도시다. 황금, 상아, 흑단, 향료, 모피 등 아프리카로부터 들어온 산물들이 거래되는 큰 시장이기도 했다.

고 왕국 때부터 파라오들은 거대한 남부 원주민들을 굴복시키고 황금을 비롯한 여러 귀중한 산물들을 가져오기 위해 원정대를 조직하여 종종 노략질을 일삼던 곳이다. 최종으로 람세스 2세가 중요한 지역이라 관심을 가져 누비아 인의 반란이 일어날 때 마다 직접 출병해 지역을 평정하기도 하고 자주 이 지역을 방문 하였다. 누비아를 평정 하였지만. 이곳에 성소를 세우기 시작하고 안정화 시키는 이는 신 왕국의 투트모시스 3세다.

남으로 수단까지는 농경지도 마을도 없는 황량한 사막지대다. 고대 이집트인들은 이 사마지대를 황금이라는 뜻을 가진 누비아(Nubia)라고 불렀고, 고대 이집트인들은 나일 강의 시작을 아스완으로 알았다고 한다. 아스완 남으로는 아스완 댐이 생기기 전에는 절벽과 폭포로 더 이상 갈 수가 없었기 때문이 아닐까 생각한다. 해마다 홍수에 의한 범람으로 땅이 비옥하게 되어 이집트인은 나일 강의 홍수와 관련된 하피 신을 숭배하면서 아울러 아스완도 중요하게 생각했다고 한다. 누비야 지역에 왕조시대의 유적들이 많이 남아있어, 1981년에 유네스코 세계문화유산으로 지정되었다.

18세기까지만 해도 아스완은 지중해에서 거슬러 올라오는 나일 강 여행의 마지막 종착지였다. 아스완 남쪽은 오랫동안 알려지지 않은 채 남아 있었다. 폭포지대의 협곡과 사막으로 접근하기가 어려웠다. 그 이유로 한동안은 누비아에게는 평온한 삶을 가질 수 있었다.

아스완이 또 유명한 것은 이곳에서 생산되는 화강암이다. 세계 유수한 곳에 서 있는 이집트 산 오벨리스크, 이집트의 모든 거대한 유적 물의 기초는 아스완 산 화강암이다. 다시 말해 아스완이 없었으면 불멸의 피라미드나, 각 지역의 신전 등은 태어날 수가 없다. 아스완 북쪽의 채석장에 신 왕국시대의 것으로 추정되는 미완성 화강암이 있는데, 길이 41.75m에 무게가 약 1,150톤으로 채석 과정에서 문제가 발생되어 중단한 것으로 추정하는데, 제작되었다면 사상 최대의 오벨리스크가 되었을 것이라고 한다. 제작과정은 물을 이용해 구멍을 뚫고 나무를 박은 뒤 물을 부어 부풀게 해서 갈라지게 한 후 현무암 망치로 표면을 갈아서 만드는데, 고대 이집트인들은 자신들이 중요하게 생각하는 것을 모두 돌에다 새겼다. 문제는 이 무겁고 긴 돌덩어리를 어떻게 옮기고 세웠는가에 대해, 학자들은 아직까지도 여러 가지 설을 내놓고 있다.

고왕국과 중왕국 시대의 90 계단 돌층계와 돌무덤이 있는 엘레판티네 섬

아스완 나일 강 서안 언덕에 자리한 아가 칸 모스크(Aga Khan Mousoleum)

아스완의 대표적 유적으로 90 계단의 돌 층계와 무덤등이 있고, 나일 강의 수위를 재는 나이로메타가 있는 엘리판티네 섬의 크눔 신전, 필레 섬의 이시스 신전, 아부 심벨의 대, 소 암굴 신전, 아가 칸 모스크(Aga Khan Mousoleum), 아스완 박물관과 누비아 박물관이 있다.

이곳은 BC 5세기경 역사의 아버지라 일컫는 그리스인 헤로도토스(BC484?~425?)가 동으로는 유프라데스강 유역과 서로는 리비아 키레네(Cyrene), 북으로는 흑해 북부에서 남으로는 이곳 오지까지 여행을 하면서 보고, 듣고, 겪은 자료를 수집 및 정리하여 각 곳의 생활상과 문화 등을 기술하여 탄생시킨, 유명한 저서 〈역사〉에 나오기도 한 곳이다.

아스완 시내 나일 강 양안

헤로도토스는 이집트의 좋은 기후와 풍요로운 경제, 역사 유물의 보전, 다양한 신들을 숭배하는 종교적 수준 등 여러 방면으로 이집트를 극찬했다.

아스완에서 수단으로 이어지는 나일 강은 6개의 작은 폭포로 배가 다닐 수가 없었는데, 아스완 댐으로 강 수위가 높아져 폭포가 강물 아래로 잠기는 바람에 끊어진 뱃길이 이어져 정기적으로 수단과 정기 페리가 운항하고 국경무역이 더욱 활발해졌다 한다. 하지만 댐의 건설로 누비야 지역의 20여 개의 신전과 많은 옛 무덤들이 수몰되었다. 다행히 유네스코 지원으로 아부심벨의 대, 소 신전을 포함해서 일부 신전과 기념 건축물은 근처 호수 변으로 옮겨 수몰을 면했다. 아스완 하이 댐 조금 위쪽 칼랍사의 세 신전인 만둘리스(호루스), 우아제트(부토의 코브라 여신), 매 신이 옮겨졌다.

하이 댐 남쪽 140km 지점인 우아디 에스 지역의 세부아 신전, 다카 신전, 로마시대에 지어진 작은 신전인 마하라카 신전이 나란히 옮겨져 재조립되어 있다. 하이 댐 남쪽 180km 지역인 18왕조 때 세워져 19 왕조 때 복원된 아마다 신전이 있고, 아부심벨 쪽으로 60km지점에 기독교 성당의 유적이 있는 섬 하나가 돌출되어 있다. 언덕의 나머지 부분은 모두 물에 잠겼다.

수몰 지역에 몇천년 동안 살아온 누비아 인들은 아스완에서 북쪽으로 콤 옴보(Kom Ombo)지역으로 집단 이주했다고 한다.

소련의 원조와 기술로 완공됐다는 아스완 하이 댐 기념탑과 아스완 댐 하류.
저 멀리 아스완 시내가 보인다

30분만에 아스완 댐에 도착했다. 먼저 가이드와 찾은 곳은 아스완 하이 댐 기념탑이다. 5개의 오벨리스크로 상층부 원 모양의 고리에 연결되어 있는 형상으로 멀리서 보아도 규모가 대단하다. 러시아어와 아랍말로 소련의 기술 원조라 건설되었다는 그런 내용의 글이 쓰여 있다고 한다.

1960년 이집트 나세르 대통령과 소련 공산당 제1서기장 후르시초프와 동맹을 맺은 나세르는 소련의 원조와 기술지원으로 아스완 하이 댐 건설을 결정하여 10여 년 공사 끝에 1971년 완공한다. 높이 111m, 제방길이 3.6km, 저수량1,570m3, 호수 길이 500여km인 아스완 부근 나일 강 급류를 막아 건설한 세계 최대의 록필(Rock-fill)댐이다. 세계 최대라는 말이 실감나는 대규모의 토목공사 현장이다.

다음 찾은 곳은, 아스완 하이 댐에서 하류 쪽으로 멀지 않은 곳, 나일의 진주라는 아름다운 필레(Philae)섬으로 간다. 우선 필레 섬으로 갈 수 있는 선착장에 도착하여 약 20인승 조그마한 유람선을 타고 필레 섬으로 향한다. 가는 도중 가이드가 손을 가리키며 아스완 올드 댐을 가리킨다. 길이 1,962m, 높이 5m, 하단부 두께 27m로 저수량 55억m3으로, 1902년 영국인의 의해 완공됐으나. 완공 후 1907년, 1912년, 1933년 3번에 걸친 개, 보수 공사 끝에 최종 완공된 댐이다. 아스완 남쪽5km, 나일 강 중류, 북회귀선이 교차하는 지점에 위치해 있다. 완공 후 1907, 1912, 1933년 3번에 걸친 확장 공사끝에 완성되었다.

이시스 신전 전경

배가 필레 섬 선착장으로 다가서자 나일 강의 진주라고 불릴 정도로 아름다운 이시스 신전이 보이기 시작한다. 고대 이집트의 최고 신 오시리스의 아내인 여신 이시스를 모신 신전으로 이집트, 그리이스 양식이 복합된 건물이다. 이집트 왕국의 최후에 지어진 신전이기도 하다.

이시스 섬에는 2천 3백여년 전 30 왕조 초대넥타네보 1세(BC 380~362 재위)가 이시스 여신에게 바친 고대 이집트 왕조시대 마지막으로 건설된 신전이다. 필레 섬에 있다는 뜻으로 필레 신전이라 불리기도 한다. 하지만 수몰 위기로 아킬리카 섬으로 옮겨졌는데 신전의 이름은?

이집트가 남긴 마지막 기록으로 불리는 벽면에 새겨진 성곽 문자로 상징적인 내용을 포함한 복합글자인데, 마지막 문자기록에 의술의 신 임호텝(Imhotep)을 추모하는 글이 쓰여 있다고 한다. 제3왕조의 조세르 왕 시절의 재상으로, 그는 피라미드를 창조한 건축가로 이집트가 낳은 최고의 천재라고 한다. 왕 못지 않

어린 호루스에게 젖을 먹이는 여신 이시스.
지상의 왕위를 놓고 세트와 싸워 이긴 신 호루스의
모습이 돋을새김으로 조각되어 있다

은 명성을 얻고 죽어서 신으로까지 숭배된 사람이었다고 한다. 여기 말고도 에드푸, 콤보 신전 등 곳곳에 임호텝을 추모하는 글과 그림이 새겨져 있다고 하는데. 내 눈에는 보이지를 않는다.

이시스 신전은 바깥뜰—첫째 탑문—안 뜰—둘째 탑문—기둥 복도—성소가 일직선으로 배치되어 있는 이집트 신전의 일반적인 구조와 약간 상이하다. 첫째 탑문을 지나 안뜰로 들어서면 서쪽에 신 호루스의 탄생을 상징하는 탄생의 집 맘미시(Mammisi)가 있고, 어린 호루스에게 젖을 먹이는 여신 이시스의 모습, 안벽에는 지상의 왕위를 놓고

세트와 싸워 이긴 신 호루스의 모습이 돋을새김되어 있다. 곳곳에 어린 시절 호루스와 이시스 여신의 부조가 새겨져 있다. 신전의 보존 상태가 매우 좋으며 벽의 돋을새김과 그림문자가 뚜렷하게 남아있다.

트라야누스 정자의 화려한 기둥들

신전과 별채로 떨어져 있는 트라야누스 정자는 AD 1~2세기에 지어졌고, 로마 황제 트라야누스(AD98~117 재위)가 여신에게 제사를 지낸 후 쉬던 곳이라고 한다.

둘째 탑문을 지나 기둥복도 끝에 성소가 있다

　로마제국이 그리스도교를 공인하면서 대부분의 신전이 폐쇄되었으나 이 신전
만은 살아남았다고 한다. 최남단의 위치 덕으로 살아남았지 않았을까? 그 후
세월이 흘러 이 신전도 폐쇄되어 그리스도교의 교회로 사용되었다고 한다. 그리
스도 신자들이 기둥 벽에 새겨져 있는 이시스와 호루스의 얼굴을 지우고 그 위
에 새겨 놓은 콥트 십자가를 볼 수 있다.

　신전은 약 4만 5천 개의 블록으로 나뉘어 각각 번호를 붙여 옮겨서 7년이 소
요되어 1980년에 복구되었다. 이때 이시스 신전 외에 넥타네브 1세 신전과 하트
호르 신전, 그리고 신전의 선착장으로 사용했던 로마황제 트라야누스의 미완성
된 정자(Kiosk)도 함께 옮겨져 이시스 신전 옆 별채로 있다. 이곳에서도 매일
밤 소리와 빛의 향연이 열린다고 한다.

　돌아갈 시간이다. 다시 선착장으로 나가 배를 타려고 하니 배는 많이 계류되
어 있는데 돌아갈 배가 없다. 다시 말해 여러 척의 배는 있지만, 섬 주위를 관

광하는 배로 전락하여 뭍으로 나가는 배가 없다. 가이드가 고함을 지른다. 뭍으로 가는 배를 찾는다. 한참 후에 어느 배의 키잡이와 애기가 됐는지 우리 둘하고 가이드 포함 3명이 배를 타고 아스완 뭍으로 나간다.

7시 조금 넘어 가이드가 다시 나타나, 이제는 정말로 크루즈 배를 떠난다. 차에 올라 20여분만에 아스완 기차역에 도착한다. 가이드와 마지막 인사하면서 나도 얼마간의 파운드를 가이드 손에 쥐어주고 역 안으로 들어간다. 식당을 찾으니 변변한 식당이 없어 다시 나와 적당한 식당을 찾아 간단히 요기를 하고 역으로 들어가 내가 올라 탈 승강구를 찾는다. 온통 아랍말로 적혀 있어 찾을 수가 없어, 기차표를 보여주고 여러 사람을 거쳐 승강구 대합실 벤치에 앉아 기다리고 있으니 기차가 들어온다. 8시 반 기차인데 거의 8시쯤 기차가 들어온다.

'Train 89, Coach 2, Seat 025, Special' 끝에서 두 번째 열차에 올라타보니 침대 칸이 아니고 KTX 비슷한데, 3단으로 젖혀지는 의자 외엔 나머지 기능은 거의 폐차 직전 수준이다. 그제야 열차표를 자세히 보니 가격이 210파운드다. 약 15$ 정도인데 80$ 특급열차는 오후 5시에 출발하는 기차인 모양이다.

시간은 6시가 다 되어가는데 창 밖이 희미하다. 짙은 안개인지, 스모그 현상인지 밖이 희뿌옇다. 이제부터는 긴장해야 한다고 다짐을 한다. 카이로 역을 놓치면 안 되니 말이다. 7시가 다 되어 가는데도 도시는 보이지 않고 농촌 풍경만 보인다. 뭔가 아닌 것 같아 건너편 젊은 학생 같은 현지인에게 카이로 역이 얼마나 남았냐고 묻자, 앞으로 약 4시간을 더 가야 한다.

차표에 적힌 Special에 차는 폐차 직전이지만 속도는 빠른 기차인가 생각한 것이 바보스럽다. 엎어진 물인데 성낸다고 될 일도 아니고 마음을 비우고 창 밖으로 시선을 돌리니 야자수 사이로 논, 밭이 짙푸른 녹색을 띄고 있고, 히잡을 쓴 여인들이 각각 소 한 마리씩 소를 끌고 논 밭 사이로 어디론가 가는 정경이 새벽 안개와 어울려 한 폭의 수채화 같다. 육로 여행의 보너스로 즐거움을 주는 한 장면이다. 그동안 겪었던 이집트에서의 수난을 좋은 뜻으로 받아들이고 묻어버리고 싶은 마음이 든다.

시간이 지나 창가에 시선을 주니 이제는 당나귀를 탄 이슬람 모자를 쓴 아저씨가 밭일을 나가는 모양이다. 모습만 다르지 예전 6, 70년대 우리의 농촌 풍경과 똑같다. 그러나 도시를 지날 때마다 눈살을 찌푸리게 하는 모습이 있다. 열차 레일 양 옆으로 쌓여있는 쓰레기는 양도 그렇고, 질도 유물 수준이다.

카이로 역 한 정거장 전인 기자 역에 도착했다. 젊은 청년이 뒤를 돌아보며 다음이라고 알려준다. 고맙다고 말 전하고 밖을 쳐다보니 눈에 익은 건물들이 보이고 얼마 안 있어 나일 강을 서안에서 동안으로 가로질러 역으로 들어간다. 카이로 역에 도착시간은 거의 오후 1시경이다. 오전 7시 도착이 6시간 연착이다. 카이로에서 아직 보지 못한 곳이 많은데 하루가 잘못하면 공칠 수 있다는데 또 마음이 편치 못하다.

처음 숙소에서 지하철 역으로 기차역 쪽으로 한 정류장, 기차역에서는 두 정류장째인 Jamay Abduinassar역에서 내려 26th Juiy of steereet 쪽으로 나와섰다. 카이로 중심 번화가인 Talaat Harb 초입 근처인 새로운 숙소를 찾아 길을 찾아 들었으나, 첫 단추를 잘못 끼어 한참만에야 숙소를 찾았다. 숙소 바로 앞에 맥도널드도 있고 KFC도 보인다. 일단 숙소로 들어가 체크인부터하고 카운터 매니저에게 부탁하여 여행사 명함을 내밀고, 여행사에 전화를 걸어, 내일 알렉산드리아 투어 픽업 할 숙소를 변경시켜 달라고 부탁하니 바로 전화를 걸어 뭐라고 하더니 해결됐다고 한다. 식사를 하고 숙소에 돌아와 샤워하고 좀 정리하고 나니 오후 4시다. 원 계획은 이슬람 카이로에서 보지 못한 이븐 틀룬 모스크와 게이어 앤더슨 박물관, 재래시장을 둘러 볼 예정이었는데 오늘은 포기하고 숙소 근처 중심 번화가 탐방을 나간다. 숙소 앞 대로를 쭉 걸어 나가니 영화관, 쇼핑몰, 백화점, 식당, 카페 등이 보이고 직진해서 끝까지 내려가니 이집트 박물관 앞 Sadat 지하철역이 있고, 타흐리르 광장 옆 저번 숙소에서 그리 멀지 않은 곳인데, 여기를 모르고 맨날 치킨 파스타 집만 찾았으니.

다시 거꾸로 걸어 올라가다가 두 블록 째인 6거리 교차로에서 한 블록 우회전 하는 바람에 또 한 시간여 헤매었다. 덕분에 숙소 근처에 터기 케밥 집을 발견해 저녁은 케밥으로 이스탄불에서 먹었던 기억을 되살려본다.

카이로에서 남은 4일 중 첫째 밤을 보낸다.

차는 출발하여 북서쪽으로 달린다. 같이 갈 팀들의 숙소가 외곽에 있나 보다 생각하고 가는데 이정표 상으로 고속도로 입구 근처까지 온 것 같은데 더 태울 생각을 않는다. 고속도로 입구 근처인 곳에 멈추어 선다. 상시 정체되는 체증인가 생각하고 한 시간여 기다려도 움직이지를 않아 기사에게 물어보니 짙은 안개로 고속도로 통제가 되고 있단다. 그렇다면 통제는 통제고 알렉산드리아 투어는 나 혼자 가느냐고 묻자, 그렇다고 고개를 끄덕인다. 다른 여행객을 받지 못했나 보다. 보통 그러면 연기를 하던지 취소를 하는 게 이곳 상식인데 룩소르에서 아스완 아부심벨까지 사기치고 꿀꺽 챙긴 것이 미안해서 이렇게까지 하는지 모르겠지만, 한편으로는 부담스럽고 패키지 여행에 혼자라면 심심하기도 하다.

2시간여 만에 안개 통제가 해제되어 차는 출발하는데 두 시간 메꿈질을 하느라, 편도 4차선 고속도로에 제한속도 120km인데 무시하고 지그재그로 야간 총알 택시모양 210여km 거리를 한 시간 20여 분만에 도착한다. 계산을 해보니 시간당 150~160km를 달렸다는 이야기다. 속도제한 CCTV도 없는 모양이다. 고속도로인데도 아저씨 아줌마들이 눈치껏 무단 횡단을 한다. 브레이크 잡을 때마다 나도 같이 발에 힘을 주니 허벅지 통증까지 올 지경이다.

나일 강은 카이로를 지나면서 크게 두 갈래로 나뉘어져 대 평원을 이루며 지중해로 흘러 들어간다. 이 일대가 세계적인 곡창 지역으로 이름난 나일 하류의 델타 지역이다. 델타 지대에도 파라오 시대의 유적들이 많았다. 24, 26 왕조의 수도였던 사이스(Basioun), 그 외 부바스티스, 멘데스, 아트라비스 등 유적지가 많았으나, 겨울에는 비로 인하여 습기가 많아 유적들이 오랜 세월을 지니면서 대부분이 풍화되어 황폐해 버렸고, 도굴과 그나마 남아있던 유적들은 페르시아, 그리스, 로마, 이슬람의 침략으로 파괴되어 대부분이 사라졌다.

그래도 찾아보고 갈 가치가 있는 곳은 카이로에서 북으로 140km 타니스(Markaz El-Hosayneya) 유적지라고 한다. 20~22왕조 때 수도의 반열에 오를 정도로 번성하였다고 한다. 침식과 풍화작용으로 완전한 유적은 없지만 아몬, 호루스 신전을 비롯한 룩소르 신전만큼은 아니지만 규모있는 신전지대로 람세스 2세의 건축 영향이 곳곳에 있다고 한다. 최근에도 발굴이 계속되어 북부 텔타지역에 BC 5000년 이상 된 마을이 발견되어 발굴 중이라고 한다.

나일 델타의 서부 가장자리의 지중해 연안에 자리한 알렉산드리아, 이곳은 마케도니아의 위대한 세계 정복자 알렉산더 대왕(Alexander the Great, B.C. 336~323 재위)이 BC 331년에 점령하여 건설한 도시이며, 그는 그리스 연합군을 이끌고 나일 강 하구를 점령 후, 자신의 이름을 딴 도시를 건설한다.

이곳이 바로 헬레니즘 문화의 중심지이자 이집트 최대의 항구도시 알렉산드리아Alexandria이다. 323년 바빌론 원정에서 열사병으로 병사한 후, 그의 유해는 알렉산드리아에 묻혔다고 하는데 아직까지 어디에 묻혔는지 모른다. 한때 세계를 흔들은 위대한 지도자의 말로가 남가일몽南柯一夢이다. 반면 그가 만들어 놓은 알렉산드리아는 아시아와 아프리카, 유럽의 교차점으로, 나일 강과 지중해의 여러 항구로 왕래하는 거점 항구로서 엄청난 번영을 누렸다.

27왕조~30왕조 시절 페르시아 제국의 식민지로서 가혹한 지배를 받아왔던 이집트인들은 정복자인데도 불구하고 알렉산더 대왕을 이집트 해방의 영웅으로 크게 환영했다. 그리고 멤피스에서 대관식을 올리고 파라오가 되었다. 세기의 미인 클레오파트라 7세(Cleopatra, BC 69~30)여왕의 무대이기도 하고, 이집트 왕조의 마지막을 이곳에서 맞는다. 세계사의 한 페이지를 차지하는 역사적인 도시다. 7세기 이집트를 정복했던 아랍의 아무르 장군이 칼리프에게 보낸 보고서에 알렉산드리아에 궁전이 4천여 개, 목욕탕이 4천여 개, 극장이 400여 개가 있는 도시로 보고될 만큼 화려한 도시였다.

알렉산드리아는 그레코-로만 시대의 수도로 천여 년 동안 동서양 해상 교역의 중계지이자 문물의집산지로 이집트의 정치, 경제, 문화의 중심지였다. 한 때 상주 인구가 100만 명 정도였다고 한다. 그러나 이집트를 정복한 이슬람 군이 수도를 카이로 옮기면서 서서히 쇠퇴했다. 18세기 나폴레옹 원정군이 상륙했을 때는 인구 만 명도 안 되는 조그마한 어촌으로 전락했다.

쿠바의
하바나 말레꼰(Malecon)해
변과 닮은꼴인
알렉산드리아 지중해변

하지만 19세기 이집트를 점령한 영국의 근대화 추진으로 인구가 현재는 500만 명이 넘어섰고, 지금의 알렉산드리아는 이집트 기독교의 거점도시로 이슬람색이 짙은 카이로를 포함한 나일 강 상류 도시와는 달리 아름다운 항구 도시로 지중해의 향기가 배어있고, 유럽 남부 항구 도시 같은 분위기를 발산하는 휴양지로 세계의 여행객들이 찾는다.

우리 이집트 기사가 처음 안내한 곳, 1천 6백여 년 전에 화재로 타 버린 도서관을 15년 걸려서 2002년 재건축 개관한 알렉산드리아 도서관에 도착한다. 나는 알렉산드리아에 도착하면 현지 가이드가 지금처럼 통역을 할 줄 알았는데, 오늘 투어는 완전 교통 지원 투어인가 보다.

지금은 현대식으로 고풍스런 옛 모습은 찾아 볼 수 없지만, 25만 여권의 장서를 갖추고 있는 역사적인 도서관이다. BC3세기에 알렉산드 대왕의 후손인 프톨레마이스 1세가 건설이 시작되어 프톨레마이오스 2세가 완공한 도서관으로 세계 제패의 꿈을 지식의 세계에서도 이루려 했던 알렉산드 대왕의 꿈을 실현하기 위해 만든 것이다.

당시 세계 3대 도서관의 하나로 인쇄기가 없었던 시대에 문학, 역사, 지리학, 수학, 천문학, 의학 등 여러 가지 분야의 지식들이 파피루스, 양피지 두루마리 책으로, 클레오파트라 치세에는 70여 만권으로 채워져 있었다고 한다. 또 한

편의 재미있는 일화로 소아시아의 페르가몬 도서관에 보관된 20만 권의 두루마리 책을 마르쿠스 안토니우스가 몰수하여 애인인 클레오파트라에게 선사하는 바람에 알렉산드리아의 도서관은 세계적인 도서관이 될 수 있었다. 알렉산드리아 도서관의 학문적 위치를 높이기 위해 한때 파피루스지의 수출을 중단할 정도였다. 이집트의 부귀영화를 가져다 준 파피루스, 현재 종이와 유사한 파피루스가 있었기에 이집트의 고대

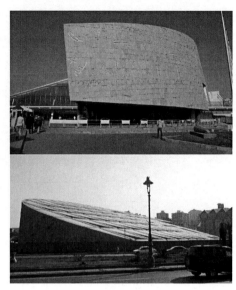

2002년 신축된 알렉산드리아 도서관

역사, 문화, 생활상을 후대에 알릴 수 있었다고 한다. 이는 문명 발전에 초석이 되었다. 또 파피루스는 이집트의 주력 수출품으로서 부를 축적하는 가장 큰 원천 중의 하나였다.

파피루스는 이집트의 나일 강 삼각주의 늪지대에서 자라는 갈대의 줄기를 이용하여 종이를 만들 수 있었다. 현재는 아스완 댐의 건설로 수단령의 나일 강 상류에만 자라고 있다. 고대에는 이집트 곳곳에 무성하며, 특히 하 이집트 지방의 상징이기도 했다. 종이를 뜻하는 영단어 'Paper'의 어원이자 Bible의 어원과도 밀접한 관계가 있다고 한다.

파피루스는 BC 7세기경에 페니키아인들에 의해 그리스로 전해졌고, 로마에 전해진 것은 BC 3세기로 추정되며, 이로 인해 기원전후 그리스, 로마의 고대 문화가 기록 문명으로 이어져 그 당시의 귀중한 도서들이 이 도서관에도 많이 보관 되어 있었다고 한다. 알렉산더 대왕이 사망하자 이집트는 그의 이복 형이라 추정되는 그리스 계 프톨레마이오스 1세가 지배를 하게 된다. 그로부터 300여 년간 프톨레마이오스 왕조 시대가 열린다.

그는 당대에 부유하고 중요한 알렉산드리아를 근거지로 삼고, 이곳을 아테네와 같은 문명의 중심지로 만들기 위한 계획을 입안한다. 그 일환으로 아테네에 있는 뮤즈 신의 전당과 유사한 건물 형태로 박물관 개념으로 도서관을 세울 것을 아테네 팔레론의 철학자이자 건축가인 아리스톨레스의 제자 데메트리오스에게 지시한다.

BC 300여 년경 프톨레미우스 1세의 적극적인 지원 하에 도서관이 건립이 추진된다. 연구원, 작가, 교수, 학생들의 전당이 되었으며, 4세기말의 에피파니우스 주교의 한 기록물에 의하면, 프톨레미우스 1세가 지구의 모든 왕과 통치자에게 '모든 시인, 작가, 수학자, 역사학자, 의사 등 유명한 사람들의 기록물을 보내주시오'라고 편지를 썼다는 내용이 있다. 프톨레미우스 2세는 도서관을 위해 구입 가능한 자료는 그리스 본토뿐만 아니라 어떤 통로를 통해서라도 저서들을 구입하라고 지시하기도 하면서 적극 지원하였다. 파피루스가 있었기에 고대 문서도 많이 보관되어 당시 도서관에 보관된 자료는 40만권이 되며, 종류로는 9만종이 되는데 일반 사람들이 편리하게 사용할 수 있도록 모든 자료가 색인 처리되어 역사적인 기록물을 온 세상에 알릴 수 있었다.

또 프톨레마이오스 3세는 항구에 들어오는 모든 배를 수색해서 이때 발견되는 책들을 압류하여 그 것을 베낀 뒤 주인에게는 원본대신 복사본을 주라고 명령했다고 한다. 이런 노력의 결과로 프톨레마이오스 1세에서 3세까지 수십 년간 알렉산드리아에서 이루어진 초기 과학적 연구는 대단한 성과를 이루어내, 아폴로니오스의 '원추 곡선론', 처음으로 성좌도와 목록을 만든 히파르코스, 최초의 증기 기관을 연구한 헤론, 지능은 심장이 아니라 뇌에서 나온다는 이론을 세운 그리스 해부학자 헤로필로서 등이 이곳 출신이었다.

특히 BC 230년 그레코-로만 왕조시대 알렉산드리아 도서관장인 에라스토네스는 알렉산드리아에서 시에네까지의 거리 925km, 알렉산드리아에서 막대기의 그림자가 7.2도 기운다는 사실을 발견하고, 그 토대로 지구의 반지름을 구하고, 지구의 둘레를 계산해 낸다.

피라미드는 값을 알아야만 건축이 가능하고, 지구 둘레도 값을 알아야 계산이

가능한 것이다. 이집트는 고대부터 π값을 알고 이를 건축에 활용했지만 그리스에 정복된 후 π=3.14라는 것을 알게 되었다고 한다. 시기가 큰 차이가 나는 것에 의문이 있을 수밖에 없지만, 에라스토네스는 최초로 지구 둘레를 측정했고, 피라미드라는 거대한 과학적인 역사물을 남긴 이집트의 신격화한 인물이라 아니할 수 없겠다고 생각된다.

옛 도서관에 부속되었던 학술원이 그리스어 무세이온(Mouseion)으로 불리어지고 이후 영어의 박물관(Museum)의 어원이 되었다. 무세이온을 중심으로 그리스를 비롯, 주변 국가들의 유명한 예술가, 철학자, 수학자, 의학자 등 각 분야의 우수한 학자들과 지식인들이 왕들의 사비로 초빙되어 알렉산드리아를 헬레니즘시대의 중심지로 만들었다.

전설의 알렉산드리아 도서관은 2002년 10월에 다시 신축 부활되어, 각국에서 보내온 도서, 마이크로필름, 원고 등 수십만 점이 보관되어 있으며, 각 지역 도서관에서 수집된 고서들과, 5000여권에 이르는 10세기~18세기의 주요 과학도서들이 보관되어 있다. 현재 소장된 도서 및 자료는 50만본이 넘는다고 한다. 유네스코 주관 하에 이 도서관은 전설로 전해오는 고대 도서관을 되살리는 것뿐만 아니라 인류 공도公道의 이상적인 도서관 설립을 목표삼고 있다고 한다.

이 도서관에서 남쪽으로 멀지않은 곳에 1892년 개관하여 시 중심부에 있다가, 1895년 현위치로 옮긴 그레코-로만 박물관(Greco Roman Museum)이 있다. 투어 일정에 빠져있어 가보지는 못했지만 고대 그리스 로마의 문화와 파라오 문화 융합된 전시물과 중세 기독교와 이슬람 문화가 융합된 전시물들이 많다. 특히 대표적인 소장품은 BC 600년경부터 19세기 오스만 터키 제국시대까지 여러 나라의 주화들이 연대별로 구분 전시되어있다. 외관도 신고전주의 양식으로 역사적인 건축물이다. 자유 여행하시는 분들은 방문해보시길!

그레코-로만 박물관을 보지를 못한 아쉬움은 뒤로하고, 두 번째 찾은 곳은 박물관에서 서쪽으로 멀지 않은 곳에 2세기 로마시대의 반원형 극장(Roman Amphitheatre)이다. 12 계단에 약 800명을 수용할 수 있는 이 야외극장에서 연극 공연이나 격투기가 열렸다고 하는데, 야외 원형 극장은 일부 형태가 남아 있지만 나머지 유적물들은 다 허물어져 없어지고 일부 벽면과 기초만 남아있다.

서쪽으로 조금 이동하여 로마시대 신전을 찾았다. 특이한 계단으로 올라가는 작은 언덕에 2세기 말에 건설한 죽음과 부활의 신 오시리스와 창조의 신 프타가 헬레니즘화하며 결합된 세라피스(Serapis) 신전 사라파움(Sarapeum)에 로마시대 유적 400개의 폼페이의 기둥 (Pompey's Pillar)이 서 있었다고 한다. 지금은 기독교인, 이슬람 정복자들이 파괴 해버려 붉은 화강암으로 만든 높이 30m, 둘레 2.7m의 폼페이 기둥 하나만 남아있고, 그 옆에 작은 스핑크스 두 개만 앙증맞게 앉아 있다.

그레코−로마시대 원형극장. 주위 유적터

로마의 폼페이우스(BC 106~48)가 카이사르에 쫓겨 알렉산드리아로 도망 왔을 때, 당시의 이집트 왕 프톨레마이오스 13세에 의해 폼페이우스 목은 스핑크스 뒤에 서 있는 기둥에 목이 매달려 죽게 되었다고 한다. 그 이후부터 이 기둥이 폼페이 기둥이라고 이름 지어 졌다고 하는데, 이 설화도 정답이 아니고 15세기 유럽에서 온 여행자들의 입담으로 전해진 것이고, 실제는 디오클레티아누스 황제(BC 284~305 재위)를 위한 기둥으로 지어졌다고 하기도 한다. 어느 설화가 정답인지?

세라피스 (Serapis) 신전
사라파움(Sarapeum)

15세기에 지어진
카이트베이 요새
(Qaybay Fort)

　다음은 도서관에서 반원형 해변의 서쪽 끝단 카이트베이 요새(Qaybay Fort)
로 기사가 모셔준다. 가는 길 지중해 연안의 푸른빛이 하늘과 대조되어 눈부시
다. 해변가 갯바위에서는 낚시꾼들이 세월을 낚고 있다. 요새는 지중해를 앞마
당으로 고고히 서 있다. 15세기 말 맘루크 왕조의 술탄 카이트베이가 오스만 터
키 군의 침공을 방어하기 위하여 만든 것이다. 지금의 요새는 19세기 초 이집트

총독 무함마드 알리가 개축한 것으로 현재 그 일부를 해양 박물관으로 쓰고 있다.

높이가 135m에 방이 서른 개나 있는 거대한 파로스 등대

마지막 코스로 반도의 동쪽 끝 파로스 섬 유적지로 간다. 세계 건축사 7대 불가사의 중 하나로 일컬어지는 파로스 등대(Pharos Lighthouse)가 이집트 알렉산드리아 해변가에 묻혀 있다. 지리적으로 이곳은 아시아와 아프리카 및 유럽을 연결하는 교통 중심으로 나일 강과 지중해를 왕래하는 중점 항구로서 배의 안전

한 항해를 위해서 BC 250년경 거대한 등대가 지금은 1km 제방으로 연결된 파로스 섬에 설치되었다. 파로스라는 말도 라틴어로 등대를 뜻하는 pharos의 어원이 되었다.

이 등대는 BC 3세기 알렉산드 대왕의 뒤를 이은 프톨레마이오스 왕조의 2대인 프톨레마이오스 2세(BC 285~BC 247, 재위)의 지시에 의해 건설하였고, 그리스인이 이 설계해서 만든 것으로 세계에서 가장 오래된 등대로 알려져 있다. 등대 내부의 방이 서른여 개나 있는 방들은 병사들의 막사로 사용되었다. 적함의 침략에 대비 함선에 신속히 승선 전투에 임하기 위해 설계되었다고 한다. 윗부분의 높은 망루의 꼭대기까지 화로의 연료를 운반하기 위해 탑의 외벽을 따라 나선형의 통로가 있는 하얀 대리석으로 높이 135m의 거대한 건축물이었다. 상부의 꼭대기의 원형 탑 안에 화로가 설치되어 그 불길이 반사경 기능을 가진 금속거울이 돌면서 등대 빛을 멀리 50km 밖에서도 인식 할 수 있도록 만들어 졌다고 한다.

11세기 말과 13세기에 알렉산드리아를 강타한 대지진으로 등대가 완전히 파괴되어 땅속에 파묻혔다. 그후 1477년 파로스 섬에는 이슬람 군의 카이트 베이 요새가 건설되고, 파로스 등대는 오랫동안 잊혀져 있었다.

동안 안보상의 이유로 해저 탐사가 금지 되어 세상에 모습을 보일 수 없었다. 전설 속의 설화로 묻힐 뻔했다가, 1994년 이집트 정부의 해저 발굴이 허락되어, 독일의 고고학자들이 등대의 흔적을 발견하여 다시 세상에 알려지게 되었다. 특히 프랑스 해저 고고학 발굴 팀이 아부 키르(Abu Qir) 바다 밑에서 검은 화강

해저에서 발굴한 유물들이
정리되지 않은 채 늘려져
있다

암으로 된 높이 5m, 무게 12t의 파로스 등대 꼭대기에 장식된 이시스 여신상을 비롯하여 클레오파트라의 궁전, 프톨레마이스 왕조의 유적 일부가 발견되어 지금도 복구 중인 것 같다.

지금은 파로스 섬 주위가 매립되어 조그마한 반도가 되어 있다. 유물 잔해들은 마당에 산재되어 있고 나선형 건축물은 땅속에 파묻혀 있고 반사경 지붕만 육상에 나와 있다. 전설로만 떠돌던 파로스 등대의 흔적이 나타나자 의구심은 해소됐지만 40층 높이의 꼭대기 화로에 연료를 공급하고 끊임없이 불을 지필 수 있었던 것, 반사경의 구조물은 어떻게 만들어졌는지 풀어야 할 숙제다.

지금도 계속 발굴되고 연구가 진행 중이기에 기원 전 그리스인들의 설계와 건축기술에 대한 학자들의 궁금증이 머지않아 밝혀 질 것이고, 언젠가는 역사적이 등대도 복원되어 옛 영광을 찾을 수 있을지?

투어 일정상 마지막 코스는 이곳에서 25km 떨어진 무함모드 알리(1805~1848년) 일가족의 몬타나 궁전(Montaza Palace)이 있는데 원래는 그곳이 투어의 마지막이다. 기사 아저씨가 등대를 가면서 몇 번 마지막이라고 농담 비슷하게 얘기했지만, 최종적으로 나에게 정말 가겠냐고 묻는다. 혼자만의 투어인데 고집하는 것도 그렇고, 만약 가게 된다면 고속도로를 야간 운행해야 하는데, 도저히 그 운전하는 것을 볼 수 없을 것 같아 동의를 하고 만다.

잘 결정했다고 오면서 몇 번이나 생각했는지 모른다. 시내에서 고속도로 입구까지 도로체증으로 한 시간 여 걸린다. 고속도로에 들어서니 무슨 전화가 자주 걸려 오는지 한 손에는 휴대폰을 들고 한 손은 먹다 남은 이집트 산 해바라기 씨를 까먹고, 무릎으로 운전대를 조정하면서 120여km를 달린다. 오토바이도 지그재그로 달리고, 4차선 편도 고속도로에 히잡 쓴 아줌마도 눈치껏 횡단하고… 천천히 좀 가자고 해도 문제없다고, 도리어 껄껄 웃는다. 신에게 모든 것을 맡기는 모양이다. 죽으면 젊은 놈이 손해지 하면서 포기를 하니 마음이 편해진다. 그렇게 출발해서 다행히 숙소에 도착할 때는 캄캄한 밤 시간은 아니었다.

알렉산드리아 여행을 마무리 하고 마지막 남은 카이로 4일 중 이틀째 밤을 보낸다.

알렉산드리아에서 돌아온 다음날 아침이다. 신들의 나라 이집트를 떠날 날도 삼일밖에 안 남았다. 오늘은 일요일이라 오전에는 먼 곳에서나마 주일 예배를 드리고 싶어 Sadat 역으로 가는 길에, 근처 여행사 거리에서 다른 여행사를 찾아 내일 고 왕국의 수도 멤피스, 사카라 투어를 상담하여, 오전 투어로 20$로 예약하였다. 팀이 안 차면 취소될 수도 있다는 말에 약간의 불안감이 든다.

이제는 자연스럽게 지하철을 타고 올드 카이로 ar Girgis 역에 내려 우선 성 세르기우스 교회에 들러 간단한 예배를 드리고, 모세 기념관(유대교회당, Ben Ezra Synagogue)을 다시 찾았다. 혹시나 사진을 찍을 기회가 있을까 싶어 갔었지만, 혹시나는 역시나가 되어 버렸다. 사진 한 장을 못 남겨 아쉽지만, 그래도 모처럼 주일 예배를 드리게 되어 마음은 흐뭇하다.

다음은 지하철로 한 정류장 더가 EL-Sayeda Zeinab 역에서 내려, 지난번 이슬람 카이로를 탐방했을 때 보지 못한 이븐 툴른 모스크를 찾았다. 이슬람 카이로의 명물 모스크 첨탑들이 희뿌연 매연에 희미하게 보이는 것이 역설적이게도 운치가 있어 보인다. 직선 거리로는 1km 정도 밖에 안 되는데 골목길이 미로처럼 얽혀 있어 찾아가는 데 애를 먹었다.

가운데 돔과 어울리는
40m의 나선형 첨탑
미나렛이 특징인
이븐 툴른 모스크

안뜰 가장자리에 아치형 문을 가진 긴 양측 주랑이 엄숙함을 더한다

이븐 툴룬 모스크(Ibn Tulun Mosque)는 바그다드 출신 장군으로 이집트 총독이 된 아흐마드 이븐 툴룬이 AD 883년에 세운 모스크로 초기 이집트 이슬람의 대표적 건축물이고, 당시에는 카이로에서 가장 큰 이라크 양식의 모스크이다. 나선형 계단으로 이루어진 40m의 첨탑은 카이로의 어떤 곳에서도 볼 수 없는 형태이다. 카이로의 모스크 중 제일로 치는 이유는 이슬람 양식의 초기 양식으로 일부 개 보수는 있었지만 거의 1200년 동안 초기의 웅장함을 현재까지 그대로 유지하고 있다. 전체적으로 손이 덜 간 듯 투박하고 거친 느낌으로 세련됨과는 거리가 먼 순박하고 장엄 웅장한 규모가 특징이다. 19세기 한때는 군사병원, 가옥으로 이용되기도 하다가 보수되어 2004년부터 현재의 모습으로 남아있다.

유명한 모스크인데도 외국인 여행객은 나 혼자인 것 같고, 지방에서 올라온 것 같은 어린 학생들 다수와 선생님이 같이 올라와 구석구석 돌면서 학생들에게 설명하는 모습이 너무 진지하다. 오히려 사람들이 없으니 조용한 가운데 모스크가 더 엄숙하게 느껴진다.

이븐 툴른 모스크서 멀지 않은 게이어 앤더슨 박물관 (Gayer Anderson Museum)을 찾았다. 300년 전 카이로의 부자 집을 1935년 영국인 존 게이어 앤더슨이 7년간 살며 두 채의 집을 구입해 연결 한 후, 구조며 가구며 작은 장

식품 하나하나까지, 전부 이집트와 아랍 풍으로 꾸며서 완성한 곳이다. 집안에는 게이어 앤드슨이 수집한 이집트 유물들을 진열한 작은 전시실이 있다. 특이한 유물은 히드로 여신(이집트 신화에 나오는 사랑과 아름다움, 기쁨의 여신)의 얼굴이 새겨진 조각도 보인다. 그 외 여성들만 사는 비밀의 방, 특이한 분만용 나무 의자 등 300년 전 부유한 이집트인의 생활상을 볼 수 있다.

다음은 카이로의 유명한 재래시장 Khan el-Khalili 가기 위해 다시 내렸던 지하철역으로, 한번 헤매었던 길이라 돌아갈 때는 수월하게 역을 찾아 카이로 역 방향으로 가서 숙소 근처인 Jamai Abdulnassar(Nassar 역) 역에서 내린다.

역에서 남쪽으로 한 블록 가서 좌회전해서 조금 걷다 보니 20세기 초 카이로의 명동 Attaba 광장이 나오고, 이어서 노점상들이

밀집되어있는 곳에 고풍적인 돔을 가진 건물이 보인다. 돔 아래에 선명하게 'TITING'이라고 새겨져 있다. 첫 소유주의 이름을 딴 카이로 최초의 신식 백화점으로 문을 연 곳이다. 이 백화점은 유럽의 이름있는 건축물들을 지은 유명한 건축가가 지어져 한 때는 파리의 유명한 갈레리 라파예트 백화점에 필적할만한 건축물이었다고 한다. 지금은?

1903년에 개장한 가장 오래되고 유럽의 명품들이 즐비한 고급 백화점이었던 'Tiring'. 구글 지도상 정식 명칭은 Tiring Historic Building으로 명시되어 있다. 노점상에 파묻혀 지금은 무슨 용도로 사용되는지 잘 모를 지경으로 노후화되어있다. 옛날의 화려한 명품 매장은 사라지고 지금은 그저 시장 속 한 코너로 전락했다. 세월의 무상함이 여기서도 보인다. 나세르 혁명 이후, 정부 소유로 바뀌면서 구식 임대 체계와 관리 소홀로 현재의 모습으로 변했다고 한다.

그 곳에서 동쪽으로 한 800여m 정도 가다가, 도로 가에 상점들이 많이 보여 구글 지도를 내 놓고 유명한 재래시장인 Khan el-Khalili 위치를 한 상인에게 묻자, 안쪽으로 한 블록 들어가면 있단다.

카이로에서 제일 큰 재래시장인 칸 엘-칼릴리 Khan el-Khalili이다. 1382년에 맘루크 왕조의 술탄 바르쿠크(Al-ZahirSayfad-DinBarquq, 1382-1399재위)의 아들 알-칼릴리(al-Khalili) 왕자가 세운 실크로드 대상隊商들을 위한 대규모 숙소를 중심으로 형성되었다가, 중세에는 만여 개의 상점들로 만물상으로 불릴만큼 금과 은 제품, 의류, 가방, 가죽, 향수, 수공예품 등 이집트에서 구

할 수 있는 물건들은 전부 있었다고 한다.

하지만 흘러간 옛 이야기다. 이스탄불의 대 바자르, 중국 신장의 카스 대 바자르 생각이 나서 구석구석 둘러보았지만 기념품 파는 시장으로 전락되어 있다. 차 종류를 일부 파는 곳이 있지만 내가 생각했던 재래시장은 아니었다. 이집트인 노벨 문학상 수상자인 나집마흐푸즈가 즐겨 찾았던 나집마흐푸즈 카페가 유명하다는데 찾지를 못하고. 시장에서 이집트 대표적인 서민 음식인 코사리(Koshary, 밥과 마카로니, 콩 등 곡물에 튀긴 양파와 토마토 소스를 얹어서 비벼 먹는 일종의 이집트식 비빔밥)를 기대했는데, 그것도 '꿈이여 다시 한번'이 되어버렸다.

집사람과 아이들에게 줄 선물용으로 기념품 몇 점을 사고, 숙소로 돌아가는 길 도중에 우람한 장군의 동상 이브라힘 피샤(1848~1876 재위)를 눈여겨보다가 사진을 한 장 찍고 내력을 알아보니, 19세기오스만 투르키예(터키)제국의 이집트 총독이자, 이집트 마지막 왕조의 창건자이자 무함모드 알리 모스크를 건설한 무함마드 알리(1805~1848 재위)의 아들이다.

1811년에 13세기~16세기이집트 왕조를 다스린 맘루크 왕조 잔존 세력들이 상이집트에서 세력을 키우고 있는 것을 이집트 국경 밖으로 물리쳤고, 1821년~1827경에는 수단, 그리스, 크레타 정벌 사령관으로 혁혁한 전공을 세웠다. 1831년에는 시리아를 점령하고, 1832년에는 터키 중부 교통의 중심지 코냐(Konya) 까지 오스만 터키 제국의 군대를 물리치고 현 이집트의 초석을 다진 인물이다.

이제는 숙소로 돌아갈 시간이다. 정말 오늘 많이 걸었다. 돌아가는 길 지난번 먹었던 터키식 케밥집에 들러 케밥과 닭 요리로 저녁을 하고, 숙소로 돌아오니 내일 멤피스 투어가 취소되었다고 카운터 매니저가 전한다. 환불은 오후 2시 넘어 찾아오란다. 구관이 명관이라는 말이 떠오른다. 혼자서 먼 알렉산드리아까지 갔다 왔는데… 멤피스 조각 박물관에 누워있던 람세스 2세 거상이 없어져서 여행객이 없어서 그런지 알 수가 없다. 숙소 매니저가 제안을 한다. 그리 볼 것도 없으니 차로 한 바퀴 돌고 오는 것으로 20$. 내일 하루 공친다고 생각하니 별 묘책이 없다. 수락하고 침실로 돌아가 카이로 마지막 전날 밤을 보낸다.

폐차 직전의 차를 타고 영어 한 마디도 못하는 기사와 사라진 옛 왕도 멤피스를 찾아 나섰다. 아침인데도 길은 혼잡과 매연으로 갑갑함은 여전하다. 기자 피라미드 지역을 지나 나일 강 상류 서안 쪽으로 올라간다. 가는 길 오른쪽으로는 사막지대 능선만 보인다. 기자 피라미드 지역을 지나니 광란의 길이 조금 숨통이 트인다.

카이로에서 남서쪽 25km 지역, 기자의 세 피라미드를 지나 나일 강을 남으로 조금 거슬러 올라가면 고대 이집트의 첫 왕도 멤피스(Memphis)에 이른다. 멤피스는 그리스인들이 붙인 이름이고, 지금의 이름은 아랍어로 미트 라하나(Mit Rahina)라고 구글 맵에서도 뜬다.

고대 이집트인들은 해가 떠는 나일 강 동안을 헬라어로 도시라는 뜻의 아크로폴리스(Acropolis)라고 불렀는데. 멤피스는 해가 지는 나일 강 서쪽 죽은 자의 땅 네크로폴리스에 도시와 무덤지대를 이웃하고 있다. 멤피스가 영원한 수도가 되지 못하고 테베로 시작해서 수도가 여러 곳으로 옮겨지게 된 이유일까?

멤피스를 중심으로 남북으로 90km에 이르는 사막지대가 '피라미드 지대'라고 불리는 세계에서 가장 큰 공동묘지 네크로폴리스이다. 이 일대에 고왕국, 중왕국 시대의 피라미드를 비롯하여 왕비. 왕족, 귀족들의 무덤들이 흩어져 있다.

사카라 공동묘지 구역

신이라고 추앙받는 임호텝
에 의해 최초로 만들어진
조세르의 계단식 피라미드

　첫번째로 사카라(Saqqarah) 공동묘지에 도착 한다. 나일 강 서안의 녹지대와 사막지대의 경계에 자리한 사카라, 넓이가 남북으로 8km, 동서로 1.5km나 된다. 왕도 멤피스의 네크로폴리스 중 가장 크고 가까이에 있는 무덤지대이다. 그곳에는 파라오, 왕족, 귀족들의 마스타바 피라미드 유적들이 산재해 있다. 그 중 대표적 유적지가 임호텝에 의해 4천 7백여 년 전에 건설된 고왕국 제3왕조 2대 제세르(BC 2670~2650 재위)왕의 이집트 최초의 계단 피라미드(Step Pyramid)이다.

　조세르 파라오의 재상인 임호텝은 헬리폴리오의 대사제이며 건축가로서 탁월한 능력을 발휘하여 왕족이 아닌 출신으로 신격화된 사람이다. 원래는 항아리를 다듬는 장인이었는데, 재능이 너무나 뛰어나 궁전의 행정가로 발탁되었다가 재상의 지위에 오르고 마지막에는 신으로까지 칭송을 받은 인물이다. 임호텝은 매우 다재다능하여 위대한 예언자이자 의사이며 천문학자에다 탁월한 건축가이자 주술사였다. 여러 신전에 문패를 올릴 수 있을 정도로 훗날에는 '의술의 신'이라고 불렀으며, 그는 그리스인들이 숭상하는 의학의 신 아스클레피오스와 동일시됐다. 인간으로서 이집트 신들 중 하나인 임호텝도 파리 루브르 박물관에 입양되어 있다.

멤피스 사람들은 석재기술을 문자만큼이나 위대한 발견이라 여겼다. 과거의 진흙 벽돌로 건축하던 방식에서 최초의 석회암 석조 건물 건축을 한 건축가이자 3 왕조의 재상이었던 임호텝을 신격화하였다.

임호텝이 등장하기 전 파라오들의 무덤은 벽돌로 쌓은 장방형의 거대한 궤(Mstaba)와 같았다. 임호텝의 군주인 파라오 조세르의 요청에 의해 새로운 방식으로 높이 62m가 넘고 피라미드 아래에는 여러 채의 방들과 장제전과 회랑이 있는 폭 278m 길이 555m의 복합 건축물이다. 계단 피라미드 지하 28m의 피라미드 중앙부에는 왕의 묘실이 자리하고 있다.

계단 피라미드 서남으로 조금 떨어진 곳에는 조그마한 언덕 하부에 무너진 돌들이 쌓여있는 무덤은고왕국 제5왕조 최후의 파라오 우나스(Unas, BC 2375~2345 재위)의 피라미드가 있다. 사카라는 일반적으로 고 왕국으로 연상하지만, 중 왕국, 신 왕궁의 무덤들, 페르시아와 프톨레마이오스 왕조 시대의 유적들도 있어, 이 유적지가 고왕국 시대에 한정되지않고 지속적인 영혼의 안식처가 되었다.

그 외 북동쪽에 제5왕조 초대 파라오 우세르카프(Userkaf, BC 2479~2471 재위)의 피라미드가 있고, 그 옆쪽에 제6왕조 파라오 테티(Teti, BC 2322~2312 재위)의 피라미드가 있다. 이집트의 고왕국의 파라오들이 죽으면 가장 묻히기를 원했던 네크로폴리스가 사카라였다.

사카라 남쪽으로 5km 지점에 있는 다슈르 (Dahshur)에는 다섯 기의 피라미드들이 세워져 있다. 중왕국의 아메넴헤트 2세, 세소스트리스 3세, 아메넴헤트 3세 피라미드가 있다. 아메넴헤트 3세 피라미드는 검은 피라미드로 블리운다. 그 외 고왕국 시대 4왕조 시조 파라오 스네프루(Snefru, BC 2613~2589)가 만든 굽은 피라미드와 붉은 피라미드 2기도 유명하다. 시나이 반도까지 영토를 확장시킨 파라오이기도 하다. 지금도 사카라, 다슈르 두 곳에 유적의 발굴 작업이 계속되고 있다고 하는데……

그 외 나일 강 상류를 따라 카이로에서 남서쪽으로 100여km 떨어진 곳에 파윰(Faiyum Oasis)이라는 초원 마을이 있는데, 중왕국 제12왕조 4대 파라오 세소스트리스 2세(BC 1897~1878 재위)가 제방을 쌓고 수문들을 만들어 이 고장을 번창시켰고, 그곳 주변에 그의 피라미드가 세워져 있다.

카이로 남쪽 250km 지점에 위치한 베니하산, 헤르모폴리스, 엘-베르셰, 아시우트 등 중 왕국 시대의 무덤들이 있었지만 도굴 및 파손되어 흔적이 없고, 그 중 잘 보관된 유적지는 베니 하산 유적지이다. 특히 신왕국 제18왕조 아멘호데프 3세의 무덤과 크놈-호테프 무덤 장식은 그런 데로 보존되어 있다고 한다.

더 상류를 올라가서 카이로 남쪽 560km지점, 룩소르에서 북쪽으로 120여 km 떨어진 '위대한 대지, 태초의 땅'인 타-우르 지방의 수도인 아비도스 유적지를 만난다. 그곳은 신 오시리스의 성지이며 초기 왕조 시대의 파라오 무덤들이 모여 있다. 제 1왕조 파라오들의 진짜 무덤 혹은 상징적 무덤들이 세워진 곳으로 지금은 상부 구조물은 없고 구덩이들만 남아 있으나, 최근 발굴을 통해 상형문자로 된 언어의 초기 요소들로 보이는 것들이 발견되어 조사 중이라고 한다. 아비도스의 주요 유적지로는 제 19왕조 창건자인 세티 1세가 건립한 대신전이 있다.

또 조금 거슬러 올라 룩소르 60km 못 미친 지점, 상 이집트의 주요도시 중 한곳인 덴데라는 매우 오래된 도시이다. 나일 강 왼쪽 연안에 사랑과 미의 하트호르 여신을 위한 거대한 신전을 만난다. 이집트의 고대 천문학, 점성학의 기준이 되는 천궁도天宮圖가 발견된 곳이기도 하다.

최초의 파라오들이 등장하기 이전인 호루스 신의 시대에도 사람들이 이곳을 순례했다고 한다. 고왕국 때는 쿠푸 왕과 페피 1세가 이 도시를 번성시켰고, 학소스의 점령지를 회복하고 이집트를 재통일 시킨 신왕국 18왕조 6대 투트모세 3세(BC 1504~1450)의 관심을 받았던 도시다.

사카라에서 룩소르까지 상류지역 네크로폴리스 및 고대 신전은 시간 여유가 있다면 꼭 둘러보아야 할 곳인데 가보지도 못하고 책에서 보아온 내용을 적어보면서 아쉬움을 달랜다.

BC2686~BC2181년 고대 이집트 최초의 황금기 왕도 멤피스의 잔해

다음 찾은 곳은 멤피스, 그리스인이 메네스라고 부르는 이집트 초대 파라오에 의해 세워졌다. 파라오라는 뜻은 '큰집을 뜻한다. 이 도시는 상 하 이집트의 경계선에 위치하며 '흰 벽'이라는 뜻인 멤피스가 수도였고, 고대 이집트 초기왕조시대(BC 3100경~BC 2686경) 및 고왕국 시대(BC 2686경~BC 2140경)의 왕도로 정치, 경제, 문화, 종교의 중심지였다. 각종 표준 도량형으로 나일 강 수위를 측정하는 나일로m(Nilometer)가 세워졌고, 함대도 주둔했다고 한다. 최고 전성기에는 인구가 십만을 넘었다고 추정한다. 당시 멤피스에 버금가는 고대도시라고는 BC 7세기 이내 쇠락한 메소포타미아 바빌론밖에 없었다고 한다.

4100여 년 전, 고 왕국에서 중 왕국(BC 2040~BC 1650)이 시작되면서 왕도는 멤피스에서 테베(지금의 룩소르)로 옮겨졌다. 그 후에도 멤피스는 파라오의 대관식을 거행하는 등 고대 이집트왕조의 정신적 왕도로서 그 지위를 유지 했다고 한다. 왕도 멤피스에는 왕궁과 창조신 프타 신전이 있었는데, 룩소르에 있는 카르낙의 아몬 대신전에 버금가는 큰 규모의 신전이었다고 한다.

왕도가 테베로 옮겨지면서 멤피스는 쇠락하기 시작한다. 알렉산드 대왕이

BC332년 이곳을 점령하여 알렉산드리아를 세움으로 멤피스 쇠퇴의 직접적인 원인이라고 한다. 그 이후 로마제국, 비잔틴 제국의 수비대 주둔도시로 전락하다, 콥트 정교회 광신도들에게 멤피스의 프타 신전이 파괴되는 수모를 당하기도 했다. AD 640년 이슬람 군대에 점령되어 술탄들의 거점 도시로 다시 옛 영화를 살아나지만, 13세기 대 홍수로 나일 강 진흙 속에 파묻혀, 지금은 대추야자나무 숲 속에 그 흔적만 남아 한적한 농촌으로 변했다. 신전의 허물어진 벽과 빈터만이 남아 있지만, 조그마한 백대리석 스핑크스와 신 왕국의 위대한 파라오 람세스 2세의 조그마한 거상만 남아 옛 흔적을 보여준다.

멤피스의 스핑크스 | 멤피스 람세스 2세 입상

돌아가는 길은 나일 강변길로 새까만 연기를 거침없이 바닥으로 내뿜으며 혼신의 힘으로 달린다. 타흐리르 광장 근처에서 내려 예전 단골집 식당을 찾아 오랜만에 치킨 파스타로 카이로 초기를 회상 하여본다.

점심 후 환불을 받기 위해 다시 타흐리르 광장으로 여행사를 찾아 계약서를 내밀었다. 환불은 두말없이 이루어진다.

사자다리 넘어
기자지역으로 넘어가는
석양을 등지고 카이로
타워가 서 있다

카이로 마지막 오후엔 나일 강변이나 산책하고자, 지난번 넘었던 사자 다리 아래 해상공원으로 내려가 한 벤치에 앉는다. 나일 강에서 기자 지역으로 넘어가는 석양을 보며, 20세기 최고의 시인으로 추앙받았던 릴케의 〈릴케의 이집트 여행〉에서 나오는 20세기 초 카이로와 지금의 카이로를 비교해 본다.

20세기 초 카이로, 시타텔 요새에서 찍은 것 같은 사진에는 이븐툴룬 모스크 (Ibn Mosque)의 유명한 나선형 첨탑만 눈에 뜨이고 첨탑 뒤로는 사막지대와 나일 강변 초원만 보인다. 지금과 같은 높은 건물들이 없으니 희미하게나마 기자 피라미드 형체가 보일 정도로 스모그가 없는 맑은 날씨를 보여준다.

카이로는 6일 전쟁에서 이스라엘에 패하기 전까지는 아랍 세계의 문화적 구심점이었다고 한다. 발레와 벨리댄스, 재즈 밴드, 오페라, 교통 체증, 범죄, 나일 강을 비추는 화려한 야경 등 카이로는 메트로폴리스의 면모를 완벽히 갖춘 도시였다고 하는데, 지금은 어떤가?

내일이면 한국으로 돌아가야 하기에, 카이로 나일 강변에서 그 동안 겪었던 여행의 가지가지 사연들을 되새긴다. 내 눈에 환희 자국을 남긴 황홀한 정경들, 아쉬웠던 감정, 아찔했던 위험에 처했던 순간들 등 모든 것이 주마등처럼 지나간다.

이집트 10박 11일을 정리할 시간이다. 짧은 시간에 이집트 고대문명을 알기에
는 너무도 일천하다는 것을 다시 한번 뼈저리게 느낀다.

이집트인들은 인생을 즐긴 낙천적인 사람들이었다. 그들은 인생을 사랑하고,
죽음은 환생의 행복한 인생의 연장이라고 생각했기 때문에 동시대의 수많은 고
대 민족 중에서도 가장 행복한 사람들이었다고 학자들은 말한다. 곳곳의 유적들
벽화에도 이집트인들이 축제를 즐기고 함께 나누는 기쁨을 누리는 장면들이 많
이 나온다.

신이자 지배자인 파라오의 지배 하에서 이집트인들의 생활은 전반적으로 볼
때 결코 열악한 생활은 아니었다고 한다. 5,000년이 넘는 세월 동안 전쟁이나
정치적 혼란, 기근 등으로 어려운 기간도 있었으나, 홍수로 인해 살기가 어려울
때는 피라미드라는 대 건축공사에 품삯을 주고 거대한 토목사업을 벌려 백성들
을 기근에서 구하기도 하고, 지리적인 조건 때문에 비교적 자주 침입자에게 약
탈당하고 짓밟히는 다른 고대 민족들에 비해 이집트인들은 대체로 안정된 삶을
유지했다고 한다.

이집트인들은 상, 하 모두가 적절히 제 기능을 다할 때, 신들은 물론 온 이집
트가 안정된 삶을 살 수 있다는 것을 알았다. 백성들은 파라오를 믿고 열심히
일하고, 파라오는 신들을 위해 열심히 일하는 한 이집트인들에게는 마아트
(Maat, 안정된 상태)가 지속되며 이스페트(Isfet, 혼란)가 찾아오지 않는다고 믿

었다. 이집트인들로서는 마아트를 유지, 보존하는 것이 기본 생활 철칙이었다.

즉 신들을 공경하고 파라오에게 충성하고 동료들을 존중하면서 산다면 사후에도 문제없이 영원한 삶을 살 수 있다는 믿음으로 살아왔다고 한다. 신들의 사랑을 받아온 이 땅이, 지금은?

사기와 거짓말, 매연, 먼지, 소음에 시달려온 11일간이 짜증스럽기도 했지만 대부분의 이집트 시민들은 착하고 친절했다는 기억만 안고 떠나고 싶다.

맺는 말

'신들이 사랑한 이 땅에 잠시나마 머무는 행운을 가진 이는
평생 잊을 수 없는 체험을 하게 된다'

〈람세스〉의 저자로 유명한 프랑스 작가 크리스티앙 자크는 이집트에 대해 이렇게 평했다. 정말로 그랬다. 한 평생 온갖 여행지를 다 가보았지만, 이집트는 또 다른 종류의 잊을 수 없는 체험이었다.

미국의 바로 밑 중남미가 시작되는 멕시코시티에서 남미 최남단 우수아이아까지 만 오천 킬로미터, 그리고, 아프리카 최남단 남아공 희망봉에서 이집트 알렉산드리아까지 또 다시 만 오천 킬로미터, 도합 3만 킬로미터가 넘는 여정을 드디어 마무리했다.

여행을 마무리 후 지난 여정을 돌이켜보니 헤로도토스의 역사 이야기가 제일 먼저 떠오른다. 일만 이천년의 역사를 가진 이집트 고대문명과 메소아메리카 고대문명의 현주소는 무엇일까? 또 아메리카 대륙과 오스트레일리아에 평온하게 정착해 살아가던 원주민들을 학살하고 땅을 차지한 약탈자의 후손들이 언제까지 목에 힘주고 살 수 있을까?

근대에 일러 사실상 지구를 지배해버린 백인 식민주의자들의 역사를 한번 살펴보자. 라틴민족과 게르만 민족의 통일체에 참여한 위대한 6개국은 프랑스, 스페인, 이탈리아, 독일, 영국 그리고 스칸디나비아였다. 라틴계의 수장은 이탈리아, 게르만게의 수장은 스칸디나비아였다고 한다.

라틴족은 기원전 2000년경, 게르만족은 기원전 200년경 세계 역사에 처음 등장했다. 역사가 재닛 아부 루고도(Janet Abu-Lughod)에 따르면 12세기 전만해도 유럽은 세계 경제의 아주 작은 일부에 불과하다고 했다. 하지만 유럽의 상인들은 실크로드를 통한 교류를 통해 중동 그리고 중국으로부터 통화 및 신용제도를 배우고, 마르코 폴로의 '동방견문록'을 거울 삼아 16세기에 이르러서는 세계 무역의 패권을 거머쥔다.

마리오 로사 메노칼(Mario Rosa Menocal)에 따르면 8세기 이슬람이 스페인 지배하던 시기에 이전된 과학, 천문학, 수학, 역사학, 번역, 종교, 건축, 철학 등이 지금까지도 유럽과 세계사에 심대한 영향을 미치고 있다고 한다. 12세기 십자군이 비록 아랍에게 패하여 쫓겨났지만, 아랍으로부터 종이, 항해용 나침반, 물레방아, 유리와 크리스탈, 도자기, 염색법, 비누, 향수, 아라비아 숫자 등의 선진 문명 이전으로 오늘의 유럽의 기초가 되었고, 카이로의 볼트형 천장과 아치 등 건축기술을 이전받아 고딕 양식이 탄생했다고 한다.

중남미와 이집트를 돌아보며 고개를 갸우뚱하게 하는 역사적 사실에 만감이 교차한다. 만년 이상의 고대문명을 가진 민족들이 왜 고작 4천년 역사에다 12세기 전까지는 시쳇말로 별 볼일 없던 민족들에게 수난을 당할 수밖에 없었을까? 도대체 왜 별 볼일 없는 민족들에게 수탈을 당하고 주인 행세도 못하는 신세로 전락해 버렸을까? 여행에서 돌아와 글을 정리하면서도 잘 정리가 되지 않는다. 남미에서 만나 본 원주민들, 이집트의 현 상황을 도저히 이해할 수가 없다. 역사는 돌고 돈다고 했나? 짧은 여행으로 돌팔이 철학자가 되어 본다.

〈나는 걷는다〉로 세계의 여행가들에게 각인된 프랑스 작가 베르나르 올리비에 (Bernard Olivier)는 30년간 기자 생활을 했다. 그리고 인생 말년에 갑작스런 퇴직, 아내와의 사별, 자녀들의 독립 등을 한꺼번에 겪으면서 심한 우울증에 빠졌다. 급기야는 자살을 시도했다가 실패했다. 그리고 답답한 마음에 파리에서 스페인의 산티아고 데 콤포스텔라까지 1,300km를 걸었다. 그런데 그 과정에서 신기하게도 우울증은 사라지고 행복감을 맛보았다. 그 여행 후 에너지를 찾은 이후 4년여에 걸쳐 1만 2천 킬로미터의 실크로드 도보여행을 마쳤다.

'피로가 잊히기도 전에 나는 그 고난의 여정을 그리워하고 있다'

프랑스 인류학자 테오도르 모노가 〈사막의 순례자〉에서 한 말이다.

나는 여행이 끝나고 집에 돌아올 때마다, 언제 또 새로운 길로 나설 수 있을지 꿈을 그려 본다. 유럽여행을 마치고 와서는 알프스가 눈앞에 아른거리고, 그래서 히말라야를 찾았다, 네팔이 그리워 인도를 찾았고, 인도 사막이 그리워 중국 명사 산을 헤매고 지금은 남미와 아프리카를 헤매다 돌아왔다.

이제는 이스탄불에서 실크로드 중국 카스까지 이어지는 길을 언제 갈 수 있을지 고대한다. 새로운 곳을 찾아다니는 것뿐 아니라, 특별한 테마를 가지고 떠나는 여행도 새로운 용기를 부여한다. 자연은 최고의 치유자이다. 물론 방랑의 욕구는 상처받은 사람만의 전유물이 아니다. 인류의 역사는 끊임없는 방랑의 역사였다. 성경에서만 보더라도 인류의 조상인 아담과 이브, 그들의 아들 카인까지 낙원에서 쫓겨나 평생 방랑하며 살아야 하지 않았는가. 그것은 성경에 나오는 인물들의 운명이 아니라 모든 인간들에 대한 이야기다.

계속되는 무모한 도전을 동의해주고 또 지원해주는 아내에게 고마움을 전하며, 길고 지루한 여행기를 이쯤에서 잠깐 접으려 한다. 그리고 한 순간의 영광이라도 있다면, 나의 여정에 항상 함께 하시며 지켜봐 주신 주님께 돌린다.

참고문헌

* **발칙한 고고학** 휴스펑 지음 / 송철규 옮김, ㈜도서출판예문
* **엘도라도 혹은 사라진 신의 왕국들** 제카리아 시친 지음 / 이재화 옮김, 도서출판 AK
* **신화에서 역사로 라틴아메리카** 최명호 지음, 도서출판 이른아침
* **잉카의 세계를 알다** 기무라 히데오, 다마카 준 지음 / 남비연 옮김, ㈜에이케이커뮤니케이션즈
* **하룻밤에 읽는 성서** 아쿠다 시토시 지음 / 김수진 옮김, 랜덤하우스중앙
* **여행하는 인간** 문요한 지음, ㈜해남출판사
* **즐겁지 않으면 인생이 아니다** 린 마틴 지음 / 신승미 옮김, 글담출판
* **버스타고 중남미 일주** 천황숙 지음, 도서출판 지식공감
* **60일간의 남미여행** 민남기 지음, 파피루스
* **어슬렁의 여행드로잉** 이미영 지음, 노닥노닥
* **아프리카 여행의 시작 케이프타운** 이경환 지음, ㈜푸른길
* **시니어의 아프리카 여행** 이은천 지음, 맑은샘
* **동남부 아프리카** 손휘주 지음, ㈜푸른길
* **이집트의 유혹** 이태원 지음, 도서출판기파람
* **카이로** 맥스 로벤덱 지음 / 하연희 옮김, 루비박스
* **크리스티앙 쟈크와 함께하는 이집트 여행** 크리스티앙 쟈크 지음 / 김병욱 옮김, 문학세계사
* **람세스** 크리스티앙 쟈크 지음 / 김정란 옮김, 문학동네
* **유물로 읽는 이집트 문명** 김문환 지음, 지성사
* **파라오의 저주** 이종호 지음, 문화유람
* **아프리카, 낯선 행성으로의 여행** 채경석 지음, 계란후라이
* **100일간의 아라비안 나이트** 정은 지음, 동아일보사
* **아프리카 종단 배낭여행** 조시형 지음, 여행마인드㈜
* **통아프리카사** 김시혁, 다산북스
* **십자군 이야기** 시오노 나나미 지음 / 송태욱 옮김, ㈜문학동네
* **역사 진실에 대한 이야기의 이야기** 엔 커소이스, 존 도커 지음 / 김민수 옮김, 작가정신
* **에덴의 신** 엔드류 콜린스 지음 / 황우진 옮김, 도서출판 사람과사람
* **16일간의 세계사 여행** 알렉산더 데만트 지음 / 전은경 옮김, 북로드
* **잊혀진 이집트를 찾아서** 장 베르쿠테 지음 / 송숙자 옮김, ㈜시공사
* **파라오의 역사** 피터 A 클레이턴 지음 / 정영목 옮김, 까치글방
* **네모의 이집트 여행** 니콜 바샹, 도미니크 시모네 지음 / 이수련옮김, ㈜사계절 출판사
* **릴케의 이집트 여행** 라이너 마리아 릴케 지음 / 정현규 옮김, 문학판
* **이집트 역사 다이제스트 100** 손주영, 송경근 지음 / 도서출판 가람기획
* **풍요의 강 나일** 베이징 대륙교문화미디어 지음 / 박한나 옮김, 도서출판 산수야
* **여행기의 인문학** 한국문화역사지리학회 지음

낯선 삶을 찾아 두 대륙을 넘다

초판 1쇄 2019년 9월 25일

지은이 | 상월

펴낸곳 | 한국전자도서출판
발행인 | 고민정
주 소 | 서울특별시 중구 을지로 14길 20, 5층 출판그룹 한국전자도서출판
홈페이지 | www.koreaebooks.com
이메일 | contact@koreaebooks.com
전 화 | 1600-2591
팩 스 | 0507-517-0001
원고투고 | edit@koreaebooks.com
출판등록 | 제2017-000047호

ISBN | 979-11-86799-38-3 (03950)